中国文化遗产研究院
优秀文物保护项目成果集
2011~2013

中国文化遗产研究院　编

文物出版社

责任编辑：智　朴　王紫微

责任印制：张　丽

图书在版编目（ＣＩＰ）数据

中国文化遗产研究院优秀文物保护项目成果集 ：
2011～2013 ／ 中国文化遗产研究院编．－－ 北京 ：文物
出版社，2015.6
　　ISBN 978－7－5010－4325－5

　　Ⅰ．①中… Ⅱ．①中… Ⅲ．①文物保护－研究－中国
－2011～2013 Ⅳ．①K87

　　中国版本图书馆CIP数据核字(2015)第131203号

中国文化遗产研究院优秀文物保护项目成果集2011～2013

中国文化遗产研究院　编

出版发行　文物出版社
　　社址　北京市东直门内北小街2号楼
　　网址　http://www.wenwu.com
　　邮箱　web@wenwu.com
制版印刷　北京图文天地制版印刷有限公司
经　　销　新华书店
开　　本　889×1194　1/16
印　　张　31.25
版　　次　2015年6月第1版
印　　次　2015年6月第1次印刷
书　　号　ISBN 978－7－5010－4325－5
定　　价　460.00元

序

　　文物保护是一项实践性很强的工作，许多研究成果必须与实践工作紧密结合才能体现其意义与价值。几十年来，中国文化遗产研究院的前辈们秉承着"知行合一"的理念，在我国的文物保护领域取得了丰硕成果。2011年，为更好地贯彻这一理念、促进各专业技术领域的相互交流、发挥优秀文物保护项目的示范及引领作用，我们设立了年度优秀文物保护项目奖，并在2012年编制颁布了有关评选办法。三年来，已有21个项目获奖。它们包括了申报世界遗产文本项目、文物保护规划项目、文物保护工程及文物保护工程设计项目、不可移动文物保护修复及可移动文物保护修复项目等方面。今天，我们将这21个项目以论文的形式集结成本书，有两个目的：第一，希望各获奖项目组能通过论文的编撰对项目的认识再有一次新的提炼和提升；第二，希望通过本书的出版，使中国文化遗产研究院技术人员，尤其使青年技术人员能更好地认识和理解"知行合一"的内涵，并将其践行到今后的工作中去。

2015年6月

简 介

为了总结中国文化遗产研究院文物保护项目技术成果，促进各专业技术领域的相互交流，对优秀文物保护项目成果进行奖励，发挥优秀项目的示范及引领作用，2011年中国文化遗产研究院首次组织了文物保护项目技术成果总结与评奖活动。在这以后的两年里，该项活动已成为中国文化遗产研究院每年一项常态化的工作，并取得了良好效果，极大地提高了中国文化遗产研究院在文化遗产保护领域中的创新能力。

本书收录的21个项目是2011～2013年间中国文化遗产研究院评选出的优秀文物保护项目，其中世界遗产申报文本编制项目2项、保护规划项目5项、保护维修工程设计项目4项、不可移动文物保护修复工程设计及实施项目9项、可移动文物保护修复项目1项。

这些项目涵盖了中国文化遗产研究院文化遗产保护实践的主要领域，其主要特点表现为以下两个：第一，它们都是科学研究与保护实践有机结合的产物；第二，它们对中国文化遗产研究院文化遗产保护工作都具有引领作用，部分项目甚至对我国文化遗产保护工作和工程实践也具有示范意义，如大运河遗产保护总体规划、大足石刻千手观音造像抢救性保护工程等。

鉴于该21个项目性质、规模各异，复杂程度也不尽相同，在此无法一一全面展开论述，因此，为达到体例上的统一，本书我们采用了论文形式进行介绍。

Introduction

To make a summary of the technological achievements accomplished under the cultural heritage protection projects of Chinese Academy of Cultural Heritage (CACH), promote exchanges between different specialized technological fields, present awards to excellent cultural heritage protection projects and give full play to the demonstration and guiding roles of excellent projects, the CACH, for the first time, launched the activity to summarize the technological achievements in cultural heritage protection and carry out evaluation for awards in 2011. In the ensuring two years, the activity became a regular task of CACH, bringing a good effect. It greatly promotes the innovation capability of CACH in cultural heritage conservation.

This book contains 21 excellent cultural heritage protection projects selected by CACH from 2011 to 2013, including two projects for preparation of nomination documents for world heritage, five protection planning projects, four protection and maintenance design projects, nine design and implementation projects for protection and restoration of immovable cultural properties, and one movable cultural property protection and restoration project.

These projects cover the main fields of CACH for cultural heritage conservation. The projects have the following two characteristics. First, they are all outcomes of combination of scientific research and protection practice. Second, they play a guiding role among the cultural heritage protection projects of CACH. Some of the projects even have demonstration significance for the cultural heritage protection and implementation of related projects of china, such as the project for the master planning for the protection of the Grand Canal and the project for the salvation and conservation of the Thousand—hand Bodhisattva Statue in te Dazu Rock Carvings.

In terms of project nature, scale and complexity, the 21 projects are different from each other. It is hard to make all—round descriptions one by one. Therefore, to unify formats, the book gives an introduction to them in form of papers.

目　录

第一编 **2011**年

002 / 简　介

004 / 哈尼梯田申报世界文化遗产文本编制

020 / 大运河遗产保护与管理总体规划（2012~2030）

101 / 承德避暑山庄及周围寺庙文物保护总体规划（2011~2020）

124 / 大足石刻千手观音造像抢救性保护前期勘察与设计

151 / 广西宁明花山岩画第一期整体抢救性修复保护工程

166 / 泉州开元寺大殿维修设计方案

179 / 河南武陟嘉应观古代彩画使用材料分析检测及保护实验

第二编 **2012**年

190 / 简　介

192 / 佛宫寺释迦塔保护规划

214 / 青海玉树新寨嘉那嘛呢堆保护规划

229 / 淮安清口水利枢纽保护与管理总体规划

254 / 清东陵裕陵维修工程设计

264 / 哈尔滨圣索菲亚教堂维修工程设计总体方案

288 / 潼南大佛本体保护修复工程

329 / 承德安远庙石质文物科技保护方案

355 / 承德殊像寺清代彩画保护工程设计

第三编 **2013**年

374 / 简　介

376 / 中国大运河申报世界文化遗产文本与管理规划编制

398 / 青海玉树格萨尔三十大将军灵塔和达那寺维修工程设计

413 / 山西新绛福胜寺彩绘泥塑保护修复方案

441 / 承德普宁寺善财龙女像科技保护方案

460 / 宁波"小白礁Ⅰ号"清代沉船现场保护设计

474 / 中国现代文学馆馆藏油画保护修复项目

中国文化遗产研究院

优秀文物保护项目成果集（2011~2013）

第一编

2011年

简　介

　　为了总结中国文化遗产研究院文物保护项目技术成果、促进各专业技术领域的相互交流、对优秀文物保护项目成果进行奖励、发挥优秀项目的示范及引领作用，2011年中国文化遗产研究院首次组织了工程项目技术成果总结与评奖活动。这是中国文化遗产研究院在提升文物保护工程质量上所做的一次新的尝试。

　　为了确保评奖活动的科学性、公正性，经院专题会议审定，制订了文物保护工程项目技术评奖工作方案与评分标准。

　　参评的文物保护项目，要求是近年来以中国文化遗产研究院为主要承担单位、且正式通过本年度国家文物局批复的项目，包括了保护规划、维修设计、保护修复技术、施工等类型。

　　优秀项目的评审程序包括：业务部门推荐、总工程师办公室资格审查、专家评审、中国文化遗产研究院党政联席会审定四个步骤。

　　专家对参评的文物保护项目从行业影响力、规模、技术难度、技术成果质量、表述情况等方面进行综合评价及打分，根据专家评审意见，经中国文化遗产研究院党政联席会综合分析评估，评选出

2011年度优秀文物保护项目专家评审现场

2011年度7个获奖的优秀文物保护项目。

一等奖：2项

1. 大运河遗产保护与管理总体规划（2012～2030）

大运河为超大型的文化遗产，线长面广，其涉及的文化遗产类型丰富且复杂，规划难度大。大运河遗产保护总体规划的编制充分发挥了中国文化遗产研究院学科齐全的优势，突出了与相关机构多层次、多角度、多学科的合作模式，规划方法和成果具有创新性。

2. 大足石刻千手观音造像抢救性保护前期勘察与设计

大足石刻千手观音造像艺术价值高，病害情况复杂，保护修复技术难度大，社会影响巨大。项目组采用多种技术手段，从大气环境、地质、凝结水、造像本体等多个方面对千手观音及相关病害进行了勘察、研究，并在此基础上，通过合理的保护修复试验及修复效果的跟踪监测，筛选出了可靠的材料、保护修复工艺和技术方法，为大足石刻千手观音造像抢救性保护工程奠定了坚实的基础。

二等奖：2项

1. 广西宁明花山岩画第一期整体抢救性修复保护工程

该项目是中国文化遗产研究院近年来完成的第一个施工项目，并已顺利通过竣工验收。该工程严格按照设计及主管部门的批复意见和要求进行施工，施工组织管理科学规范，质量保证体系完善，工程档案等资料全面、完整，数据整理有序，施工中新型保护材料的应用也取得了一定成功，对于同类型项目的组织实施具有示范意义。

2. 哈尼梯田申报世界文化遗产文本编制

农业景观申报世界文化遗产在我国尚属首次，该项目就申报对象、价值构成、对比分析等方面赋予农业景观全新认知，为哈尼梯田的申报工作奠定了基础。

三等奖：3项

1. 泉州开元寺大殿维修设计方案

泉州开元寺的建筑结构、工艺类型和保存现状，在我国现存的建筑中具有代表性。该项目充分挖掘和把握了开元寺的文物价值，使开元寺的历史内涵得到进一步确立，使设计方案的完整性得到提升。设计方案规范、完整，可实施性强，具有示范作用。

2. 承德避暑山庄及周围寺庙文物保护总体规划（2011～2020）

该规划作为世界遗产地的保护规划，涉及多种文物类型、城市环境，内容复杂，具有很大的挑战性。规划研究内容充实，评估深入，具有一定的创新性。

3. 河南武陟嘉应观古代彩画使用材料分析检测及保护实验

嘉应观彩画虽然规模小，但具有典型的清早期风格和地区特色，价值较高。该项目采用多种手段对彩画结构和颜料成分进行了分析，根据彩画结构和病害类型开展了相应的现场保护试验，为后期方案的编制提供了科学依据。

哈尼梯田申报世界文化遗产文本编制[1]

【摘要】

2009年底，中国文化遗产研究院承接了云南省红河州哈尼梯田管理局委托的红河哈尼梯田申报世界文化遗产文本编制任务。按照《实施保护世界文化与自然遗产公约的操作指南》（2008年版）的有关要求，为申请将红河哈尼梯田列入《世界遗产名录》编制提名文件。

自2005年教科文组织修改申报操作指南以来，对申报文本的要求逐步提高，审核更加严格，也使得申报文本的撰写难度前所未有。申报文本的编制，既要严格遵循世界遗产操作指南的要求，符合其特有的"游戏规则"，又要深入挖掘遗产自身的价值，体现其突出的作为人类共有遗产的普遍价值，其中蕴含的工作量十分巨大。

申遗文本编制在全国文化遗产保护界是技术要求高、责任风险大的项目。中国文化遗产研究院自接受哈尼梯田申遗文本编制任务以来，项目组同志发扬钻研精神、奉献精神，表现出杰出的责任感与事业心，不畏辛苦，加班加点，努力拼搏，团结一心，仅用八个月时间就完成了申遗文本初稿，并获得了世界遗产专家与国家文物局的高度评价，展现了年轻团队的自信、活力与风采。

在文本编制的过程中，由于遗产地基础研究匮乏，在文本编制任务之外，工作人员也开展了大量的基础研究。农业遗产是世界粮农组织近年来开展的重要工作。农业遗产与世界文化遗产、尤其是文化景观遗产有着密切的联系，同时也存在着巨大的差异。为了更准确把握哈尼梯田的文化遗产价值，工作人员数次请教现代农业科技与古代农业史的专家，通过对哈尼梯田中所具有的精耕细作的传统农艺——育种技术、筑田技术、稻鱼共生技术以及现在所具有的水稻种质资源多样性、优良性，进而保障了粮食生态安全的重大贡献的阐述，揭示了哈尼梯田现代科学价值与文化传统之间直接而紧密的联系，有力地证实了哈尼梯田是人类创造精神的杰作、是人与自然长期以来持续相互作用的典范这一核心价值。

1 遗产描述

1.1 区位

红河哈尼梯田广泛分布在中国西南部的哀牢山区、红河南岸，云南省红河哈尼族彝族自治州的元

---

1. 获2011年中国文化遗产研究院优秀文物保护项目二等奖。

图1 红河哈尼梯田

阳、红河、金平、绿春四县。红河哈尼梯田文化景观申报的遗产区位于元阳县中部山区，包含了红河哈尼梯田中规模最大最集中的三组水稻梯田片区，即坝达、多依树、老虎嘴片区，总面积为16603公顷，集中体现了红河哈尼梯田这一文化景观类文化遗产的突出特征（图1）。

1.2 申报范围

申报的遗产区涉及一镇两乡（新街镇、攀枝花乡、黄茅岭乡）、十八个行政村、八十二个自然村寨。遗产区边界基本与行政村界线重合。

1.2.1 自然环境

（1）地貌特征与气候——突出的立体气候

元阳哈尼族梯田之所以如此壮丽和独特主要是大自然特殊地理环境所造成的。元阳位于云南省南部，而云南省地形分布的特点是西北高、南部低。从滇西北到滇南，随着海拔下降，立体气候越来越显著，降雨量也越来越大。全省降雨量最大的就是红河南岸哈尼族聚居地区，降雨量达到年均1397.6毫米，相应的稻作农耕越来越密集，旱地耕作越来越减少。这就使从滇西北的怒江、澜沧江、长江水系到滇南江河水系流域，梯田稻作文化越来越发达，并最终在红河南岸哀牢山南段哈尼族地区形成中国最集中、最发达的梯田稻作区的地理环境。

（2）水系分布与水资源——水源的总源头与天气特点的形成

元阳县境内以红河、藤条江两大干流为主的水系共有支流29条，总长700余公里，水资源总量为26.9亿立方米，地表为20.81亿立方米，地下水6.09亿立方米，可利用1.47亿立方米，这些江河就是元阳所有水源的总源头。低纬度干热河谷区常年出现的高温使江河之水大量蒸发（如南沙地区最大蒸发量1995年竟达2306.5毫米）。大量水蒸气随着热气团层层上升，在高山阴湿高寒区受到冷气团的冷却和压迫，形成元阳年均雾期180天和年均降雨量1397.6毫米的状况，这也是元阳上半山地区终年大雾笼罩、降雨极其丰富、云海格外神奇壮丽的原因。

（3）森林资源与地质结构——水源与灌溉系统形成的自然条件

元阳全县有63958.4公顷森林，其中东西观音山有18167.6公顷原始森林，分布在各山各岭的原生和次生林尚有45790.8公顷，这些森林构成了巨大的天然绿色水库，它们涵养的丰沛水分在高山上形成了无数小溪、清泉、瀑布和水潭，提供了全县所有农业用水和全部人畜用水。

申报遗产区独特的地质结构与土壤成分也是形成梯田灌溉水源的要素。这里的山主要由花岗岩、平马岩和鸢尾岩构成，这些岩石错落交叉，使山体布满缝隙，非常容易吸收水分。岩石下面是沙层，就像巨大的海绵，尽可能地吸收水分，在需要的时候将水释放出来。经过合理地引水布局，即可形成独特的天然灌溉系统，可谓"山有多高，水有多高"。

1.2.2 社会形态与传统

（1）哈尼族社会及其管理

申报遗产所在的哀牢山区是世界上哈尼族最为集中的地区，其所在的元阳县是中国境内哈尼族人口最多的县。在申报的遗产区内，哈尼族约3.78万人，占人口总数5.41万人的70%。

哈尼族凭借以自然崇拜为基础的原始宗教，千百年来形成的道德观、价值观、乡规民约、禁忌、礼仪和舆论等对民众进行社会行为及价值观念的指导和约束。通过民主选举方式产生的村寨行政领袖和通过师徒传承产生的宗教领袖相结合，以自然村寨为基本单位组织重大祭祀、节庆、耕作生产活动，由此形成了民主、稳定、和谐的哈尼社会。

村寨中传统的重要权力角色主要有"咪谷"和"摩匹"，此外还有"工匠"这一重要的非权力人物。根据哈尼族神话《三个神蛋》记载："天神的鸡下了白、花、红三个蛋，被太阳晒了三天，从白蛋中生出'咪谷'，从花蛋中生出'摩匹'，从红蛋中生出工匠。"哈尼族史诗《十二奴局》叙述道："没有'咪谷'寨子不稳，没有'摩匹'夜间不宁，没有工匠百业不兴。"这三种人各司其职，在哈尼族社会中起到重要作用。"咪谷"即头人或寨老，是村寨的行政领袖；"摩匹"是宗教祭司，哈尼人的精神领袖；工匠主要指能够打造农具的铁匠，虽然不具有管理权和祭祀权，但在村寨中具有重要地位，其地位的崇高反映了哈尼农耕社会对于铁犁、镰刀等金属工具的重视，也是对梯田农耕的重视。

水资源是稻作的根本，因此哈尼人民在长时间的农耕实践中形成了传统的水资源保护和管理制度，包括沟渠的修整、水资源的分配使用等。

沟渠是梯田灌溉系统，哈尼人历来重视沟渠的修建和维护。哈尼族人自古就有岁修沟渠制度，修整水沟是集体的事情，每年冬季以村寨为单位对沟渠进行大规模的修葺维护。此外，灌区内所有的人对水沟都有维修的责任，平常沟渠破损，谁见谁修。正是这种沟渠系统的维护制度保证了千年哈尼梯田灌区的完好。

为了维持哈尼梯田的灌溉系统正常运转，村寨设有专门的水沟管理者，称为"沟长"或者"赶沟老倌"，由村民民主推选出来，每年村民集体凑米、钱作为他的报酬。其主要职责是进行灌溉管理，特别在灌溉期要巡视沟渠系统，保证灌溉的顺利进行。

在水资源的分配利用方面，特别是在水资源紧缺时，哈尼人沿袭传统的"欧头头"和"轮流引水"制度。

森林对于涵养水源、维持生态平衡具有重要作用，哈尼人自古就认识到森林的重要性，形成了相应的传统制度对森林进行保护和管理。用来涵养水源的水源林、村寨周围的村寨林和一般在村寨上方、居住着寨神的寨神林是任何时候都不许砍伐的，甚至一般人都不允许随便进入树林，否则乡规民约将给予严厉制裁，如今则更多使用明确的经济处罚手段。

此外，哈尼族村寨一般都设有一名森林管理员，由村民民主推举具有强烈责任心、并且村民完全信任的人，一般都由"咪谷"担当，每年村民凑米、钱给森林管理员作为报酬。

对村寨规模的管理也是哈尼社会中非常重要的内容，由于高山深谷地区梯田稻作的自然条件限制，一个村寨不能规模过大，否则有限的梯田无法养育过多的人口，过大的耕作半径也不利于农耕。因此，哈尼村寨发展到一定规模后就要分寨。分寨由老寨中的"咪谷"组织，村民一起民主商议决定。新村寨的选址非常讲究，在建房择址上有着历史悠久和复杂的专门仪式。首先要在新的地方选定寨神林和寨神树，"咪谷"会从老寨子的寨神林中取土和十余株小树，迁移到新寨神林中，表示新寨子与老寨子的血缘关系。第二件事是寻找水源，保证村寨日常生活有充足的水。寨神林和水源选定后才搬迁到新寨子，搬过来的居民开始建寨门、修路、修水渠、开垦种植梯田等，新的寨子逐渐发展壮大，最后当寨子中建起磨秋场（一般在寨子的寨脚）时，就标志新寨子完全建成了。

（2）传统信仰

哈尼族信仰原始宗教，认为万物有灵，祭祀天女神、地神、树神、山神、水神及家神等。由于自然环境的相对封闭，千百年来哈尼族并未受到外来宗教的影响，因而很好地保留了本民族长期培育出来的以"圣树崇拜"和"稻魂崇拜"为核心的信仰体系。

"寨神"是哈尼人的保护神，它既是村寨精神力量及生命之源，也是村寨五谷、六畜之源，保护村寨的安康、发展。每个哈尼族村寨的上方都有一片特别选定的树林，作为村寨的"寨神林"，哈尼人认为寨神就居住在寨神林中。选定寨神林的同时，哈尼人会在林中选择一株高大健康的大树作为寨神树，即"圣树"，作为寨神具象的化身。

哈尼族相信通过吃年年收获的稻米，可以使贮藏于稻米的"稻魂"化为实体，并借此维持和更新自己的生命，并由此形成"稻魂崇拜"。"稻魂崇拜"与"圣树崇拜"是紧密结合的，这种结合从插秧之前实行的"圣树祭"和收获时的"尝新祭"中均可体现。在"昂玛突"祭祀"圣树"之后的第三天，祭司"摩匹"即走出村外，象征性地播下数粒谷物，表示谷物的种子获得"圣树"的生命力而能保证秋季的丰收。农历七月则举行"尝新祭"，哈尼族将每年新收获的稻穗挂在家中祖先柱上，祖先柱可以看作家中的圣树。也就是在哈尼族家庭中，"圣树"和"稻魂"融合同在。

"森林崇拜"和"稻魂崇拜"集中体现了哈尼族"万物有灵"的观念，这种对于自然神灵的敬畏与依赖形成了哈尼族信仰体系的基石。

梯田稻作是哈尼族社会生活的核心，其传统历法、节庆、祭祀活动均是围绕着梯田这一文化实体而展开的。哈尼历法、祭祀和节庆结合在一起，是三位一体的。一般重要的梯田农耕时令和重要的农耕活动都会有相应的节庆和祭祀活动，并以隆重、虔诚的祭祀活动开始。

哈尼族的传统历法关于年记、季记和日记的计算方法完全根据遗产地梯田农耕的季节气候变化及植物生发、候鸟迁徙和大小动物活动规律等自然现象而定，俗称为"十月物候历"。一年的起算日期、节令安排等也依据农耕生产的忙闲而确定，目前遗产区的农业生产仍根据其传统历法安排日常生产生活。

哈尼族历法以一年农耕活动的完成时间作为年末岁首，一般为公历的十一月（农历十月）。哈尼族按气候和梯田农耕的主要阶段将一年分为"三季"，即冷季（农历十月至次年二月）、暖季（农历三至六月）和湿热多雨季（农历七至八月）。季节的更替按遗产地各片区不同的季节、气候条件和农耕活动确定，各片区哈尼村寨的日期略有不同。"三季"在梯田农耕时序上反映十分明显：冷季为农闲季节，主要从事梯田养护维修和春耕准备工作；暖季为耕田种植和田间管理时期；湿热多雨季则是收获的季节。

祭祀和节庆活动的时间一般也都与农耕时历相结合，最重要有"昂玛突""苦扎扎"和"扎勒特"三大节庆。

（3）口传知识系统

哈尼族千余年来的知识和文化都以神话、诗歌、故事、歌谣等文学形式记录下来，并通过口耳相传的方式世代传承，一般由"摩匹"师徒继替维持，以哈尼族迁徙史诗、梯田开垦历史、稻作生产相关的知识和"多神信仰，梯田崇拜"等为主，是研究遗产地哈尼族定居和农耕发展史及本民族文化的重要佐证。目前已发掘整理出来《哈尼民族四季生产调》《哈尼阿培聪坡坡》《创世史》《兄妹传人种》《俄瑟密瑟》《十二奴局》《砍大树》《哈尼先祖过江来》《哈尼族古歌》等。

最完整、最重要的是迁徙史诗《哈尼阿培聪坡坡》，全诗5500行，系统完整地记叙了哈尼族从诞生、发展到迁徙各地，直至今日所居之地的路线、历程、各迁居地的生产、生活、社会状况以及与其他民族的关系。《哈尼阿培聪坡坡》在哈尼族人心中被当做"信史"，当做族根，通过"摩匹"代代传唱至今，给予哈尼族强烈的民族认同，是哈尼族传统文学的顶峰之作，也是哈尼族最重要的民族记忆。

2 景观格局

2.1 四素同构

哈尼梯田文化景观的魅力在于，人类对自然的利用在确保和谐的状态下达到了极致，"森林－水系－村寨－梯田"四素同构的景观格局真实、生动地展现了这种极致状态及其演进规律。

红河哈尼梯田文化景观在空间结构上呈现出"森林－水系－村寨－梯田"四素同构的空间格局：

在海拔约2000米以上较为阴冷的高山区，保存着茂密的森林，既可涵养水土，也为遗产地居民提供了丰富的佐餐肉食与果蔬；

在海拔约1400～2000米的中半山向阳坡地，分布着众多村寨；

从村寨边至山脚河谷，海拔约600～2000米的半山区，均有水稻梯田分布；

在最低处，河流接纳沟渠和梯田中的水，带到区域外更大的江河中去。

这一空间格局形成了科学的物质循环和能量流动，使红河哈尼梯田文化景观得以持续存在上千年而不毁。一片林地为村庄和梯田提供水源，梯田又为处于较低海拔的森林提供水源，然后再养育位于更低海拔的梯田，形成了林养田、田育林的生态系统物质和能量循环格局（图2）。

梯田与村寨的海拔分布总体上相距100～200米左右，在景观垂直空间结构中，梯田通常紧邻其所属村寨的下方。每个村寨和它所拥有的梯田、所依存的森林都能为人们提供一个相对完整的生存空间，并以贯穿三者的水系为脉络，形成一个个具有统一模式的生态单元。这一生态单元在千余年间被不停地复制，由于耕作半径的限制，村寨人口增加到一定程度，就会开展新村寨及梯田开垦区的选址建设。因此，红河哈尼梯田文化景观在景观的空间结构与整个遗产演进的过程中，都保持着统一的模式，处处都有似曾相识的风景，却又呈现出不同的韵味。

2.2 景观分区

申报遗产区分属三个小流域（麻栗寨河流域、大瓦遮河流域、阿勐控河和戈它河流域），在每个

图2 哈尼梯田"四素同构"格局示意图

图3 各梯田片区分布位置示意图

表1 各景观片区基本信息列表

梯田片区	坝达	多依树	老虎嘴	总计
总面积（公顷）	4741.72	4594.94	7266.56	16603.22
所属流域	麻栗寨河流域	大瓦遮河流域	阿勐控河和戈它河流域	
行政村	水卜龙、主鲁、倮铺、麻栗寨、全福庄、土锅寨以及新街的一部分	高城、大瓦遮、多依树、胜村以及爱春的一部分	高城、大瓦遮、多依树、胜村以及爱春的一部分	
村寨数	28	29	25	82
人　口	18939	18543	16604	54086
户　数	3991	3846	3440	11277
森林面积（公顷）	2316.46	2183.04	3971.8	8471.3
基本农田比例	76.66%	93.46%	83.75%	83.76%
沟渠长度（千米）	500.8	305.4	573.8	1380
灌区面积（公顷）	3055.8	1832.4	3442.8	8331
梯田最低海拔（米）	800	820	603	
梯田最高海拔（米）	1980	1960	1996	
梯田海拔落差（米）	1180	1140	1393	

小流域内，水稻梯田都集中连片分布，形成坝达、多依树、老虎嘴三组梯田景观片区（图3、表1）。

2.2.1 坝达梯田片区

　　坝达梯田片区位于申报遗产区北部中段，属麻栗寨河流域。该片区梯田景观以秀美见长，农家山寨散布于层层梯田之间，形成一幅幅"梯田水乡"的画卷，让人流连忘返（图4）。

图4 坝达梯田片区景观　　　　　　　　　　　　图5 多依树梯田片区景观

2.2.2 多依树梯田片区

多依树梯田片区位于申报遗产区北部东段，属大瓦遮河流域。该片区梯田沿大瓦遮河由南向北排列，以坡度平缓、连片面积巨大、气象万千、整体气势壮美而著称（图5）。

2.2.3 老虎嘴梯田片区

老虎嘴梯田片区位于申报遗产区南部，属阿勐控河和戈它河流域。该片区山高谷深、地势陡峭，梯田建设在沿箐谷由东向西排列的陡峭谷地。梯田景观以险峻、高峭的整体布局和独特的梯田灌溉景观、水源特色为主（图6）。

2.3 景观特征

①广阔的视域：视域（View-shed）指的是从一个或多个视点（Viewpoint）可以看见的地表范围。申报的遗产区由于其独特的自然地貌特征，从山顶到山脚山体呈延展分布，径直跨越1000余米的海拔落差，形成巨大而开阔的山谷。沿山谷上缘几乎全部视点都可对整个山谷分布的梯田一览无余，使梯田景观具有广阔的视域。

②宏大的规模：遗产区内的梯田呈连片大面积分布，形成规模巨大的"田山"。在梯田分布核心区有尺度巨大的连片梯田，其中坝达片区与多依树片区共同组成了梯田景观中最为宏大的规模，梯田级数达5000余级。老虎嘴梯田片区更以其海拔高差近2000米而闻名。这些连续集中分布的梯田形成了非常独特的景观。

③均衡的格局：红河哈尼梯田文化景观中耕地和林地占有绝对优势，并呈现出均衡构架的特征，这是一种非常少见的农业景观格局。林中有田、田中有林、田中有寨、寨中有林的和谐的人居环境是和谐美的重要表征，也是其持续存在千余年的根本原因。

④动态的变化：红河哈尼梯田文化景观由于其独特的立体气候，山谷间水气不断地蒸腾与流动，阳光在云层与雾霭中呈现出斑斓的光线与色彩变化，长年饱水的梯田形成了巨大的镜面，倒映着云彩

图6 老虎嘴梯田片区景观

与天空，使梯田景观在相同的地点、不同的时间，呈现出千变万化的美好瞬间。

2.4 主要景观要素

　　申报遗产区内，森林主要分布在东、西观音山的连接地，也是三个片区的接壤地带，面积多达6496.84公顷，占整个遗产区面积的39.13%。海拔2000米以上的山区几乎全部为森林所覆盖，林分主要是亚热带常绿阔叶林。植被类型根据垂直分布而变化。据2006年的森林资源调查报告，申报遗产区内森林资源丰富，尤其是天然林、阔叶林的比例较大，为各种动植物生息繁衍提供了较为有利的条件，同时也为梯田提供了丰富的水源保障。按照当地的传统，山林被分为水源林、寨神林和村寨林和用材林、薪炭林等，每类林地都以其独特的功能与生产生活紧密联系，并得到恰到好处的保护和利用。就生态和文化意义而言，前三者是尤为重要的，它们在"昂玛突"祭祀活动中得以明确规定，并被赋予神意的威力——这三种树林任何时候、任何人不得以任何理由加以砍伐，否则乡规民约将予以严厉制裁。

　　水是哈尼梯田的命脉。申报遗产区内水系总面积约为91公顷。生活与生产的大量需水，使遗产地居民自古便对水资源格外珍视。除将涵养水源的森林作为神灵膜拜和保护外，遗产地居民也在长期农业实践中建立了一套节约高效的水资源利用系统，顺应自然地形地势开挖沟渠系统，将水引入村寨与梯田，并建立了严格的水使用和水管理制度。哈尼梯田具有人工与自然相嵌套的立体水系结构。哈尼梯田没有山顶湖泊或人工蓄水设施，完全依靠森林涵养水分，由于特殊的地质结构，水分从地表溢出汇集成为山泉溪流，并经人工沟渠截取，通过沟渠网络供给村寨生活与梯田灌溉用水，之后汇入小型河流如麻栗寨河、大瓦遮河、阿勐控河、戈它河，并最终汇入申报遗产区南北两侧的藤条江与红河。遗产地居民开挖沟渠截流山泉并将其引入村寨和梯田，形成了贯穿森林、村寨、梯田的人工水系景观，并至今仍发挥着良好稳定的输水功能。沟渠是哈尼梯田必不可少的水利设施。其开挖与养护是一项艰苦浩大的工程。遗产区内沟渠总长度达445.83千米。主干沟渠四条，宽度0.5～1米，总长度30.06千米；支沟392条，宽度多在0.3米以下，总长度415.78千米。

哈尼梯田的村寨及民居在整体布局和建筑形式上独具特色，同时与当地的民族文化和梯田农耕活动紧密联系、相互融合，形成完整的少数民族民居群。村寨的规模受到可用耕地的规模、村寨与梯田间的合理距离等因素影响。由于梯田的耕种、维持、灌溉，都需要相当繁重的人力劳动，需要劳动者通力合作，因此太小规模的村寨不足以提供人力以应付复杂的田间劳动，而太大规模的村寨在当地也同样是不可行的。太多的人口，需要大面积的耕地以提供足够的粮食，但在梯田耕作系统中，劳动者只能靠步行到达田地，这是一个村落规模的重要限制性因素。因此，这里的村落有着到达一定规模后一部分居民另建新村的传统，一旦土地的生产量不能满足人口增长的需求，则须分出一部分人口另择地点建树立寨。村寨内多有一条平行于等高线的主街，连接多条支路通向山上森林和山腰梯田，房屋沿街道紧密排布。磨秋场、寨门、公共水池、水碾房、水碓房、水磨房等公共空间是其标志性元素。

申报遗产区内的梯田规模之广、海拔落差和坡度跨度之大，在稻作梯田中实属罕见。申报遗产区内共有4706公顷水梯田，占申报遗产区总面积的28.34%，每个田块的面积平均约120平方米（表2）。

申报遗产区内梯田的海拔最高为1996米，最低为603米（表3）。梯田分布与海拔高程的相关性主要体现在以下两个方面：首先是水稻生长条件。由于当地特定的地理环境和显著的立体气候，海拔2000米以下的区域气温、降水等方面的环境都宜于水稻生产；而2000米以上的区域，却不能提供足够的水热资源。在海拔2000米，当地水稻生长季的气温已相当于世界上目前所知稻作区的极低值17℃（图7），所以，由于自然条件的限制，当地海拔2000米以上的区域是不适宜水稻种植的。哈尼族将梯

表2 各片区梯田分布情况

景观片区	梯田总面积（公顷）	田块最大面积（平方米）	最集中的分布区
坝达	1748	4200	麻栗寨、全福庄、坝达、主鲁、箐口
多依树	1477	3500	多依树、大瓦遮、高城
老虎嘴	1481	2000	勐品、阿勐控、保山寨

表3 各片区梯田海拔

	坝达片区	多依树片区	老虎嘴片区
梯田最低海拔（米）	800	820	603
梯田最高海拔（米）	1980	1960	1996
海拔落差（米）	1180	1140	1393

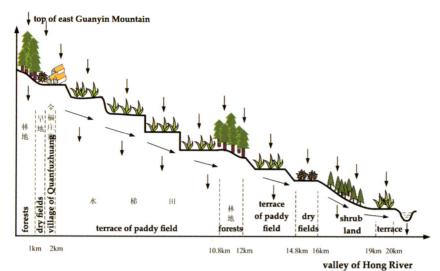

图7 "四素同构"位置关系示意图

田开垦至接近海拔2000米,已达到土地利用的极限。除纯粹的自然因素外,同样具有重要意义的是梯田与森林、村寨之间的关系。保护森林以涵养水源、上留空间以建设村寨,是哈尼族世世代代开垦梯田的规则。

海拔落差大是申报遗产区内梯田的另一突出特征。各片区的海拔落差均在1000米以上,尤其是老虎嘴片区,跨度达到了1393米,级数高达3000级。

3 历史沿革

根据在元阳县绿蓬渡生活的傣族传说:女人(武则天)做皇帝(690~704年)的时候,哈尼人将已开垦的河坝梯田和村寨慷慨地赠予了傣族人,推算在唐武周时期(685~704年),哈尼族已经在元阳县境内开始开垦梯田。

唐代文献《蛮书·云南管内物产》(成书于863年)中有如下记述:"从曲靖州以南,滇池以西,土俗惟业水田。""每耕田用三尺犁,格长丈余,两牛相去七八尺。""蛮治山田,殊为精好。……每一佃户,佃疆连延或三十里。浇田皆用源泉,水旱无损。"可见在唐代晚期(863年之前),遗产地世居民族已精于耕种山地水田,而且他们已经在有效利用天然水源,故此在出现旱灾的情况下仍能确保满足生产生活用水的需要。

在遗产申报区内的全福庄还完好地保存有一块向全福庄和箐口两个村庄分配水量的分水石,全福庄哈尼族家谱中明确记述这块分水石是第47代哈尼族祖先安放于该处的,依此算来,这两个村庄定居在这里开垦梯田已经有大约一千年的历史,最晚在公元9~10世纪时,哈尼族已经开始利用分水石等水利设施向各村庄、梯田分配水量,满足村寨生活用水和对梯田进行人工灌溉。

元末明初(公元14世纪前后),土司制度开始在红河、元阳地区施行。该制度适应了当时、当地的社会经济状况,并对梯田的发展产生了积极影响,促进了梯田的开垦与管理,为红河哈尼梯田文化景观形成今天庞大的规模奠定了基础。

清嘉庆《临安府志·土司志·纳更司》中记载："纳更司，唐、元间无闻，明洪武间，有龙嘴者，始以开辟荒山，给冠带，寻授为土巡检，隶临安。"明《土官底簿》"纳更山巡检司巡检"中有这样的记载："龙政，车人寨冠带火头，系和泥人……"清朝倪辂集《南诏野史》下卷"南诏各种蛮夷"中有这样的记载："窝泥，有和泥、斡泥、哈泥、路弼等名。"以上这些称谓均为"哈尼"的不同记载方式。由此可判断龙嘴属哈尼族，这是以哈尼族为首领开拓梯田的例证。可见元末至明（公元14～17世纪），红河当地土司和哈尼族首领积极带领人民开荒，大大促进了梯田的建设和发展。

经过明朝的拓展，至清代（公元17～20世纪）遗产地已基本形成当前的规模，清《滇南志略·卷二·临安府》中记载："所属山多田少，土人依山麓平旷处开作田园，层层相间，远望如画；至山势峻极，蹑坎而登，有石梯，名曰梯田，水远高者，通以略约，数里不绝。"

新中国成立以来，国家、自治区、州等各级政府重视农业生产，通过立法、设立专门机构等措施加强对森林、梯田、水系等的保护。近二十年来，红河哈尼梯田文化景观的遗产价值得到政府、学者和遗产地居民的认识，政府通过成立专门的保护管理机构、颁布法律法规、编制和公布相关保护规划等措施加强对红河哈尼梯田文化景观的保护和管理。2007年8月，红河州成立红河州哈尼梯田管理局，专门负责监督和指导元阳、红河、绿春、金平四个县级梯田管理机构做好哈尼梯田的保护管理工作。2008年11月，元阳哈尼梯田由元阳县政府公布为第三批县级文物保护单位。民族学、历史学、文化遗产保护学等不同专业学者多年来加强对红河哈尼梯田文化景观遗产及其保护管理的研究，为该文化遗产的保护和管理提供了坚实的学术和技术支撑。此外，充分利用"摩匹""咪谷"在哈尼社会中的作用，鼓励广大利益相关者认同并参与保护哈尼梯田文化景观和传承哈尼族文化传统。

4 列入理由

4.1 简要综述

红河哈尼梯田文化景观位于中国西南边境红河南岸、云南省红河哈尼族彝族自治州元阳县境内。

这里处于庞大的横断山系东缘，山大、山高、谷深、谷阔、山势宏伟。气候属亚热带季风气候，但因山底到山顶高差逾2000米，上下气温差别大，又形成了不同高程间气候的巨大差别。山顶覆盖着莽莽森林，但没有高山湖泊。山下有穿越中国和越南的国际河流——红河水系流经，但河谷地带可供耕作的平坝十分狭小。整个区域是一片雄浑、壮美的大山区，但也是人类难以生存、更难以养活大量人口的地区。

但正是在这样一个地方，一个古老、独特的民族——中国哈尼族经过长远的迁徙，从古代中国的大西北来到大西南这片野兽出没的大山地带，成功地利用高山森林的蓄水功能和有着厚厚泥土层的山体，依靠本民族的坚韧团结、对自然的尊崇以及与周边其他民族的团结，创造了以"四素同构"为核心体系与特征的崇山峻岭地带大范围、大规模、和谐的山地水梯田生产、生活方式和文化景观体系。

根据文献记载，哈尼梯田文化景观的历史起码可以追溯到一千三百年前中国的唐代，以后日臻完善、发展、定型，千百年延绵不绝，至今保持着旺盛的生命力，为人类提供了一处几乎是极限生存条件下顺应自然，以非凡的创造力、毅力和乐观精神成就美好生活的典范。

4.2 价值标准

根据《实施世界遗产公约操作指南》第77段，申报遗产符合（Ⅰ）、（Ⅲ）、（Ⅳ）、（Ⅴ）、（Ⅵ），共5条标准。

4.2.1 符合标准（Ⅰ）

代表人类创造精神的杰作。

在横断山脉的崇山峻岭中、亚热带气候条件下，哈尼人以其坚韧不拔的意志、精湛悠久的农业生产技术和天人合一的生态价值观，在没有高山湖泊、人类难以生存、更难以大量繁衍的环境中，成功地创立了一套聪明、科学、高效、公平、和谐的森林蓄水、分流灌溉和保持人口、村寨合理容量的大山区可持续农业生态系统，创造出基于极限条件下人类生存方式的完美而和谐的人居环境，展现了在受到自然环境极大制约下人类顽强的生存能力、伟大的创造力和乐观精神，并经千百年的发展和积淀、形成和延续为规模宏大、雄浑、壮美的大地雕塑艺术。

申报遗产区内基于独创的造田、养田技术而建成的绵延于广袤山区的水稻梯田无疑是一项杰出的工程成就，它不仅与自然环境取得了和谐，而且通过雕塑大地赋予了这里无与伦比的美学意义。

遗产地世居民族创造性地建立了一套卓越的森林蓄水、分流灌溉系统，实现了水资源集约高效的利用与管理。这套系统以维护自然生态机制为科学原理，将人对水资源的利用巧妙融于自然水资源的循环之中，直至今日仍在稳定地发挥作用。

4.2.2 符合标准（Ⅲ）

能为现存的或已消逝的文明或文化传统提供独特的或至少是特殊的见证。

红河哈尼梯田文化景观体现着哈尼民族对大自然的崇奉和世界观以及传统、成功的生产和生活方式，包括社会架构、聚落与建筑的选址和建造、水源的保护与分配、对农时和稻作技术的认知和掌控等等。其"昂玛突""开秧节""苦扎扎""祭司""摩匹"等祭祀活动和制度，是支撑这一独特生态体系延绵不断的有效内涵和文明传统。

红河哈尼梯田文化景观所展现的人类与自然完美和谐的状态，见证了哈尼族"万物有灵"的观念和崇奉大自然的传统。

红河哈尼梯田文化景观以"森林－水系－村寨－梯田"四素同构为核心体系和特征建立的可持续大规模高山梯田系统，见证了哈尼民族传统、成功的生产和生活方式。

红河哈尼梯田文化景观包含的与梯田农耕程序相应的哈尼宗教民俗与仪轨，是支撑这一独特生态体系延绵不断的有效内涵和文明传统。

4.2.3 符合标准（Ⅳ）

是一种建筑、建筑群、技术整体或景观的杰出范例，展现历史上一个（或几个）重要发展阶段。

至少从公元7世纪始，"哈尼梯田"式景观在中国横断山脉东南部广阔的大山区域已普遍存在，成为一种特定自然条件下具有广泛示范意义的人类生存方式和成就。在其他类似景观地区都因为现代化的影响而有不同改变的今天，由坝达、多依树和老虎嘴片区三个景观单元构成的哈尼梯田文化景观，完整、真实地体现着一幅由历史演变而来的最完整的生态组合和整体景观画卷，又以因地势、地形而形成的各种有所区别的典型景观单元特色相辅相成，这使得它成为一种具有深远意义、广泛影响、奇特风貌与内涵、可持续的古老农业文明和大范围山地景观的最杰出典范。

以红河哈尼梯田文化景观为代表的反映传统稻作农业的大范围山地景观，在中国横断山脉东南部广阔的大山区域普遍存在，展现了公元7世纪至今农业文明在景观形成方面所能达到的极致、完美的状态。

申报的遗产区由三个风貌最奇特、感染力最强、各具特色的景观单元组成，各景观单元相辅相成，构成由历史演变而来的最完整的生态组合和整体景观，成为"哈尼梯田"式景观的杰出范例。并且为当地政府和公众精心保护与延续。

4.2.4 符合标准（Ⅴ）

是传统人类聚居、土地使用或海洋开发的杰出范例，代表一种（或几种）文化或者人类与环境的相互作用，特别是由于不可扭转的变化影响而脆弱易损。

该景观见证了持续一千三百多年的、成功的大山区山地开发实践，哈尼人尊奉和保护的大规模森林蓄水体系，以及公平、合理、简洁、巧妙的分流灌溉系统，成为唯一的、但充分有效和可持续的水源保持和分配体系。精心设计建造的梯田和村寨，巧妙协调地融入自然生态，不仅创造了健康、和谐的人居方式，而且保护了山区生态系统和生物多样性。作为崇山峻岭环境中人类生态体系的杰出样式和范例，哈尼梯田以"森林－水系－村寨－梯田"四素同构为鲜明特色与架构的生产生活居住方式体现出人与自然的完美和谐。

4.2.5 符合标准（Ⅵ）

与具有突出的普遍意义的事件、文化传统、观点、信仰、艺术作品或文学作品有直接或实质的联系。

红河哈尼梯田文化景观体现着哈尼民族独特的历法、制度、宗教信仰、风俗、艺术、口传知识、诗歌乃至审美、服饰、装饰等文化传统和坚韧、乐观、深沉的民族性格。哈尼梯田的核心价值与哈尼族所特有的文化传统密切相关，是哈尼民族文化身份最重要的象征。"圣树崇拜"和"稻神崇拜"的信仰和理念长期主导着哈尼人对待自然的态度与生产、生活方式。

4.3 完整性与真实性

申报的遗产区完整地包含了相互依存的"森林－水系－村寨－梯田"四类要素及其构成关系以及

各具特色的景观单元。各类要素及其功能都保存完好，促进景观可持续存在和演进的内在动力仍然存在而且有效，缓冲区为整个景观提供了足够的视线与周边环境保护以及与外部区域社会经济发展协调与过渡的充足空间。因此，红河哈尼梯田文化景观完全符合完整性标准。

哈尼梯田保持着高度的真实性，这体现在如下方面：景观元素和景观格局的传统形式；景观功能和用途的持续性；稻田和灌溉系统发展的连续性；村寨和民居的乡土性特征；传统的农业技术和产品；完备的耕作制度、管理体制、历法、仪轨；信仰、习俗的延续性；可印证的口传知识与口头文学。

村寨建筑由于受现代化和现代建筑材料的影响，也由于茅草建筑的传统材料日益难寻，真实性在原材料方面不可避免地受到一定的影响。但它们的功能没有改变，对梯田文化景观的支撑作用没有改变。在遗产区和缓冲区内维修、改建和新建建筑物受到严格控制，并被要求遵循传统的样式和风貌。相关政策和做法得到村民的赞同和遵守。

遗产区内的梯田内被要求延续传统的耕作和管理模式，不使用现代化肥和农药。梯田里出产的绿色农产品是当地有潜力的产业发展方向。

5 保护管理要求

申报的遗产区及缓冲区的保护都有充分的法律保障，近十年来，对该遗产的保护和管理，实行规划、实施、监管、评估和反馈的循环机制，通过《哈尼梯田保护与管理规划》和《红河哈尼族彝族自治州哈尼梯田保护管理办法》等专项规划和法规的制订、实施和修编，不断整合、优化这一景观所涉及的各种保护称号的积极作用。遗产地政府成立的专门管理机构——哈尼梯田管理局具有综合的协调能力和足够的专业支持。

事实上，哈尼梯田的发展、演进和平衡一直是凭借内在的动力和世代延续的传统保管机制而实现的。这个动力至今仍然持续着，这些传统保管机制也都仍然有效。因此，过去实施的保护措施主要是与传统保护机制有效结合，使哈尼梯田的自然演进过程向着更有保障的方向发展。

当地政府和社会公众深刻理解并积极支持世界遗产的相关理念和要求，正积极有效地保护他们的生态和精神家园。

6 突出普遍价值声明

红河哈尼梯田文化景观位于中国西南边境红河南岸，云南省红河哈尼族彝族自治州元阳县境内。

这里处于庞大的横断山系东缘，山大、山高，谷深、谷阔，山势宏伟。气候属亚热带季风气候，但因山底到山顶高差逾2000米，上下气温差别大，又形成了不同高程间气候的巨大差别。山顶覆盖着莽莽森林，但没有高山湖泊。山下有穿越中国和越南的国际河流——红河水系流经，但河谷地带可供耕作的平坝十分狭小。整个区域是一片雄浑、壮美的大山区，但也是人类难以生存、更难以养活大量人口的地区。

红河哈尼梯田文化景观在特有的壮阔大山环境中开创的、覆盖雄伟山体所形成的景观连绵成无边的画卷，被当代人誉为"伟大的大地雕刻"。而实现了这一人类创造力、耐受力、意志力和人与自然和谐理念的哈尼族人，则被誉为"大地雕刻师"。他们的族源、文脉、艰险曲折的历史、信仰与传统、社会合作机制以及特有的文明传统，又赋予了这一片奇特的景观和人类的杰出成就以特有的内涵和光环。

红河哈尼梯田文化景观因其特有的地理、气候、植被、水源条件，独到的生产、生活体系，和哈尼民族的信仰、习俗与传统，而表现得在与中国南方、南亚和东南亚等地的山地水稻梯田景观有相似之处的同时，又具备本身不可取代的特征和成就，从而与其他著名的、包括已列入《世界遗产名录》或《世界遗产预备名单》的山地水稻梯田景观可以相互补充，相辅相成。

红河哈尼梯田文化景观的结构、内涵、组成要素和环境千百年来未被根本改变，保存完整，至今更加受到当代人的关注和珍惜，被视作和谐生态体系和人类完美生活的一种典范。其完整性和真实性程度很高。

红河哈尼梯田文化景观所在的云南省红河哈尼族彝族自治州元阳县的政府和民众，以及中国中央政府的相关机构，都充分地意识到了这一生态体系的意义和价值，制定了周密的保护管理政策、法规和协调机制，将把这一处景观持久地、完整地传承下去。

综上所述，希望红河哈尼梯田文化景观可以被认为具有世界文化遗产的价值，它已具有了被申请列入《世界遗产名录》的条件。

7 参加人员

项目负责人　张谨
主要参加人员
中国文化遗产研究院：赵云、王喆、范佳翎
中国建筑设计研究院建筑历史研究所：王力军
清华大学建筑学院：罗德胤、孙娜

大运河遗产保护与管理总体规划（2012~2030）[1]

【摘要】

　　大运河是中国古代国家工程，有着系统完善的管理体系。大运河在千百年的运营中，保证了国家统一安全，促进了经济的发展，也为运河两岸带来了繁荣。但伴随着不断的灾难，在运河水的亏盈、水源利益的纠纷和多种交通方式的冲击下，昔日担负国家重任的中国大运河终于在20世纪卸下了肩上的重担。清光绪二十七年（1901年）停止了国家经营的运河漕运；此后半个多世纪，作为一种辅助交通方式的运河仍勉强维持；直至20世纪70年代末，因年久失修，水源枯竭，济宁以北全部断航，结束了近千年的全线运营。然而，在水源依然丰盈的中国南部，也就是中国大运河的南段，已由原来的粮食漕运转变为多功能的运输干线。

　　中国大运河的辉煌，除了它的历史、它的长度之外，还有它的复杂、它的精致和它的科学。因此它的存在，足以让中国人感到自豪和骄傲。而对于它的保护也成为我们这一代人应该承担的责任。

1 总则

1.1 编制背景

　　2006年5月，京杭大运河被公布为第六批全国重点文物保护单位；12月，中国大运河被列入《中国世界文化遗产预备名单》。

　　2009年，运河沿线各城市政府组织编制并公布了大运河遗产第一阶段保护规划；2010年，大运河遗产所在的省、直辖市人民政府在申报第七批全国重点文物保护单位时提出了扩展全国重点文物保护单位京杭大运河的申请，基本廓清了大运河遗产的基本构成，进一步明确了保护工作的深度和广度要求。

　　为有效保护大运河遗产，根据2010年4月大运河保护和申遗省部际会商小组第二次会议决议确定的大运河遗产保护工作的基本要求和近期方向，特编制《大运河遗产保护与管理总体规划（2012～2030）》。

---

1. 获2011年中国文化遗产研究院优秀文物保护项目一等奖。

1.2 指导思想

以"保护为主、抢救第一、合理利用、加强管理"的文物工作方针为指导，以使遗产的真实性、完整性获得有效保护和延续为根本目标，充分考虑大运河遗产的在用功能和活态遗产特性，贯彻落实以人为本，全面、协调、可持续的科学发展观，确立整体保护大运河遗产的战略思想，探讨科学的利用与管理机制，在合理发挥大运河功能的前提下，保证防洪和水环境安全，促进实现运河遗产所在地经济、社会、文化的全面协调可持续发展，不断提高保护与维护大运河文化遗产价值的能力。

1.3 规划对象与范围

规划涉及第一阶段保护规划认定的1154项大运河遗产，主要规划对象为遴选出的364项在全国层面具有重要价值的大运河遗产，即"中国大运河遗产"。

规划范围涵盖遗产分布范围及其在文化遗产概念下的背景环境。

1.4 规划期限

规划期限为2012～2030年。

- 近期2012～2015年；
- 中期2016～2020年；
- 远期2021～2030年；
- 远景2030年以后。

1.5 规划的基本依据

1.5.1 国家法律、行政法规、部门规章

- 《中华人民共和国文物保护法》（2007年修正）；
- 《中华人民共和国环境保护法》（1989年）；
- 《中华人民共和国防洪法》（1997年）；
- 《中华人民共和国水法》（2002年修订）；
- 《中华人民共和国港口法》（2003年）；
- 《中华人民共和国土地管理法》（2004年修正）；
- 《中华人民共和国城乡规划法》（2007年）；
- 《中华人民共和国水污染防治法》（2008年修订）；
- 《中华人民共和国水土保持法》（2010年修订）；
- 《中华人民共和国非物质文化遗产法》（2011年公布）；

－《中华人民共和国文物保护法实施条例》（2003年）；

－《中华人民共和国河道管理条例》（1988年）；

－《中华人民共和国内河交通安全管理条例》（2002年）；

－《中华人民共和国防汛条例》（2005年修订）；

－《中华人民共和国水文条例》（2007年）；

－《历史文化名城名镇名村保护条例》（2008年）；

－《中华人民共和国水路运输管理条例》（2008年修订）；

－《中华人民共和国航道管理条例》（2008年修订）；

－《全国重点文物保护单位保护规划编制审批办法》（2004年）；

－《世界文化遗产保护管理办法》（2006年）；

－《国家级非物质文化遗产保护与管理暂行办法》（2006年）。

1.5.2 文件

－《关于加强和改善世界遗产保护管理工作的意见》（2002年）；

－《国务院关于加强文化遗产保护的通知》（2005年）；

－《国务院关于核定并公布第六批全国重点文物保护单位的通知》（2006年）；

－《关于加强大运河保护和申报世界遗产工作的通知》文物保函[2009]939号。

1.5.3 地方法规

北京、天津、河北、山东、江苏、浙江、河南、安徽各省、直辖市现行相关法规。

1.5.4 技术标准、规范

－《中国文物古迹保护准则》（2004年）；

－《全国重点文物保护单位保护规划编制要求》（2004年）；

－《历史文化名城保护规划规范》（2005年）。

1.5.5 国际文件

－《国际古迹保护与修复宪章》（1964年）（International Charter for the Conservation and Restoration of Monuments and Sites）；

－《保护世界文化和自然遗产公约》（1972年）（Convention Concerning the Protection of the World Cultural and Natural Heritage）；

－《奈良真实性文件》（1994年）（The Nara Document on Authenticity）；

－《国际运河遗产名录》（1996年）（The International Canal Monuments List）；

－《国际文化旅游宪章》（1999年）（International Cultural Tourism Charter）；

－《保护非物质文化遗产公约》（2003年）（Convention for the Safeguarding of the Intangible

Cultural Heritage）;

　－《保护和促进文化表达多样性公约》（2005年）（Convention on the Protection and Promotion of the Diversity of Cultural Expressions）;

　－《关于历史建筑、古遗址和历史地区周边环境保护的西安宣言》（2005年）（Xi'an Declaration on the Conservation of the Setting of Heritage Structures, Sites and Areas）;

　－《关于文化线路的国际古迹遗址理事会宪章》（2008年）（The ICOMOS Charter on Cultural Routes）;

　－《文化遗产地阐释与展示宪章》（2008年）（The ICOMOS Charter for the Interpretation and Presentation of Cultural Heritage Sites）;

　－《实施世界遗产公约的操作指南》（2011年）（The Operational Guidelines for the Implementation of the World Heritage Convention）。

1.5.6 相关规划

　－海河、淮河、黄河、长江、太湖流域综合规划、水资源综合规划、防洪规划及蓄滞洪区建设与管理规划;

　－南水北调工程总体规划及东线工程规划;全国重点地区中小河流近期治理建设规划及相关省级水利相关规划;

　－长江三角洲高等级航道建设规划;京杭运河航道建设规划;全国内河航道与港口布局规划;

　－全国土地利用总体规划纲要（2006～2020年）及相关省市土地利用总体规划。

1.5.7 大运河遗产第一阶段保护规划成果

大运河遗产所在的35个直辖市、地级市政府组织编制并审批通过的大运河遗产保护规划。

1.6 规划成果构成

1.6.1 基本文件

规划文本、规划图纸、分段规划（表格、图纸）。

1.6.2 辅助文件

规划说明、基础资料汇编、GIS支持系统。

1.7 强制性内容说明

本规划确定的中国大运河遗产的构成内容、保护区划、管理规定为强制性内容。

1.8 规划重点内容

本规划在第一阶段大运河遗产保护规划的基础上，着重识别、保护在全国层面具有重要价值的大运河遗产。

着重大运河遗产保护宏观规划内容，统筹安排保护、整治与展示措施，依据复杂多样的遗产与环境现状，设立特定的分层次滚动规划编制机制，加强规划实施的动态适应性和可操作性。

2 大运河遗产认定

2.1 大运河遗产概况

2.1.1 地理位置

大运河遗产分布于北京、天津、河北、山东、江苏、浙江、河南、安徽等八个省、直辖市。南北向运河北至北京、南至浙江杭州，纬度 30° 12′ ~ 40° 00′；东西向运河西至河南洛阳、东至浙江宁波，经度 112° 25′ ~ 121° 45′。

2.1.2 历史沿革

大运河的开凿始于公元前486年的春秋时期，汉魏时曾作为国家粮食运输的要道，隋唐时期形成沟通京师与南北主要政治经济中心的、以东西方向为主的漕粮通道，元以后由于中国政治中心的迁移，在公元13~19世纪时转而形成南北向的京杭大运河，其中很多段落至今仍发挥着重要的航运、行洪、输水等功能。

2.1.3 大运河遗产的性质

大运河遗产是由国家主导进行建造、使用和维护的战略工程。

大运河遗产是《实施世界遗产公约的操作指南》所指的运河遗产中历史运河的突出代表。

大运河遗产也是一处超大规模的文物古迹，是大运河在千百年的流淌中形成的融合与交流沿途各种文化的独特文化线路、持续不断演进而成的独特的线性文化景观。

大运河遗产的主体部分京杭大运河于2006年由国务院公布为第六批全国重点文物保护单位；同年，中国大运河列入《中国世界文化遗产预备名单》，其内涵和价值仍在不断探讨和发现中。

2.1.4 大运河遗产总体构成

大运河遗产由保障其运行的工程遗存、配套设施与管理设施遗存以及与其文化意义密切联结的相关文物古迹构成。

大运河遗产总体构成依据运河沿线各城市人民政府批准的第一阶段保护规划成果确认，包括1154

项遗产[1]。

2.2 中国大运河遗产认定与构成

鉴于大运河遗产构成内涵的复杂性和外延的广泛性，本规划选择其中支撑大运河整体框架、承载遗产核心价值、在全国层面具有重要价值和保护意义的遗产元素，确定为主要规划对象，称为"中国大运河遗产"。

2.2.1 中国大运河遗产的认定策略

优先关注大运河遗产的整体价值，强调遗产元素及其重要特征对遗产整体价值的贡献和元素之间的价值关联。

优先关注具有代表性意义的运河工程及其遗址的整体性，优先关注体现中国古代独特的水运水利制度及运河文化的运河附属遗存和相关遗产，建立辨识、保护中国大运河突出普遍价值的基本框架和规划策略。

2.2.2 中国大运河遗产构成

规划认定的中国大运河遗产共364项。

2.2.3 遗产要素类型

构成中国大运河遗产的遗产要素按类型分为运河水工遗存、运河附属遗存、运河相关遗产。

运河水工遗存包括河道遗存，湖泊、水库、泉等水体遗存，水工设施遗存，共222项。其中：

河道遗存47段（包括在用、废弃的河道以及河道遗址）；

湖泊／水库、泉等水体遗存13处；

水工设施遗存162处。

运河附属遗存包括配套设施遗存、管理设施遗存和沉船遗址等其他附属遗存，共41项。

运河相关遗产包括相关碑刻、古建筑、古遗址、近现代建筑与史迹等相关遗产点和相关历史文化街区，共101项。

2.2.4 遗产段落划分与分段构成要素

为保护中国大运河遗产各类要素相互关联而构成的整体价值，展现重要历史时期大运河的基本格局，规划通过河道遗存的线路组织遗产段落，依据历史时期大运河的分段和命名习惯，将河道遗存与其沿线遗产总体上分为通惠河段、北运河段、南运河段、会通河段、中河段、淮扬运河段、江南运河

1．参见《大运河遗产保护与管理总体规划·规划说明》。

段、浙东运河段、卫河（永济渠）段、通济渠（汴河）段，共10个区段。

Ⅰ通惠河段：含21项遗产，其中，河道遗存3段，湖泊／水库、泉等水体遗存4处，水工设施遗存8处，运河附属遗存2处，运河相关遗产4处。

Ⅱ北运河段：含17项遗产，其中，河道遗存1段，水工设施遗存4处，运河附属遗存8处，运河相关遗产4处。

Ⅲ南运河段：含24项遗产，其中，河道遗存1段，水工设施遗存13处，运河附属遗存2处，运河相关遗产8处。

Ⅳ会通河段：含63项遗产，其中，河道遗存3段，湖泊／水库、泉等水体遗存5处，水工设施遗存41处，运河附属遗存3处，运河相关遗产11处。

Ⅴ中河段：含14项遗产，其中，河道遗存3段，水工设施遗存6处，运河附属遗存1处，运河相关遗产4处。

Ⅵ淮扬运河段：含72项遗产，其中，河道遗存8段，湖泊／水库、泉等水体遗存2处，水工设施遗存25处，运河附属遗存6处，运河相关遗产31处。

Ⅶ江南运河段：含82项遗产，其中，河道遗存14段，水工设施遗存35处，运河附属遗存11处，运河相关遗产22处。

Ⅷ浙东运河段：含27项遗产，其中，河道遗存1段，湖泊／水库、泉等水体遗存1处，水工设施遗存16处，运河附属遗存4处，运河相关遗产5处。

Ⅸ卫河（永济渠）段：含13项遗产，其中，河道遗存3段，湖泊／水库、泉等水体遗存1处，水工设施遗存4处，运河相关遗产5处。

Ⅹ通济渠（汴河）段：含31项遗产，其中，河道遗存10段，水工设施遗存10处，运河附属遗存4处，运河相关遗产7处。

2.2.5 遗产分布与规模

（1）遗产分布

中国大运河遗产基本上沿各段主线呈线状分布，江南运河段局部有显著的网络状段落，通济渠段因部分段落目前尚未查明而呈不连续的线段式分布（表1）。

通惠河、北运河、南运河、会通河、中河、淮扬运河、江南运河各段主线首尾相连，构成南北向主轴，通济渠段和卫河段向西延伸、浙东运河段向东延伸。

（2）遗产规模

按河段总长度计约3166公里，其中主线长度约2681公里。

Ⅰ通惠河段：遗产分布范围（含长河水源段）自北京昆明湖至通州北关闸，河段总长度约29公里，其中主线长度约20公里。

Ⅱ北运河段：遗产分布范围自通州北关闸至天津三岔河口，河段总长度约148公里，主线长度约148公里。

Ⅲ南运河段：遗产分布范围自天津三岔河口至山东临清会通河（元运河）入卫处，河段总长度约

458公里，主线长度约458公里。

　　Ⅳ会通河段：遗产分布范围自山东临清会通河（元运河）入卫处至微山县夏镇街道，河段总长度约450公里，其中主线长度约368公里。

　　Ⅴ中河段：遗产分布范围自山东微山县夏镇街道至江苏淮安清口枢纽，河段总长度约483公里，其中主线长度约246公里。

　　Ⅵ淮扬运河段：遗产分布范围自江苏淮安清口枢纽至长江，河段总长度约241公里，其中主线长度约188公里。

　　Ⅶ江南运河段：遗产分布范围自长江至钱塘江北岸，河段总长度约479公里，其中主线长度约432公里。

　　Ⅷ浙东运河段：遗产分布范围自浙江杭州西兴镇至宁波三江口，河段总长度约180公里，主线长度约180公里。

　　Ⅸ卫河（永济渠）段：遗产分布范围自河南焦作小丹河河首九道堰至山东临清会通河（元运河）入卫处，河段总长度约462公里，其中主线长度约428公里。

　　Ⅹ通济渠（汴河）段：遗产分布范围自河南洛阳隋唐洛阳城遗址至江苏洪泽湖，河段总长度约236公里，其中主线长度约212公里。

表1 中国大运河遗产构成

遗产分段	遗产要素构成					遗产要素组合（建议）	
	运河水工遗存			运河附属遗存	运河相关遗产	组合名称	所含要素
	河道遗存	湖泊、水库、泉等水体遗存	水工设施				
Ⅰ 通惠河段	（1）通惠河段主线（通惠河）	（1）-1 葫芦头	（1）-2 平津上闸 （1）-3 永通桥 （1）-4 通运桥		（1）-5 御制通州石道碑 （1）-6 燃灯佛舍利塔 （1）-7 通州北城墙遗址	永通桥（含御制通州石道碑）	（1）-3 永通桥 （1）-5 御制通州石道碑
	（2）玉河故道	（2）-1 什刹海	（2）-2 澄清上闸（含万宁桥） （2）-3 澄清中闸（含东不压桥）	（2）-4 南新仓	（2）-5 汇通祠		
	（3）长河	（3）-1 白浮泉 （3）-2 昆明湖	（3）-3 绣漪闸 （3）-4 广源闸 （3）-5 高粱闸	（3）-6 昆明湖船坞			

续表1

遗产分段	遗产要素构成					遗产要素组合（建议）	
	运河水工遗存			运河附属遗存	运河相关遗产	组合名称	所含要素
	河道遗存	湖泊、水库、泉等水体遗存	水工设施				
Ⅱ 北运河段	（4）北运河段主线（北运河－子牙河）		（4）－1 青龙湾减河河首 （4）－2 红庙村金门闸 （4）－3 筐儿港减河河首 （4）－4 筐儿港减河分水设施遗址	（4）－5 三角坝沉船 （4）－6 东西仓沉船 （4）－7 十四仓遗址 （4）－8 陈庄沉船 （4）－9 双树村沉船 （4）－10 聂官屯沉船 （4）－11 杨村五街沉船 （4）－12 顺直水利委员会旧址	（4）－13 《导流济运碑》 （4）－14 《阅筐儿港减河水坝作诗碑》 （4）－15 天后宫 （4）－16 天妃宫遗址	青龙湾减河	（4）－1 青龙湾减河河首 （4）－2 红庙村金门闸
						筐儿港减河	（4）－3 筐儿港减河河首 （4）－4 筐儿港减河分水设施遗址 （4）－13 《导流济运碑》 （4）－14 《阅筐儿港减河水坝作诗碑》
						北运河沉船	（4）－5 三角坝沉船 （4）－6 东西仓沉船 （4）－8 陈庄沉船 （4）－9 双树村沉船 （4）－10 聂官屯沉船 （4）－11 杨村五街沉船

遗产分段	遗产要素构成					遗产要素组合（建议）	
	运河水工遗存			运河附属遗存	运河相关遗产	组合名称	所含要素
	河道遗存	湖泊、水库、泉等水体遗存	水工设施				
Ⅲ 南运河段	（5）南运河段主线（南运河－卫运河）		（5）-1 马厂减河河首 （5）-2 九宣闸 （5）-3 捷地减河河首 （5）-4 捷地分洪闸 （5）-5 1933年德国西门子启闭机 （5）-6 连镇谢家坝 （5）-7 华家口夯土险工 （5）-8 德州码头 （5）-9 四女寺枢纽 （5）-10 四女寺减河河首 （5）-11 郑口挑水坝 （5）-12 朱唐口险工 （5）-13 油坊码头遗址及险工	（5）-14 德州仓储 （5）-15 东光码头沉船遗址	（5）-16 石家大院 （5）-17 靳官屯闸碑 （5）-18 马厂炮台及军营遗址 （5）-19 乾隆御书《捷地、兴济坝工纪事诗碑》 （5）-20 清代宪示碑 （5）-21 泊头清真寺 （5）-22 苏禄王墓 （5）-23 陈窑窑址	马厂减河	（5）-1 马厂减河河首 （5）-2 九宣闸 （5）-17 靳官屯闸碑
						捷地减河	（5）-3 捷地减河河首 （5）-4 捷地分洪闸 （5）-5 1933年德国西门子启闭机 （5）-19 乾隆御书《捷地、兴济坝工纪事诗碑》 （5）-20 清代宪示碑
						德州码头（含码头、德州仓储）	（5）-8 德州码头 （5）-14 德州仓储

续表1

遗产分段	遗产要素构成					遗产要素组合（建议）	
	运河水工遗存			运河附属遗存	运河相关遗产	组合名称	所含要素
	河道遗存	湖泊、水库、泉等水体遗存	水工设施				
IV 会通河段	（6）会通河段主线（会通河及遗址－南阳新河）	（6）-2 南旺湖遗址 （6）-3 泗河泉林 （6）-4 浣笔泉 （6）-5 南四湖	（6）-6 临清闸(问津桥) （6）-7 月径桥 （6）-8 会通闸(会通桥) （6）-9 砖闸（二闸） （6）-10 戴湾闸等39处	（6）-46 临清运河钞关 （6）-47 阿城盐运司 （6）-48 济宁河道总督府遗址	（6）-49 临清舍利宝塔 （6）-50 临清清真寺、清真东寺 （6）-51 鳌头矶 （6）-52 河隈张庄明清砖官窑遗址 （6）-53 聊城山陕会馆 （6）-54 禹王庙 （6）-55 《大元新开会通河记事碑》 （6）-56 开河闸碑 （6）-57 南旺分水龙王庙遗址 （6）-58 济宁东大寺 （6）-59 清雍正《疏浚济州河碑》	南旺枢纽	（6）-1 上泉古泉群 （6）-2 南旺湖遗址 （6）-28 十里闸 （6）-29 堽城坝遗址 （6）-30 戴村坝 （6）-31 运河砖砌河堤 （6）-32 邢通斗门遗址 （6）-33 徐建口斗门遗址 （6）-34 柳林闸 （6）-35 寺前铺闸 （6）-54 禹王庙 （6）-57 南旺分水龙王庙遗址
	（7）小汶河						
	（8）陶城铺运河		（8）-1 陶城铺闸				

续表1

遗产分段	遗产要素构成					遗产要素组合（建议）	
	运河水工遗存			运河附属遗存	运河相关遗产	组合名称	所含要素
	河道遗存	湖泊、水库、泉等水体遗存	水工设施				
V 中河段	（9）中河段主线（泇河－皂河－中河）		（9）-1 通惠闸 （9）-2 台儿庄月河码头群 （9）-3 李口吴集月堤 （9）-4 新袁杨大滩月堤 （9）-5 淮安三百六十丈月堤 （9）-6 双金闸	（9）-7 龙王庙行宫	（9）-8 微山县乾隆御碑 （9）-9 窑湾镇历史街区 （9）-10 宿迁大王庙		
	（10）废黄河徐州吕梁至淮安清口段				（10）-1 《疏凿吕梁洪记碑》		
	（11）老不牢河邳州段						

续表1

遗产分段	遗产要素构成					遗产要素组合（建议）	
	运河水工遗存			运河附属遗存	运河相关遗产	组合名称	所含要素
	河道遗存	湖泊、水库、泉等水体遗存	水工设施				
Ⅵ 淮扬运河段	（12）淮扬运河段主线（淮安明清运河故道-现京杭运河-扬州城明清运河故道-伊娄河故道）	（12）-1 洪泽湖 （12）-2 瘦西湖	（12）-3 洪泽湖口引河及堤防 （12）-4 济运设施 （12）-5 御黄束清设施 （12）-6 中运河堤坝 （12）-7 黄河故道及堤工 （12）-8 里运河旧道及堤坝 （12）-9 转水墩 （12）-10 码头三闸 （12）-11 古清口遗址 （12）-12 洪泽湖大堤 （12）-13 淮安里运河石驳岸 （12）-14 清江大闸 （12）-15 淮安古运河石码头 （12）-16 淮安古运河石堤 （12）-17 高邮段里运河东堤 （12）-18 茱萸湾古闸	（12）-19 河道总督署遗址及清晏园 （12）-20 丰济仓遗址 （12）-21 淮安钞关遗址 （12）-22 总督漕运公署遗址 （12）-23 盂城驿 （12）-24 两淮都转盐运使司衙署	（12）-25 《御制重修惠济祠碑》 （12）-26 乾隆《阅河诗碑》 （12）-27 高家堰铁牛 （12）-28 高良涧铁牛 （12）-29 三河铁牛 （12）-30 清江浦楼 （12）-31 清江清真寺 （12）-32 吴公祠 （12）-33 陈潘二公祠 （12）-34 郑文英墓 （12）-35 河下历史文化街区等25处	清口枢纽	（12）-3 洪泽湖口引河及堤防 （12）-4 济运设施 （12）-5 御黄束清设施 （12）-6 中运河堤坝 （12）-7 黄河故道及堤工 （12）-8 里运河旧道及堤坝 （12）-9 转水墩 （12）-10 码头三闸 （12）-25 《御制重修惠济祠碑》 （12）-26 乾隆《阅河诗碑》
						洪泽湖大堤铁牛	（12）-27 高家堰铁牛 （12）-28 高良涧铁牛 （12）-29 三河铁牛

续表1

遗产分段	遗产要素构成					遗产要素组合（建议）	
	运河水工遗存			运河附属遗存	运河相关遗产	组合名称	所含要素
	河道遗存	湖泊、水库、泉等水体遗存	水工设施				
						扬州盐业历史遗迹	（12）-41 个园 （12）-43 汪氏小苑 （12）-46 汪鲁门宅 （12）-47 何园 （12）-49 卢绍绪宅 （12）-50 盐宗庙
VI 淮扬运河段	（13）宝应宋泾河		（13）-1 宝应跃龙关遗址				
	（14）宝应明清运河故道						
	（15）高邮明清运河故道		（15）-1 高邮段里运河西堤 （15）-2 高邮御码头 （15）-3 耿庙石柱 （15）-4 平津堰遗址		（15）-5 马棚湾铁牛 （15）-6 镇国寺塔 （15）-7 高邮南门大街历史地段		
	（16）邵伯明清运河故道		（16）-1 邵伯古堤 （16）-2 邵伯老船闸 （16）-3 邵伯码头		（16）-4 邵伯铁牛 （16）-5 《江北运河复堤碑》		
	（17）古邗沟故道（邗沟东道，扬州城区段）						
	（18）子婴减河		（18）-1 子婴减河闸				
	（19）仪扬运河						

续表1

遗产分段		遗产要素构成					遗产要素组合（建议）	
		运河水工遗存			运河附属遗存	运河相关遗产	组合名称	所含要素
		河道遗存	湖泊、水库、泉等水体遗存	水工设施				
Ⅶ 江南运河段	主线	（20）镇江城区运河故道		（20）-1 镇江虎踞桥		（20）-2 西津渡古街 （20）-3 新河街		
		（21）丹徒河						
		（22）现京杭运河镇江至常州段		（22）-1 丹阳开泰桥 （22）-2 常州万缘桥				
		（23）常州城区运河故道		（23）-1 常州文亨桥 （23）-2 青果巷码头群及古纤道 （23）-3 常州飞虹桥 （23）-4 常州新坊桥 （23）-5 常州广济桥		（23）-6 青果巷历史街区 （23）-7 大成三厂建筑群		
		（24）现京杭运河常州至无锡段		（24）-1 常州万安桥				
		（25）无锡城区运河故道				（25）-1 茂新面粉厂 （25）-2 清名桥历史街区		

续表1

遗产分段	遗产要素构成					遗产要素组合（建议）	
	运河水工遗存			运河附属遗存	运河相关遗产	组合名称	所含要素
	河道遗存	湖泊、水库、泉等水体遗存	水工设施				
VII 江南运河段 主线	（26）现京杭运河无锡至苏州段			（26）-1 三里亭 （26）-2 十里亭 （含石碑）			
	（27）苏州城区运河故道		（27）-1 苏州下津桥 （27）-2 苏州上津桥 （27）-3 盘门 （27）-4 苏州吴门桥 （27）-5 苏州灭渡桥 （27）-6 宝带桥（苏州）	（27）-7 横塘驿站 （27）-8 灭渡桥水文站	（27）-9 寒山寺 （27）-10 皇亭三碑 （27）-11 苏纶纱厂旧址		
	（28）现京杭运河苏州至吴江段		（28）-1 吴江三里桥 （28）-2 吴江垂虹纤道桥 （28）-3 吴江古纤道 （28）-4 吴江安民桥 （28）-5 吴江安德桥				

续表1

遗产分段	遗产要素构成					遗产要素组合（建议）	
	运河水工遗存			运河附属遗存	运河相关遗产	组合名称	所含要素
	河道遗存	湖泊、水库、泉等水体遗存	水工设施				
VII 江南运河段	主线 (29) 江南运河吴江-嘉兴-杭州段（自吴江平望，经苏州塘，至嘉兴城；再经杭州塘北段，至嘉兴崇福镇分为南北两线：南线经崇长港至海宁长安镇，再经上塘河，至杭州坝子桥；北线经杭州塘南段，由塘栖至杭州坝子桥）		(29)-1 嘉兴闻店桥 (29)-2 长虹桥（嘉兴） (29)-3 分水墩 (29)-4 秀城桥 (29)-5 嘉兴司马高桥 (29)-6 长安闸 (29)-7 隆兴桥 (29)-8 桂芳桥 (29)-9 欢喜永宁桥 (29)-10 东新桥 (29)-11 坝子桥 (29)-12 广济桥（杭州） (29)-13 拱宸桥（杭州） (29)-14 德胜坝	(29)-15 落帆亭 (29)-16 嘉兴造船门旧址 (29)-17 水利通判厅遗址与乾隆御碑 (29)-18 洋关旧址 (29)-19 杭州富义仓	(29)-20 嘉兴文生修道院 (29)-21 嘉兴芦席汇历史街区 (29)-22 嘉兴月河历史街区 (29)-23 嘉兴天主教堂 (29)-24 嘉兴西水驿碑 (29)-25 新市镇历史街区 (29)-26 崇德城旧址及横街 (29)-27 长安镇历史街区 (29)-28 通益公纱厂旧址 (29)-29 杭州拱宸桥西历史街区	杭州运河古桥	(29)-7 隆兴桥、(29)-8 桂芳桥 (29)-9 欢喜永宁桥 (29)-10 东新桥 (29)-11 坝子桥
						嘉兴运河古桥	(29)-1 嘉兴闻店桥 (29)-5 嘉兴司马高桥
	(30) 杭州中河-龙山河		(30)-1 杭州龙山闸旧址	(30)-2 杭州凤山水城门遗址	(30)-3 闸口白塔		
	(31) 頔塘东段（平望-南浔，含頔塘故道）				(31)-1 南浔丝业会馆 (31)-2 南浔镇历史街区		

续表1

遗产分段	遗产要素构成					遗产要素组合（建议）	
	运河水工遗存			运河附属遗存	运河相关遗产	组合名称	所含要素
	河道遗存	湖泊、水库、泉等水体遗存	水工设施				
Ⅶ 江南运河段	（32）古新河						
	（33）余杭塘河			（33）-1 杭州仓前粮仓			
Ⅷ 浙东运河段	（34）浙东运河主线（西兴运河-山阴故水道-曹娥江-虞余运河-慈江-刹子港-西塘河-宁波三江口）	（34）-1 绍兴鉴湖遗址	（34）-2 杭州西兴永兴闸 （34）-3 西兴过塘行码头 （34）-4 浙东运河纤道杭州萧山段 （34）-5 浙东运河纤道绍兴渔后桥段 （34）-6 古纤道（绍兴） （34）-7 八字桥（绍兴） （34）-8 浙东运河纤道绍兴皋埠段 （34）-9 浙东运河纤道绍兴上虞段 （34）-10 三江闸 （34）-11 赵家升船机 （34）-12 曹娥老坝底堰坝 （34）-13 梁湖堰坝遗址 （34）-14 绍兴驿亭坝 （34）-15 绍兴五夫长坝及升船机 （34）-16 绍兴西陵门闸坝遗址 （34）-17 宁波通济桥	（34）-18 西兴过塘行 （34）-19 宁波水则碑 （34）-20 永丰库遗址 （34）-21 宁波庆安会馆及安澜会馆	（34）-22 绍兴八字桥历史街区 （34）-23 五夫老街 （34）-24 慈城镇历史街区 （34）-25 宁波月湖历史街区 （34）-26 庆安会馆天后宫碑记	浙东运河纤道	（34）-4 浙东运河纤道杭州萧山段 （34）-5 浙东运河纤道绍兴渔后桥段、 （34）-6 古纤道（绍兴） （34）-8 浙东运河纤道绍兴皋埠段 （34）-9 浙东运河纤道绍兴上虞段

续表1

遗产分段	遗产要素构成					遗产要素组合（建议）	
	运河水工遗存			运河附属遗存	运河相关遗产	组合名称	所含要素
	河道遗存	湖泊、水库、泉等水体遗存	水工设施				
Ⅷ 浙东运河段						绍兴曹娥江两岸堰坝遗址	（34）-11 赵家升船机 （34）-12 曹娥老坝底堰坝 （34）-13 梁湖堰坝遗址
						虞余运河水利航运设施	（34）-14 绍兴驿亭坝 （34）-15 绍兴五夫长坝及升船机 （34）-16 绍兴西陵门闸坝遗址
Ⅸ 卫河（永济渠）段	（35）卫河段主线（河南焦作小丹河-现卫河-现卫运河）		（35）-1 合河石桥 （35）-2 枋城堰遗址 （35）-3 道口镇码头 （35）-4 云溪桥		（35）-5 道口古城墙 （35）-6 浚县古城墙 （35）-7 大伾山浮丘山文化景观 （35）-8 大名府故城		
	（36）永济渠遗址						
	（37）百泉河	（37）-1 百泉			（37）-2 卫源庙		
Ⅹ 通济渠（汴河）段	主线（不连续） （38）洛河隋唐洛阳城段		（38）-1 天津桥遗址	（38）-2 含嘉仓遗址 （38）-3 回洛仓遗址			
	（39）洛河洛口段		（39）-1 洛口仓遗址	（39）-2 康百万庄园 （39）-3 巩义窑址			
	（40）通济渠荥阳故城段				（40）-1 荥阳故城		

续表1

遗产分段	遗产要素构成					遗产要素组合（建议）	
	运河水工遗存			运河附属遗存	运河相关遗产	组合名称	所含要素
	河道遗存	湖泊、水库、泉等水体遗存	水工设施				
X 通济渠（汴河）段	主线（不连续）						
	（41）汴河遗址北宋东京城段		（41）-1 西水门遗址 （41）-2 西角门子遗址 （41）-3 州桥遗址 （41）-4 东角门子遗址 （41）-5 东水门遗址		（41）-6 繁塔	北宋东京城遗址	（41）-1 西水门遗址 （41）-2 西角门子遗址 （41）-4 东角门子遗址 （41）-5 东水门遗址 （41）-6 繁塔
	（42）汴河遗址商丘南关码头遗址段		（42）-1 商丘南关汴河码头遗址				
	（43）汴河济阳镇段						
	（44）汴河遗址百善老街及柳孜码头段		（44）-1 柳孜运河码头遗址 （44）-2 百善镇百善老街河道遗址断面		（44）-3 柳孜镇遗址		
	（45）汴河遗址宿州段		（45）-1 花石纲遗址				
	（46）汴河安徽泗县－江苏泗洪段						
	（47）淮河口段		（47）-1 龟山御码头遗址		（47）-2 盱眙泗州城遗址 （47）-3 第一山题刻		

2.2.6 中国大运河遗产重要点段

为明确规划期内重点保护目标、制定分级保护策略，确定27段运河遗产为中国大运河遗产重要点段（以下简称"重要点段"，见表2）。

重要点段具有如下特质：重要点段包括中国大运河的关键工程节点和各河段的代表性段落，能够共同展现大运河在各主要历史时期的总体格局和重要特征，以确保大运河遗产整体价值的认知、阐释和维护。

从价值载体的类型考虑，重要点段包含的构成要素类型较全面，除具备基本完整的水工遗产外，还具备依存于该段运河的、能共同支撑该段运河遗产"重要性"的附属遗存或相关遗产，以使大运河遗产多方面的文化意义得到体现。

从保护、管理、利用的要求考虑，重要点段所包含的水工设施、运河附属遗存、相关遗产点等点状遗存和片状分布的历史街区等相关遗产分布在河道遗存形成的线上或线的两侧——即以线串点、以线连片，而且分布较密集，以利于重点保护、协调管理和综合利用。

表2 中国大运河遗产重要点段内容

序号	重要点段		起点位置	终点位置	工程特性	主线长度（千米）
	所属河段	重要点段				
1	通惠河	北京旧城段	什刹海	东不压桥	关键节点	0.5
2	通惠河、北运河	通州段	永通桥	通州东关新桥	关键节点	6
3	北运河	北运河中段	青龙湾减河	筐儿港减河	代表性段落	45
4	北运河、南运河	天津三岔河口	北运河与子牙河交汇处	杨柳青镇镇区	关键节点	23
5	南运河	南运河中段	捷地减河	四女寺减河	代表性段落	187
6		会通河聊城段	临清舍利宝塔	黄河北岸	代表性段落	123
7	会通河	南旺枢纽	开河闸碑	南旺湖遗址南缘	关键节点	27
8		会通河南段	济宁通济闸	南四湖中部二级坝	代表性段落	94
9	中河	伽河台儿庄段	台儿庄运河大桥	与老运河交汇处	代表性段落	3
10		皂河与中运河北段（含废黄河）	窑湾镇	宿迁运河五号桥（大王庙）	代表性段落	41
11	淮扬运河 江南运河	淮扬运河全段（含清口枢纽及长江运口）	双金闸	镇大公路（镇江古运河与现航道交汇处）	关键节点 代表性段落	205
12	江南运河	江南运河常州城区段	新闸镇（古运河与现航道交汇处）	戚墅堰（古运河与现航道交汇处）	代表性段落	23
13		江南运河中段	无锡黄埠墩	嘉兴南湖	代表性段落	154
14		江南运河南段	嘉兴南湖	杭州龙山闸	代表性段落	156
15	浙东运河	浙东运河西段	杭州西兴镇	虞余运河东端	代表性段落	120
16		浙东运河东段	余姚丈亭	宁波西门	代表性段落	34

续表2

序号	重要点段		起点位置	终点位置	工程特性	主线长度（千米）
	所属河段	重要点段				
17	卫河	合河段及水源	百泉湖 小丹河河首（九道堰）	合河石桥	关键节点	91
18		道口古镇－浚县古城段	道口古城墙	浚县古城卫河故道北端	代表性段落	18
19		大名府故城段	永济渠遗址	大名府故城北	代表性段落	14
20	通济渠	隋唐洛阳城段	牡丹大桥（洛河入西城墙遗址附近）	滚水坝（洛河出东城墙遗址附近）	关键节点	7
21		洛口段	伊洛河大桥	洛河入黄河河口	关键节点	4
22		荥阳故城段	堤湾村（丰硕街桥）	索须河与贾鲁河交汇处	代表性段落	15
23		北宋东京城段	西水门	东水门	关键节点	8
24		商丘南关码头遗址段	码头遗址西侧	已确认的河道遗址东端	代表性段落	1
25		百善老街及柳孜码头段	柳孜村西缘	百善镇运河遗址东端（依据考古已确认的百善老街段遗址范围）	代表性段落	11
26		泗县－泗洪段	泗县隋唐运河故道与唐河口交界处	汴河入洪泽湖处	代表性段落	87
27	通济渠 淮扬运河	淮河口－洪泽湖段	第一山石刻	洪泽湖大堤北端	关键节点	24
总计						1522

3 遗产价值评估

3.1 大运河遗产的总体价值

依据《实施世界遗产公约的操作指南》（2011年）和《国际运河遗产名录》（1996年）对运河遗产的界定，对大运河遗产的整体价值和运河遗产在技术、经济、社会、景观四个范畴的特定价值进行评估。

3.1.1 整体价值

大运河遗产是农业文明时代人工运河的杰出范例。大运河整体和其中的众多枢纽在规划思想、工程设计和施工技术方面均体现了古代中国在建造水运、水利工程方面的最高成就，也是世界范围内具有代表意义的人类智慧的反映。

大运河是国家意志的体现，是世界唯一一个为了确保粮食运输安全，以达到稳定政权、维持帝国统一为目的，而由国家投资开凿、国家管理的巨大工程体系。历史上，它服务于漕运的同时，促进了沿岸的村镇乃至城市建设的发展和沿线区域间文化、思想的融合，造成了持续约一千四百年的中国东中部地区的大沟通和大交流，为建构帝国文明的框架提供了支撑；当前，它的许多河段仍发挥着重要的航运、行洪、输水等功能，对于中国的经济社会发展具有重要意义。

大运河是人类和自然的大型联合工程，运河河道、沿线遗产及其周边环境，反映了自春秋以降，中国东部平原地区广阔范围内人与自然之间长期持续的互动。

3.1.2 技术

大运河体现了我国古代杰出的运河科学规划思想，利用自然河道或开凿人工河道长达3000多公里，沟通了中国的政治和经济中心，形成了世界上最庞大的远距离水运体系。

在规划中解决了跨越中国五大水系的问题，以及不同河流自然环境下的水源、泥沙和洪水等问题。

运用世界上最早的闸、坝、堤、堰、弯道等建造技术巧妙地克服自然高差，达到控制水位高低、调节水量盈缺、节制水流速度等目的。

首创了应对多种情况的治水理论和治水方略，如束水攻沙、治黄保运等。

在运河开凿和工程建设中产生了众多的具有代表性的工程实践，如北京的水源工程、通惠河与会通河的梯级船闸工程、汶上南旺运河越岭的分水枢纽工程、淮安清口运河渡黄的运口枢纽工程、淮安高家堰"蓄清敌黄"的大坝关键工程、苏北宿迁淮安段的堤防系统工程、沿太湖塘路工程等。

3.1.3 经济

历史上大运河主要服务于漕运这一特定对象。国家通过设立专门管理机构分段分级管理，在资金、技术、安全、管理等方面给予大力支持，从而保障了最多时每年上万多条船、总量达400~600万石的漕运的畅通，满足了国家粮食运输、军资调配和赋税、官盐等重要物资的运输需求。

大运河促进了沿岸的村镇乃至城市建设的发展，对中国东部地区的经济发展有着巨大影响。运河城市因运河兴旺而兴旺，因运河衰落而衰落。中国大运河曾经缔造了数座中国历史上富甲一方的城镇，也孕育了众多因运河而繁衍生息的村庄。

大运河造就了中国东中部的大沟通和大交流，并与丝绸之路和海上丝绸之路的重要节点都会洛阳、明州相联系，成为沟通陆海丝绸之路的内陆航运通道。

大运河遗产的在用河道目前多为国家高等级航道、重要行洪通道和输水干线，通过多种方式促进了国家建设、农业发展、工业发展和经济进步。

3.1.4 社会

大运河沟通、融合沿线的政治、经济、文化、思想等，促进了中国国家的统一和经济、文化交流，强化了国家和民族的认同感。隋代大运河为唐宋时期帝国政权的维护和经济、文化的繁荣提供了有力支撑；元代至明清的大运河加强了北京地区的政治和军事地位，为北京地区在唐宋以后成为中国古代的政治统治中心、经济管理中心、军事指挥中心、文化礼仪活动中心奠定了基础。

大运河沿线产生了许多与其密不可分的文化与习俗，如运河人家、运河街市、运河传说等。中国大运河上演了或见证了历史上许多人文事迹，是中国文化诞生的温床之一。

3.1.5 景观

中国古人建造和维护大运河时因地制宜，针对不同地域的水文地形等地理特征采取了相应的处理方式，形成了丰富多样、各具特色，却又紧密关联为一个整体的线性景观。

大运河的持续修建和维护，促进了其所经过地区地形地貌和景观的不断变化和形成。

因运河而生的众多古镇和街区反映了大运河沿线人们围绕运河航运而进行沿岸土地开发、利用的持续过程，在这一长期并延续至今的过程中，与运河有紧密联系的人类聚落的产生和发展，体现了跨越巨大时间、空间的人与环境的相互作用。

3.2 中国大运河遗产及重要点段价值评估

3.2.1 中国大运河遗产价值评估

中国大运河遗产构成要素见证了大运河在春秋至清末的两千多年间的历史沿革，勾勒出大运河在隋代和元代分别实现的东西、南北两条贯通线路，能够展现大运河遗产在技术、经济、社会因素和景观方面的重要价值，包含了具有国家级甚至世界级保护意义的价值载体。

运河水工遗存是构成遗产价值的核心内容，是大运河建造、运行和演变历史的根本物质实证。

河道遗存（包括运道主线和重要支线、引河）是大运河遗产技术、经济价值的最直接的载体，也是其他遗产要素价值得以确认的基础。

湖泊/水库、泉等水体遗存和水工设施遗存是大运河遗产技术、景观价值的最直接的载体，并为河道遗存的真实性提供最可靠的证据。

运河附属遗存是构成遗产价值的重要内容。运河附属遗存是大运河运行历史和运输管理方式的实物证据，是大运河遗产经济、社会价值的独特见证，并为理解运河水工遗存的价值提供了不可或缺的历史信息。

运河相关遗产是构成遗产价值的重要内容。运河相关遗产对于大运河建造、运行和演变历史具有重要的佐证作用，也为理解和深化运河水工遗存、附属遗存的技术、经济、社会、景观价值提供了极其重要的历史信息。

3.2.2 中国大运河遗产重要点段相对价值评估

根据重要点段相对独立的文化意义和其构成要素在技术、经济、社会和景观各方面所体现的综合价值，进行相对价值评估（表3）。

表3 中国大运河重要点段相对价值评估

序号	所属河段	重要点段	技术	经济	社会	景观
1	通惠河	北京旧城段	★	★★	★★	★
2	通惠河、北运河	通州段	★	★	★	－
3	北运河	北运河中段	★	★	－	★
4	北运河、南运河	天津三岔河口	★	★★	★★	－
5	南运河	南运河中段	★★	★	★★	★★
6	会通河	会通河聊城段	★★	★★	★★	★
7		南旺枢纽	★★	★	★★	★★
8		会通河南段	★★	★★	★	★★
9	中河	泇河台儿庄段	★	★	★	－
10		皂河与中运河北段（含废黄河）	★★	★	★★	★★
11	淮扬运河 江南运河	淮扬运河全段（含清口枢纽及长江运口）	★★	★★	★★	★★
12	江南运河	江南运河常州城区段	★	★	★	－
13		江南运河中段	★★	★★	★★	★★
14		江南运河南段	★★	★★	★★	★★
15	浙东运河	浙东运河西段	★	★	★★	－
16		浙东运河东段	★★	★★	★★	★
17	卫河	合河段及水源	★★	－	★	★
18		道口古镇－浚县古城段	★	－	★★	★★
19		大名府故城段	★	★	★	－
20	通济渠	隋唐洛阳城段	★	★★	★★	－
21		洛口段	★	★★	－	★
22		荥阳故城段	★★	★	★	－
23		北宋东京城段	★	★★	★★	－
24		商丘南关码头遗址段	★	★	★	－
25		百善老街及柳孜码头段	★	★	★	★
26		泗县－泗洪段	★	★	★	－
27	通济渠	淮河口－洪泽湖段	★★	★	★★	★★

相对价值评估说明：

★ 表示在技术、经济、社会和景观的某方面具有一定重要性。

★★表示在技术、经济、社会和景观的某方面，在重要点段中具有相对突出的重要性。

－ 表示该重要点段相对独立的文化意义和其构成要素的重要性不直接涉及技术、经济、社会和景观的某方面。

4 遗产现状评估

4.1 保存现状评估[1]

4.1.1 真实性

（1）遗产总体真实性

中国大运河遗产总体上具有较好的真实性（表4）。

河道线路走向基本延续至今，其间由于自然或人为的原因而发生的改变都属于其自身的范畴。

大部分河道基本维持了当初的功能，即航运和水利功能，虽然其用途由服务于历史时期的国家漕运逐渐转变为符合当前经济社会活动需求的综合水利水运，但符合其作为活态遗产的演进规律。

中国大运河遗产的许多地点仍保存着传统的古代水工设施遗迹和遗物，许多河道保持着早期人工河道的痕迹。

已由考古研究证实的古运河及沿线其他遗址遗迹等物质遗存与沿线地区的信仰、风俗、地名和民众情感等融合为一体，并与古碑刻、古文献、古舆图等史料相互印证，为大运河遗产的技术、经济、社会因素和景观价值提供了真实可信的证据。

（2）遗产真实性存在的问题

河流自然演变和河道治理过程中采取的拓宽、疏浚河道和堤岸防护等措施，改变了部分河段的传统形态和景观。

表4 中国大运河遗产真实性分段、分类评估

河段	河道遗存	湖泊/水库、泉等水体遗存	水工设施遗存	运河附属遗存	运河相关遗产	分段总体评估
Ⅰ 通惠河	一般	较好	较好	较好	较好	较好
Ⅱ 北运河	一般	–	较好	一般	良好	较好
Ⅲ 南运河	良好	–	良好	较好	较好	良好
Ⅳ 会通河	良好	较好	良好	较好	良好	良好
Ⅴ 中河	一般	–	较好	较好	良好	较好
Ⅵ 淮扬运河	一般	较好	较好	较好	良好	较好
Ⅶ 江南运河	较好	–	良好	较好	良好	良好
Ⅷ 浙东运河	较好	良好	较好	良好	良好	良好
Ⅸ 卫河（永济渠）	一般	较好	较好	–	较好	较好
Ⅹ 通济渠（汴河）	较好	–	较好	良好	较好	较好
分类总体评估	一般	较好	较好	较好	良好	较好

---

1. 参见《大运河遗产保护与管理总体规划·规划说明》。

（3）遗产真实性分段、分类评估

按照各段遗产所包含各类遗存要素在外形和设计、材料和实体、用途和功能、方位和位置等方面的综合情况进行评估，分为一般、较好、良好三级。

4.1.2 完整性

（1）遗产总体完整性

中国大运河遗产总体上具有较好的完整性（表5），体现在整体构成的完整性和大部分遗存要素的无缺憾性两方面。

就遗产点段的类型而言，中国大运河遗产的运河水工遗存、附属遗存及相关遗产基本上包括了所有表现大运河遗产价值的必要因素：

－河道（主运道、支线运河、引河等）；

－湖泊/水库、泉等其他水体遗存；

－水工设施遗存（水运、水利工程设施：含闸、坝、堤防、桥、纤道、码头等）；

－运河配套设施遗存（仓库、驿站、驿亭等）；

－运河管理设施遗存（河道管理、漕运/盐运管理设施遗存等）；

－其他附属遗存（水文监测设施设备、沉船遗址等）；

－相关遗产点（水运/水利祭祀遗存、记录运河历史的碑刻以及其他历史相关古建筑、古遗址、古墓葬、近现代建筑与史迹等）；

－相关历史文化街区（运河城市、城镇中沿运河的历史地段）。

就遗产规模和年代而言，中国大运河遗产确能完整地体现其遗产价值的特色和形成过程：

通惠河、北运河、南运河、会通河、中河、淮扬运河、江南运河南北贯通；通济渠（汴河）、淮扬运河、江南运河、浙东运河东西成线；

遗产的始建年代包括春秋、战国、汉、隋、唐、宋、元、明、清、近代，部分现状为遗址，部分延续使用至今，展现了大运河自春秋时期创建、隋唐至明清持续兴盛、近代衰落、现代逐步复兴的演进历程。

（2）遗产完整性存在的问题

遗产构成要素类型尚有较小缺失，如文献上记录的作为管理设施的"浅""铺"未找到实物遗存。

大型管理设施遗存保存不够完整。

（3）遗产完整性分段、分类评估

按照各段遗产的整体性及其所包含各类遗产点段的保存完好程度进行综合评估，分为较差、一般、较好、良好四级。

4.1.3 保存现状综合评估

综合以上评估，中国大运河遗产的保存状况如下：

中国大运河遗产总体上具有较好的真实性和完整性（表6、7）。

各段遗产相对而言，南运河段、浙东运河段保存现状良好，通惠河段、会通河段、中河段、淮扬运

表5 中国大运河遗产完整性分段、分类评估

河段	各段遗产构成的完整性	各类遗存要素的保存完好程度					分段总体评估
		河道遗存	湖泊/水库、泉等水体遗存	水工设施遗存	运河附属遗存	运河相关遗产	
I 通惠河	一般	一般	较好	较好	良好	较好	较好
II 北运河	较差	较好	–	一般	较差	良好	一般
III 南运河	良好	良好	–	较好	一般	良好	良好
IV 会通河	良好	较好	一般	较好	一般	良好	较好
V 中河	较好	良好	–	良好	较好	良好	较好
VI 淮扬运河	较好	良好	良好	较好	一般	良好	较好
VII 江南运河	一般	良好	–	良好	一般	良好	较好
VIII 浙东运河	良好	良好	较好	较好	一般	良好	良好
IX 卫河（永济渠）	较差	一般	较好	较好	–	较好	一般
X 通济渠（汴河）	一般	较差	–	一般	较好	较好	一般
分类总体评估		较好	较好	较好	一般	良好	较好

表6 中国大运河遗产保存现状分段综合评估

河段	真实性总体评估	完整性总体评估	保存现状综合评估
I 通惠河	较好	较好	较好
II 北运河	较好	一般	一般
III 南运河	良好	良好	良好
IV 会通河	良好	较好	较好
V 中河	较好	较好	较好
VI 淮扬运河	较好	较好	较好
VII 江南运河	良好	较好	较好
VIII 浙东运河	良好	良好	良好
IX 卫河（永济渠）	较好	一般	一般
X 通济渠（汴河）	较好	一般	一般

表7 中国大运河遗产要素分类综合评估

河段	河道遗存	湖泊/水库、泉等水体遗存	水工设施遗存	运河附属遗存	运河相关遗产
真实性总体评估	一般	较好	较好	较好	良好
完整性总体评估	较好	较好	较好	一般	良好
保存现状综合评估	一般	较好	较好	一般	良好

河段、江南运河段保存现状较好，北运河段、卫河（永济渠）段、通济渠（汴河）段保存现状一般。

不同类型的遗产点段相对而言，运河相关遗产保存现状良好；湖泊／水库、泉等水体遗存，水工设施遗存保存现状较好；河道遗存、运河附属遗存保存现状一般。

由于新的经济或其他建设的开发需要，中国大运河遗产面临较大的真实性和完整性逐渐减退的危险。主要体现在：

由于漕运的消失，运河原有功能部分丧失，随着水利、水运发展，部分水工设施不能满足要求而被新工程替代，造成传统的水工设施遗迹遗物面临年久失修和正逐渐消失的态势。

由于运河附属遗存、相关遗产与大运河之间的联系逐渐减弱，就其对于大运河遗产的价值贡献而言，真实性和完整性存在不断削弱的可能。

4.2 保护现状评估[1]

4.2.1 保护工作成效

遗产保护机制与协调机制初步建立。

自2006年启动大运河保护和申报世界文化遗产工作以来，大运河作为文化遗产的重要性和开展保护工作的必要性逐渐得到了遗产地各级政府的认同，各级大运河保护和申遗工作机构、工作制度得以建立并不断健全。

大运河保护和申遗省部协商机制的建立，促使国务院各有关部门和大运河沿线各省、直辖市积极协商、通力合作，使大运河保护和申遗工作取得了一些阶段性成果。

2012年，文化部颁布实施了《大运河遗产保护管理办法》，大运河保护与申遗城市联盟制定并签署了《关于保护大运河遗产的联合协定》。

为从法律层面实现部门之间、地域之间的充分协调，解决大运河遗产保护工作中的各项制度建设需求，启动了《大运河遗产保护条例》的制定工作，并已取得阶段性成果。

4.2.2 保护规划编制工作逐步推进

作为文化遗产保护专项规划，大运河遗产保护规划编制工作采取分三个阶段编制的策略。第一阶段、第二阶段规划设定统一技术规范，分别按照地市级和省级行政区开展编制，目前均已完成编制和审批，陆续公布实施。

国务院有关部门继续推动一些专项规划的编制工作，包括《京杭运河航运综合治理发展建设规划》《长江三角洲地区高等级航道网规划》《在用古代水利工程与水利遗产保护规划》以及大运河沿线有关水利专项规划，如海河、淮河、长江、太湖流域综合规划、水资源综合规划及防洪规划，南水北调工程总体规划及东线工程规划，全国重点地区中小河流近期治理建设规划等。

1．参见《大运河遗产保护与管理总体规划·规划说明》。

4.2.3 大运河遗产保护经费逐年增加

中央财政继续在"大遗址保护专项经费"和"国家重点文物保护专项经费"中安排专项工作经费，用于大运河相关考古研究、调查勘探、建筑测绘、保护维修和规划编制等工作，保护经费逐年增加。

在中央财政的支持下，地方财政也加大了投入力度，开展运河遗产保护、基础研究、环境整治、防污治污、科学展示等工作。

4.2.4 遗产研究工作取得较显著成效

针对大运河遗产构成的复杂性而开展的前期调查和研究工作取得了许多成果，为正确识别大运河遗产、开展有效保护工作提供了必要的基础条件。

4.2.5 社会效益不断扩大

自2006年6月国家及运河沿线各地秉承民意正式启动大运河保护和申遗工作，各地政府和民众的保护和申遗的热情持续高涨，开展了诸多自觉保护运河的行动。

4.2.6 现存主要问题

（1）保护意识问题

大运河遗产在以前的很长一段时期内并未被列为文物保护单位，而且利益相关者众多，遗产识别和保护的基础工作相对薄弱。近年来尽管有很大改善，但仍然未能就该遗产的重要价值和保护需求达成普遍共识。城乡建设、生产生活等活动中，大运河遗产及环境被忽视、受到威胁、被局部破坏的情况仍大量存在。突出体现在含有历史信息的遗存被损坏或不当利用、遗产本体占地被侵占和开发、运河及沿线地带的环境质量持续恶化、周边环境的历史风貌或自然景观被改造和破坏等。

（2）保护理念与能力建设问题

大运河遗产与沿线城乡人民的生活密不可分，也蕴含着巨大的资源。部分保护工作参与者和利益相关者尚未对保护其重要价值和真实性、完整性形成正确认识，采取的一些措施不符合文化遗产保护的原则以及大运河遗产保护的原理，对遗产价值造成了损害。突出体现在维持与增进当前利用功能的同时，对历史遗存实物位置或形态的不当干预、在维修或保养过程中对历史遗存实物原有材料和工艺的不当损害、在沿线环境整治过程中对历史环境的不当修复等。

部分负责大运河遗产保护的职能部门和管理机构的保护管理能力、专业技术水平与世界文化遗产管理机构能力要求之间存在明显差距。

（3）保护成果尚不能达到有效保护和近期申遗的需求

大运河遗产本体保护和环境整治等工作取得的实质性进展较少。大运河沿线各城市在对大运河遗产的认识水平、重视程度、遗产保存状况、保护经费投入、管理机构能力及工作进展情况等方面差异显著。跨行政区域的、需要在具体保护工作中系统考虑的运河遗产或遗产片区的保护目标尚不明确，协调管理机制尚未建立，致使部分重要遗产地的价值识别和保护工作一再拖延。

（4）遗产展示现状与充分阐释遗产价值的目标相距甚远

作为价值载体主体的大部分运河水工遗存和附属遗存尚未开展遗产展示工作。已进行展示的遗产缺乏在整体框架下的主题阐释，不利于遗产整体价值的传播。专门的展陈和服务设施匮乏，部分遗产点段的开放条件较差。遗产研究成果不能满足逐渐增长的、更深刻地认识和保护遗产价值的需求。

大运河遗产的一些段落至今未开展必要的考古勘察工作，尤其是历史上重要的运口及周围地带，如张家湾、沙湾、京口和瓜州、西兴等，遗存现状仍不完全清楚，致使大运河遗产的部分价值难以依据实物遗存进行证实。已调查明确的运河水工遗存的年代虽然得到了大致界定，但其中大部分仍不能判定具体年代，致使大运河遗产演进的具体过程难以对应实物遗存而得到明确。

4.3 现状评估小结

4.3.1 有利因素

自2006年以来，对大运河遗产价值和遗产特性的认识正在不断深入。

京杭运河航道建设和"南水北调"东线工程使大运河作为国家工程的意义得以延续；"南水北调"工程同时促进了输水河道水质提升。

对于城乡建设，尤其是城市水环境的重视，赋予了大运河断航河段新功能，使这些遗产段落获得了新的生命力。

大运河沿线的历史街区、村镇与运河共同演进，形成了一系列有特色的运河城市、城镇。

大运河的社会和景观价值被充分利用，城市中运河沿线的大部分土地被合理规划，强调保护历史水系对城市建设发展的重要性。

4.3.2 不利因素

大运河遗产作为在用和活态遗产的价值载体并未得到明确界定。

南水北调东线工程目前正在实施，社会对防洪安全与水安全的要求越来越高，河道还将为适应经济发展需求不断进行治理，大运河遗产保护与利用的矛盾仍局部存在。

城镇化进程中过度关注运河带来的经济价值，忽视了其原有的历史、环境等特殊价值。

仅存的几处保存较好的历史文化街区、历史文化村镇，由于过度强调旅游及不当开发改造而面临不同程度的破坏。

技术、经济价值是大运河遗产最核心的价值，但未经全面、严谨的研究而获得充分认识和正确保护。

5 规划原则、目标与基本策略

5.1 规划原则

整体保护与重点保护相协调的原则。贯彻保存大运河遗产的真实性并延续其历史信息及全部价值

的原则，重点保护中国大运河遗产各类构成要素及历史环境。

推动大运河遗产保护与永续利用并重的原则。贯彻将文化遗产作为社会和经济可持续发展资源的原则，坚持资源可持续利用，保护事业可持续发展。

保护、运营、维护各行业统筹协调的原则。贯彻统筹兼顾、综合协调的原则，结合大运河遗产实际情况，统筹行业利用，发挥各部门的优势，加强不同领域之间的交流和合作，达成保护与延续大运河遗产价值的共识；统筹大运河遗产本体与相关文化资源的保护与利用，推动大遗产综合保护与展示体系的构建；统筹文化遗产资源与区域生态资源的保护与利用，促进遗产地协调发展。

5.2 规划目标

5.2.1 总目标

真实、完整地保护大运河遗产的历史信息和全部价值，延续、增进大运河的生机和活力，使之发挥促进遗产地文化、社会、经济与生态和谐演进的重要作用。

5.2.2 分期目标

规划近期目标：2012～2015年，建立并完善符合维护大运河遗产价值的保护管理机制，针对中国大运河遗产构建较为完善的科学保护体系和遗产价值传播体系，基本实现重要点段的有效保护。

第一阶段，在一至两年时间内，以建立保护管理机制、整治现状不利因素为主要任务，以重点项目为突破点，全面推进大运河保护与申遗各项工作，使中国大运河遗产达到全国重点文物保护单位保护管理的基本要求，使能够支撑中国大运河突出普遍价值的潜在世界遗产区段符合世界遗产申报及保护管理的要求。

第二阶段，在第一阶段工作的基础上进一步完善保护管理机制，协调各类资源，实现近期目标。

规划中期目标：2016～2020年，进一步优化保护管理机制，基本实现中国大运河遗产的有效保护，加强对遗产价值的认知、维护和传播，建立大运河遗产与运河沿线区域文化、社会、经济与生态和谐演进的基本架构，促进运河文化繁荣，使大运河的生机和活力得到延续、增进。

规划远期目标：到2030年，实现大运河遗产整体的有效保护，显著促进大运河沿线区域的文化、社会、经济与生态的全面协调和可持续发展，使中国大运河成为优秀的世界遗产地。

5.3 规划基本策略

5.3.1 依法保护

明确大运河遗产依法保护的基本策略，原则划定中国大运河遗产的保护范围和建设控制地带，作为具体确定其法定保护界线的基本依据，受《中华人民共和国文物保护法》的保护。

5.3.2 科学保护

基于大运河遗产作为不可再生的国家级文化资源的共识，严格遵循文化遗产保护的真实性和完整性原则，充分尊重活态遗产被合理利用的现状，科学规划大运河遗产的保护、展示、管理和研究。

5.3.3 系统保护

识别遗产区段、重要点段在技术、经济、社会和景观各方面的不同价值特征，系统保护由河道遗存及其联系的运河水工遗存、附属遗存、相关遗产及周边环境构成的价值单元。

5.3.4 分级保护

在整体保护中国大运河遗产的规划框架下，以重要点段为主要对象，对其制定保护措施，确定管理和展示利用的具体要求，确保在近期规划内，通过一系列高效措施，取得遗产保护、管理和利用的显著成效，并为中远期规划的保护建立有效机制和技术基础。

5.3.5 规划衔接

在同级规划层面，本规划与国家航运、水利、环境保护等相关规划衔接、协调；在大运河遗产保护专项规划体系框架下，本规划吸纳现已完成的大运河遗产保护第一阶段保护规划的成果，并确立总体规划与省级规划、详细规划之间的衔接关系，保障大运河遗产保护规划编制体系科学、实施顺利。

6 保护区划与管理规定

6.1 保护区划

6.1.1 区划说明

为统一、协调大运河遗产全线的保护管理要求，在调整、整合第一阶段规划的区划成果的基础上，原则划定中国大运河遗产保护范围和建设控制地带[1]，面积总计7661平方公里。

中国大运河遗产保护范围和建设控制地带的具体界线，应在省级规划中细化、落实。省级规划确定具体界线时，应符合本规划的保护区划界原则和分区管理规定的要求。

中国大运河遗产保护范围和建设控制地带，按照本规划管理规定的要求实行分级、分类管理。其中，保护对象涉及文物保护单位的，应执行《中华人民共和国文物保护法》的规定。

6.1.2 保护范围

保护范围由运河水工遗存与附属遗存的保护范围、运河相关遗产保护范围构成。其中，运河水工

---

1. 参见《大运河遗产保护与管理总体规划·分段规划》。

遗存与附属遗存的保护范围划分为重点保护区和一般保护区。

（1）运河水工遗存与附属遗存保护范围

①保护范围界划原则：运河水工遗存为现状水域或在用工程的，应与《中华人民共和国水法》《中华人民共和国防洪法》《中华人民共和国河道管理条例》规定的管理权限相符，按照现行各省、市相关法规、规章中规定的河道管理范围或水利工程管理和保护范围划定保护范围。

运河水工遗存现为遗址、遗迹的，按照不可移动文物保护范围的界划原则划定，即包含遗存本体及安全距离。

附属遗存按照不可移动文物保护范围的界划原则划定，即包含遗存本体及安全距离。

运河水工遗存保护范围与附属遗存保护范围相互重合的，合并为一处。

②重点保护区与一般保护区划分原则：属于重要点段的运河水工遗存与附属遗存的保护范围，划为重点保护区。保护范围内的其他区域，划为一般保护区。

（2）运河相关遗产保护范围

相关遗产点按照不可移动文物保护范围的界划原则划定，即包含遗存本体及安全距离；省级人民政府已公布的，按照已公布的范围划定。

相关历史街区按照省级人民政府已公布的历史文化街区核心保护范围划定。

（3）保护范围面积

保护范围面积总计约1233平方公里。其中：运河水工遗存与附属遗存保护范围面积共计1171平方公里，重点保护区465平方公里，一般保护区706平方公里；运河相关遗产保护范围面积共计62平方公里。

6.1.3 建设控制地带

建设控制地带划分为一类、二类、三类建设控制地带。

（1）一类建设控制地带

①适用对象：适用于中国大运河遗产的运河水工遗存与附属遗存的紧邻周围环境。

②界划原则：符合运河水工遗存与附属遗存周边景观和生态环境保护需求。

③原则性建议：所在地为城市和镇的建成区的，建设控制地带自保护范围外扩距离原则上不小于30米；所在地为农村建设用地的，外扩距离原则上不小于80米；所在地为农田、郊野的，外扩距离原则上不小于300米。

大运河遗产保护省级规划应依据上述原则，结合遗产所在地的建设现状，确定一类建设控制地带的具体界线。

（2）二类建设控制地带

①适用对象：适用于列为中国大运河遗产的相关遗产的紧邻周围环境。

②界划原则：符合运河相关遗产周边景观和生态环境保护需求。

③原则性建议：所在地为城市和镇的建成区的，建设控制地带自保护范围外扩距离原则上不小于30米；所在地为农村建设用地的，外扩距离原则上不小于80米；所在地为农田、郊野的，外扩距离

原则上不小于300米。

大运河遗产保护省级规划应依据上述原则，结合遗产所在地的建设现状，确定二类建设控制地带的具体界线。

（3）三类建设控制地带

①适用对象：适用于必须进行建设控制的、未列为中国大运河遗产的主要相关河道及遗迹，以及规模巨大的、列入中国大运河遗产的湖泊／水库遗存。具体对象包括：

海河：三岔河口至天妃宫遗址段；

汶河：戴村坝至堽城坝遗址段；

泗河：泗河泉林至南四湖段；

长江：仪扬运河至丹徒河段；

通济渠遗址：洛阳至宿州，不含已划入保护范围的段落；

南旺湖遗址、南四湖、洪泽湖：不含已划入保护范围的区域。

②界划原则：主要相关河道为现状河流的，按照现行各省、市相关法规、规章中规定的河道管理范围划定三类建设控制地带。

主要相关河道现为遗址、遗迹的，按照不可移动文物保护范围的界划原则划定，即包含遗存本体及安全距离。

南旺湖遗址按遗存范围外扩20米划定，不含南旺湖堤已划入保护范围的区域；南四湖按湖堤外侧堤脚线外扩10米划定；洪泽湖按水域范围划定，不含洪泽湖大堤、通济渠（汴河）淮河口段已划入保护范围的区域。

（4）建设控制地带面积

按照本规划提出的原则性建议，建设控制地带面积总计约6428平方公里。其中：一类建设控制地带面积共计1568平方公里；二类建设控制地带面积共计31平方公里；三类建设控制地带面积共计4829平方公里（表8）。

6.2 保护范围管理规定

中国大运河遗产保护范围内，运河水工遗存、附属遗存和相关遗产应按照各自具有的价值特征及其对遗产整体的价值贡献，获得有效维护和保护。

6.2.1 保护范围统一管理规定

在中国大运河遗产的保护范围内，除防洪除涝、船闸及航道建设与维护、水工设施保护和维护、输水河道工程、港口整治与建设、跨河桥梁工程等工程外，不得进行其他建设工程或者爆破、钻探、挖掘等作业。

在中国大运河遗产的保护范围内不得建设污染大运河遗产及其环境的设施，对已有的污染大运河遗产及其环境的设施，应当限期治理。

表8 中国大运河遗产保护区划规模统计表

遗产分段	保护范围面积（公顷）				建设控制地带面积（公顷）				保护区划规模总计（公顷）
	运河水工遗存与附属遗存保护范围		运河相关遗产保护范围	保护范围合计	一类建设控制地带	二类建设控制地带	三类建设控制地带	建设控制地带合计	
	重点保护区	一般保护区							
Ⅰ 通惠河段	34	378	1	413	472	15	0	487	900
Ⅱ 北运河段	4184	8797	1	12982	5892	3	114	6009	18991
Ⅲ 南运河段	6811	12359	346	19516	8706	291	0	8997	28513
Ⅳ 会通河段	6930	994	418	8342	19755	87	152343	172185	180527
Ⅴ 中河段	5159	14752	12	19923	45199	180	0	45379	65302
Ⅵ 淮扬运河段	14537	628	2186	17351	26310	976	171213	198499	215850
Ⅶ 江南运河段	3742	853	153	4748	14034	326	0	14360	19108
Ⅷ 浙东运河段	1882	429	130	2441	5666	211	13	5890	8331
Ⅸ 卫河（永济渠）段	1105	20921	2684	24710	21470	1037	0	22507	47217
Ⅹ 通济渠（汴河）段	2070	10500	313	12883	9325	3	159199	168527	181410
总计	46454	70611	6244	123309	156829	3129	482882	642840	766149

在中国大运河遗产的保护范围内不得进行可能影响遗产安全及其环境的活动，对已有的危害大运河遗产安全、破坏遗产环境的活动，应当及时调查处理。

在中国大运河遗产的保护范围内，除防洪调度、应急调水及工程抢险需求的特殊情况外，不得损害或清除运河历史遗存或其他文物古迹。

6.2.2 运河水工遗存与附属遗存保护范围管理规定

在用运河水工遗存的日常保养和维护，包括河道与水库治理、水工设施养护、航道建设等，应符合《中华人民共和国水法》《中华人民共和国防洪法》《中华人民共和国环境保护法》《中华人民共和国航道管理条例》《中华人民共和国河道管理条例》等法律、法规的规定。

在用运河水工遗存的使用者应识别、尊重、保存被使用的遗存在外形和设计、材料和实体、用途和功能、方位和位置各方面留存至今的历史信息。

应将工程措施与非工程措施结合，提高河系防洪能力，鼓励运用非工程措施。

鼓励在工程中使用大运河遗产历史上各区段所采用的、符合地方特点的传统技术、传统材料、传统结构和传统工艺。

实施河道工程，不得改变河道的总体走向，并尽可能维护重点保护区内的河道形态和传统堤岸。

保护和利用遗址遗迹类或废弃的运河水工遗存以及运河附属遗存，应符合《中华人民共和国文物保护法》的规定，遵循"不改变文物原状"的原则。

保护运河河道遗迹和水柜遗址，对现状为遗址遗迹的河道、湖泊／水库遗存（通济渠 - 汴河各段遗址、会通河遗址济宁汶上段、永济渠故道、南旺湖遗址），如需通水、通航，涉及文物保护单位的，应征求文物行政部门意见。

严格保护废弃水工设施和运河附属遗存，尤其应注重保护它们在用途和功能、方位和位置方面留存至今的历史信息，当前的利用功能应与其价值相符。重点保护区内的废弃水工设施和运河附属遗存不得拆除、迁移、重建，但是因妨碍行洪确需拆除、迁移或重建的，属于文物保护单位的应按照《中华人民共和国文物保护法》第二十条的规定履行报批程序；不属于文物保护单位的，建设方案应征求文物行政部门意见。

6.2.3 运河相关遗产保护范围管理规定

除按照本规划制订的中国大运河遗产保护范围统一管理规定执行外，还应符合大运河遗产保护省级规划或专门编制的该相关遗产保护规划中的有关规定。

6.3 建设控制地带管理规定

6.3.1 建设控制地带统一管理规定

在中国大运河遗产建设控制地带内不得建设污染大运河遗产及其环境的设施，对已有的污染大运河遗产及其环境的设施，应当限期治理。

在中国大运河遗产建设控制地带内不得进行可能影响遗产安全及其环境的活动，对已有的危害大运河遗产安全、破坏遗产环境的活动，应当及时调查处理。

进行建设工程，应按照《中华人民共和国文物保护法》第二十九至三十二条规定，由建设单位事先报请省、直辖市人民政府文物行政部门组织从事考古发掘的单位在工程范围内有可能埋藏文物的地方进行考古调查、勘探。

考古调查、勘探中发现文物的，由省、直辖市人民政府文物行政部门根据文物保护的要求会同建设单位共同商定保护措施；遇有重要发现的，由省、直辖市人民政府文物行政部门及时报国务院文物行政部门处理。

中国大运河遗产建设控制地带内的建设用地必须纳入当地土地利用总体规划和年度计划。

6.3.2 一类建设控制地带管理规定

除执行中国大运河遗产建设控制地带统一管理规定外，在一类建设控制地带内还应执行以下管理规定：

不得进行任何有损大运河遗产历史环境和空间景观的建设活动。

不得修建风格、体量、色调等与大运河遗产不协调的建筑物或构筑物。

6.3.3 二类建设控制地带管理规定

除按照本规划制订的中国大运河遗产建设控制地带统一管理规定执行外，还应符合大运河遗产保护省级规划或专门编制的该相关遗产保护规划中的有关规定。

6.3.4 三类建设控制地带管理规定

除执行中国大运河遗产建设控制地带统一管理规定外，在三类建设控制地带内还应通过用地性质控制和调整，采取有效措施，保存、增强大运河遗产构成要素之间的有机联系。

不得进行除基础设施、文物保护设施、水工程设施之外的任何工程建设活动。

现状为非建设用地的，不得改变用地性质；现状为建设用地的，应逐步调整其用地性质为非建设用地。

7 保护措施规划

7.1 保护措施

7.1.1 设置文化遗产保护标识

包括设置文物保护碑和沿保护界线设置界桩。

保护标识的设置应符合《中华人民共和国文物保护法实施条例》和《全国重点文物保护单位保护范围、标志说明、记录档案和保管机构工作规范（试行）》的规定。保护范围、建设控制地带界线与河道管理范围或其他保护界线重合的，应结合设置。

7.1.2 信息保存

包括档案建设和现状信息采集与保存。

档案建设是保护大运河遗产真实性的重要工作，应结合遗产研究进行。

现状信息采集与保存是科学保护的主要措施之一。以全面采集现存实物信息为前提，落实信息记录、管理和研究，使现存历史信息获得真实、全面的永久保存，同时为遗产影响评价、遗产监测、展示传播、文物复制、遗产研究提供翔实、准确的量化数据。

7.1.3 不可移动文物保护工程

包括现状修整、防护加固、重点修复等。

适用于大运河遗产中文物古迹类型遗产的保护，应符合《中国文物古迹保护准则》的有关要求。

7.1.4 在用运河水工设施遗存维护与保护

包括清淤，疏浚，开挖引河，整治航道，维修堤防、驳岸、坝、桥、闸等在用水工设施遗存，新建或扩建水工程，抢险等。

适用于大运河遗产中现状为河流的河道遗存、现状湖泊／水库和泉、在用水工设施遗存的保护，按照相关行业的技术标准执行，并应同时符合本规划管理规定的有关要求。

7.1.5 风险防范

包括灾害防治和文物安全防范工程。

①灾害防治：主要针对洪水灾害，应贯彻"全面规划、综合治理、防治结合、以防为主"的防洪减灾方针，科学确定防洪标准。

②文物安全防范工程：完善大运河遗产中遗址、遗迹的防护设施，根据实际需求建立安全技术防范报警系统。

7.1.6 环境整治

包括历史环境保护、建设环境整治、污染防治。

①历史环境保护：保护与大运河遗产密切相关的山形水系、古树名木、历史植被，结合展示需求对局部环境进行重点修复。

②建设环境整治：对不利于本体保存、有损遗产价值的、破坏遗址景观和谐的建筑物和构筑物进行迁移、改造，满足保障遗存安全、维护遗址景观协调和生态安全的要求。

③污染防治：保护范围和建设控制地带内应杜绝垃圾污染、防治水污染，改善环境质量。

7.2 保护措施实施要求

7.2.1 重要点段保护措施实施要求

重要点段应编制详细规划，按照详细规划实施保护。

重要点段详细规划可单独编制或在省级保护规划中编制，但以下跨省的重要点段应单独编制保护规划：

①会通河聊城段：跨河北、山东两省。

②江南运河南段：跨江苏、浙江两省。

③通济渠泗县-泗洪段：跨江苏、安徽两省。

7.2.2 非重要点段保护措施实施要求

对于非重要点段，规划近期内主要依据大运河遗产地省级、市级保护规划实施保护，但应符合本规划管理规定和保护要求。

规划中远期内在总结重要点段保护成效的基础上，根据实际情况编制详细规划或修编省级规划，依据规划实施。

7.3 重要点段保护规划要求

重要点段保护要点应根据各段价值特征和现状评估结论统筹设定，应在各段详细规划中完善、落实（表9）。

8 遗产利用与展示规划

8.1 利用原则与利用功能

8.1.1 大运河遗产利用的基本原则

科学、适度、持续、合理地利用遗产，是大运河遗产利用的基本原则。

在利益相关者之间达成共识，坚持在保护大运河遗产价值的前提下，提升大运河遗产在水利、航运、城市建设方面的实用价值，并有利于运河沿线区域各类资源的高效配置，是大运河遗产利用的核心。

表9 中国大运河重要点段保护要点

序号	重要点段		保护要点
	所属河段	重要点段	
1	通惠河	北京旧城段	• 完善大运河遗产保护标识； • 控制在用桥闸的交通利用强度； • 具体确定部分河道遗存的分布范围； • 制定并实施已发掘河道和水工设施遗迹的保护措施
2	通惠河 北运河	通州段	• 完善大运河遗产保护标识系统； • 勘查目前尚不明确的重要遗存的保存状况并制订保护方案； • 结合考古工作开展不可移动文物现状信息采集与保存工作，完善档案建设； • 控制对遗产环境的开发程度； • 严格保护历史遗存； • 局部修复历史环境
3	北运河	北运河中段	• 完善大运河遗产保护标识； • 结合考古工作开展不可移动文物现状信息采集与保存工作，完善档案建设； • 在明确现状的基础上对运河水工设施遗存和附属遗存进行科学评估并落实保护措施； • 加强洪灾防治； • 治理水污染和沿线垃圾污染
4	北运河 南运河	天津三岔河口	• 完善大运河遗产保护标识系统； • 治理水污染使水质得以显著改善； • 治理沿线垃圾污染，尤其是南运河起点至石家大院之间的河段； • 整治保护区划内建筑环境，局部修复历史环境； • 识别、保护能够展现大运河变迁的连续历程的遗址遗迹、地形地貌、档案和文献以及非物质文化遗产
5	南运河	南运河中段	• 完善大运河遗产保护标识； • 加强明代以前大运河遗存的调查与研究、南运河险工工程的类型和年代研究； • 搬迁重点保护区内对行洪、通航造成安全隐患的建构筑物； • 遵循遗产保护的真实性和完整性要求对在用的减河、险工遗存实施科学保护与合理利用； • 治理污染

续表9

序号	重要点段		保护要点
	所属河段	重要点段	
6	会通河	会通河聊城段	·完善大运河遗产保护标识； ·立即开展不可移动文物现状信息采集与保存工作、进一步完善档案建设； ·重点开展水工设施遗址遗迹的保护与研究； ·严格控制废弃闸址被重新利用为交通设施的强度； ·改善水质； ·重点整治临清市、阳谷县境内保护区划内环境，局部修复历史环境； ·结合考古工作勘查黄河两岸大运河工程遗迹，实现京杭运河遗产的全线连续
7		南旺枢纽	·完善大运河遗产保护标识； ·立即开展不可移动文物现状信息采集与保存工作，尤其是结合进一步考古工作的遗存现状勘测、保护区划及周边区域的地形图测绘； ·重点开展水工遗存的保护与研究，严格执行最小干预原则和原址保护要求，保存维护运河枢纽工程遗产整体的真实性和完整性； ·完善不可移动文物安全防范系统； ·重点整治汶上县境内保护区划内环境，局部修复历史环境
8		会通河南段	·完善大运河遗产保护标识； ·结合济宁市区段河道与运河附属遗存的考古工作，开展不可移动文物现状信息采集与保存工作、进一步完善档案建设； ·开展南四湖综合保护与研究，识别、保护能够展现大运河变迁的连续历程的遗址遗迹和周边环境要素、在维护当前水利和航运功能的同时注重发挥遗产保护与展示功能； ·重点整治汶上县境内保护区划内环境，局部修复历史环境
9	中河	泇河台儿庄段	·完善大运河遗产保护标识； ·严格保护河道形态与沿线实物遗存的真实性； ·开展环境整治，改善水质，局部修复历史环境
10		皂河与中运河北段（含废黄河）	·完善大运河遗产保护标识系统； ·识别、保护能够展现大运河变迁的连续历程的遗址遗迹、地形地貌、档案和文献以及非物质文化遗产； ·加强在用河道与水工设施的保养维护； ·控制对遗产环境的开发程度，加强生态保护与建设； ·重点开展城乡接合部的环境整治，局部修复历史环境
11	淮扬运河 江南运河	淮扬运河全段（含清口枢纽及长江运口）	·完善大运河遗产保护标识； ·结合考古工作开展不可移动文物现状信息采集与保存工作，尤其是清口枢纽与长江运口； ·开展水工设施遗存的保护与研究，制定、实施符合文化遗产保护要求的水利、航运操作规程并不断完善；严格执行最小干预原则和原址保护要求，保存、维护运河枢纽工程遗产整体的真实性和完整性； ·重点整治清口枢纽和宝应、高邮、邵伯境内运河沿线建成区的建筑界面，局部修复历史环境； ·制订水环境整治方案，改善运河故道水质
12	江南运河	江南运河常州城区段	·完善大运河遗产保护标识； ·进一步识别、保护能够展现大运河变迁的连续历程的遗址遗迹、历史地段以及非物质文化遗产； ·开展环境整治，改善水质，局部修复历史环境

序号	重要点段		保护要点
	所属河段	重要点段	
13	江南运河	江南运河中段	· 完善大运河遗产保护标识； · 进一步识别、保护能够展现大运河变迁的连续历程的遗址遗迹、历史地段以及非物质文化遗产； · 开展水工设施遗存的保护与研究，制定、实施符合文化遗产保护要求的水利、航运操作规程并不断完善；严格执行最小干预原则和原址保护要求，保存、维护运河水工设施遗存的真实性和完整性； · 控制对遗产环境的开发程度； · 保护运河城镇的自然生态环境与景观环境，加强运河历史街区内的基础设施建设，保持运河原住居民的生活形态； · 综合防治污染，改善水质； · 治理城郊工业区环境，优化沿岸工业用地及现代航运设施布局
14		江南运河南段	· 完善大运河遗产保护标识； · 开展水工设施遗存的保护与研究，制定、实施符合文化遗产保护要求的水利、航运操作规程并不断完善；严格执行最小干预原则和原址保护要求，保存、维护运河水工设施遗存的真实性和完整性； · 加强流域生态环境保护、涵养水源； · 控制对遗产环境的开发程度，局部修复历史环境； · 保护运河城镇的自然生态环境与景观环境，加强运河历史街区内的基础设施建设，保持运河原住居民的生活形态； · 综合防治污染，改善水质； · 治理城郊工业区环境，优化沿岸工业用地及现代航运设施布局
15	浙东运河	浙东运河西段	· 完善大运河遗产保护标识； · 开展水工设施遗存的保护与研究，制定、实施符合文化遗产保护要求的水利、航运操作规程并不断完善；严格执行最小干预原则和原址保护要求，保存、维护运河河道、湖泊遗址、水工设施遗存及运河附属遗存的真实性和完整性； · 加强流域生态环境保护、涵养水源； · 控制对遗产环境的开发程度，局部修复历史环境； · 保护运河城镇的自然生态环境与景观环境，加强运河历史街区内的基础设施建设，保持运河原住居民的生活形态； · 综合防治污染，改善水质
16		浙东运河东段	· 完善大运河遗产保护标识； · 进一步识别、保护能够展现大运河变迁的连续历程的遗址遗迹、历史地段以及非物质文化遗产； · 开展水工设施遗存的保护与研究，严格执行最小干预原则和原址保护要求，保存、维护运河河道、湖泊遗址、水工设施遗存及运河附属遗存的真实性和完整性； · 控制对遗产环境的开发程度，局部修复历史环境； · 综合防治污染，改善水质
17	卫河	合河段及水源	· 完善大运河遗产保护标识； · 立即开展不可移动文物现状信息采集与保存工作、进一步完善档案建设； · 在明确现状的基础上对各项遗产元素进行科学评估并落实保护措施； · 结合考古工作，勘查卫河与黄河的连接线路并制定保护方案； · 加强流域生态环境保护； · 开展环境整治，改善水质，局部修复历史环境
18		道口古镇－浚县古城段	· 完善大运河遗产保护标识； · 立即开展不可移动文物现状信息采集与保存工作、进一步完善档案建设； · 在明确现状的基础上对各项遗产元素进行科学评估并落实保护措施； · 加强清代以前大运河河道遗存的调查与研究； · 开展环境整治，改善水质，局部修复历史环境

续表9

序号	重要点段		保护要点
	所属河段	重要点段	
19	卫河	大名府故城段	• 完善大运河遗产保护标识； • 立即开展不可移动文物现状信息采集与保存工作、进一步完善档案建设； • 在明确现状的基础上对各项遗产元素进行科学评估并落实保护措施； • 进一步加强清代以前大运河河道遗存的调查与研究； • 开展历史环境研究和环境整治，局部修复历史环境
20	通济渠	隋唐洛阳城段	• 完善大运河遗产保护标识； • 立即开展考古工作，进一步识别、保护隋唐时期大运河的运道和水工遗存； • 开展运河水工设施遗存和附属遗存的保护与研究； • 加强洪灾防治和流域生态环境保护； • 开展历史环境研究和环境整治，局部修复历史环境
21		洛口段	• 完善大运河遗产保护标识； • 立即开展不可移动文物现状信息采集与保存工作、进一步完善档案建设； • 进一步加强运河附属遗存和相关遗产的保护与研究； • 加强洪灾防治和流域生态环境保护； • 开展历史环境研究和环境整治
22		荥阳故城段	• 完善大运河遗产保护标识； • 立即开展不可移动文物现状信息采集与保存工作、进一步完善档案建设； • 结合考古工作，勘查现存汴河遗存以东的大运河河道遗存线路及其与黄河的连接线路并制订保护方案； • 开展运河河道遗存和相关遗产的保护与研究； • 开展历史环境研究和环境整治，改善水质
23		北宋东京城段	• 完善大运河遗产保护标识； • 立即开展考古工作，进一步识别、保护隋唐至宋代的大运河的运道、水工遗存和附属遗存； • 开展运河水工设施遗存和相关遗产的保护与研究； • 开展历史环境研究和环境整治
24		商丘南关码头遗址段	• 完善大运河遗产保护标识； • 立即开展考古工作，进一步识别、保护隋唐至宋代的大运河的运道、水工遗存和附属遗存； • 结合考古工作，勘查现存河道遗址以东至济阳镇之间的大运河河道遗存的具体分布范围； • 开展运河水工设施遗存的保护与研究
25		百善老街及柳孜码头段	• 完善大运河遗产保护标识； • 开展不可移动文物现状信息采集与保存工作、进一步完善档案建设； • 结合考古工作，勘查隋唐至宋代的柳孜村运河遗存的具体分布范围和保存现状； • 开展历史环境研究和环境整治，局部修复历史环境
26		泗县－泗洪段	• 完善大运河遗产保护标识； • 开展运河河道遗存的保护与研究； • 开展历史环境研究和环境整治，局部修复历史环境
27	通济渠淮扬运河	淮河口－洪泽湖段	• 完善大运河遗产保护标识； • 结合考古工作，勘查龟山运河遗存和泗州城遗址的具体分布范围和保存现状； • 开展洪泽湖综合保护与研究，进一步识别、保护能够展现大运河变迁的连续历程的遗址遗迹和周边环境要素，在维护当前水利功能的同时注重发挥遗产保护与展示功能； • 开展历史环境研究和环境整治，局部修复历史环境

向公众充分展示和解释大运河遗产的文化价值，促进价值认同与维护，是大运河遗产利用的重要保障。

利用与展示大运河遗产，应符合保护遗产历史环境的原则，避免过度整治环境，防止因利用设施建设而造成的对原有历史环境的破坏。

8.1.2 中国大运河遗产的利用功能

中国大运河遗产的水工遗存和运河附属遗存的利用功能以遗产保护与展示、水利、航运为主。维护中国大运河遗产现状的水利和航运功能。注重发挥水利和航运功能已退化的运河段落的展示功能。

运河相关遗产的利用功能以遗产保护与展示为主，近现代建筑和历史文化街区、历史文化村镇同时具有提供生产生活资料的功能。

8.2 利用规划

维护、发挥好大运河的航运、输水、防洪、水资源配置、生态和景观功能，是积极保护该遗产的经济、社会价值的重要手段。

8.2.1 航运

通过实施《全国内河航道与港口布局规划（2006～2020年）》《长江三角洲高等级航道建设规划（2011～2015年）》《京杭运河航道建设规划（2011～2015年）》《山东省内河航道与港口布局规划》《江苏省干线航道网规划》《浙江省内河航运发展规划》及其他航运发展中长期规划，充分发挥内河航运所具有的运量大、成本低、能耗小的优势，在服务于当前经济社会发展需求的同时，使京杭大运河及浙东运河大部分河段的历史功能得以延续。

8.2.2 水利

（1）输水

通过实施《南水北调工程总体规划》《南水北调东线工程规划》，实现跨流域的水资源合理配置，以水资源的可持续利用保障国家经济社会的可持续发展，使部分河段得以输水利用，增强大运河工程服务社会的现实意义。

（2）防洪、水资源配置

通过实施《流域综合规划》《流域防洪规划》和《流域水资源规划》，发挥大运河范围内各江河的防洪、供水等功能，以水资源的可持续利用保障经济社会的可持续发展。

8.2.3 生态和景观

通过实施沿运城市的生态保护规划、绿地规划，并结合大运河沿线的国家级湿地公园建设，形成大运河遗产生态景观廊道，是保护、展现运河遗产及其环境整体实用价值的良好方式。

8.3 展示规划

8.3.1 展示布局

中国大运河遗产展示总体布局为全线开放的运河线路串联27个重要点段构成的展示区。展示区内划分展示单元，分为展示节点、开放式展示带、展示片区，构成点、线、片相互连接的整体框架。

8.3.2 考古遗址公园

结合考古研究目标与展示区布局，建立6处大型考古遗址公园。

通惠河段1处：以通州段展示区为核心区域，结合通州漕运仓库和码头、张家湾通惠河故道及运河遗存考古需求建立。

北运河段1处：以北运河中段展示区为核心区域，结合十四仓遗址和北运河沉船点考古需求建立。

南运河段1处：以南运河中段展示区为核心区域，结合南运河减河工程设施和东光码头沉船遗址考古需求建立。

会通河段1处：包含会通河聊城段、南旺枢纽段、会通河南段共3个展示区和沙湾工程遗址可能分布区，结合南旺枢纽、会通河节制闸、沙湾工程考古与研究需求建立。

淮扬运河段1处：包含淮扬运河段全段和淮河口－洪泽湖2个展示区，结合清口枢纽、废黄河堤防系统、长江运口、龟山运河和泗州城遗址考古与研究需求建立。

通济渠段1处：包含隋唐洛阳城段、洛口段2个展示区，结合隋唐时期漕运仓库、码头、历史河道考古研究需求建立。

大运河遗产沿线的考古遗址公园由一个或多个公园组成，具体范围在省级保护规划或重要点段详细规划中确定。

8.3.3 展陈主题

中国大运河遗产的展示主题分为技术、经济、社会、景观四大类。

（1）技术主题

展示要点：重点展示运河线路的规划设计以及现存的代表性工程或工程遗迹。

适用河段：通惠河、南运河、会通河、淮扬运河、江南运河、浙东运河。

（2）经济主题

展示要点：重点展示漕运历史与管理制度。

适用河段：通惠河、北运河、南运河、会通河、淮扬运河、江南运河、通济渠。

（3）社会主题

展示要点：重点展示因运河而兴盛的城市、漕运的重要节点、与运河共同演进的文化。

适用河段：全部河段。

（4）景观主题

展示要点：重点展示与运河共同演进的景观。

适用河段：全部河段。

8.3.4 外部交通

依托运河线路经过或邻近的省会城市、直辖市和区域性中心城市作为主要外部交通出入口，包括：北京、天津、济南、南京、杭州。

依托重点展示区通过的城市之间的航线、铁路、高等级公路作为区间交通：

北京 - 武清 - 天津 - 沧州 - 泊头 - 德州 - 临清 - 聊城 - 济宁 - 台儿庄 - 宿迁 - 淮安 - 高邮 - 扬州 - 镇江 - 常州 - 无锡 - 苏州 - 吴江 - 嘉兴 - 杭州 - 绍兴 - 宁波 - 临清 - 新乡 - 洛阳 - 开封 - 宿州。

8.3.5 游客容量

展示区游客容量应在专项规划中进行科学测算、持续监测、及时修正、合理控制，满足遗产保存、生态环境保护的双重要求，并与合理的服务设施容量及良好的参观体验需求相符。

8.4 展示设施

8.4.1 运河博物馆

（1）博物馆布局

为满足中国大运河遗产整体价值和系统展示的需求，规划设5处国家级博物馆。其中：

利用现有运河博物馆3处，即杭州运河博物馆、淮安运河博物馆、淮北市博物馆（隋唐大运河博物馆）。

新建博物馆2处，分别选址于通州区和济宁市。

（2）展陈主题

运河博物馆以展示中国大运河遗产总体历史沿革、现状情况和整体价值为统一主题；此外，根据各自所在地，布置以下专题展示。

①通州运河博物馆：元至清代漕运历史与文化。

②济宁运河博物馆：京杭运河山东及其以北各段的技术价值。

③淮安运河博物馆：京杭运河江苏及其以南各段的技术价值。

④杭州运河博物馆：大运河近现代的演进历史。

⑤淮北市博物馆（隋唐大运河博物馆）：宋代以前的漕运历史与文化以及隋唐大运河的出土文物。

支持运河沿线城市结合风景名胜区、历史文化名城保护等规划，建设展示本地运河文化的博物馆。

8.4.2 服务设施

（1）综合型服务中心

依据博物馆布局和遗产地开放条件现状，规划设10处综合型服务中心，主要功能包括：信息服务、学术交流、小型展陈、交通服务、住宿餐饮、管理办公等。其中：

结合国家级运河博物馆和城市公共服务设施，建设通州、济宁、淮安、杭州综合服务中心4处；

结合地方性运河博物馆和城市公共服务设施，分别建设天津、沧州、扬州、宁波、洛阳、宿州综合服务中心6处。

（2）小型服务中心

小型服务中心主要功能为信息服务、医疗急救、自助餐饮等。

各展示区根据实际规模设立小型服务中心，服务半径不超过30公里；

大运河遗产沿线未设展示区的区段，根据实际需求和可达性设立小型服务中心。

（3）交通设施

提高运河河道及沿线遗产的交通可达性与连续性，各展示区内河道遗存两侧设连续的步行道路并配置完善的导引标识。

各展示区内配置统一的低排放中型旅游客车，提供参观专用区内交通服务。博物馆和综合型服务中心配置大型旅游客车，提供参观专用区间交通服务。

现状为河流且非主要航运线路的河道，根据展示区详细规划，在符合水功能区划和环境保护的有关要求的前提下，可适当选取合理区段设置水上游线，并进行充分认证，做好水体和环境保护措施，确保水环境不受污染。

（4）解说与导引设施

统一策划展示区解说导引系统，更换与遗产价值不符的现有展示牌和导引标识，要求尺度小、形象简洁和色彩与遗产环境协调，内容与展示主题相符。

①现场展示牌：包括展示单元说明牌、重要遗存展示牌。

②电子设备：包括现场便携式自助导游机和博物馆光电沙盘、多媒体交互展示设备、自动语音播放设备等。

③导引设施：包括参观线路导引标识、环境保护警示标志等。

8.4.3 重要点段展示规划要点

中国大运河重要点段展示规划要点见表10。

9 遗产管理规划

9.1 法律地位

9.1.1 确立法律地位

本规划认定的中国大运河遗产，应当按照《中华人民共和国文物保护法》的规定，根据它们的历

表10 中国大运河遗产展示区（重要点段）展示规划要点

序号	所属河段	展示区（重要点段）	展示主题	主要展示设施规划
1	通惠河	北京旧城段	• 元代漕运终点 • 通惠河规划技术、引水技术 • 京杭运河全线贯通的最后开挖的河段	
2	通惠河 北运河	通州段	• 明清漕运终点 • 漕粮入京的多种方式	新建运河博物馆和综合型服务中心，选址通州
3	北运河	北运河中段	• 线路延续与河道变迁	
4	北运河 南运河	天津三岔河口	• 因运河而兴盛发展的城市	建设综合型服务中心，选址天津
5	南运河	南运河中段	• 人工坐弯、减河及险工技术	建设综合型服务中心，选址沧州
6	会通河	会通河聊城段	• 运河城市临清 • 节制闸控制与过闸制度	新建运河博物馆和综合型服务中心，选址济宁
7		南旺枢纽	• 明清时期京杭运河全线贯通的最关键的河段 • 调水、分水技术	
8		会通河南段	• 运河城市 • 泗水运道 - 南四湖的变迁	
9	中河	泇河台儿庄段	• 运河城市	
10		皂河与中运河北段（含废黄河）	• 借黄行运 - 避黄行运	
11	淮扬运河 江南运河	淮扬运河全段（含清口枢纽及长江运口）	• 早期运河 • 湖运关系 • 黄淮运交汇处的演进与长期致力经营 • 运口变迁与经营	利用现有淮安运河博物馆，建设综合型服务中心2处，选址淮安、扬州
12	江南运河	江南运河常州城区段	• 运河城市	
13		江南运河中段	• 纤道技术 • 农业水利技术 • 漕运货物主要源地 • 运河城市、镇 • 近代演进历史	
14		江南运河南段	• 网状运河 • 复闸技术 • 古桥梁 • 运河城镇	利用现有杭州运河博物馆，建设综合型服务中心，选址杭州
15	浙东运河	浙东运河西段	• 纤道技术 • 水工设施的演进与延续 • 运河城市	
16		浙东运河东段	• 复线运行 • 运河城市 • 内河航运与海运的连接	建设综合型服务中心，选址宁波

续表10

序号	所属河段	展示区 （重要点段）	展示主题	主要展示设施规划
17	卫河	合河段及水源	·卫河起点	
18		道口古镇－浚县古城段	·运河城镇	
19		大名府故城段	·运河变迁	
20	通济渠	隋唐洛阳城段	·隋、唐漕运终点之一 ·运河与城市布局的关系	建设综合型服务中心，选址洛阳
21		洛口段	·隋、唐漕运线路的重要节点	
22		荥阳故城段	·古汴河、鸿沟	
23		北宋东京城段	·隋、唐漕运线路的重要节点、北宋漕运的终点	
24		商丘南关码头遗址段	·隋、唐、宋漕运线路的重要节点	
25		百善老街及柳孜码头段	·隋、唐、宋漕运线路的重要节点	利用现有淮北运河博物馆，建设综合型服务中心，选址宿州
26		泗县－泗洪段	·隋、唐、宋漕运线路的重要节点，汴河唯一延续的段落	
27	通济渠淮扬运河	淮河口－洪泽湖段	·淮河－洪泽湖的演进，隋、唐、宋漕运线路的重要节点	

史、艺术、科学价值，选择公布为各级文物保护单位。

9.1.2 坚持依法保护

应始终坚持依法对大运河遗产进行保护。

大运河遗产所在的省、市根据协调管理需求和地方实际情况，制订必要的地方性法规、规章。

在总结保护管理经验的基础上，进一步研究依法保护策略，从全局角度统一规范大运河遗产的保护要求和管理体系。

经法定程序批准的大运河遗产保护专项规划是依法保护大运河遗产的重要依据，应及时公布并按要求实施。

9.2 管理与协调机制

9.2.1 管理机制和机构

大运河遗产分布范围及其周边环境区域，由各级地方人民政府和流域管理机构按其管辖范围依据法律和行政法规规定行使管理职责。

国务院文物行政部门主管大运河遗产的整体保护工作，国务院其他有关部门按照职责分工，负责大运河遗产保护的相关工作和其行业的管理工作。

大运河遗产所在地县级以上地方人民政府及其文物主管部门负责本行政区域内的大运河遗产保护工作，并协助有管辖权的水行政主管部门或流域管理机构在水资源开发保护和治理中处理好与大运河遗产保护的关系。

县级以上地方人民政府设立专门保护管理机构，负责大运河遗产保护与管理中的具体工作。

大运河遗产保护点、段属现有水管单位管理的，由现有水管单位按照河道管理、文物保护、交通运输、环境保护等相关法律法规进行管理。

9.2.2 协商机制

大运河保护是一项跨部门、跨系统、跨行业、多领域的工作，涉及交通、水利、环保、国土、测绘、文物等各领域相关机构。为协调大运河遗产保护所涉及的多个行业的重大问题、明确相关部门和地区在大运河遗产保护工作中的职责分工、加强不同领域之间的交流和合作，应按照保护管理需求建立长效协商机制。

通过省部际会商机制，协调大运河遗产保护中涉及多个行业的重大事项，会商解决中国大运河遗产保护区划范围内有关文化遗产保护的重大问题。

大运河遗产跨行政区域边界的，其毗邻的县级以上地方人民政府应当定期召开由相关部门参加的联席会议，研究解决大运河遗产保护中的重大问题。

9.2.3 规划编制与衔接

坚持规划先行、做好规划衔接，是落实大运河遗产协调机制的重要手段。

（1）文化遗产保护专项规划

大运河遗产保护专项规划包括国家级专项保护规划、省级专项保护规划、市县级专项保护规划、重要点段保护规划和各类详细规划。

专门编制的大运河遗产保护的国家级专项规划由大运河保护和申遗省部际会商小组审批、公布实施。

省级专项保护规划、重要点段保护规划按照《全国重点文物保护单位保护规划编制审批办法》组织编制、审批，由省级人民政府公布实施，审批前应征求有管辖权的水行政主管部门或流域机构等相关部门的意见。

省级专项保护规划、重要点段保护规划应按照大运河遗产保护国家级专项规划的要求，细化保护区划，落实保护和展示措施，明确利用、管理规划要求。

省级专项保护规划应根据大运河遗产保护和研究工作的发展变化，定期评估实施情况，适时予以修订，不断补充完善大运河遗产认定、保护区划和管理规定等方面的内容。

市、县级专项保护规划和各类详细规划按照国家级专项保护规划、省级专项保护规划、重要点段保护规划的要求组织编制，由相应级别的地方人民政府公布实施。

（2）文化遗产保护专项规划与其他规划的衔接

大运河遗产保护与管理总体规划以及水利、航运、环境等专项规划，应符合保护、利用并重的原则，并相互协调。

大运河所在地县级以上地方人民政府制定本行政区域的国民经济和社会发展计划、土地利用总体规划和城乡规划等，应当体现各级大运河遗产保护规划的遗产构成、保护区划、管理规定等强制性内容。

9.3 工程管理

9.3.1 审批与备案

保护区划内各类建设和影响大运河遗产的活动，应按照相关法律法规及本规划管理规定，由有关部门协同履行审批、备案程序。

经国务院或国务院有关部委批准的相关流域综合规划、防洪、水资源规划、水利工程和航运、南水北调工程等有关行业专项规划中，涉及大运河遗产保护区划范围的工程项目，按照国家关于基本建设前期工作相关规定执行。

9.3.2 文化遗产影响评价

在大运河遗产保护范围和建设控制地带内实施大型建设工程，在报请审批、核准的可行性研究报告或项目申请报告中应包含大运河文化遗产影响篇章，对项目实施后可能对大运河文化遗产造成的影响作出分析和预测，提出预防或者减轻不良环境影响的对策和措施。

9.4 运行管理

9.4.1 能力建设

各级负责大运河遗产保护管理的机构应加强职工队伍建设，建立具备综合专业人才结构的职工队伍，满足世界文化遗产的保护管理需求。

充分利用现有资源，加强保护、研究、利用各方面人才培养，建设专业配置完善、总体技术水平优良的科研队伍。

制定运行管理人员培训计划和规范标准，提高员工的专业水平和综合素质，建设符合世界遗产地管理要求的优秀管理队伍。

定期组织大运河沿线城市开展各种形式的经验交流座谈会或遗产地现场考察等活动，交流大运河保护中的经验，及时发现各自工作中的主要问题和薄弱环节。

9.4.2 遗产监测

按照世界遗产保护管理要求，大运河文化遗产保护实行监测巡视制度。

（1）监测依据

大运河遗产监测依据《中国世界文化遗产监测巡视管理办法》。

（2）监测机构与机制

大运河遗产管理机构负责其管理的运河遗产的日常监测和日常监测的记录工作，并协同各级文物主管部门按照遗产保护的要求搜集数据、整合信息、完成评估报告。

国务院文物行政部门负责组织或委托专业机构实施反应性监测；组织定期或不定期巡视。

县级以上地方人民政府及其文物主管部门负责对本行政区域内的大运河遗产进行定期监测、反应性监测，进行定期或不定期巡视。

省级文物行政部门负责编制、向国务院文物行政部门提交年度监测报告。

（3）监测内容

监测内容围绕大运河遗产价值的维护状况设定，主要包括：

①遗产及相关因素监测：遗产保存状态、干预情况、保护区划范围内的环境保护与土地利用状况、运河沿线城镇的经济发展、人口增长等。

②影响因素监测：开发建设、生态环境、自然灾害和旅游等。

③保护状况监测：保护规划执行情况，遗产保护、管理、展示和宣传等方面的全面情况。

具体监测方案由省级文物行政部门负责制订，应依据本规划要求，结合本行政区域内大运河遗产的构成内容，明确监测项目、指标、周期，报国务院文物行政部门批准实施。

9.4.3 经费来源

多渠道筹措经费来源，包括文物保护专项资金、门票收入、专项经营、社会捐赠等。

依据《中华人民共和国文物保护法》和中国《世界文化遗产保护管理办法》，大运河所在地县级以上人民政府应当将大运河文化遗产保护经费纳入本级财政预算。

中央财政利用现有遗产保护资金渠道，支持大运河遗产保护和管理工作。

9.4.4 专家咨询制度

对大运河遗产保护实行专家咨询制度。制定保护规划、审批有关的建设工程、决定有关的其他重大事项，应当听取专家意见。

大运河遗产保护专家咨询制度，由国务院文物行政部门制定并公布。

9.4.5 公众参与制度

大运河遗产所在地县级以上地方人民政府负责建立大运河保护志愿者工作制度，开展志愿者的组织、指导和培训工作。

大运河遗产所在地县级以上地方人民政府决定大运河遗产保护中的重大问题，应当通过听证会等方法听取公众意见。

9.4.6 宣传与教育

通过各种媒体，采取举办展览、开展知识竞赛、开通网站平台、开辟报刊专版等多种形式，广泛宣传大运河的内涵和价值，维护民众在运河保护工作中的知情权、参与权、监督权和受益权。

通过公众考古、志愿者行动、设立义务保护员等方式，积极鼓励各种社会力量共同参与大运河文化遗产保护工作，丰富广大民众的大运河知识，提高保护意识，形成全社会爱护大运河、保护大运河的良好氛围，使大运河保护最终能够成为广大民众的自觉行动。

鼓励大运河遗产所在地县级以上地方教育主管部门会同同级文物主管部门，制定学校利用大运河文化遗产开展教育教学活动的政策措施，并结合学校课程设置和教学计划，统筹安排学校到大运河文化遗产地开展学习实践活动。

10 遗产研究规划

10.1 考古研究

针对历史边界目前难以准确确定、保存状况不完全确定、或价值尚待进一步揭示的大运河遗产，开展深入的考古调查、勘探工作，进行必要的考古发掘，深化考古研究，使大运河遗产的价值得到更准确、全面的揭示。

在整合、梳理、评估已有相关研究成果的基础上，编制大运河遗产考古研究专项规划，统筹安排各阶段考古工作、明确具体研究目标、使遗产研究有序进行。

大运河遗产考古研究应与其他相关学科研究、尤其是水利史研究密切结合。

应注重资料收集与整理，及时发表工作简报、完成考古研究报告的编写和出版工作。

近期考古工作的重点对象主要包括：

通济渠遗址荥阳 - 开封段；通州（含张家湾）漕运遗迹；十四仓遗址与北运河沉船点；南运河中段明代以前大运河遗存、南运河险工工程；会通河聊城南段节制闸及沙湾工程；堽城坝遗址；南旺枢纽；济宁河道总督府遗址及洸府河故道；南四湖湖区内会通河及南阳新河水工遗存；清口枢纽；龟山运河遗产；长江运口；长安闸；钱塘江运口；卫河明代以前大运河遗存；永济渠遗址及大名府故城；洛阳运河水工遗存与漕运遗迹；开封运河水工遗存与漕运遗迹。

10.2 保护研究

全面开展系统的保护研究工作，与大运河利用、展示及考古研究结合，为大运河遗产的有效保护提供有力支持。

开展运河水工遗存和附属遗存科技保护研究，提高大运河遗产保护技术水平。以防灾、水下遗存保护、半地下／水下水工设施遗存保护、传统材料与工艺保护为重点，为遗产本体保护提供技术支撑。

积极、持续地开展在用河道、湖泊／水库、水工设施保护研究，不断探讨实现文化遗产最小干预的水利、航运工程方案，谋求真实、完整地保护大运河遗产价值与维持、提升其实用功能之间的协调关系。

开展世界遗产申报与管理研究，按照申报文本要求开展遗产价值评估，确定监测指标，制定世界遗产申报与管理工作计划。

10.3 综合研究

开展以运河水工设施遗存分期断代研究、大运河营建史研究、河工档案研究、相关遗产价值研究为重点的综合研究工作，拓展研究领域，推进大运河遗产文化价值研究的深度与广度。

10.4 学术交流与合作

在信息管理、成果共享、专业培训以及科技创新等方面，加强大运河遗产研究的交流与合作。

广泛开展重点研究领域的信息交流，积极推进研究的深度与广度，提高研究水平。

建立与大运河遗产研究要求相适应的资料信息中心，运用多种手段宣传研究工作进展，传播研究成果，并保证研究成果的必要共享。

11 遗产环境保护规划

11.1 原则与目标

坚持遗产保护与生态环境保护相结合，生态保育、生态恢复与生态建设并重的原则，在大运河遗产保护区划范围内推进流域水生态修复和城乡生态环境建设、加强污染防治、合理规划岸线使用，构建环境优美、生态良好、人与自然和谐的遗产环境。

11.2 生态环境保护要求

现状为河流的河道遗存，有水的湖泊、水库和泉，应依据流域规划、地方水利规划和环境保护规划，通过开展水系整治、强化流域与区域水资源调配、加强水系沟通、促进水体流动、保护水域面积、保障生态水位、增强水质净化能力。

应加强岸线生态环境保护、保护和修复生态堤岸。根据历史景观环境，在河道两侧和湖泊水体外缘设置适当的开放空间，规划为绿化带的，建成区内的绿化宽度不宜小于30米，郊野地带的绿化宽度不宜小于80米。有水工设施遗存、附属遗存和相关遗产等运河遗产点的滨水地段，应适当增加绿化带的宽度，注重乡土植被和历史植被的栽植培育，形成具有中国大运河特色的景观环境。

对于废弃的运河河道遗存，应根据河道遗存所在地的具体情况，采取湿地建设、换水或遗址保护方式，消除死水、排除污水、加强绿化，发挥大运河遗产的景观环境功能。

强化保护区划范围内土地管控和建设限制，保护水域、农田、绿地等在洪水调蓄、水土保持、生物多样性保护等方面有重要作用的用地。

大运河沿线的城市、镇、村，应积极推进生态建设规划，并将大运河遗产保护范围和建设控制地带纳入重点保护和建设的区域。

11.3 环境污染防治要求

应建立综合的、有效的保障水质的管理机制，严格控制排入水体的污染物，并采取清污分流、生态清淤与人工湿地建设相结合等方式对工业、农业、航运等造成的流域水污染进行科学治理，改善保护区划范围内地表水体水质。

强化运河沿线的工业污染防治。对于环境污染比较严重、分布较为分散、对运河景观风貌影响比较严重的工业企业，应搬迁至保护区划外，或关停整治。

尽快落实城乡污水处理设施与垃圾集中收集、处理设施，建立长效的保洁制度，杜绝生活生产污水直排入河和沿岸垃圾堆放。

在南水北调输水期间，禁止通过汇入的支流、排污口等向大运河排放污染物。

保护区划范围内，水环境质量应按照其使用功能，符合《国家地面水环境质量标准》（GB3838-2002）规定的Ⅲ～Ⅴ类标准，郊野区、建成区空气质量应分别达到《环境空气质量标准》（GB3095-1996）规定的一级标准和二级标准。

12 近期规划

依据总体规划提出的要求，编制其他大运河遗产保护专项规划并建立动态监控机制，明确近期工作重点和时序，着重解决保护中的不利因素，落实整治、展示措施，为中国大运河申报世界遗产奠定基础。

立即开展专项规划编制工作。按照"重要点段，重点保护"的原则，尽快编制完成各重要点段规划。

完成本规划确定的近期需要编制的详细规划编制工作[1]。

全面启动遗产保护与展示工作。

完成重要片区、节点的保护措施，历史环境保护与环境整治措施，展示利用措施。

研究重点保护区内其他现状河流缺水、断流问题，统筹生活、生产和生态用水需求，根据水资源规划和水量分配方案及水资源承载能力，研究提出进一步优化水资源配置方案。

制订污染河段的综合整治方案并实施。完成重点保护区内的污染治理、水质达标。全面清理保护区划范围内的生活垃圾，对沿运城乡生活垃圾的收集、运输、回收利用和处置等过程实施有效管理和监督。

启动运河博物馆（科技馆）、大型服务中心建设工作，完成重要点段规划中确定的一期工程。

---

1. 参见《大运河遗产保护与管理总体规划·附表》。

加强遗产监测与管理。

建立监测制度，制订监测方案，建立、整合、完善重要点段监测系统。

进一步完善大运河遗产的基础数据采集，完成大运河遗产信息管理系统平台建设。

完成省、市层面的专项保护管理法规的制订和公布。

进一步优化管理机制，建立高效的协调机制和广泛的沟通机制。

加强各类保护管理机构建设，完成大运河遗产保护专门培训。

深化大运河遗产研究。

启动或继续推进大运河考古遗址公园内的考古工作，编制考古工作计划并完成调查、勘探和一部分发掘工作。

深入开展大运河遗产历史、考古、保护等各领域的研究工作。

积极推进中国大运河申报世界遗产工作。

在深入的对比研究的基础上，明确大运河遗产的突出普遍价值，确定遗产区和缓冲区。

完成申遗文本编制工作。

组织开展申遗点所在地的宣传、教育工作，使大运河遗产的突出普遍价值和保护要求得到共识。

加强申遗点利益相关者的沟通与合作，制订管理规划。

附表 **中国大运河遗产保护详细规划与设计方案编制要求**

河段	立即启动编制	近期编制	中远期编制
Ⅰ 通惠河段	· 玉河故道保护与展示设计 · 北京旧城漕仓保护规划 · 通州段考古研究规划	· 通州段考古遗址公园规划	
Ⅱ 北运河段	· 北运河中段考古遗址公园规划 · 十四仓遗址保护规划 · 筐儿港运河公园规划	· 大运河天津段农村（村庄）居民点规划	
Ⅲ 南运河段	· 南运河险工本体保护与展示设计 · 南运河中段环境整治规划 · 南运河中段考古研究规划 · 南运河中段考古遗址公园规划 · 捷地减河展示规划	· 青县城区河道环境规划 · 苏禄王墓保护规划 · 德州码头（含仓储）利用规划	· 东光码头沉船遗址保护规划 · 马厂炮台及军营遗址考古研究规划 · 陈窑窑址考古规划
Ⅳ 会通河段	· 会通河节制闸本体保护规划 · 南旺枢纽保护规划、保护与展示设计 · 临清片区保护规划大纲 · 临清运河钞关保护规划 · 张秋运河（阳谷古闸段）展示规划 · 堽城坝遗址保护与展示设计 · 会通河考古遗址公园规划	· 聊城山陕会馆保护规划 · 泗河泉林保护规划 · 济宁运河总督府遗址保护规划 · 南阳新河考古规划 · 南四湖段利用规划	· 上泉古泉群展示规划 · 周店船闸展示规划 · 东大寺保护规划 · 河隈张庄明清砖官窑遗址保护规划

续附表

河段	立即启动编制	近期编制	中远期编制
V 中河段	· 台儿庄月河码头群保护与展示设计 · 皂河古镇保护规划 · 中运河沿岸码头环境整治 · 中运河及废黄河堤防系统考古规划		
VI 淮扬运河段	· 清口枢纽保护规划、保护与展示设计 · 洪泽湖大堤展示规划 · 宝应、高邮、邵伯明清运河故道展示规划 · 伊娄河故道入江口考古规划 · （修编）东关街历史文化街区保护规划 · （修编）南河下历史文化街区保护规划 · 淮扬运河考古遗址公园规划	· 丰济仓遗址保护规划 · 平津堰保护规划 · 仪扬河入江口古代闸坝考古规划 · 古邗沟扬州城段与射阳湖段考古调查与研究规划	
VII 江南运河段	· 青果巷码头群及古纤道保护与展示设计 · 长安闸保护规划、保护与展示设计 · 杭州运河古桥群保护规划 · 镇江城区明清运河故道展示规划 · 江南运河环境整治规划 · 大小京口、丹徒口、月河口处运河长江交汇处考古规划	· 苏州城区运河故道古桥群展示规划 · 常州城区运河故道古桥群展示规划 · 吴江古纤道考古研究规划	
VIII 浙东运河段	· 杭州西兴永兴闸保护与展示设计 · 浙东运河古纤道保护与展示设计 · 浙东运河堰坝遗址保护与展示设计 · 浙东运河环境整治规划 · 绍兴段展示规划 · 宁波段展示规划	· 绍兴三江闸保护规划 · 杭州西兴镇历史文化街区保护规划 · 宁波丈亭镇历史文化街区保护规划	
IX 卫河（永济渠）段	· 大名府故城遗址保护规划 · 卫河段环境整治规划 · 卫河段利用规划 · 合河段展示规划 · 道口古镇至浚县古城段展示规划	· 百泉河遗产保护规划 · 永济渠故道保护规划 · 卫河段考古研究规划 · 道口历史文化名镇保护规划	· 枋城堰遗址保护规划
X 通济渠（汴河）段	· 大运河遗产洛阳段考古遗址公园规划 · 柳孜码头遗址保护工程设计 · 柳孜码头遗址公园规划 · 泗县泗洪段运河故道展示规划 · 北宋东京城段保护规划 · 州桥遗址保护与展示设计 · 大运河遗产洛阳段考古研究规划 · 汴河遗址考古研究规划	· 泗州城遗址保护规划 · 巩义窑址保护规划 · 汴河济阳镇段环境整治规划 · 龟山御码头保护规划	

13 参加人员

项目负责人 侯卫东

主要参加人员

中国文化遗产研究院：赵云、崔明、吴婷、王晶、冯辽、罗颖、李慧、于志飞、赵博、李倩倩、张恺莉、乔娜、黄小殊、魏晨光

东南大学建筑设计研究院：朱光亚、李新建、王元、纪立芳、宋剑青、邓峰

河北省古代建筑保护研究所：田林、赵玲、周远

陕西省古迹遗址保护工程技术研究中心：尤涛、任华云、王代赟

清华大学：周文生、唐剑波、刘新萍

天津大学：朱阳、陈孝忠

中国城市规划设计研究院：张广汉、赵中枢、张书恒、康新宇、麻冰冰、黎培杨

中国水利水电科学研究院水利史研究所：谭徐明、邓俊、王英华

图例

附图1 大运河遗产区位图

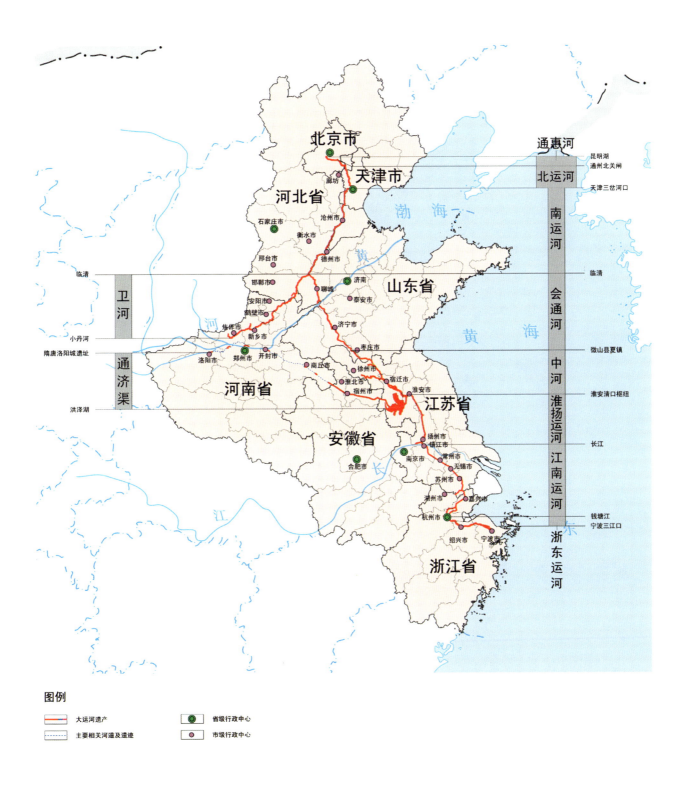

附图2 大运河遗产分段示意图

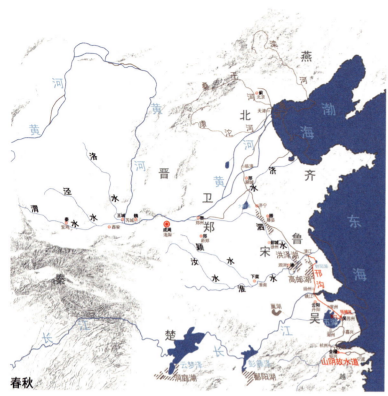

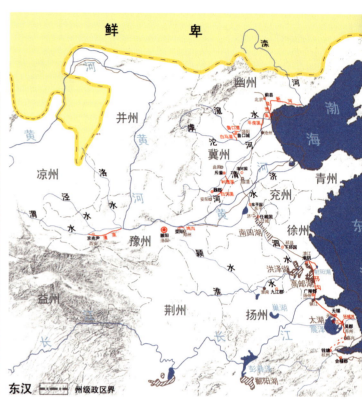

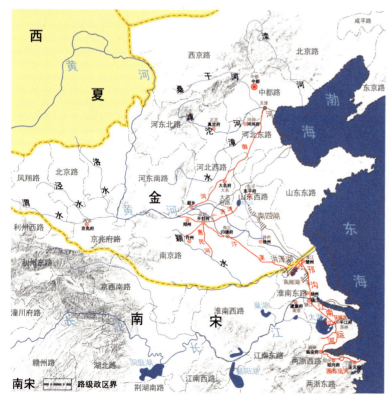

附图3 大运河历史沿革图

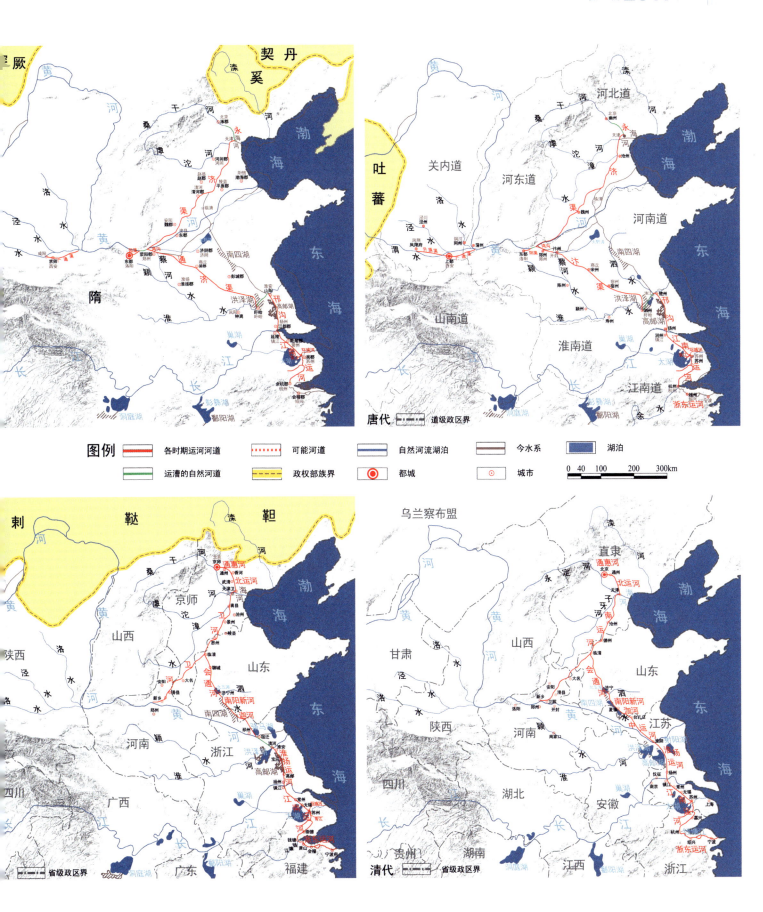

图例
- 各时期运河河道
- 可能河道
- 自然河流湖泊
- 今水系
- 湖泊
- 运漕的自然河道
- 政权部族界
- 都城
- 城市
- 0 40 100 200 300km

唐代 ———— 道级政区界

清代 ———— 省级政区界

省级政区界

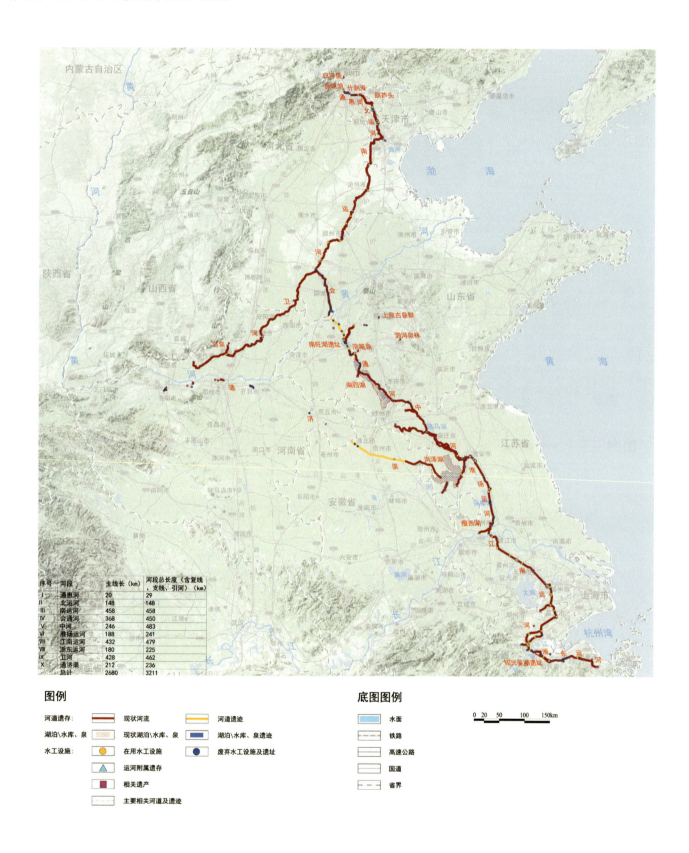

序号	河段	主线长（km）	河段总长度（含复线、支线、引河）（km）
I	通惠河	20	29
II	北运河	148	148
III	南运河	458	458
IV	会通河	368	450
V	中河	246	483
VI	淮扬运河	188	241
VII	江南运河	432	479
VIII	浙东运河	180	225
IX	卫河	428	462
X	通济渠	212	236
	总计	2680	3211

图例

河道遗存： ▬▬ 现状河流　　▬▬ 河道遗迹

湖泊\水库、泉： ▨ 现状湖泊\水库、泉　　■ 湖泊\水库、泉遗迹

水工设施： ● 在用水工设施　　● 废弃水工设施及遗址

　　　　　　▲ 运河附属遗存

　　　　　　■ 相关遗产

　　　　　　▨ 主要相关河道及遗迹

底图图例

▨ 水面

┅ 铁路

▭ 高速公路

▭ 国道

┈ 省界

0　20　50　100　150km

附图4　大运河遗产构成总图

白浮泉

汇通祠

南新仓

燃灯佛舍利塔

绣漪闸

广源闸

高梁闸

澄清上闸（含万宁桥）

澄清中闸（含东不压桥）

平津上闸

永通桥

通运桥

青龙湾减河河首

红庙村金门闸

筐儿港减河分水设施遗址

筐儿港减河河首

昆明湖

长 河 什刹海

玉河故道

通 惠 河

葫芦头

北

运

河

通州北城墙遗址

御制通州石道碑

三角坝沉船

东西仓沉船

十四仓遗址

陈庄沉船

双树村沉船

聂官屯沉船

"导流济运"碑

"阅筐儿港减河水坝作诗"碑

杨村五街沉船

天后宫

顺直水利委员会旧址

天妃宫遗址

河北省

图例

▬▬ 现状河流		▬▬ 河道遗迹	
▭ 现状湖泊\水库、泉		▭ 湖泊\水库、泉遗迹	
● 在用水工设施		● 废弃水工设施及遗址	
▲ 运河附属遗存			
▮ 相关遗产			
▬ ▬ 主要相关河道及遗迹			

底图图例

▭ 水面		▭ 省界	
▭ 铁路		▭ 市界	
▭ 高速公路		▭ 县界	
▭ 国道			

0 10 20   40km

附图5 大运河遗产构成图·通惠河段与北运河段

图例

- ▬▬ 现状河流
- ▭ 现状湖泊\水库、泉
- ● 在用水工设施
- ▲ 运河附属遗存
- ■ 相关遗产
- ┅┅ 主要相关河道及遗迹

- ▭ 河道遗迹
- ▭ 湖泊\水库、泉遗迹
- ● 废弃水工设施及遗址

底图图例

- ▭ 水面
- ▭ 铁路
- ▭ 高速公路
- ▭ 国道
- ┈┈ 省界
- ┅┅ 市界
- ┈┈ 县界

0 10 20   40km

天津市

石家大院

九宣闸
马厂减河河首

靳官屯闸碑
马厂炮台及军营遗址

1933年德国西门子启闭机
捷地减河河首
捷地分洪闸

清代宪示碑
乾隆御书《捷地、兴济坝工纪事诗碑》

泊头清真寺

东光码头沉船遗址

连镇谢家坝

华家口夯土险工

德州码头
四女寺减河河首
四女寺枢纽
郑口挑水坝

苏禄王墓
德州仓储

朱唐口险工
油坊码头遗址及险工

陈窑窑址

渤海湾

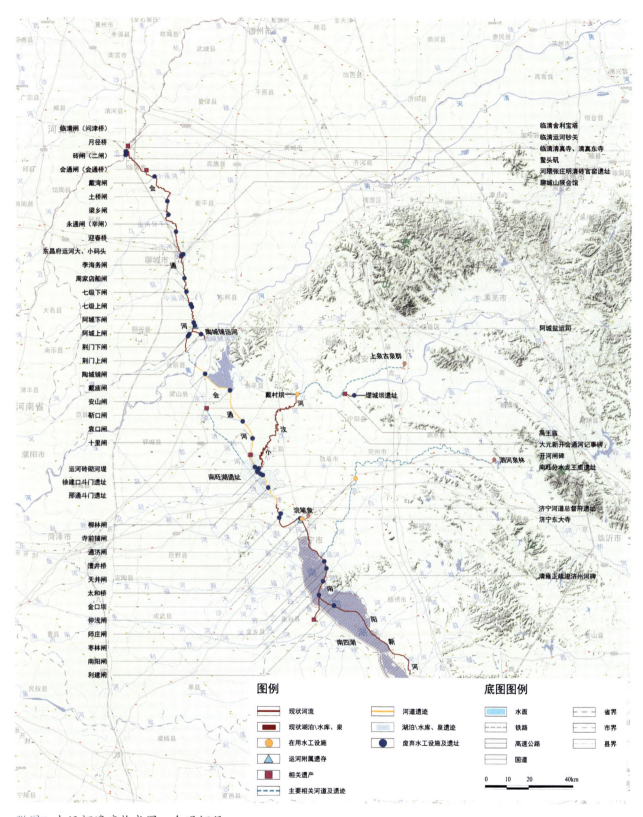

附图7 大运河遗产构成图·会通河段

附图6 大运河遗产构成图·南运河段

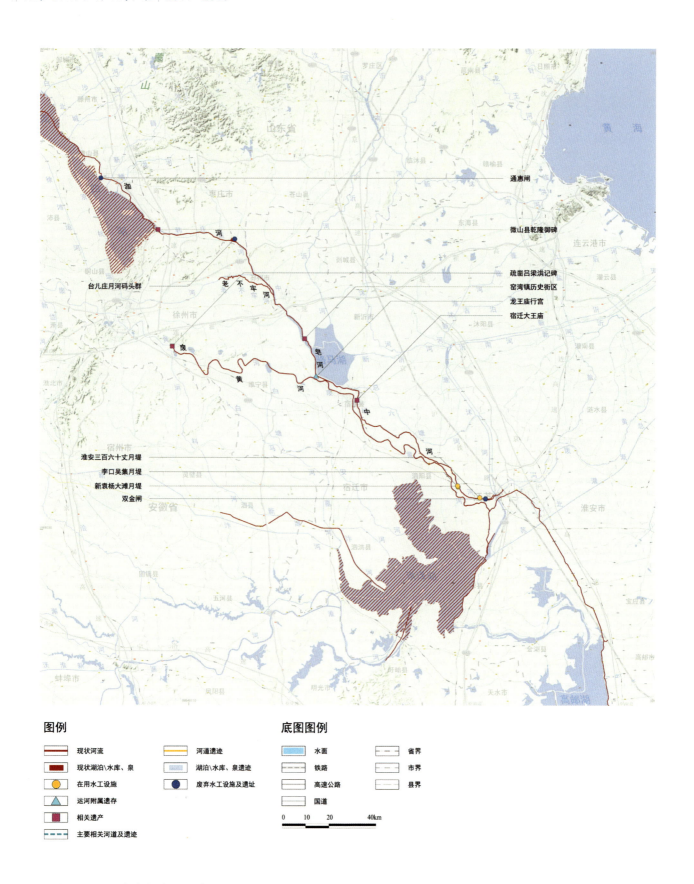

附图8 大运河遗产构成图·中河段

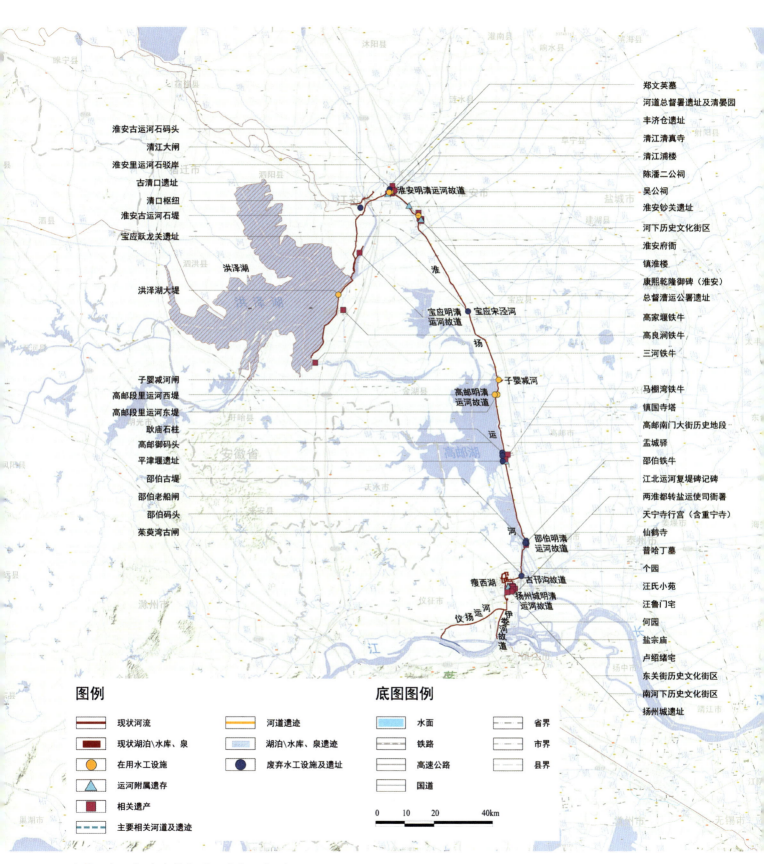

郑文英塞
河道总督署遗址及清晏园
丰济仓遗址
清江清真寺
清江浦楼
陈潘二公祠
吴公祠
淮安钞关遗址
河下历史文化街区
淮安府衙
镇淮楼
康熙乾隆御碑（淮安）
总督漕运公署遗址
高家堰铁牛
高良涧铁牛
三河铁牛
马棚湾铁牛
镇国寺塔
高邮南门大街历史地段
盂城驿
邵伯铁牛
江北运河复堤碑记碑
两淮都转盐运使司衙署
天宁寺行宫（含重宁寺）
仙鹤寺
普哈丁墓
个园
汪氏小苑
汪鲁门宅
何园
盐宗庙
卢绍绪宅
东关街历史文化街区
南河下历史文化街区
扬州城遗址

淮安古运河石码头
清江大闸
淮安里运河石驳岸
古清口遗址
清口枢纽
淮安古运河石堤
宝应跃龙关遗址

洪泽湖大堤

子婴减河闸
高邮段里运河西堤
高邮段里运河东堤
耿庙石柱
高邮御码头
平津堰遗址
邵伯古堤
邵伯老船闸
邵伯码头
茱萸湾古闸

洪泽湖

宝应明清运河故道　宝应宋泾河

子婴减河

高邮明清运河故道

邵伯明清运河故道

淮安明清运河故道

古邗沟故道
瘦西湖　扬州城明清运河故道
仪扬运河

图例

现状河流　　河道遗迹
现状湖泊\水库、泉　湖泊\水库、泉遗迹
在用水工设施　废弃水工设施及遗址
运河附属遗存
相关遗产
主要相关河道及遗迹

底图图例

水面　省界
铁路　市界
高速公路　县界
国道

0　10　20　40km

附图9　大运河遗产构成图·淮扬运河段

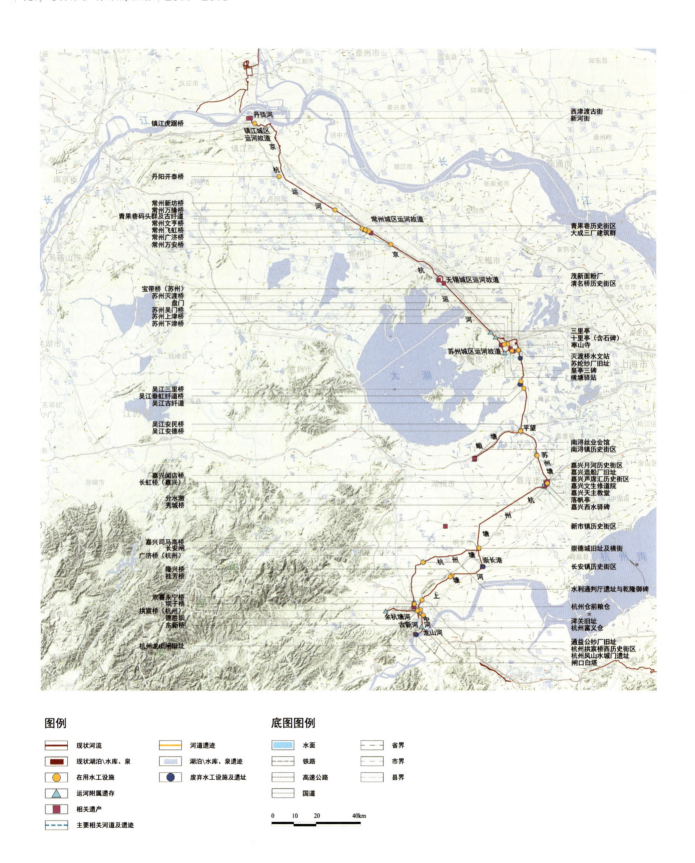

图例

现状河流
现状湖泊\水库、泉
在用水工设施
运河附属遗存
相关遗产
主要相关河道及遗迹

河道遗迹
湖泊\水库、泉遗迹
废弃水工设施及遗址

底图图例

水面
铁路
高速公路
国道

省界
市界
县界

0　10　20　40km

附图10 大运河遗产构成图·江南运河段

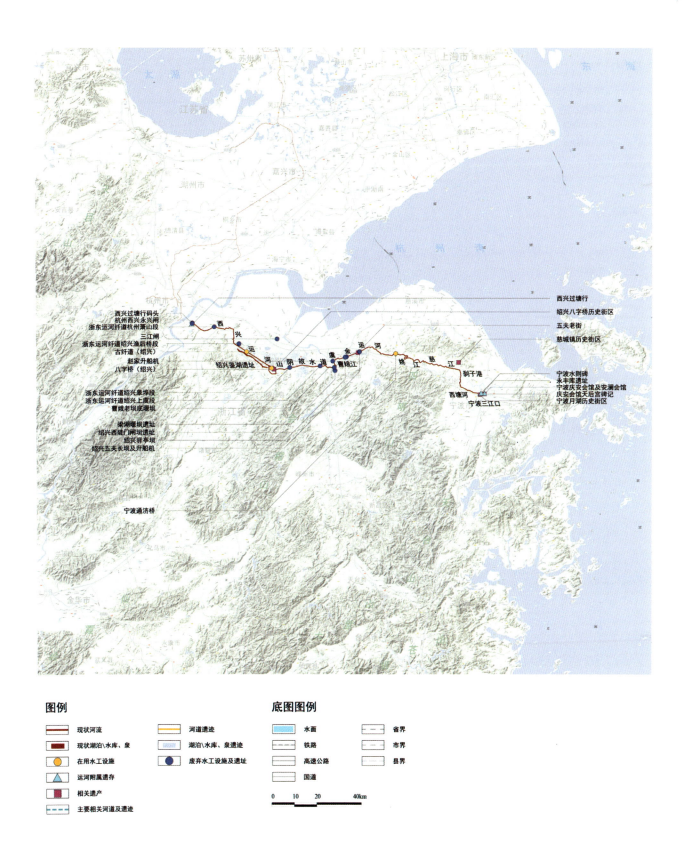

西兴过塘行码头
杭州西兴永兴闸
浙东运河纤道杭州萧山段
三江闸
浙东运河纤道绍兴渔后桥段
古纤道（绍兴）
赵家升船机
八字桥（绍兴）

浙东运河纤道绍兴皋埠段
浙东运河纤道绍兴上虞段
曹娥老坝底塘坝

梁湖堰坝遗址
绍兴西陵门闸坝遗址
绍兴驿亭坝
绍兴五夫长坝及升船机

宁波通济桥

西兴过塘行
绍兴八字桥历史街区
五夫老街
慈城镇历史街区

宁波水则碑
永丰库遗址
宁波庆安会馆及安澜会馆
庆安会馆天后宫碑记
宁波月湖历史街区

图例

现状河流	河道遗迹
现状湖泊\水库、泉	湖泊\水库、泉遗迹
在用水工设施	废弃水工设施及遗址
运河附属遗存	
相关遗产	
主要相关河道及遗迹	

底图图例

水面		省界	
铁路		市界	
高速公路		县界	
国道			

0 10 20   40km

附图11 大运河遗产构成图·浙东运河段

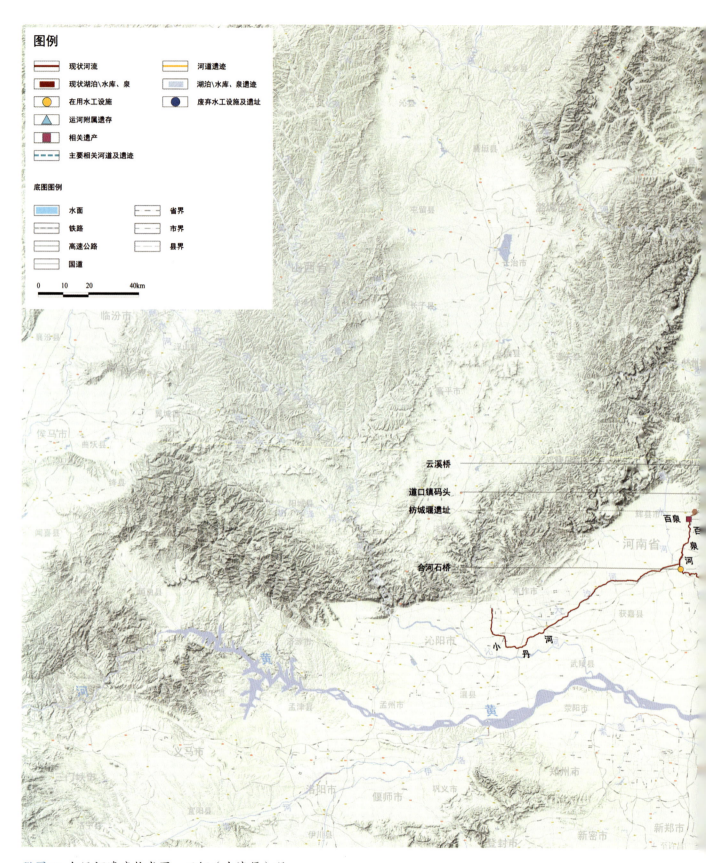

图例

符号	说明	符号	说明
━━	现状河流	━━	河道遗迹
■	现状湖泊\水库、泉	▣	湖泊\水库、泉遗迹
●	在用水工设施	●	废弃水工设施及遗址
▲	运河附属遗存		
■	相关遗产		
━ ━ ━	主要相关河道及遗迹		

底图图例

符号	说明	符号	说明
▦	水面	━━	省界
▦	铁路	━━	市界
▦	高速公路	━━	县界
▦	国道		

0　10　20　　　40km

云溪桥
道口镇码头
枋城堰遗址
合河石桥

百泉
百泉河
河南省

小 丹 河
黄

附图12 大运河遗产构成图·卫河（永济渠）段

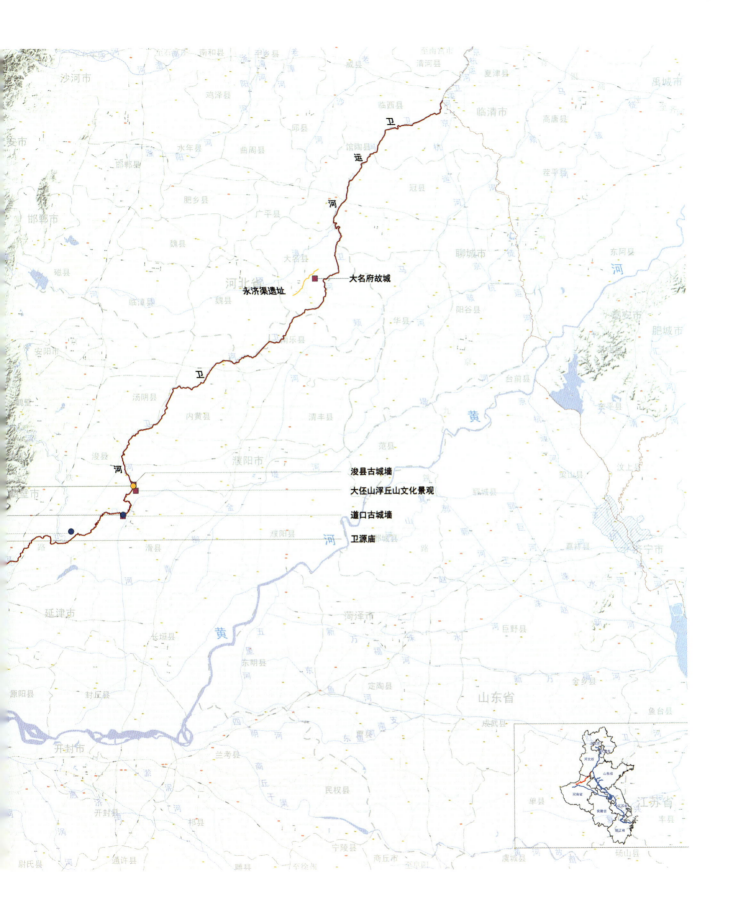

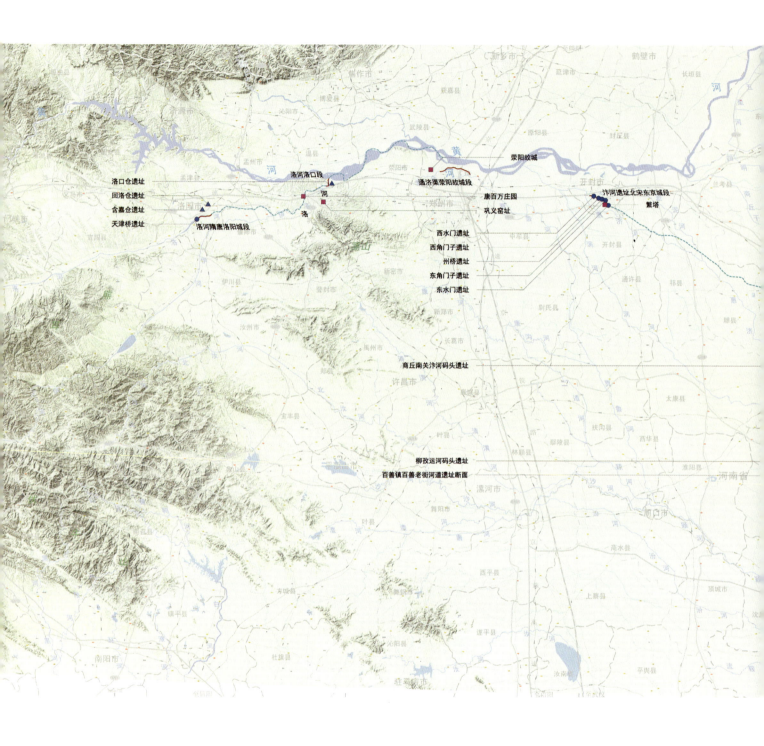

附图13 大运河遗产构成图·通济渠（汴河）段

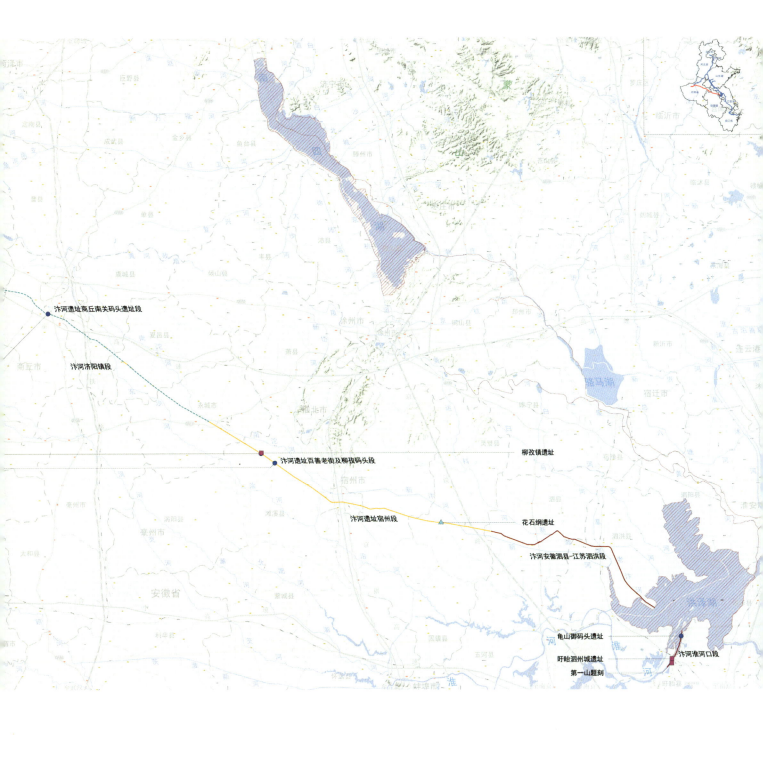

汴河遗址商丘南关码头遗址段

汴河济阳镇段

汴河遗址百善老街及柳孜码头段

柳孜镇遗址

汴河遗址宿州段

花石纲遗址

汴河安徽泗县-江苏泗洪段

龟山御码头遗址

盱眙泗州城遗址

第一山题刻

汴河淮河口段

图例

	现状河流		河道遗迹
	现状湖泊\水库、泉		湖泊\水库、泉遗迹
	在用水工设施		废弃水工设施及遗址
	运河附属遗存		
	相关遗产		
	主要相关河道及遗迹		

底图图例

	水面		省界
	铁路		市界
	高速公路		县界
	国道		

0 10 20   40km

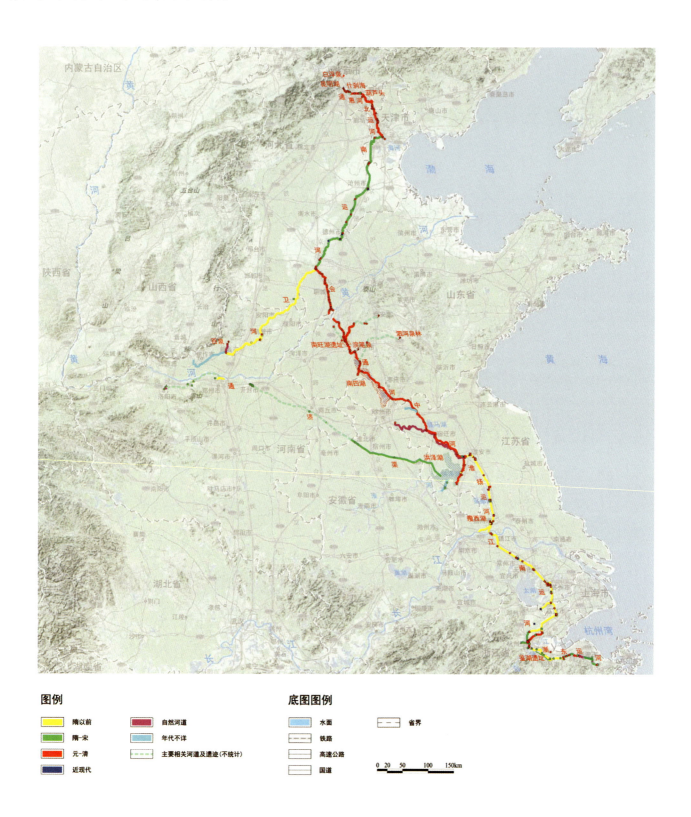

附图14 大运河遗产年代图

图例

- ■ 良好
- ■ 较好
- ■ 一般
- ■ 较差
- ┈┈ 主要相关河道及遗迹（不评估）

底图图例

- 水面
- 铁路
- 高速公路
- 国道
- ┈ 省界
- 0 20 50   100   150KM

附图15 大运河保存现状评估图

附图16 大运河水资源利用现状图

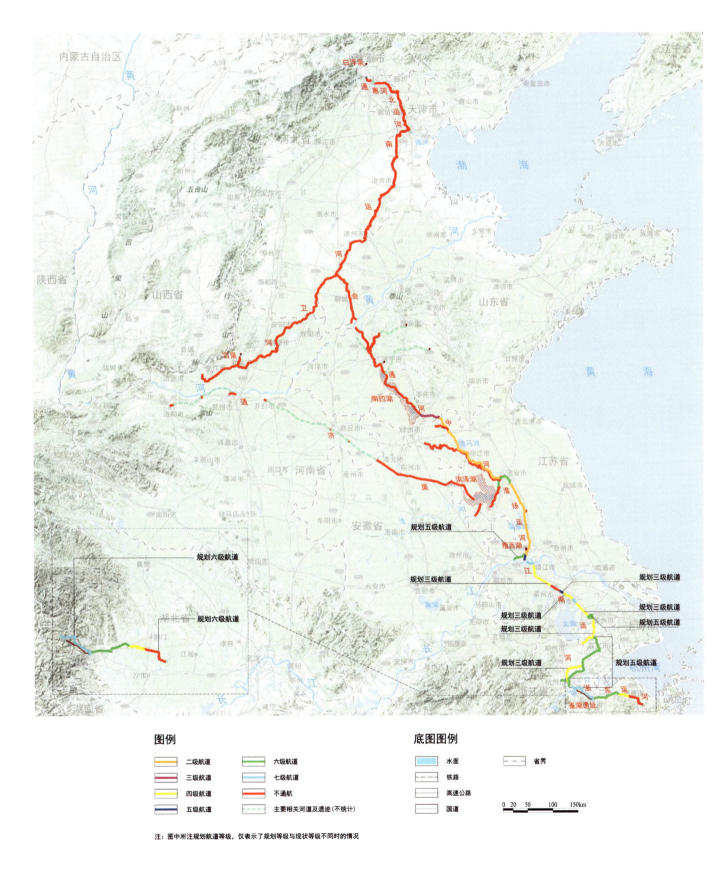

图例

	二级航道		六级航道
	三级航道		七级航道
	四级航道		不通航
	五级航道		主要相关河道及遗迹(不统计)

底图图例

	水面		省界
	铁路		
	高速公路		
	国道	0 20 50 100 150km

注：图中所注规划航道等级，仅表示了规划等级与现状等级不同时的情况

附图17 大运河航运功能现状图

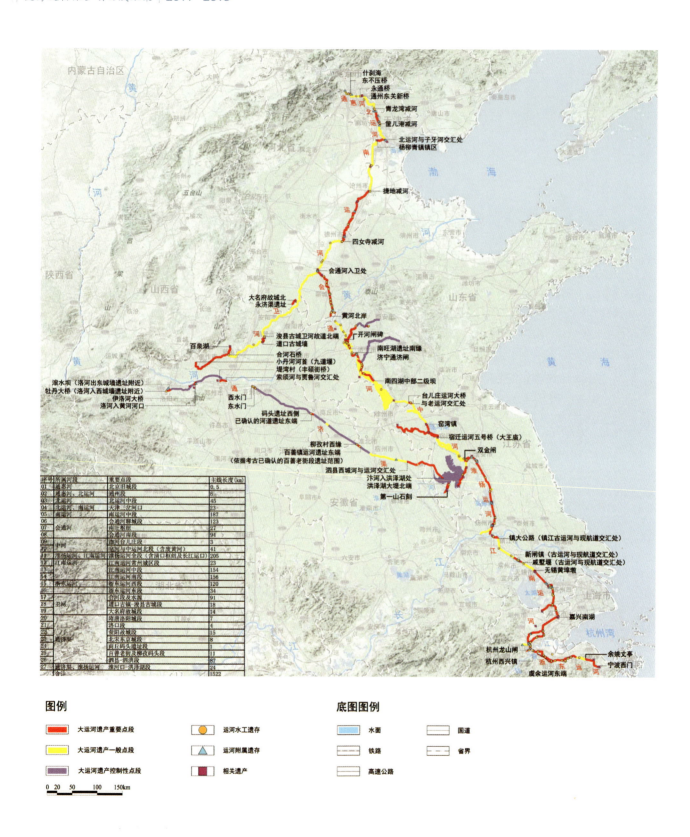

附图18 大运河遗产保护规划重要点段分布图

附图19 大运河遗产保护区划图

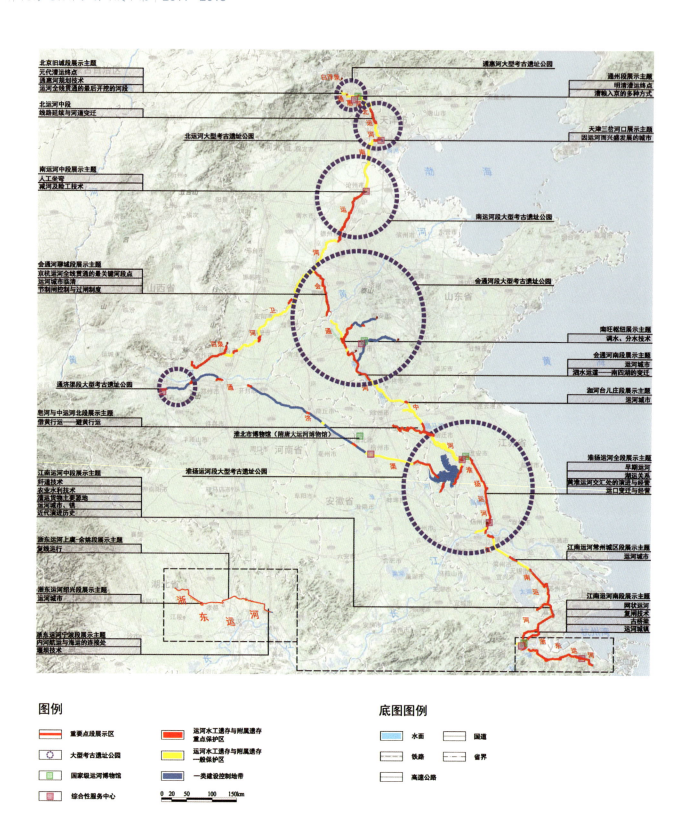

附图20 大运河遗产展示规划图

承德避暑山庄及周围寺庙文物保护总体规划（2011~2020）[1]

[摘要]

《承德避暑山庄及周围寺庙文物保护总体规划（2011~2020）》包含承德9处全国重点文物保护单位以及多处省、市县文物保护单位。此文既是全国重点文物保护单位组群的保护规划，又是编制世界文化遗产保护规划的一个尝试。编制中以价值评估为基础确定保护对象，展开全面的现状评估，充分考虑各方诉求的多样性及合理性；保护区划采取了既重原则又兼顾操作性的策略；在本体保护中抓住宫苑格局及"景"与古建筑的离合关系，体现了保护"场所精神"的思路，进而提出针对性强的保护措施；同时对展示利用、管理与研究也提出了相应的措施要求。

自清代康熙皇帝肇建避暑山庄、经乾隆皇帝踵事增华并完成周围皇家寺庙以来，承德秀美的自然山川与匠心独运的园林及建筑艺术水乳交融，留给今人一份珍贵的遗产。"避暑山庄与周围寺庙"是我国现存为数不多的大型国家历史遗产地之一，1994年列入世界文化遗产名录，规划对象数量多、保护级别高、类型全面、范围广、面积大，且与城市用地错杂相间，编制保护规划相当具有难度。从类型上讲，这既是全国重点文物保护单位组群的保护规划，又是编制世界文化遗产保护规划的一个尝试。编制过程中对此类大型、复杂的国家历史遗产地保护规划在评估内容与指标体系、保护区划界划、保护措施安排等方面取得了一些经验。2012年3月，本规划由河北省人民政府公布，从近两年实施情况来看，有效控制了城市建设对遗产格局的破坏，起到了较好的保护效果；同时为国家"十二五"期间在承德安排大规模文物保护项目的管理提供了技术依据。

1 文物价值与评估

1.1 遗产综述

避暑山庄及周围寺庙的建立源于清代木兰秋狝制度，由于清帝北巡的政治需要，此地发展为清王

---

1. 获2011年中国文化遗产研究院优秀文物保护项目三等奖。

朝的第二个政治中心。清康熙至同治七代皇帝都曾在此活动，发生过很多重大历史事件。避暑山庄占地564万平方米，宫墙长达10公里，是一座宫苑一体的大型皇家园林，分为宫殿区和苑景区两大部分，苑景区又有湖区、平原区和山区之分。山庄内古建筑达120多组，因山就水，遍布全园。宫殿区、湖区、平原区大部分古建筑已修缮或复建，山区各景基本只存遗址。自康熙五十二年（1713年）至乾隆四十五年（1780年），在山庄外围陆续修建了十二座皇家庙宇，分别为溥仁寺、溥善寺、普宁寺、普佑寺、安远庙、普乐寺、普陀宗乘之庙、广安寺、殊像寺、罗汉堂、须弥福寿之庙、广缘寺。避暑山庄西北的狮子园本为雍亲王赐园，避暑山庄东侧的清坝是武烈河防洪坝（图1）。

康熙四十二年（1703年）至乾隆五十七年（1792年）是避暑山庄与周围寺庙建设的兴盛时期（图2）。嘉庆年间有个别建设，道光二十三年（1843年）停止"岁修"，直到清末，因"秋狝礼废"，避暑山庄及周围寺庙逐渐河道淤塞，园林荒芜，林木被盗伐，建筑破损。民国时期（1912～1949年），避暑山庄及周围寺庙大量建筑被拆毁，古树被盗伐，山形水系破坏严重，一代名园几成废墟。20世纪50年代以来，开展了大规模的保护工作，除"文化大革命"少数时期外，部分建筑群及园林一直保持对公众开放。这期间相继有多个部门曾局部占据避暑山庄及周围寺庙，现大部分已迁出。

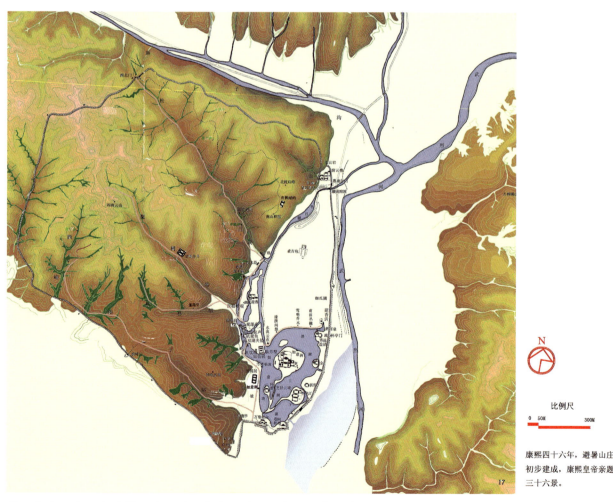

比例尺

0 50M   300M

康熙四十六年，避暑山庄初步建成，康熙皇帝亲题三十六景。

图1 康熙四十六年避暑山庄及周围寺庙图（周围寺庙尚未兴建）

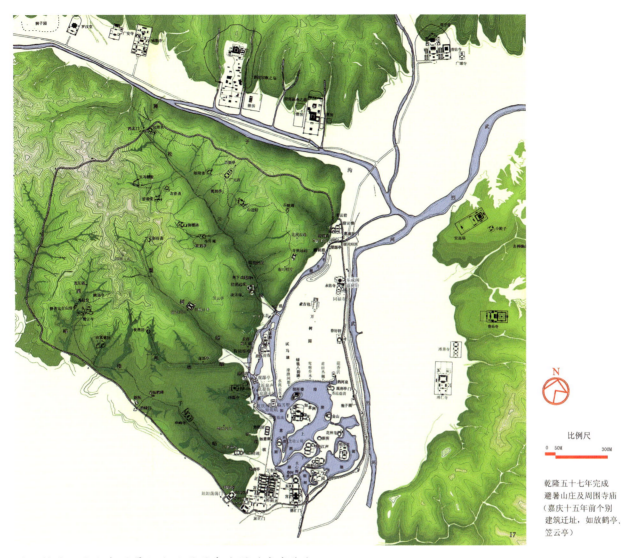

比例尺

0   50M   300M

乾隆五十七年完成
避暑山庄及周围寺庙
（嘉庆十五年前个别
建筑迁址，如放鹤亭、
笠云亭）

图2 乾隆五十七年避暑山庄及周围寺庙图（完成期）

1.2 遗产构成

　　遗产构成包括避暑山庄、周围寺庙、狮子园、清坝以及上述遗产形成的整体格局（图3）。承德市区的山水环境与皇家宫苑、寺庙融合无间，遍观宇内可谓无双。作为世界文化遗产，避暑山庄与周围寺庙是一个整体概念，既包含实体的园林、建筑，也包括这些园林、建筑之间及周围的山水与空间。由于狮子沟及喇嘛寺地段处于世界文化遗产的核心地段，是避暑山庄与周围寺庙及周围寺庙之间视线与景观联系的枢纽，因此认定该空间具有遗产本体的性质。

1.3 背景环境

　　承德避暑山庄及周围寺庙所依托特殊地貌：山（磬锤峰、蛤蟆石、僧冠峰、罗汉山、半壁山

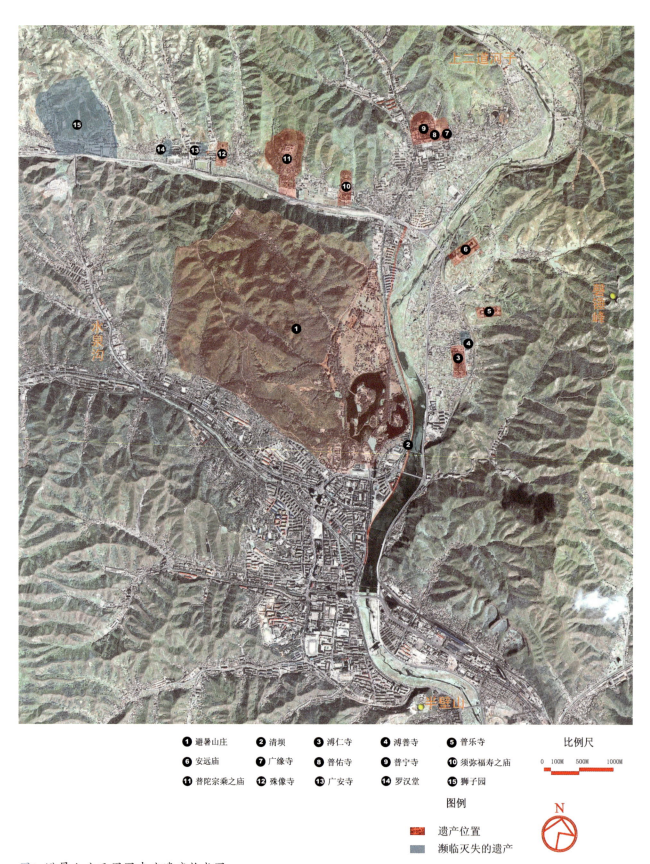

图例

🟥 遗产位置

🟦 濒临灭失的遗产

❶ 避暑山庄　❷ 清坝　❸ 溥仁寺　❹ 溥善寺　❺ 普乐寺

❻ 安远庙　❼ 广缘寺　❽ 普佑寺　❾ 普宁寺　❿ 须弥福寿之庙

⓫ 普陀宗乘之庙　⓬ 殊像寺　⓭ 广安寺　⓮ 罗汉堂　⓯ 狮子园

比例尺

0　100M　500M　1000M

图3 避暑山庄及周围寺庙遗产构成图

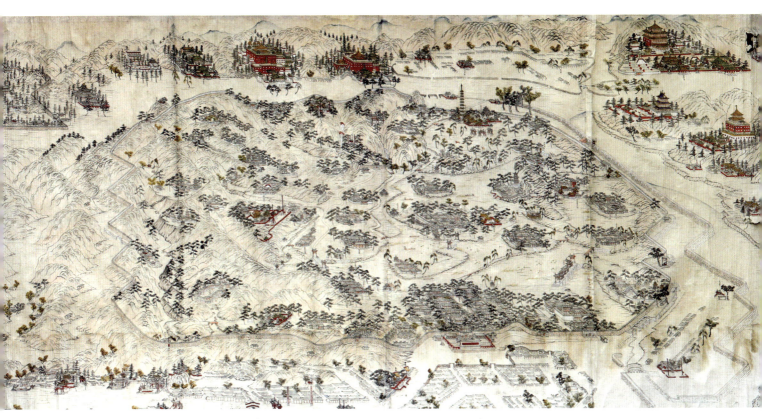

图4 中国文化遗产研究院院藏反映嘉庆十五年之前面貌的避暑山庄及周围寺庙全图

等）、水（武烈河、热河泉），是避暑山庄及周围寺庙选址的前提，是其重要的背景环境（图4）。同时，作为清中期组织木兰秋狝活动的中心城市，承德市区大量历史遗存以及市区周边的木兰围场、行宫、寺观、碑刻也是遗产重要的背景环境。

1.4 文物价值

1.4.1 历史价值

①中国多民族统一国家形成与巩固的历史见证，清代民族、宗教政策的历史见证，提供重大历史事件的史实资料。②避暑山庄及周围寺庙作为清王朝的第二个政治中心及民族大融合的历史遗存，是国家重要历史遗产地。③避暑山庄是中国现存规模最大的古典皇家园林。④避暑山庄周围寺庙是中国现存规模最大的皇家寺庙群。⑤提供藏传佛教发展史上的重要实物资料。⑥避暑山庄东、北侧为藏传寺庙，西、南侧为汉式祠庙，形成以避暑山庄为中心、周围寺庙众星捧月的总体布局，成功地将建筑与自然有机结合在一起，反映了中国古代大一统的传统思想，并融合了佛教宇宙观。⑦避暑山庄及周围寺庙是汉、满、蒙、藏、维等多民族文化的集中展现。

1.4.2 艺术价值

①避暑山庄继承了中国古代皇家苑囿的传统，融合南北造园特色，巧于因借，自然天成，体现了

清帝移天缩地的造园思想，造就了中国古典园林与建筑艺术的光辉典范。其高超的造园与建筑艺术，不但具有突出的艺术史价值，对当代设计亦有借鉴意义。②周围寺庙的建筑形式，融汇了汉、蒙、藏多民族的建筑艺术，具有高度的艺术价值。③避暑山庄及周围寺庙的选址体现中国传统"风水"术的影响，具有极高的景观价值。

1.4.3 科学价值

①避暑山庄及周围寺庙内的高层木结构及砖石结构建筑体现了当时先进的科技水平。②避暑山庄及周围寺庙类型多样的建筑反映了完整的中国建筑体系。③避暑山庄水系设计科学合理，将工程技术与造园艺术完美结合。

1.5 社会价值

①避暑山庄及周围寺庙是爱国主义教育、民族团结教育及弘扬中华民族优秀传统文化的基地。②避暑山庄及周围寺庙是游客参观游览、消夏休闲、陶冶情操、感受古典园林和宗教文化的首选场所之一。③作为中国北方的藏传佛教中心之一，是信徒礼佛的重要场所。④避暑山庄及周围寺庙作为大片的绿地休闲区域，在承德现代城市格局中起到十分积极的作用。⑤避暑山庄及周围寺庙是承德市民热爱家乡、建设家乡的感情寄托所在，亦是联系海内外华人的重要场所。

2 现存问题

2.1 总体格局评估

避暑山庄及周围寺庙主要遗产要素俱存，总体格局真实性、完整性较好；周边自然环境基本保持原状，但背景环境在历史进程中有较大改变。由于城市建成区急剧扩大，造成承德以宫苑与寺庙为主导的城市历史格局与城市迅猛发展之间的矛盾，总体格局破坏加速。如不及时采取有力措施，此格局将不复存在。遗产重要组成部分的广安寺、罗汉堂、溥善寺、狮子园遗址处于完全破坏的边缘，情况危急。

2.2 避暑山庄评估

避暑山庄宫苑格局基本完整，真实性较好；其中山区格局完整，湖区、宫殿区基本完整，平原区不完整。山形水系真实性好；但湖区临芳墅与芳渚临流之间原为湖面，现填成道路，烟雨楼南侧大桥横卧湖面，致使避暑山庄核心部位水面形态的真实性完整性受到较大影响，园林意境大为减弱。在多年对古建筑修缮、复建、遗址保护归安与园林复原的基础上，部分历史景观得以恢复。山区景点大部分仅存残坏遗址，已无法体现当年园林景象与造园意匠，严重影响避暑山庄文物价值的真实性与完整性。已复建的景点在位置、平面、规模、形制等方面与历史原状接近，但部分复原景点真实性较差。

从山水形态、植物配置、驳岸假山等具体方面分析，部分景观的园林意境与历史原貌尚有一定差距（图5）。避暑山庄内经修缮的古建筑真实性较好；个别复建的古建筑真实性存在位置、形制等问题，并普遍存在装修粗糙、铺地材料改变等问题；大部分建筑组群完整，局部为建筑遗址；总体来讲，现存古建筑延续性较好，石构件、琉璃构件延续性差，现存古建筑缺乏岁修保养。避暑山庄遗址真实性、完整性较好，延续性较差，特别是山区遗址亟待保护。避暑山庄山区条石御道、宫殿区道路真实性较好，湖区、平原区道路真实性较差，部分山区与平原区条石御道保存较差。山区桥梁、平原区桥梁真实性较好，湖区桥梁因通行游客、游船与机动车，大部分桥梁与原貌不符；闸口真实性较好，但湖区闸口普遍漏水。山区驳岸真实性好，湖区、平原区驳岸改变较多，湖区芝径云堤山石水草驳岸大部分改为水泥驳岸。宫殿区假山、湖区土假山与部分石假山保存较好；平原区石假山保存较好，土假山保存较差；山区假山大部分塌毁，部分留有残迹。古树长势六成偏弱；现有古树死亡率加快。总体上避暑山庄园林种植真实性较好，但部分景点园林种植与历史原貌不符。按照历史上的做法，在避暑山庄内部放养鹿只，营造帝王苑囿的气氛，但鹿只放养缺乏有效的管理手段。避暑山庄内部景观环境基本真实，但存在不协调之处。

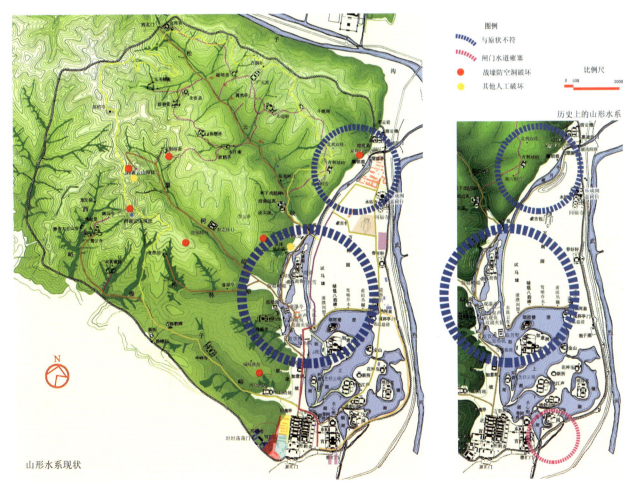

图5 避暑山庄山形水系评估

2.3 周围寺庙评估

经多年修缮整治，大部分寺庙格局基本保持完整，真实性、完整性较好，但部分寺庙格局受到较大破坏，其中溥善寺、罗汉堂、广安寺主体建筑全部无存，仅余部分遗址。现存寺庙中，普宁寺、须弥福寿之庙、普陀宗乘之庙、殊像寺后部空间包含寺庙园林要素较多，其他寺庙较少。普宁寺、须弥福寿之庙、普陀宗乘之庙、殊像寺园林格局真实性、完整性较好，殊像寺园林内建筑仅余基址。殊像寺、须弥福寿之庙、普陀宗乘之庙假山总体保存完整，真实性、完整性较好，普宁寺假山经后代扰动，真实性受到影响。现有古树保存状况较好。部分寺庙内种植设置未按照历史复原，有城市绿化倾向，与原状不符。周围寺庙内古建筑总体真实性较好，部分古建筑存在修缮或复原不当的问题，对真实性造成影响。

周围寺庙现存古建筑须弥座、栏杆、石桥、阶条石等石质构件普遍风化严重，延续性差。琉璃构件及大量彩画延续性差。现存古建筑普遍缺乏岁修保养。溥善寺遗址被企业占据，全部为现代建筑覆盖；广安寺遗址被军队占据，寺内地面遗址被现代建筑覆盖或包围，仅余夯土台与夹杆石；罗汉堂遗址被军队占据，全部被草坪、道路以及现代建筑覆盖；普乐寺、安远庙、须弥福寿之庙遗址规模较小，不是主体建筑，真实性、完整性较好；普佑寺遗址规模较大，且为主体建筑，遗址风化严重；殊像寺遗址部分经过考古发掘回填，保护状况较好。各寺内部景观环境基本真实、和谐，少量管理用房与景观不协调。

2.4 狮子园与清坝评估

狮子园地面没有建筑遗存，格局全部破坏，基址无存，仅余小段园墙基址。真实性、完整性、延续性差。现永佑寺塔东侧正阳饭店南段清坝真实性较好、较为完整。现永佑寺塔东侧正阳饭店北至狮子沟段清坝已被现代建设破坏，万树园小区即建在坝址上。

2.5 附属文物及馆藏文物评估

避暑山庄及周围寺庙内石雕等石质艺术构件长期暴露在露天，本地产鹦鹉岩冻融风化严重，普遍存在粉状剥落、片状剥落、酥碱、龟裂、缺失、裂缝、侵蚀、污垢、生物侵害及不当修复等问题，延续性差。安远庙、普宁寺及永佑寺舍利塔壁画已出现开裂、起甲、脱落现象，壁画未实施保护，安远庙壁画尤为突出。各建筑物匾额楹联大部分为复制，少量原物保存较差；铜、铁质室外陈设、室内装修陈设、幡杆等及承德碑林物保存状况较差。馆藏文物目前较为完好，但大部分馆藏文物未按要求配置囊匣，温湿度不达标，保存条件较差；由于历史原因，部分承德避暑山庄文物现保存于南京博物院等其他单位，避暑山庄宫廷复原陈列展品不足。

2.6 遗产环境评估

遗产环境包括：遗产周边景观环境、遗产自然环境、遗产人文背景环境、遗产环境质量。景观环境受到急速发展的城市建设影响，处于不断退化的状态。避暑山庄东侧武烈河东侧规划绿地中违法开发建设的商品房、避暑山庄南侧承德市区20世纪90年代以来兴建的高层建筑等严重破坏遗产周边环境。遗产周边磬锤峰、蛤蟆石、罗汉山、僧冠峰等标志性地貌保存较好。承德市区内与避暑山庄关系密切的文物古迹真实性、完整性较差，人文背景环境非常脆弱。承德周边的秋狝行宫大都无存，基址破坏严重，围场附近部分相关文物保存较好。城市环境污染问题较为突出。

2.7 保护区划评估

河北省人民政府1992年发文，划定了避暑山庄及周围寺庙保护范围与建设控制地带。建设控制地带北含狮子沟、东至磬锤峰、南含承德市中心区、西至山庄宫墙外，总面积约15平方公里。

现有保护区划较为合理，分散划定保护范围、统一划定建设控制地带符合承德以避暑山庄为中心、周围寺庙环布的遗产分布形态。主要问题在于未同时明确保护区划建设管理要求；未形成确定的图则，难以行政审批；南部市区建筑密集，仅运用建设控制地带管理难以全面控制；溥善寺与清坝未划定保护范围；罗汉堂、狮子园保护范围界限不清；未划定世界文化遗产区、缓冲区，未明确保护区划与世界文化遗产保护区、缓冲区的关系。

2.8 保护工作评估

20世纪50年代以来按照法定程序报批的保护工程，尤其是经国务院批准的两个维修保护规划及其实施工程，在总体上改变了20世纪50年代前遗产的荒凉破败面貌，对避暑山庄及周围寺庙真实、完整地延续到今天起到了关键作用。近年实施的部分保护工程前期研究不足，质量不精，对遗产真实性造成影响。缺乏全面科学的文物保护规划，部分保护工程未按程序报批。针对园林、遗址的保护工程较少，且缺乏严谨的前期研究与论证。

古建筑日常维护缺乏稳定的经费支持。多年连续进行工程文件、图纸、照片记录，但工程档案不完整。承德市文物局古建处有一支专业较为完备的古建筑施工队伍，但熟练工人流失严重。

2.9 展示利用现状评估

避暑山庄全面开放，其中山区在每年秋冬两季出于防火考虑，禁止游客上山。

周围寺庙中普乐寺、普宁寺、普佑寺、须弥福寿之庙、普陀宗乘之庙、安远庙已开放；溥仁寺、殊像寺尚未开放；广缘寺未修缮，没有开放；溥善寺、广安寺、罗汉堂、狮子园均为遗址，分别被工厂、军队占用，不具备开放条件。遗产展陈内容相对单一，展陈手段、设施不足。现有各遗产之间的展示道路基本满足游览要求，停车场基本满足要求，但部分位置不当。

避暑山庄展示道路基本上以原有御路为准，但多处与御路不符；历史上的水上游线未能恢复；原有景点间联系道路大部分未得到保护；近年新辟环山机动车道。避暑山庄宫殿区、湖区、平原区以步行为主，电瓶车代步为辅；夏、秋两季使用汽车开展环山游，也开放步行登山，人行与车行相互干扰，存在安全隐患；汽车、电瓶车在园中行驶速度过快，对景观及游人安全均造成负面影响。

目前游客容量呈快速上涨趋势，但淡、旺季人数分布不均，相差数十倍。旺季人满为患，淡季游客很少。避暑山庄内游客主要游览湖区与宫殿区，人流集中，日最高游客量过大；而面积广大的平原区，尤其是山区游客稀少。周围寺庙中普陀宗乘之庙与普宁寺游人较多，日最高游客量过大，普乐寺、须弥福寿之庙游客量一般，安远庙游客量较少，其他寺庙未开放。普宁寺逢重大法会时，人流很大。个别游客触摸、刻画，造成对文物的损伤。没有制订针对突发事件的游客应急安全保护计划。承德市民可购买山庄优惠年票，发挥了巨大的社会效益，部分市民不当休闲锻炼活动对山庄古建筑、遗址、植物造成一定损害。

避暑山庄游客中心设在烟雨楼，除影响文物价值外，从展陈角度来看位置不当。为游客服务的商业摊点占据古建筑过多，影响景观环境与参观游览，游船形式与景观不协调。休憩服务设施不足，部分服务设施与景观不协调。

2.10 管理研究现状评估

承德市文物局是负责管理全市文物和博物馆方面工作的市政府工作部门，机构较为齐备。具备管理法规，但实施力度不够，未编制公布文物保护规划。承德市文物局行政执法力度不足，难以约束部分城市建设活动；对于部队占用的广安寺、罗汉堂、狮子园遗址难以实施管理与保护。溥善寺遗址未公布为保护单位。

避暑山庄消防设施较完善；周围寺庙中普陀宗乘之庙、须弥福寿之庙、外八庙管理处、安远庙、普乐寺、普宁寺消防设施较完善；殊像寺、浦仁寺消防设施较差；广缘寺、普佑寺消防设施差。避暑山庄博物馆、正宫区展陈殿堂、普陀宗乘之庙、须弥福寿之庙、普乐寺部分展陈殿堂、普宁寺安防设施较完善，其他大部分古建筑及园林安防设施差，部分偏远地段碑刻、古建筑构件被不法人员破坏。主要古建筑均已安装防雷装置，但没有安装弱电保护装置。武烈河已设置多道橡胶坝，具备抵抗重现期为100年洪水的能力。文物库房包括博物馆地库以及外八庙管理处须弥福寿之庙内御座楼库房，不能满足保护需要，博物馆地下库房渗水严重。管理用房大部分占用文物建筑，办公面积不足。已开展世界遗产监测与运行管理工作，但监测手段、力度不足，未形成有效的模式。基础设施条件较好，但在冬季采暖与电力电信线路铺设方面存在问题。管理经费不足，保护工程资金渠道单一。员工队伍过于庞大，工资支出过多，用于保护工程的银行贷款利息负担过重。

设有专门的研究、设计机构。研究领域主要集中在避暑山庄相关史实考证、综合论述等方面。实物资料与文献的搜集、整理、抢救和发掘工作尚有不足，园林、古建保护方面尚有大量具体课题需要统筹研究，缺乏国家级课题支持。科技保护领域缺乏人员与设备。研究队伍中高级研究人员较少，人员结构不合理，缺少以课题形式组织的科研合作。

3 保护区划及保护对策

3.1 保护对策

本规划的两大任务是：①切实控制城市建设对遗产的负面影响；②保护与改善遗产本体的真实性与完整性。规划对象为世界文化遗产承德避暑山庄及周围寺庙，包括全国重点文物保护单位避暑山庄、溥仁寺、普乐寺、安远庙、普宁寺、普佑寺、须弥福寿之庙、普陀宗乘之庙、殊像寺共9处，河北省文物保护单位罗汉堂（遗址）、广安寺（遗址）2处，承德市文物保护单位广缘寺、狮子园（遗址）共2处，双桥区文物保护单位清坝1处，未公布保护级别但属于世界文化遗产的溥善寺（遗址）1处。规划包括以上各级文物保护单位及遗址内的文物遗存（历史园林、古建筑、遗址以及壁画、石刻、附属文物），并包括避暑山庄及周围寺庙的整体格局以及周边环境。

规划重点：结合《承德市总体规划》与《承德历史文化名城保护规划》，重点保护避暑山庄及周围寺庙的历史格局，突出真实性、完整性。通过法律、规划及管理手段，调整城市建设中的偏差，核定、调整保护区划，制定管理规定，控制过度建设，保护世界文化遗产本体及景观环境。迁出保护范围内与文物保护无关的单位。整治内外环境，拆除不当建筑，恢复历史格局。审慎修复部分历史园林景观，加强对历史园林与古建筑遗址真实性完整性的保护。提高修缮工程水平，传承传统工艺，促进日常维护工作。调整文物建筑利用功能，合理利用，加强管理。加强安全防范，应急预警与监测管理措施，提升安全保障能力。加强文物信息留取工作，拓展技术手段，完善文物档案。扩大开放规模，创新展示理念，更新展示技术，提升展示效果。合理控制游客容量，优化展陈效果。积极推进学术研究和人才培养。

3.2 保护区划

根据评估和保护要求，以现有保护范围与建设控制地带为基础进行微调。在严格保护文物本体及环境的基础上，兼顾城市发展，考虑区划实施的可操作性。

分级控制建设强度，合理划定行政许可权限。保护区划的设置须保证在避暑山庄湖区与平原区南望及东望的景观中不出现现代建筑，保证避暑山庄与周围寺庙之间景观视廊不受现代建筑破坏。

本规划保护范围、建设控制地带、保护范围管理规定、建设控制地带管理规定、世界文化遗产保护区划及管理要求各条为强制性条款，须纳入新修订的《承德市总体规划》及《承德历史文化名城保护规划》，并据此编制控制性详细规划。环境协调区及其管理规定条款作为建议应列入《承德历史文化名城保护规划》，并据此编制控制性详细规划。

根据文物本体保护强度差异及管理需求，在保护范围内划分重点保护区与一般保护区。保护范围外一定区域划出建设控制地带，根据控制强度分为一至五类建设控制地带。建设控制地带对应于世界

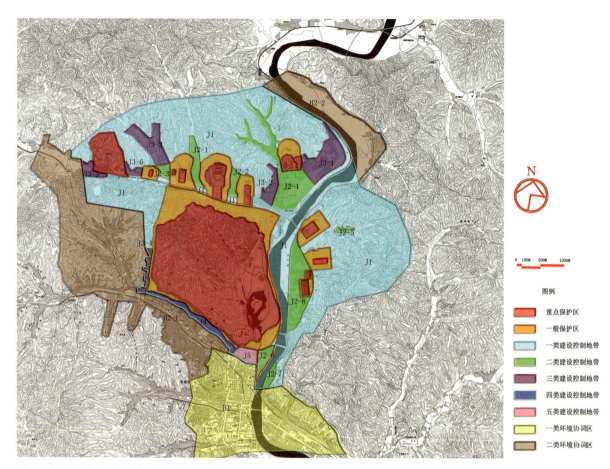

图例

重点保护区
一般保护区
一类建设控制地带
二类建设控制地带
三类建设控制地带
四类建设控制地带
五类建设控制地带
一类环境协调区
二类环境协调区

图6 避暑山庄及周围寺庙保护区划图

文化遗产的缓冲区。建设控制地带外划出环境协调区，根据控制要求分为两类（图6）。

3.2.1 保护范围管理规定

保护范围用地划定为"文物古迹用地"。保护范围内文物保护工程的设计、审批和施工必须按照国家文物局有关工程管理的一系列规定，办理报批程序、执行资质管理。考古发掘活动必须按照国家《文物法》等有关法定程序办理报批审定手续。保护范围内重大工程应通报世界遗产中心。

重点保护区不得进行任何与保护措施无关的建设工程或者爆破、钻探、挖掘等作业。已有与保护措施无关的建筑物、构筑物应加以拆除、整治。一般保护区范围内，原则上除已有保护管理用房外，一般不得进行其他建设工程或者爆破、钻探、挖掘等作业。因特殊需要进行保护相关的建设，必须在充分保证文物安全的前提下，报国家文物局同意后方可施行。严格控制土地使用性质，村镇建设和宅基地范围只能逐渐缩小，不得扩展，基本农田必须予以保护。逐步缩减、搬迁区内现有居住人口，拆除区内现有非文物建筑。

3.2.2 建设控制地带管理规定

建设控制地带内建筑工程设计方案必须执行法定报审程序报国家文物局同意；任何建设工程均不

得破坏或影响文物的环境景观，严格控制建筑高度与体量；不得建设污染环境或破坏景观的市政、电力、电讯以及广告牌等设施，已有设施应逐步清除。

一类建设控制地带为保护避暑山庄及周围寺庙总体格局与景观视廊，划为绿化用地，除必需的文物保护相关设施外，不得进行其他建设，且其檐口高度不得超过2.6米，只能零星布置，不可成片建设。二类建设控制地带建筑总高度不得超过7米，建筑密度不得超过20%，不得建设大广场，建筑色彩以灰色系为主。三类建设控制地带建筑总高度不得超过10米，建筑密度不得超过30%。四类建设控制地带保护避暑山庄与承德历史街区的景观环境，除丽正门大街西侧沿街建筑总高度不得超过14米外，其他建筑总高度不宜超过相邻最近处碧峰门路路面标高，不得超过相邻最近处避暑山庄宫墙标高；此范围内城市道路格局不得改变。五类建设控制地带以在自避暑山庄湖区、平原区各处南望不见为准。丽正门大街南侧、东侧沿街建筑总高度不得超过14米。其他位置建筑最高点海拔不得超过350米（西安坐标系）；此范围内城市道路格局不得改变。

3.2.3 环境协调区管理建议

环境协调区内建筑工程设计方案应满足本规划及承德市总体规划与该区控制性详规的要求，实施前应征得承德市文物局同意。环境协调区内重大建设项目方案须报请国家文物局同意。

一类环境协调区以在自避暑山庄湖区与平原区南望均不见为准，审批建设方案时，应由承德市规划局会同承德市文物局以现场放气球的方式确定建筑物高度。二类环境协调区建筑总高度不宜超过21米，且西大街北侧建筑高度不得超过碧峰门路路面标高。对不符合要求的建筑应逐步拆除或改造。

3.2.4 世界文化遗产保护区划及管理要求

本规划划定的上述遗产各保护范围设为避遗产区；本规划划定的建设控制地带与环境协调区设为缓冲区。遗产区与缓冲区范围的调整须经联合国教科文组织世界遗产委员会审议通过。遗产区的保护要求按照保护范围管理规定执行；缓冲区的保护要求按照建设控制地带与环境协调区管理规定执行。

3.3 保护措施

3.3.1 遗产总体格局保护

贯彻《承德市总体规划》要求，疏散承德老城的功能、人口，为城市格局保护创造条件。按照保护区划管理规定，严格控制保护范围内土地使用性质，逐步迁出不符合用地性质的单位，拆除对文物本体与环境造成负面影响的建筑；保护范围内电线电缆、市政管线逐步改为埋地敷设；分期搬迁保护范围内居民，拆除现有建筑，恢复景观原貌。争取中央财政支持，运用多种手段，切实控制建设控制地带内的建设活动。按照保护区划管理规定，编制避暑山庄及周围寺庙建设控制地带控制性详细规划，建控范围不再安排大规模、大体量的建筑或建筑组群，严格控制环境协调区内新建建筑的高度、体量及规模。现有违规建筑应逐步拆除或改造，保持地形地貌的真实性和完整性。

对占压广安寺、罗汉堂、溥善寺、狮子园遗址的单位进行搬迁，或由占驻单位进行有效保护，拆除占压建筑。严格控制喇嘛寺村地段以及须弥福寿之庙东侧至普宁寺南、万树园小区北侧地段建设活动，必须保证景观视廊的通透。分期搬迁、拆除一般保护区内居民建筑及公共建筑。对武烈河东侧兴盛丽水小区建筑按照保护区划要求拆除、整治。对避暑山庄南侧承德市区内违规超高建筑及邻近山庄建筑按照保护区划要求进行整治。保护承德市老城中心区符合历史原貌的街道现状格局。

3.3.2 避暑山庄保护

准确把握避暑山庄造园的意匠与意境，从整体上保护历史园林的精神特质。搬迁园内非文物单位，保护宫苑格局（图7）；恢复避暑山庄的山形水系与观景游线（图8）；优先安排山区遗址的清理与保护，解决目前避暑山庄保护最为紧迫的问题（图9）。历史园林的复原必须建立在科学的发掘与文献研究基础上，高度重视园林意境的再现及山水植物等诸要素的历史真实性。

依照避暑山庄盛期宫苑格局，对避暑山庄内占据遗址或文物建筑的单位进行搬迁或整修。完成避暑山庄山形水系的复原，并进行有效保护；中期拆除芳渚临流至知鱼矶柏油路，打通如意湖与双湖夹镜处湖面，恢复避暑山庄核心地带山形水系；拆除烟雨楼南侧三孔混凝土桥，恢复烟雨楼景观和芝径云堤的真实性、完整性。恢复万树园历史景观；保护并修缮瀑源亭至涌翠岩引水渠道；在充分研究的基础上，选择具有重要造园艺术价值和代表性的个别山区建筑遗址恢复历史景观。对文津阁、月色江声回廊进行抢险加固，对宫墙大量危险墙段进行抢险加固，对其他残损古建筑进行勘察维修。补配澹

图7 避暑山庄宫苑格局保护

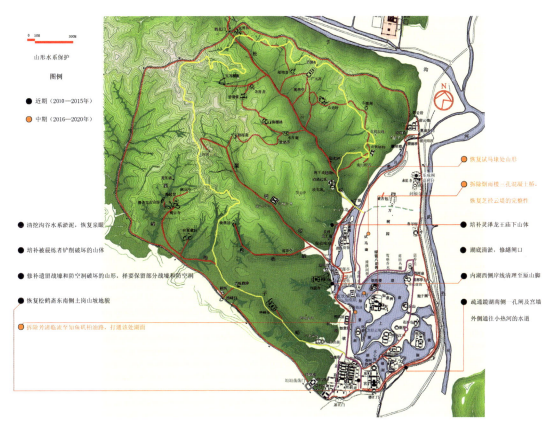

图8 避暑山庄山形水系保护

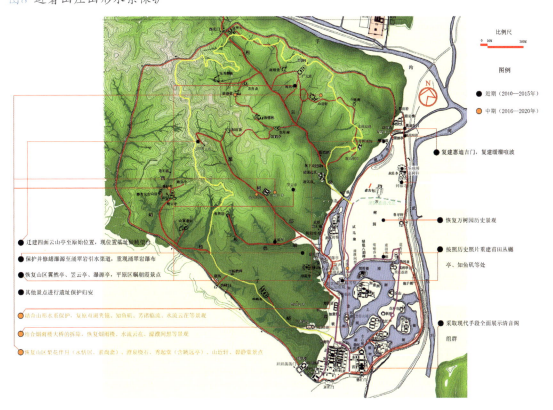

图9 避暑山庄历史景观保护

泊敬诚殿前后檐楠木装修；复原四知书屋、烟波致爽殿隔扇等外檐装修；恢复文津阁黑琉璃瓦屋面；搬迁烟雨楼游客中心等处服务用房后，按照原形制重做内外装修；按照历史信息复原部分有出入的复建建筑。编制避暑山庄建筑遗址保护专项规划，统筹安排保护工作，对已毁遗址采取原状保护归安为主的手段进行保护，保护工程时序上应优先安排山区遗址的保护，对延续性差的遗址采取抢救性清理与保护；归安遗址前，应进行科学细致的基址清理，严格控制遗址的复建；对于具有保护功能需求与管理需求，或对于完善避暑山庄整体价值意义重大的遗址，在文献与实物依据充分，遗迹现象清晰的情况下可进行复原研究，复建方案必须按程序经过国家文物局评审，从严掌握；近期可复建文津阁碑亭以保护石碑；复建暖流暄波，标识山庄湖区水系的入水口；复建惠迪吉门，作为游客主要出口。建筑群内道路铺地恢复传统做法，对现有条石御道进行保护与修补，在游客量较大地段可考虑铺设游览专用的步行道。按照历史原貌复原万壑松风桥、如意洲桥、烟雨楼桥，可采用现代技术加固；清理复原、修缮山区石桥；维修湖区五孔闸、一孔闸、水心榭闸、双湖夹镜闸等；拆除旷观处混凝土桥并改建；对湖区、平原区与历史原貌不符的桥梁与水闸进行改造。整修引武烈河水入山庄的水系驳岸，湖区芝径云堤、如意湖等处恢复山石与自然水草驳岸，整修平原区水系山石驳岸，对山区条石驳岸进行保护修补。清理归安处于散落状态假山；对有争议的后期复原假山进行专题研究、评估后实施整治。编制详细的古树分布现状图，完善古树生长档案；与专业科研机构合作制定保护方案。编制避暑山庄园林种植历史景观修复专项规划，恢复景点历史上园林种植的原貌。削减山庄放养鹿只数量，加强管理，体现园囿内动物放养的特色历史景观。对影响内部景观环境的要素采取拆除、整治等保护措施；保留松云峡内避暑别墅并加以修缮，作为临时展陈与服务设施。

3.3.3 周围寺庙保护

尽快公布溥善寺遗址为文物保护单位。尽快开展对广安寺遗址、罗汉堂遗址、溥善寺遗址的保护工作。对保存乾隆时期原物较多的古建筑及彩画、壁画要严格控制保护维修干预程度，不得大量重绘。对石雕与石构件进行抢救性保护。

建筑群格局保护：停止广安寺内违规建设，并对已建成违规建筑予以拆除；保护普佑寺大方广殿基址，拆除法轮殿址上的搭建舞台；整治普宁寺商业步行街，恢复历史原貌，远期拆除其未经报批的服务性建筑；拆除广缘寺内后建房屋，整治内部环境；中期腾退溥善寺遗址，远期腾退罗汉堂、广安寺遗址（图10）。

寺庙园林保护：保养维护殊像寺大殿后假山，归安香林室前假山；保养维护须弥福寿之庙、普陀宗乘之庙叠石假山；按照历史原貌加固普宁寺大乘阁后假山；完善古树生长档案；加强对古树的日常维护，恢复历史上树木种植的原貌，改善园林植物的抗病虫害能力。

古建筑保护：近期对普陀宗乘三塔水门，须弥福寿吉祥法喜殿、大红台、御座楼、琉璃塔基座，安远庙普度殿，广缘寺山门、天王殿、广乘殿、东西配殿进行抢险加固。对普宁寺大乘阁周围四大部洲、日月光殿，普乐寺阁城、宗乘殿、山门，殊像寺会乘殿等殿宇以及各庙其他延续性有问题的古建筑进行维修。对大量现存石材及石雕构件进项抢救性专项保护；对周围寺庙各处保存彩画及琉璃构件进行抢救性专项保护。

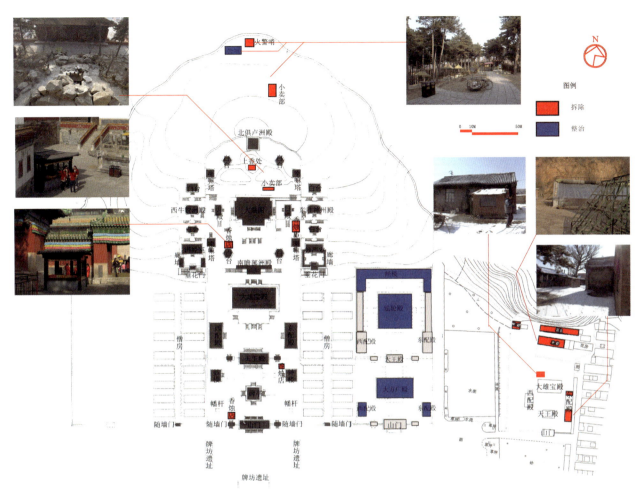

图10 普宁寺、普佑寺、广缘寺内部环境整治图

遗址保护：须编制周围寺庙遗址保护专项规划，统筹安排保护工作；对延续性差的遗址采取抢救性清理与保护；对已毁遗址分别采取原状保护归安及个别原址复建的手段进行保护，对完整性保护起重要作用及复原依据充分的建筑可以考虑复建；复建方案均按程序向国家文物局报批。近期保护措施包括对普佑寺大方广殿、法轮殿及后罩楼遗址进行清理、归安，并对石质构件进行保护；对须弥福寿之庙生欢喜心殿遗址清理、归安保护；对殊像寺各殿遗址归安保护；确定广安寺、罗汉堂、溥善寺遗址范围；对广安寺夯土台与夹杆石进行保护。中期保护措施包括对溥善寺、罗汉堂、广安寺遗址以及普陀宗乘之庙后山坡小白台进行考古发掘，清理归安。从保护与管理的角度出发，复建溥善寺、罗汉堂、广安寺围墙、山门；复建须弥福寿之庙御座楼内围房，兼做文物库房。对完善周围寺庙整体价值意义重大且依据较为充分的附属建筑及园林建筑遗址进行复原可行性研究。

3.3.4 其他本体保护

狮子园按照遗址公园保护，编制专项保护方案，近期确定遗址范围，开展腾退工作，中期进行遗址清理、发掘与保护，复建园墙、园门及部分景点建筑。确定清坝的文物本体，对清坝坝体按照原材料、原工艺进行维修，坝上及两侧2米范围内不得搭建新建筑。石质文物保护完成全面调查，建立现状及病害的详细档案，提出保护方案；近期对破损严重的石质文物进行抢救性保护加固；对破坏严重的重要碑刻设置保护棚进行保护。实施壁画专项保护。对悬挂的匾额原件实施保护，对部分与历史不符者根据文献考证进行更换。对铜、铁质室外陈设进行专项保护；对损坏严重的幡杆进行修缮、更换。对承德碑林内碑刻实施专项保护，琳霄观碑等应原址复位。对周围寺庙内佛像、陈设进行调查评估，实施专项保护。对普宁寺大乘阁胁侍塑像进行抢救性保护。对古建筑内陈设及馆藏文物采取先进的科技安防及保护措施，并定期保养。加强文物库房与展厅建设，改善保存及展示条件和环境。与南京博物院、北京故宫博物院及沈阳故宫博物院协商解决接收部分原热河行宫文物，充实展览。

3.3.5 保护工作

在保护总体规划的指导下，分别编制各文物保护单位的保护规划及相关专项保护规划。严格编制并执行日常维护经费使用计划，保证古建筑、园林等日常维护的资金与人员配置。对建筑遗址、碑刻做好覆土、搭棚等防护工作，尤其要避免冬季雨雪所造成的冻融破坏。尽快完成避暑山庄及周围寺庙地形图的测绘工作，日常注意搜集其他基础地理信息资料；进行全面测绘，并形成数字化文件，留取文物档案；完善保护工程及利用、管理、研究档案，创造条件对公众开放；在上述基础上，建立文物综合信息系统。避暑山庄及各周围寺庙全面实施安防工程。编制消防专项规划，做好山林、古建筑的防火预案；避暑山庄宫殿区、湖区、山区可通行消防车，湖区采取消防泵抽水灭火，不通行消防车；在确保文物本体安全下，进行开辟山区西部消防道路可行性研究；消防道路的规划建设不能破坏山区遗址及地形，方案须按程序报国家文物局审批；近期在山区适当地点建设消防蓄水池，完善消防给水系统；继续实行避暑山庄山区冬季封山、执勤制度以及殿座内禁止用电、用火制度（图11）。建设、完善古建筑、古树的雷电防护系统。按照承德市统一部署，完善武烈河防护工程；对于清坝，须在保持文物真实性的同时，采取措施满足防洪要求。建设、完善沟谷防洪工程；对于位于山地的建筑群做好泥石流、滑坡等地质灾害的防灾工作。对现存古建筑进行全面的结构安全性评估，对地震中易损及破坏后果严重的古建筑采取防范措施，完善灾后预案。

3.3.6 环境保护

保护避暑山庄及周围寺庙周边景观环境、自然环境、人文背景环境以及环境质量。周边景观环境保护：保护避暑山庄与周围寺庙之间的景观视廊，不得被现代建筑打断。保护避暑山庄与磬锤峰及普乐寺、溥仁寺、安远庙之间视线的通透。拆迁违章建造的民房，改造不协调建筑，彻底整治各种不和谐环境要素（图12）。除遵循本规划要求外，尚应执行《承德历史文化名城保护规划》相关要求。

遗产自然环境保护：修编风景名胜区总体规划，对磬锤峰及避暑山庄周边山峰、山脊实施严格保护；保护武烈河河道走向及河滩地开阔景观。遗产人文背景环境保护：应遵循《承德历史文化名城保护规划》相关要求，对老城内现存庙宇、衙署、府邸等文物建筑加大保护力度；对老城内被其他单位占用的文物建筑进行腾退与整治；搬迁肿瘤医院及周边建筑，对药王庙进行修缮，恢复与狮子沟桥、须弥福寿之庙通视的历史格局，展现承德民间信仰与皇家信仰共存的历史原貌；抢救性保护五窑沟窑

图11 避暑山庄消防道路规划图

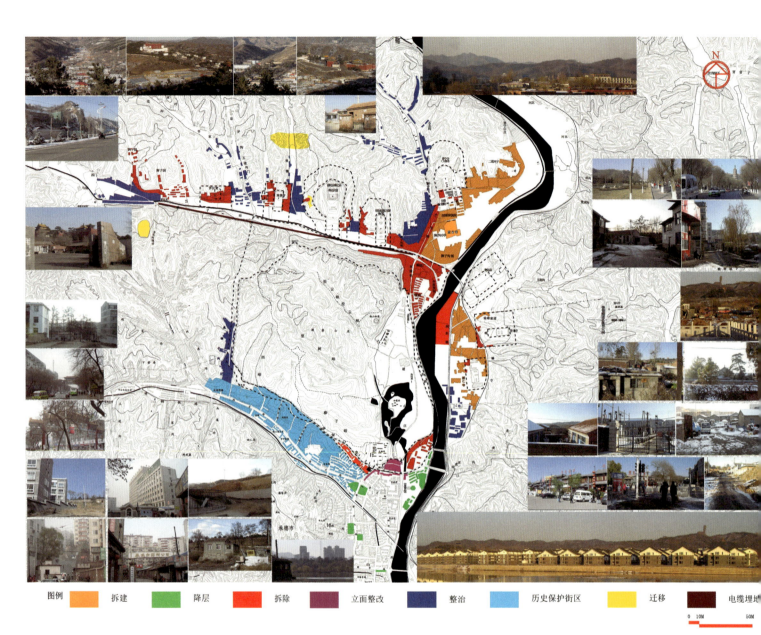

图例 █ 拆建 █ 降层 █ 拆除 █ 立面整改 █ 整治 █ 历史保护街区 █ 迁移 █ 电缆埋地

0 10M 50M

图12 避暑山庄及周围寺庙外部景观整治图

址，保护半壁山文明福地及乾隆御制诗摩崖石刻；保护承德市周边行宫及木兰秋狝遗迹。

提升保护区划范围内环境质量，应符合《风景名胜区规划规范》GB50298-1999的相关规定。

4 展示、管理及研究措施

4.1 展示利用措施

扩大开放面积，增加展示内容，拓展展示题材。重点修缮、整治避暑山庄山区遗址，恢复山区、平原区景点，扩大可游览区域，分流游客。以文物原状及格局展示为主，复原陈列、专题展览为辅。

在展示有形遗存的同时，采取多种方式展示无形遗产，增强展示效果。支持避暑山庄内承德市民休闲锻炼，但须加强管理与服务。

制定轮展制度，定期对古建筑、遗址保养维护。溥仁寺、殊像寺于近期开放，广缘寺、溥善寺于中期开放，广安寺、罗汉堂、狮子园于远期开放。普宁寺按照皇家寺庙仪轨开展宗教活动，并加强管理。调整压缩管理服务用房，迁出占据重要古建筑的管理服务设施，恢复展示功能。

展示道路布局依照历史上的游览路线，包括御道、山间小路及宫墙马道等。根据游客容量，采取多种材质与构筑方式，对不合要求者进行改线或改建。复原湖区原有道路，根据游客量可在原有道路旁同时设置专用游览道路。利用现有防火道作为山区游览干道，同时恢复山区景点间原有小路，形成山区展示路网。取消万树园停车场，恢复原址地貌植被，在山庄东侧惠迪吉门外设置小型停车场。结合避暑山庄南侧保护范围内的环境整治修建地下停车场，德汇门停车场逐步取消停放旅游车辆，恢复广场空间与功能。新开辟溥仁寺、溥善寺联系城市道路的游览道路，改造殊像寺、须弥福寿之庙、普陀宗乘之庙前道路。停车场均改造为绿地停车场，尽量减小对环境的影响。

总体展示路线是以避暑山庄为中心的网状路线，游客可灵活选择避暑山庄与周围寺庙之间的参观顺序。各遗产内部按照历史上的游线安排展示路线，展示路线的安排应该使游客充分体验历史园林的景观或寺庙的宗教氛围。避暑山庄展示路线应结合山形水系与道路保护恢复原有游园路线，真实、全面展示园林步移景异的历史景观，同时应符合园林宫殿空间的序列；以正宫区丽正门为游览起点，德汇门、惠迪吉门只出不进；取消环山游车行环线，恢复历史上的水上游线，拆除烟雨楼南侧大桥后，在如意洲云帆月舫与澄湖北岸水流云在之间设置渡口，随时摆渡游客；以游客步行游览为主，兼顾部分行动不便游客的代步需求，但须严格控制机动车的使用；避暑山庄内取消机动车环山游环线及环湖游线，湖区、平原区与山区局部道路可行驶小型环保电动车，其中湖区、山区应单向折返行驶，不可形成环线。周围寺庙内禁止机动车驶入，展示路线全部步行。

根据历年经验，核算游客容量，确定合理的参观容量限制，参观容量测控制应保障游人安全。严格控制重要建筑、景点的参观容量。降低避暑山庄宫殿区、湖区，普陀宗乘大红台、普宁寺等卡口处最大游客量。建立门票统一发售系统，发售多种游览时间的门票，提升游客容纳能力。扩大开放范围，引导游览避暑山庄山区、平园区以及殊像寺、溥仁寺、广缘寺等新开放寺庙。对承德市民休闲活动继续实行优惠年票制度，回馈当地居民，同时加强管理，休闲锻炼不得对文物造成损坏。在公共假期游客高峰时段可采取措施限制持公园年票者入园。

结合展陈做好游客服务工作。利用辅助建筑或复原建筑作为管理与游客服务用房，应合理布局，方便游览。避暑山庄游客中心自烟雨楼迁出，与避暑山庄博物馆统一规划建设游客中心，芳园居内不再安排餐饮。按照与清代皇家建筑统一的风格设计配置旅游服务设施，在不影响文物保护的前提下尽可能满足国家AAAAA景区标准要求。完善展示说明牌，对古建筑修缮、复建等不同保护情况作出说明区分。

4.2 管理及研究措施

近期公布溥善寺遗址为市级文保单位，中、远期与广安寺、广缘寺、狮子园、清坝外坝狮子沟至承德大桥段、内坝草市段一同申报全国重点文物保护单位。理顺遗产管理权限，严肃执行国家法规，按程序审批，对承德市区涉及避暑山庄及周围寺庙保护的建设活动与保护工作进行全面管理。不可移动文物不得转让、抵押；展示利用设施中涉及文物保护的部分不得作为企业资产经营。根据相关法律法规，由承德市文物局全面行使广安寺、罗汉堂、狮子园遗址及工厂占据的溥善寺遗址的管理权限。保护范围内土地划定为"文物古迹用地"，逐步迁出其中不符合用地性质的单位，搬迁拆除文物保护用地上的违规建筑。

结合博物馆改造，对博物馆文物库房实施改扩建工程，解决渗水问题，并加大保管面积。整治优化各处管理用房。提高基础设施建设水平。开展世界遗产监测工作，建立保护记录档案库，采取多种手段对遗产展开长期持续的监测。及时发现并处理遗产区与缓冲区内违规建设，遗产区与缓冲区内重大修缮与建设项目须经国家文物局批准并报联合国教科文组织世界遗产中心备案。对承德市中心区的自然环境因素进行系统、长期的监测，并制定预警机制。对游客规模、空间与时间分布、游览行为等进行监测，避免遗产过度利用。对展示利用措施和服务项目进行全面监测，并根据保护要求及时调整。

大力推进相关学科文献研究与综合研究，积极构建"避暑山庄学"。在历史园林考古、复原、古建、遗址保护修缮等方面集中研究力量，筹建"历史园林保护研究中心"，并申报国家文物局重点科研基地。大力开展实物资料与文献的搜集、整理、抢救和发掘工作。集中力量研究与保护工作密切相关的具体课题，建立科技保护实验室，加强遗产运行管理方面研究。实施以课题为中心的研究体制，统筹规划，积极开展与国内外科研机构的合作研究，争取国家级课题支持与国际合作项目。定期举办避暑山庄学国内外学术会议，加强学术交流。积极出版高水平的系列专著与保护工程报告，创造条件编辑出版学术期刊。依托遗产地优势，培养能力全面的学科骨干。

5 结语

本规划的编制离不开近年中央财政专项资金实施的承德避暑山庄及周围寺庙保护工程的促进及承德市委市政府提出的"大避暑山庄"战略创造的政策条件。编制过程中，工作人员日益认识到利益相关方诉求的多样性及合理性，以及山庄外庙与承德城市建设的密切相关性。正是避暑山庄与周围寺庙促成了承德市区的始建和发展，因而宫苑寺庙与市廛的滚滚红尘共同形成了遗产鲜活的生命。城市发展不能破坏遗产的核心价值，同时保护文化遗产也需要充分考虑城市发展要求。因此，在调控遗产与环境关系的保护区划中，采取了有收有放的策略：一方面严控具有本体意义的喇嘛寺和狮子沟地段，另一方面将其景观意义已经获得各方共识的承德老城区大部分划为环境协调区，由承德市自行控制，简化行政程序。在文物价值评估方面，抓住宫苑格局及"景"与古建筑的离合关系，体现了保护"景"要避免仅着眼于实体，还需保护其"场所精神"的思路，全面评估并在此基础上提出针对性强的保护措施。在体例上融合了城市规划体系中控规与详规的特点，既在保护区划方面体现法律条文的原则性，又在保护展示等章节充实了技术内容，以便指导具体工作。规划告竣之际，总结了几点经验如下：

全面搜罗资料，注重综合把握，力求意在笔先。

深入价值评估，选准保护对象，庶免遗珠之憾。

现场反复踏察，文献研读对勘，紧靠历史真实。

掌握城市环境，辨识主要影响，立足现代生活。

坚持合理诉求，抓住政策机遇，提供技术支持。

细化保护区划，控制宽严有别，便于地方操作。

关注本体措施，分期部署明晰，重在言之有物。

传承锦屏补秀，严控粗劣复建，再现场所精神。

"若夫崇山峻岭，水态林姿，鹤鹿之游，鸢鱼之乐，加之岩斋溪阁，芳草古木，物有天然之趣，人忘尘世之怀，较之汉唐离宫别苑，有过之无不及也。"衷心希望这乾隆皇帝《避暑山庄后序》中所描摹的美景在合理规划下能得到全面保护并妥善传承，给后人留下真实、卓越而恒久的文化遗产。

6 参加人员

项目负责人　　永昕群

主要参加人员

中国文化遗产研究院：付清远（顾问）、崔明、赵向东（外聘天津大学博士研究生）、朱蕾（外聘天津大学博士研究生）

承德市文物局：相阳、赵晓光、许军、马骏骁、穆炎、张占生、王福山、陈东、曲红阳

本规划由规划文本、作为规划文本重要组成部分的专项评估、规划图纸、规划说明、基础资料汇编组成。完成后的规划文本与专项评估近7万字，评估图163张、规划图50张，基础资料专项调查记录14篇。由衷感谢中国文化遗产研究院傅清远先生与沈阳先生耐心细致的指导，把握了很多原则性的表述；感谢侯卫东总工程师审定文本。感谢承德市文物局的大力协助，提供了各方面的基础资料；感谢国家文物局与河北省文物局对规划编制的关心支持。

追思

承德文物局赵晓光先生全程参与现场调查并负责具体组织工作，为规划付出了大量心血，讵料天不假年，在规划告竣后不久即永远离开了他热爱的承德文物保护事业，在此谨寄追思，用申怀念。

大足石刻千手观音造像抢救性保护前期勘察与设计[1]

【摘要】

　　大足石刻千手观音造像作为我国现存最大、最完整的千手观音石刻造像，具有较高的艺术价值、文化研究价值和历史价值，是世界遗产大足石刻中最具特色的珍贵石刻文物之一。2008年5月12日，四川地区发生特大地震，是中华人民共和国成立以来伤亡最惨重的一次灾害，许多珍贵文物也在此次地震中遭到破坏。5月21日，时任国家文物局局长的单霁翔同志率国家文物局抗震救灾工作组对大足石刻防灾情况、千手观音造像抢险保护工程及文物保护情况进行调研时指出："千手观音的保护工作势在必行，要把千手观音的抢救保护作为国家文物局石窟类保护的一号工程。"国家文物局以文物保函[2008]611号批准开展大足石刻千手观音造像抢救性保护工程。2008年7月千手观音造像抢救性保护工程前期勘查研究工作正式启动。千手观音造像本体保存环境特殊、病害严重、历史工艺复杂，目前国内外尚未有可供借鉴、参考的案例和技术经验。此次对千手观音造像的历史、传统工艺、病害的考察研究，对现代文物保护原则在具体实践中的认识、思考及对现代科学技术、材料的科学运用，是我国文物保护领域中极具探索性、突破性的积极尝试。

1 千手观音造像抢救性保护工程项目缘起

　　大足石刻千手观音造像作为我国现存最大、最完整的千手观音石刻造像，具有较高的艺术性、文化研究价值和历史价值，是世界遗产大足石刻中最具特色的珍贵石刻文物之一。2008年4月14日，国家文物局遗产处、科技处在北京组织专家对中国文化遗产研究院编制的《大足石刻千手观音造像抢救性保护工程前期勘察及方案设计立项报告》进行了评审；4月24日，重庆大足石刻艺术博物馆与中国文化遗产研究院正式签订了《大足石刻千手观音造像抢救性保护工程前期勘察及方案设计协议书》。2008年5月12日，四川地区发生特大地震，是中华人民共和国成立以来伤亡最惨重的一次灾害，许多珍贵文物也在此次地震中遭到破坏。5月21日，国家文物局前局长单霁翔同志率国家文物局抗震救灾

1．获2011年中国文化遗产研究院优秀文物保护项目一等奖。

工作组对大足石刻防灾情况、千手观音造像抢险保护工程及文物保护情况进行调研时指出："千手观音的保护工作势在必行，要把千手观音的抢救保护作为国家文物局石窟类保护的一号工程。"同时指出，千手观音病害复杂，保护难度很大，国内外尚无类似成功的先例，因此需要尽快组织国际国内一流保护专家，运用当今最先进的各种科学技术，做好传统保护维修工艺与现代科技的对接，攻克千手观音造像保护这道世界级难题，使千手观音以良好面貌呈现在人们面前。国家文物局以文物保函 [2008]611号批准开展大足石刻千手观音造像抢救性保护工程。2008 年 7 月，千手观音造像抢救性保护工程前期勘察研究工作正式启动。中国文化遗产研究院作为项目组织单位联合敦煌研究院、大足石刻研究院、中国地质大学（武汉）、北京大学文博学院、北京建筑大学、河海大学等多家专业机构共同参与千手观音造像的研究、保护和修复设计工作。

由于千手观音造像是世界文化遗产地大足石刻的重要单体文物，而其自身的独特性更是国内外专业领域的重要研究对象，在宗教文化方面也具有较大的影响力；同时千手观音造像本体保存环境特殊、病害严重、历史工艺复杂，目前国内外尚未有可供借鉴、参考的案例和技术经验。这样一尊文物造像该如何认识、如何保护是对我国文物保护专业领域就文物的认识程度和保护实践能力的一次考验，同时也是一次机会。对千手观音造像的历史工艺、病害的考察、研究，对现代文物保护原则在保护修复具体工作中实践的认识、思考，对现代科学技术、材料在保护工作中的科学运用，既是对我国文物保护实践问题的反思，也是我国文物保护领域极具探索性、突破性的积极尝试。希望通过此次修复工程的开展，对现代修复原则在具体修复工作的实践方式上进行较深入研究，以期成为现代修复原则与中国文物古迹修复实践结合的范例，特别是要积极参与到宗教类遗产这一既特殊又具有普遍性的文化遗产修复原则的探讨中，为今后类似修复工作积累宝贵经验。

2 千手观音造像的价值分析

根据《中华人民共和国文物保护法》《中国文物古迹保护准则》和国际上文物古迹保护理念及原则精神的相关阐述，千手观音石刻造像抢救性修复项目以"真实性""完整性"等为根本原则指导修复工作，在具体保护干预中强调"最小干预""可辨识性"等实践原则。同时，工程项目组认识到由于修复工作的特殊性和复杂性特点，每一项修复项目都是具有唯一性、独特性的实践，因此修复工作在以相关原则为根本操作指导的同时，也要根据具体干预对象的保存状态和价值构成来制定具体的修复保护方案。

为使大足石刻千手观音造像的修复和保护干预更加科学、合理，使这一宝贵的世界遗产能够妥善地传承给后人，修复工作者在确定具体的干预内容之前，需要充分认识到"千手观音"石刻造像所包涵的意义和价值。只有尽可能全面地了解干预对象的价值构成，才有可能准确、科学地拟定修复计划，包括修复干预的具体位置、方式和干预程度等。

宝顶山石刻早在1961年即被列入我国第一批国家级重点文物保护单位名单；1999年，以北山、宝顶山、南山、石篆山、石门山为代表的大足石刻被正式列入"世界文化遗产名录"，标志着大足石刻的珍贵价值为世界所认识并肯定。联合国教科文组织认为大足石刻符合下列三条标准："第一，大足

图1 千手观音造像影像图

石刻是天才的艺术杰作，具有极高的艺术、历史和科学价值；第二，佛教、道教、儒教造像能真实地反映当时中国社会的哲学思想和风土人情；第三，大足石刻的造型艺术和宗教哲学思想对后世产生了重大影响。"

　　《保护世界文化和自然遗产公约》将"世界文化遗产"定义为"从历史、艺术或科学角度看，具有突出、普遍价值的建筑物、雕刻和绘画，具有考古意义的成分或结构，铭文、洞穴、住区及各类文物的综合体等"。《中华人民共和国文物保护法》也规定：在中华人民共和国境内"具有历史、艺术、科学价值的古文化遗产、古墓葬、古建筑、石窟寺和石刻、壁画"受到国家保护。基于大足石刻作为"世界文化遗产"的价值认定、我国文物法对于文物的普遍认识以及千手观音造像自身的独特性，我们对其价值的认识要从"历史价值""艺术价值""科学研究价值"和"宗教价值"这四个方面考虑（图1）。

2.1 历史价值

　　大足石刻造像始建于初唐永徽元年（650年），历经唐、五代，盛极于两宋，余绪延至明、清，是中国北方石窟于公元9世纪走向衰落之际在中国南方崛起的又一个大型石窟群，它将中国石窟艺术史向后又续写了近四百年。而千手观音作为大足石刻中十分独特、具代表性的造像，开凿于南宋淳熙至淳祐年间（1174~1252年），由于主体为石质雕刻而成，因而得以历经岁月，保留至今。

作为宋代雕刻且保留至今的文物古迹，千手观音造像的历史年代价值毋庸置疑。有关大足石刻的研究也涉及多种学科，除了对石刻起始年代的研究外，关于大足石刻极具地方特色的雕刻风格和相关人类学研究以及三教合一、密宗教义的雕刻内容和宗教学研究都十分丰富。

千手观音造像自雕刻至今已有八百多年的历史。八百多年间，中国历史经历了自南宋、元、明、清至民国和中华人民共和国的演变。千手观音造像不仅见证了历史更迭，这些时光也在千手观音造像上留下了痕迹。南宋朝廷灭亡后，因宝顶地处偏僻之隅，元代一朝不见其修缮记录，但这并不代表元代没有针对千手观音的修缮活动；至明代"重开宝顶"，明洪熙元年（1425年）刘畋人撰《重开宝顶碑记》，碑刻中有"于是历载以来，重修毗庐殿阁，石砌七佛阶台，重整千手大悲宝阁"，这是目前发现最早的千手观音培修题记。且通过文字可知，至晚在明代1425年以前，千手观音的保护建筑——大悲阁就已经存在。大悲阁的存在，对千手观音的保护起着至关重要的作用，至今两者已成为密不可分的整体。根据初始调研收集的资料，在刘畋人重开宝顶后，千手观音还经历过至少四次修缮，分别为明隆庆四年（1570年）、清乾隆十三年（1748年）、清乾隆四十五年（1780年）、清光绪十五年（1889年），以上修缮均包括为造像重新贴金。清代之后，大足石刻沉睡青山翠岭，直至20世纪40年代才为史学家重新发现。中华人民共和国成立以来，特别是在列入世界文化遗产后，大足石刻也进行过多次保护性考察，并采取一些干预措施。

这些历代的修缮行为，虽然无法在千手观音造像上一一索寻，找到每次修缮的对应面貌，但是在对造像进行的干预过程中，尤其是在旧金箔的揭取过程中，仍可通过揭取金箔的层数发现前人的修复痕迹。对于现代文物保护工作者和绝大多数的文物研究者、爱好者来说，时间留在千手观音造像上的岁月价值与建造之初的完好面貌具有同样的价值，或更有过之。对这些珍贵的历史痕迹和材料的保护，也是此次修复工作的一个重点。为了尽可能多地保存历史痕迹，修复人员将现状较差（起翘、开裂易脱落）的旧金箔进行揭取、编号、筛选和清洗，之后将可以再次利用的旧金箔进行回贴。这虽是一项极为繁琐、耗时的工作，但对于现代修复理论与石质贴金文物的具体修复保护操作研究来说，是具有重要意义的实践。

此外，本次千手观音造像抢救性保护工程的开展实际正是历史的第三个意义层面，即当前进行的保护、修复干预自身作为一次全面的保护实践，是千手观音造像保护和大足石刻保护的重要历史事件，它的历史意义以及对后世产生的历史影响，这一意义层面直接决定于保护工作者的实践活动，这也是工作人员就修复本体进行研究、价值分析以及根据修复原则制定修复计划的重要原因之一。

2.2 艺术价值

大足石刻宝顶山造像虽不是由统治阶层组织开凿，但其艺术效果和表现力却不低于官方组织开凿的石窟、造像。大足石刻以佛教、道教、儒教三教共存和其丰富的内容而异于前期石窟，并以其独树一帜的民族化、世俗化、生活化特色反映了公元9世纪至12世纪中国民间宗教信仰和石窟艺术风格的重大发展规律和变化，为中国传统文化与外来佛教文化完美结合的典范，是中国晚期石窟艺术的杰出代表作。

而千手观音造像虽在中国佛教造像中比较普遍，但如大足石刻宝顶山千手观音造像般表现出"千手千眼"，又是崖壁开凿的立体石刻千手观音却是世所罕见的。这尊造像也是我国最大的集雕刻、贴金、彩绘于一体的摩崖石刻千手观音造像，是世界文化遗产大足石刻的精华龛窟和重要组成部分。7.7米高、12.5米宽的千手观音为佛教密宗形象，头戴八佛宝冠，额生慧眼，盘腿坐于莲台之上。千手观音每只手掌的掌心都绘有一只眼睛，830只手层层叠叠地向观音主尊的左右和上方伸展开，宛若孔雀开屏般的优雅姿态填满了88平方米的龛壁。依据佛教经典对千手观音的描述，主尊和手臂全部贴金，千眼、法器和背景以彩绘表现，整个造像充满了大悲阁正壁，显示出佛法无边、庄重威严之感。

千手观音石刻造像作为古代民间宗教艺术精品，根据保存现状可以想象她在完好状态下的震撼力，她所呈现出壮观、华美的艺术效果使今人不禁唏嘘感叹。千手观音高度的艺术价值早已得到所有专家学家和访问者的肯定和赞赏。宝顶山千手观音造像与北山石刻等地的众多观音造像也构成了大足石刻的显著特色和艺术成就。

千手观音造像历经沧桑岁月，时间的洗礼成就了她的另一种美感，相对于可以想象的完好状态而言，历史在造像上留下的时光印记使她的面貌更加古朴、内敛，独具韵味。岁月所成就的这种独特美感是现代文物工作者乃至观众更加珍视的部分，此次修复工作也希望尽可能保留千手观音的历史美感。

2.3 科学研究价值

千手观音石刻造像是我国现存最大的一龛石刻千手观音造像，如前文所说，整个千手观音造像高7.7米、宽12.5米，主尊端坐莲花台，两侧各设两尊侍者；830只手（臂）从主尊背后向左、右、上方伸出，与210件法器疏密有序排布开来，且多为高浮雕；表面有贴金、彩绘装饰。如此精心的设计和繁复的工艺可以认为是我国古代川渝地区石刻造像高超技术的集中体现，而其设计的灵感来源，具体的雕刻方法以及工艺的实施过程都是需要研究的对象，且对我国古代技术史、艺术史和现代文物保护的方法研究都具有重要的意义。此外，千手观音造像装饰工艺中涉及一项十分重要和具地方特色的工艺，即川渝地区的传统大漆贴金工艺。除法器外，千手观音造像整体几乎都有金箔装饰，采用的工艺正是大漆贴金工艺。大漆工艺适应川渝地区高温高湿的气候环境，是经过历史检验的贴金材料和手段，但由于现代科技的进步，传统大漆的利用场合急剧减少，制作工艺也少为人知。本着尽可能使用原材料、原工艺的原则，也为使修复部分与保存部分结合的稳定性尽可能提高，本次修复工程项目组在试验现代黏结材料的同时，对传统工艺也进行了考察和研究。对整个川渝地区的古代造像和传统制作工艺进行了大规模调研；寻找当地传统手工艺传人，就工艺流程、材料配比等具体细节与之进行了深入的沟通。千手观音修复项目的开展，促进了传统大漆贴金工艺的研究和传承，并且对川渝地区其他造像的修复开展提供了较为成熟的大漆贴金工艺和宝贵的工作经验。

2.4 宗教价值

千手观音蕴含价值除上述三个方面之外，还包括另一个根本性的价值，即作为崇拜对象的宗教功能价值。

首先，千手观音石刻造像作为南宋的民间石刻宗教类文物，也是南方密宗佛教造像的主要研究对象，其原本的宗教性质不能忽略。借由本次修复工程的契机，项目组拍摄了千手观音正投影全景照片，这张照片对千手观音的细节给予了充分的展现，这对各个相关领域专家学者的研究开展提供了极为有利的形象资料。千手观音手持的众多法器一方面彰显了观音拯救众生一切苦难的佛教职能；另一方面，由于常见千手观音造像多表现32只手或48只手和背光象征性地表现"千手"，手持法器也多表现日、月、宝剑、如意珠、宝瓶、莲花、宝镜等常见法器，而大足石刻千手观音则对830只手和210件法器给予了具体呈现，这对宋代的观音信仰研究、对密宗教义研究提供了宝贵的图像资料。除此之外，千手观音造像呈现的一些独特的法器对于外来宗教与地方文化融合、改变的相关研究（宗教学、人类学、社会学）也是十分具体、重要的案例之一。

其次，就其本身宗教性质而言，观音信仰早在魏晋时期便传入我国，但是千手观音崇拜的盛行则与隋唐时期印度密教传入中土有关。千手观音的形象是依据《千手千眼观世音菩萨广大圆满无碍大悲心陀罗尼经变相》、即《千手眼大悲变相》的描述创作而成。据《千手千眼观世音菩萨广大圆满无碍大悲心陀罗尼经》说，观世音菩萨在过去无量劫，听千光王静住如来讲《广大圆满无碍大悲心陀罗尼经》时，为利益一切众生，"即发誓言，若我当来堪能利益安乐一切众生者，令我即时身千手千眼足"，"发誓愿已，应时身千手千眼悉皆具足"，变现出如意宝珠、日精摩尼宝珠、葡萄手、甘露手、白佛手、杨柳枝手等。在佛教看来，只要虔诚地信奉千手观音，就有"息灾""增益""敬爱""降伏"等四大好处。观音信仰之所以会在历史上长久兴盛，除了她自身的宗教功能对信众的吸引外，她所具备的形象、品质和宗教精神等与中国传统儒家、道家宣扬的平等、仁爱思想和价值观念也十分契合。因此，观音信仰才能在中原文化中迅速地适应、改善，与地方文化、信仰相结合，成为民间信仰中的重要崇拜对象。大足石刻千手观音石刻造像的出现，正是由这样的文化历史背景环境所决定的。

有古语云"上朝峨嵋，下朝宝顶"，在现代佛教信仰中，大足石刻仍然是信众祈求、崇拜的主要对象。每年农历二月十九、六月十九、九月十九观音菩萨的三个生日期间，会有成千上万的信男善女前往大足宝顶山向千手观音焚香祈祷。

因此，在考虑千手观音修复方案时，不能将其仅仅作为文物来看待，它的宗教属性同样是不可忽略的一个部分。不考虑千手观音的宗教功能，就无法全面地认识其价值构成，就有可能将活态的文化遗产狭隘地认识为丢失原有功能价值的遗迹，在修复的过程中也无法科学合理地就遗产的整体价值予以保护。

综上所述，工作人员认识到大足石刻千手观音造像作为宝贵的世界遗产，其具备历史、艺术、科学、宗教等各方面的重要价值。在具体的修复方案制订和干预实践中，项目组工作人员也将就这几个价值方面进行综合考虑、合理取舍，以符合现代修复理论原则的精神内涵和操作要求。

3 现状评估及病害成因分析

对文物保存现状的调查是认识文物的最直接手段，也是对文物进行保护、修复干预的前提和基础工作。一般来说，不可移动文物现状调查主要是对文物本体保存环境、使用材料、本体病害等几个方面信息的掌握。数据化的信息是了解文物现状的重要科学根据，但这些信息并不足以全面地了解保护对象的整体现状信息，不同文物的历史信息和价值也不尽相同，所以也应综合其历史信息等因素进行不同的、更具针对性的考虑和认识。千手观音病害原因应从多方面多角度广泛分析，一是文物保存的气候环境，地质、水文环境等方面；二是本体病害情况的检测、使用工艺的考察以及造像所处高温高湿微环境条件的检测，以了解文物现状的基本情况。此外，还要根据千手观音造像保护的历史、现状成因的分析来确定用作文物修复依据的现状。

3.1 现状评估

千手观音造像是在砂岩上创作的高浮雕石刻作品，工作人员通过考古探方的形式，明确了千手观音的手和手臂数量为830只，澄清了长久以来的1007只手的传说。由于部分法器的残缺程度较大，辨识困难，而且有些造型是否应属于法器类尚有疑问，目前统计的法器数量为210件，确切的法器数量及造型还需要有关宗教艺术方面专家来做进一步的研究。造像通体贴金，手持法器、手间云纹和雕像局部装饰彩绘，贴金和彩绘均存在叠压情况，也均存在多种病害。

大足石刻的考察自2000年以后已经开始，为大足石刻的保护提供了重要的根据，也开始了对千手观音病害情况和成因的初步研究。2008年之后，本体病害情况调查以本体表层现状为对象，通过考古探方的形式，主要对文物病害种类、病害面积和出现频率、手臂数量和残缺数目、法器数量三方面进行了调查，以现场工作人员填写的数据信息、绘制的病害图、拍摄的照片为基础资料，通过对调查数据进行核查和统计分析，得出调查结果。现场人员共填写了1032张表，手绘病害图297张、病害矢量图335幅，拍摄照片1300余张，其中经过近景摄影测量的高清晰照片40余张（图2、3）。根据以上数据，

图2 采用手绘与计算机结合方式进行调查　　图3 采用手绘与计算机结合方式进行信息留取

前期调查对千手观音的保存现状给予了基本评估和病理分析，并提出后期进一步深入分析病因和进行小规模修复试验等建议。

3.1.1 千手观音的石质病害

调查发现千手观音的石质病害主要有结构病变以残缺、断裂为主；表面完整性变化以粉化剥落、片状剥落为主；表面形态变化以空鼓、尘土为主；人为干预主要是涂覆，另有少量生物病害（图4、5）。

从千手观音的整体情况来看，残缺主要存在于手的手指和法器上，有残缺的手为283只，共有403处残缺，残缺手数占总手数的34%，法器共有37处残缺，区域共有约3处残缺，佛像共有约11处残缺。由于千手观音使用的是高浮雕的技法雕刻，特别是手和法器所表现的艺术效果是极为独特的，因此雕塑部分的完整性尤其是手和法器的完整将直接影响到千手观音艺术效果的完整性。

断裂或裂隙肉眼观察下约有90处，手有53处，法器有24处，区域约有13处，从现场观察情况可以看出，此类病害以断裂为主，手的断裂基本在手指上（表1）。

 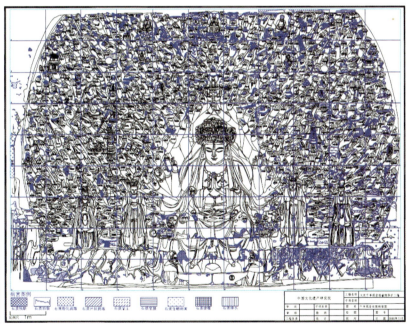

图4 千手观音造像石质病害举例　　图5 2008年千手观音造像石质病害调查示意图

表1 千手观音造像石质病害比例

区域\病害	表面完整性变化		表面形态变化		人为干预	生物病害
	粉化剥落	片状剥落	空鼓	尘土	涂覆	
手	1.382%	0.010%	0.002%	1.07%	0.002%	0%
法器	0.426%	0.345%	0.028%	0.184%	0%	0.002%
区域	1.272%	0.077%	0.008%	0.584%	0.019%	0.001%
佛像	0.053%	0.016%	0%	0%	0.069%	0.007%
合计	3.133%	0.448%	0.038%	1.838%	0.090%	0.010%

图6 千手观音造像多层贴金显微照片

图7 千手观音造像金箔病害举例

总体来说，千手观音上的断裂或裂隙病害已经严重影响到千手观音的安全和完整性。因风化而产生的粉化剥落、片状剥落和空鼓等病害所占岩体总面积并不大，但已经造成了千手观音部分石质本体的残缺及外形的难以辨识，特别是对手和法器的影响最大。随着时间的流逝，病害将更加严重，因此控制这三种病害的发展并加以修复就显得非常必要和紧迫。

3.1.2 千手观音的贴金层病害

经过考察得出千手观音造像贴金采用传统大漆作为黏结材料，主尊局部增加石膏地仗层，目前造像保留多层金箔层，是历史上多次贴金所遗留的证据，局部最多层数可达8层（图6）。金箔层主要病害包括金箔脱落、开裂、起翘、空鼓等。地仗脱落、脱落、点状脱落三种病害占金箔展开总面积比例的14.01%，三种病害对千手观音的艺术效果和观赏性影响较大（图7）。分层开裂卷曲、起翘、空鼓等病害占金箔展开总面积比例的40.22%，这不仅破坏了千手观音的艺术效果、工艺价值和观赏性，还随时有可能发展成金箔脱落或地仗脱落，影响贴金层的完整性。崩裂主要是由地仗（主要成分是石膏）吸水膨胀，石膏体积增大后将金胶油层和金箔层挤破而产生的。其所占比例较大，未来可能发展成金箔脱落或地仗脱落，对金箔的保存影响严重。尘土、涂覆、烟熏、生物病害（霉菌、昆虫巢穴）等病害，对金箔的影响主要是病害覆盖了金箔表面，改变了金箔外观，难以观察覆盖物下方金箔的病害，同时涂覆层、烟熏层与金箔层结合紧密，难以去除（表2）。

金箔剥落的成因比较复杂，破坏机理主要和贴金材料失效以及金箔破坏相关。根据技术检测与分析，外界环境因素特别是造像所在的小环境对造像岩石层影响较大，主要因素包括酸雨酸雾（水分主要来源于壁面的凝结水）和干湿交替作用。另外，金箔制作工艺水平也导致了千手观音病害的产生。

表2 千手观音造像金箔病害比例

名　称	病害面积（平方厘米）	占金箔展开总面积比例（%）
分层开裂卷曲	701328.8	35.88
点状脱落	201642.61	10.32
尘　土	191330	9.79
起　翘	67742.2	3.47
地仗脱落	41047.6	2.10
涂　覆	32544	1.67
脱　落	30987	1.59
空　鼓	17089.56	0.87
崩　裂	16241.3	0.83
烟　熏	5907	0.30
生物病害（霉菌、昆虫巢穴）	426	0.02

表3 千手观音造像彩绘病害比例

病害名称	病害面积（平方厘米）	病害占全体彩绘比例（%）
地仗脱落	53969.2	7.22
脱　落	39081.3	5.23
点状脱落	35397.7	4.73
粉　化	38142.1	5.10
鼓　泡	18381.6	2.46
龟　裂	7299.5	0.98
空　鼓	868	0.01
起　甲	28499.2	3.81
泡状起甲	20107.2	2.69
水　渍	157	0.02
尘　土	47309	6.33
烟　熏	17466	2.34

千手观音造像表面金箔在历史上有过多次修缮，形成了多层叠加的情况，而在这些叠加层上并未发现打磨痕迹，而是将金胶油直接髹涂在原来的旧金箔上，然后直接贴金，这种贴金的稳定性不高，是造成金箔卷曲、开裂的又一主要原因（图8）。

3.1.3 千手观音的彩绘层病害

经现场观察可以看到，大部分彩绘层有2~3层，这与修复历史记录是相吻合的。地仗脱落、脱落、点状脱落三种病害占彩绘总面积比例为17.18%，对千手观音的艺术效果和观赏性影响较大。粉化、鼓泡、龟裂、空鼓、起甲、泡状起甲等病害占彩绘总面积比例为16.04%，这几种病害主要受环境、胶结物失效、岩体风化等因素影响而产生，病害随时有可能造成彩绘掉落，从而影响彩绘画面的完整性（图9）。水渍、尘土、烟熏等病害占彩绘总面积比例为8.69%，主要是影响彩绘层的颜色，造成颜色色调变浅、变色等问题，影响千手观音的艺术效果和观赏性（表3）。

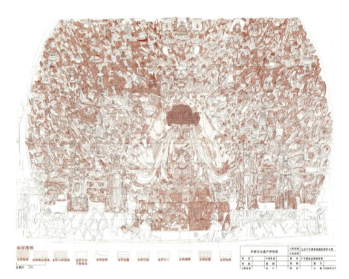

图9 千手观音造像彩绘病害举例

图10 2008年千手观音造像彩绘病害调查示意图

粉化、鼓泡、龟裂、空鼓、起甲、泡状起甲等病害占彩绘总面积较大，不仅影响千手观音的观赏性，而且因病害产生的彩绘掉落也将影响彩绘画面的完整性。因此有必要对粉化、鼓泡、龟裂、空鼓、起甲、泡状起甲等病害采取加固修复措施，使彩绘得以保存（图10）。

3.1.4 千手观音的历史修复

千手观音造像有历史记载的最后一次重大修复为清代光绪年间的修缮，但千手观音造像也并非保留光绪年修缮后的面貌至今，千手观音造像在历史中一直处于动态变化的过程中，至近代则更加频繁。大足石刻于1944年被杨家骆等专家组成的考察队发现，再次被世人所知。之后造像经历了战火、"文化大革命"、20世纪80年代对千手观音造像进行不当的保护措施和不当的材料添加等等。如主尊面部、胸部金箔表面出现的绿色物质；主尊头巾、胸腹部金箔表面涂刷的云母；主尊腿部衣襟，莲台表面衣襟及莲瓣局部金箔地仗脱落部位石质或补塑部位表面涂刷的黄色颜料；置于主尊胸前4-6-S1手手掌并非手印，被一布帕所遮盖，布帕下垂，并在其表面涂刷红色颜料等等。这些特殊情况成因复杂，根据前期研究得知，主尊多处金箔崩裂主要是由于主尊贴金比千手贴金工艺多了一层石膏地仗，主要可以起到平整贴金表面、使贴金效果更加平滑光泽的作用。但由于石膏具有较强吸水性，长期处在大佛湾的潮湿环境下，石膏层吸水膨胀、变形，撑破金箔层，造成了金箔崩裂的病害。石膏地仗这一工艺虽是千手观音造像保存现状的重要特点，但由于其自身的材料局限性和破坏性，能否保留、或依此工艺进行修复都是需要探讨的。而金箔表面出现的绿色和黄色物质及被"红布"遮盖的手根据检测和资料考证为20世纪80年代修复的不当操作。绿色物质为涂刷于金箔表面的铜粉经氧化而成的铜绿成分；黄色物质为广告颜料；而红布手掌则是当时在无法确定手印形式的情况下，用黏土混合材料进行的想象修复，这些作为此次修复面对的保存现状，实际为历史的不当操作或近代的不当添加，难以作为修复的现状根据来进行考虑。所以在面对千手观音造像的修复问题上，现状调查研究也是此次工程的重要部分，并且由于造像的复杂性和重要性，研究人员在考察研究中进行了更具针对性、更客观深入的认识态度和方式。如此才可能正确地理解文物现状所包含的信息，避免修复对文物造成进一步潜在破坏。

3.1.5 X射线探伤情况

除造像表面病害调查外，项目组启用X射线探伤技术，结合前期现状勘察记录和地质环境勘察评估报告以及造像岩体保护分析及试验数据，分别对法器、手（手掌和手臂、手指）的裂隙病害和风化病害情况进行统计，并对补接修复工艺对法器、手（手掌和手臂、手指）裂隙病害和风化病害的影响程度进行统计，同时还分析了金箔的保存状况对法器、手（手掌和手臂、手指）风化病害情况影响以及法器、手（手掌和手臂、手指）的风化程度对金箔保存状况的影响，在此基础上初步总结了千手观音雕刻品的稳定性状况（图11）。

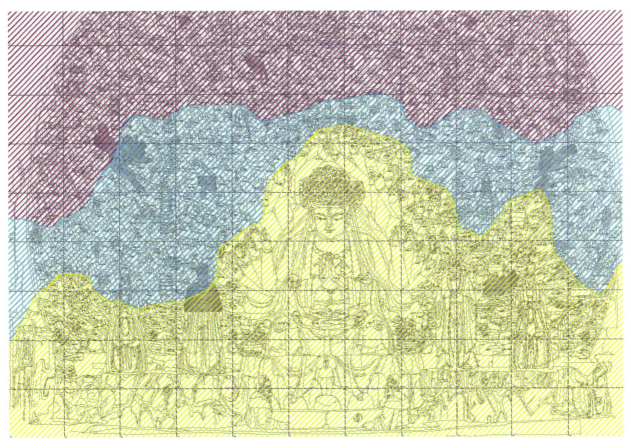

图11 千手观音造像稳定性状况示意图 ——工艺试验部位 ——较差 ——一般 ——较好

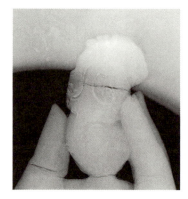

图12 X射线探伤法器内部裂隙照片

整体意义上，千手观音雕刻岩体稳定性状况较差。千手观音雕刻品整体裂隙情况分布：中部发生裂隙的情况最严重（按雕刻品发生裂隙的比率占所测雕刻品的百分比来算，上部27.0%，中部36.5%，下部12.13%）；西区发生裂隙的情况最严重（按雕刻品发生裂隙的比率占所测雕刻品的百分比来算，东区26.4%，中区32.7%，西区34.9%）。千手观音雕刻品整体风化情况分布：上部发生风化的情况最严重（按雕刻品发生严重风化的比率占所测雕刻品的百分比来算，上部54.7%，中部43.7%，下部12%）；东区发生风化的情况最严重（按雕刻品发生风化的比率占所测雕刻品的百分比来算，东区49%，中区31.7%，西区46.7%）。

千手观音石刻法器发生裂隙的情况比手指严重，手指发生裂隙的情况比手掌和手臂严重（按发生裂隙的雕刻品占所测雕刻品的比率看，法器44.74%，手指41.40%，手掌和手臂6.67%）（图12）。总体看来千手观音石质雕刻品中，手（手掌和手臂、手指）、法器严重风化程度都很高。具体而言，法器发生严重风化的情况比手指严重，手指发生严重风化的情况比手掌和手臂严重（按发生严重风化的雕刻品占所测雕刻品的比率看，法器68.42%，手指61.99%，手掌和手臂6.67%）（图13～15）。

图13 千手观音造像X射线探伤部位　　10年05月X探伤部位　　08年10月工艺试验　　09年02月工艺试验　　09年12月工艺试验

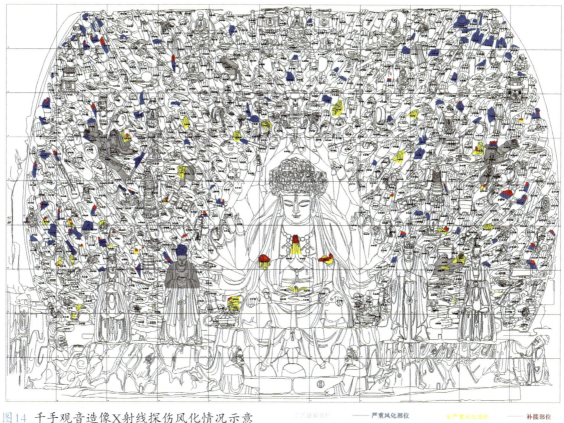

图14 千手观音造像X射线探伤风化情况示意

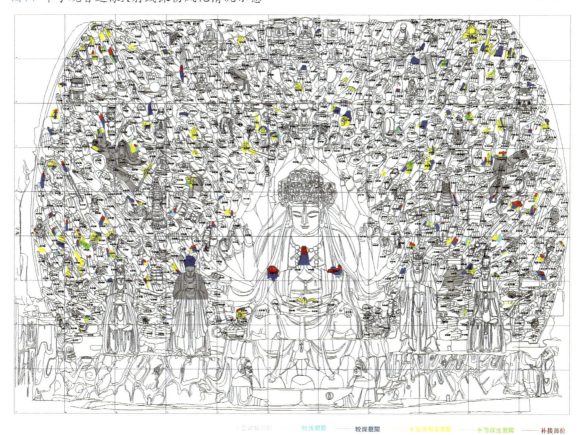

图15 千手观音造像X射线探伤裂隙情况示意

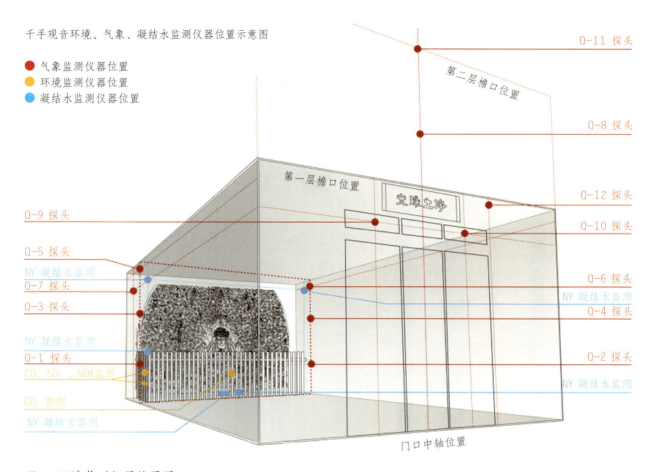

千手观音环境、气象、凝结水监测仪器位置示意图

● 气象监测仪器位置
● 环境监测仪器位置
● 凝结水监测仪器位置

图16 环境监测仪器位置图

3.2 病害成因分析

千手观音造像材质为砂岩，硬度适中便于雕刻，但易于风化。千手观音岩石、彩绘、金箔的风化病害形成的主要原因：①水和以硫化物为代表的酸性阴离子以及可溶盐的协同作用是石质胎体劣化的主因。②支撑层的劣化是彩绘残损破坏的主要原因和金箔破坏的主要原因之一。③主像东西侧金箔保存状况不同主要是由于东侧有外部水源经过。④金箔破坏的另外一个主要原因是酸雨作用对金箔造成点蚀。当然还有一些别的原因也会造成造像的病害，比如内层地仗制作材料和工艺不佳等。但是总体来说千手观音造像出现严重病害的原因主要是由于环境中干湿交替和酸雨作用所导致的。

3.2.1 地质、水文环境

千手观音造像位于大足宝顶山龙潭沟支沟的大佛湾中，大佛湾走向NE80°，长340米，宽90米，呈马蹄形。大佛湾四周为台状残丘地形，呈串珠状分布于石刻区四周，形成宝顶盆地的地表分水岭。分水岭残丘高程为525～530米，大佛湾沟底高程为470～485米。龙潭沟及其支沟大佛湾均为深切沟谷，沟的两侧多为悬崖陡壁，为摩崖造像的雕刻提供了良好的立壁面。千手观音造像就雕刻于大佛湾沟谷南侧大悲阁的砂岩陡壁上，底部高程为485.6米，崖顶高程为495.1米，崖高9.5米，其上为丘陵斜坡。丘陵斜坡由砂、泥岩叠置而成。砂岩在地形上形成陡壁或陡坡，泥岩组成缓坡。斜坡南端由砂岩构成山顶陡崖维摩顶，崖高6～7米。维摩顶是区内的制高点，标高530.0米，水平状砂岩构成丘顶。千手观音造像区正位于地下水分水岭的脊部，不受地下水影响。分水岭残丘高程为525~530米，大佛湾沟底高程为470～485米，因此区内主要接受大气降水补给。且通过钻孔CT探测技术检测，千手观音造像本体未发现裂隙，岩体完整性好。根据以上调查和分析，千手观音造像所处地质环境稳定，岩体本体病害的出现的恶化与其地质、水文环境关系不大。

3.2.2 气候环境

大足区境气候属亚热带温暖湿润季风气候，雨量充沛、四季分明。春季冷空气活动频繁，盛夏伏旱较多，初夏与秋季多绵雨，冬季较暖，霜雪不多。大足区境内多年日平均气温为17.2℃。一年中最冷月为1月，平均气温6.6℃；最热月为7月，平均气温27.4℃。多年平均降水量1006.6毫米，最高年降水量1468毫米，最低年降水量为676.9毫米，最高日降水量147.0毫米。一年中的4～9月降雨最多，总量达804毫米，占全年降雨量的80%。多年平均降雨天数为155天（日降雨量≥0.1毫米）。大足因受地形和大气环流的影响，云雾较多，日照较少。多年平均日照数每年1314.2小时。历年无霜期平均为325天。因四周高山，北方冷空气不易进入，水气不易散失，导致大足县常阴霾寡照，湿度较大，多年平均相对湿度为82.6%。丰富的降水量对文物的风化、岩体中盐分的运动、微生物的生长等有主推作用。

3.2.3 微环境凝结水检测

除了整体气候因素的影响以外，大足石刻地区的污染物较多，可吸入颗粒物长年平均浓度超国家一级空气质量标准值（0.04毫克/立方米），可吸入颗粒物呈酸性，最低pH值达到3.72，含有大量的水溶性硫酸根（SO_4^{2-}）和硝酸根（NO_3^-）；夏季降水中H_2O_2浓度较高，存在氧化性污染。这些污染物在温暖、潮湿的环境下产生的化学反应加速了造像材料老化和风化，其最主要的影响形式即造像表面凝结水。自2009年8月，千手观音造像抢救性保护修复工程组与中国地质大学（武汉）进行合作，开始对千手观音造像表面凝结水情况进行监测、检测和分析（图16）。2010年11月完成大足石刻凝结水专项研究报告。

根据报告分析，千手观音造像区的凝结水从下往上呈递减趋势。凝结水最严重的区域在主尊周围，下部东侧比西侧严重，上部西侧比东侧严重。其原因可能是大悲阁比较封闭，下部东侧靠近水源，而上部东侧为进风口。造像区的上部凝结水最轻微。其次，千手观音造像区全年每个月都会有凝结水产生，全年产生凝结水的时间百分率可达54.4%。11月至次年3月造像区凝结水轻微，4月至10月，凝结水较严重，其中5月至7月产生凝结水的时间接近100%。说明千手观音凝结水在这三个月最为严重，在这一期间凝结水的面积几乎覆盖了整个千手观音造像区。冬季千手观音造像区东侧凝结水十分轻微，或者说，凝结水的产生时间很短。而在千手观音西侧，12、1月份凝结水的产生时间相对较长（均超过100小时）。因此，在冬季千手观音造像区西侧的凝结水比东侧更严重（图17）。

千手观音凝结水的主要水质类型为HCO_3+NO_3+Cl—$Ca+Mg+$（$K+Na$）型。凝结水的Cl^-离子含量高达5049.45～5050.20mg/L，是雨水的880倍；SO_4^{2-}离子含量高达2238.52～2889.95mg/L，是雨水

的724～935倍，说明凝结水受到了严重污染。另外，以千手观音和天堂小佛的凝结水为例，其矿化度分别为17252.55mg/L和20157.55mg/L，为雨水的264～309倍，属于高矿化度的水，说明凝结水附着在千手观音崖壁砂岩的表面，溶解了砂

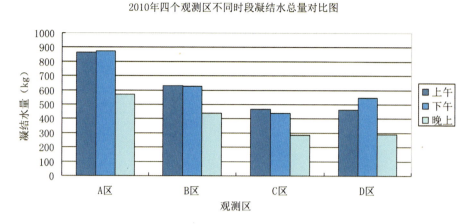

2010年四个观测区不同时段凝结水总量对比图

图17 2010年四个观测区不同时段凝结水总量对比图

岩内大量的矿物，从而导致砂岩结构的破坏，加速了砂岩的风化。

现场调查和监测查明千手观音造像区凝结水产生病害原因如下：

①水分在窟壁的反复凝聚和蒸发，造成洞窟岩体表面的干湿变化，降低了洞窟岩体表层的抗风化能力，凝结水的长期作用和影响加速了千手观音岩体的风化。

②凝结水在流动和蒸发过程中，凝结水与崖壁岩体相互作用，在洞壁上以结晶形式保留其运动的轨迹，使崖壁留下明显的不规则片状或条状白色沉淀痕迹，造成千手观音造像的表面污染。

③凝结水与砂岩表层的化学风化作用，形成次生矿物石膏（$CaSO_4 \cdot 2H_2O$）、方解石（$CaCO_3$），以及芒硝（$Na_2SO_4 \cdot 10H_2O$）、钠硝盐（$NaNO_3$）等可溶性盐，积聚在表层岩石孔隙中，潮湿时这些矿物的结晶膨胀，失水时收缩，溶解结晶作用反复进行，破坏效应累积，使岩石表层结构遭到破坏。矿物吸水膨胀导致金箔开裂。

④砂岩强度降低导致千手观音造像的手指和法器在重力作用下断裂脱落。据监测记载，自2009年5月至2010年7月千手观音造像的手指及法器断裂脱落达13次之多。

⑤千手观音造像历史上修缮多采用泥塑手段。由于塑泥中含有大量的黏土矿物，而这些矿物材料，尤其是蒙脱石遇水后吸水膨胀，也会造成金箔开裂崩解。

⑥酸性的凝结水与金箔、彩绘颜料产生化学作用，导致金箔和彩绘褪色。

⑦千手观音造像区东侧凝结水富集的部位还会滋生苔藓、霉菌等微生物病害。

⑧每年6月和7月，在大悲阁内千手观音造像前的地面上，常常因凝结水挂流出现积水。地面积水提高了造像区周围空气的湿度，从而促进凝结水的产生，导致恶性循环。

4 修复试验和研究

千手观音造像抢救性保护工程在立项之初即被认定为"国家石质文物保护一号工程"，这一方面是因为造像具有极高的、综合性的价值构成；另一方面是由于千手观音造像自身工艺的复杂性和修复难度。此次修复工程具有以下几个特点：①价值丰富：千手观音造像作为世界遗产地的代表性作品，

又是佛教石窟造像的经典作品,如上所述其艺术价值、历史价值、宗教文化价值以及传统工艺研究价值都十分独特、珍贵;②造像规模大:占崖面积达88平方米,是国内现存最大的千手观音石刻造像;③造像涉及工艺层面之多:千手观音造像涉及石刻雕凿工艺、髹漆工艺、贴金工艺和彩绘工艺等多个层面;④病害情况之复杂:造像存在病害严重,从表层贴金层和彩绘层到石质胎体部分存在病害种类三十多种;⑤研究与修复并行:正是由于造像的工艺丰富、病害复杂,要求干预层面深入,而同时我国此前并无同类型文物保护修复实践案例,这就要求此次工程不能急于求成,而必须一边研究、一边修复,将"思"与"行"紧密结合。

除了上文提到的关于千手观音造像气候、地质、水文环境、微环境、病害情况与成因的调查和基础研究之外,项目组还开展了千手观音造像制作工艺的研究。

4.1 雕、塑工艺研究

通过千手观音造像的雕、塑工艺调查,发现千手观音造像存在与大佛湾其他石刻造像同一水平线的风化带,造像雕造者采取了去除软弱风化层,补配新石材的方式进行调整,补配石材呈"品"字形拼接,通过腰带和衣褶的处理来掩饰石材的接缝处,最终完成雕刻。

通过造像的正射影像图,修复人员还发现了千手观音雕刻的设计规律:有三条隐线把整龛造像分为四块区域,据推测这三条隐线是当时雕凿之初用来标注大型及比例的,并辅助于整体布局和雕刻分工;此外,以主尊为中轴线,两侧手的姿势走向、法印和持握法器具有较高的对称相似现象。虽然千手观音每只手的雕刻手法不同,但通过对称位置可以捕捉到相对称的两者间的表现主题、形制等基本信息。这种对称性的发现,不仅使今人了解了古人雕刻造像的方式,为今天的保护、修复工作分区提供依据,更对辨识、修复千手观音残损手、残损法器有着重要参考意义,使一些原本找不到修复依据的手印、法器的修复成为可能。

此外,千手观音造像还存在泥塑部分,主要是用于表现千手、法器之前穿插流动的云纹。泥塑在千手观音造像中发挥着审美和实用的双重功能。通过观察,发现泥塑的云朵造型实际上在整个千手观音造像中起到泥质填充物的作用。这种填充物主要用来掩盖千手观音雕刻中的瑕疵。但不是千手观音上全部的云朵造型都是泥塑的,有相当一部分云朵是石质的。它们有的在手部的背后,有的在手臂旁边,主要用来发挥"填满"手臂和法器留下的空白空间的装饰作用(图18)。

但是,千手观音现在保留下来的泥塑云朵,很难判定其年代,因为云没有固定的造型,后代在重新妆銮的过程中,用它来做修复也是非常理想的。实际上,很多石刻造像在后代重新妆銮的过程中,都采用泥塑重新在风化胎体上造型。

4.2 贴金工艺研究

在千手观音的表面装饰艺术效果中,金箔占据着大部分的面积。这件巨大的"公共艺术"作品作为宝顶的一个重要组成部分经历了四个朝代的更替。因此,四代的贴金工艺都有可能在这件作品中得

图18 2008年千手观音造像泥质补塑部分

到实现。

就单纯的贴金工艺而言，主要涉及的内容就是两方面：第一为粘贴材料，第二为金箔，由此就形成了学界称之为"贴金层"的东西。通过仔细观察，千手观音采用的金箔的尺寸是比较小的，应该是约3厘米×3厘米见方。整个大佛湾石刻造像的贴金部分，基本上都采用了这种尺寸的金箔。现在仍然可以在南京的金箔厂买到这种尺寸的金箔。

千手观音的贴金工艺和材料，从目前肉眼所观察的效果看，基本上保留了明清时期的贴金工艺特征。就贴金工艺本身而言，可以被纳入到漆艺的范畴，与《髹饰录》中的技术基本吻合（图18）。

千手观音造像主尊的贴金材料和工艺是：1石质胎体-2石膏地仗层-3金胶漆层-4金箔层。主尊贴金工序中与其他部位最大的差别就是使用了石膏作为地仗层，而在这个雕刻岩体上，未在其他部位发现大面积使用地仗的情况。

而手臂的贴金存在着两种不同的贴金状况，尽管工艺大致相同，但还是存在着一定差异。主要表现在贴金层采用的封护材料的差异。两种情况分别为：①1石质胎体-2生漆层-3金胶漆层-4金箔层；②1石质胎体-2金胶漆层第一道-3金胶漆层第二道-4金箔层。

工作人员发现在第一种情况中岩体封护的漆层是生漆，当然这种判断是从直观的颜色判断得来的，因为古代髹漆工艺中，对胎体的封护属于"下涂"的范畴，直接采用生漆即可。一方面可以节约成本，同时加固与黏结性能良好。因为砂岩岩体本身孔隙较大，作为下涂漆的第一道生漆起到对砂岩岩面的封护作用，同时形成较为光洁的漆膜承载第二道金胶漆，才能"相对"贴出平整光洁的贴金效果。这种用生漆封护的特点主要出现在千手观音东侧崖壁的手臂贴金层上。

第二种髹漆的工艺特点是在石质胎体上直接髹涂金胶漆或者红色漆。这种做法实际上很浪费材料。与第一种髹漆情况相比较，在下涂阶段使用生漆是较为理想且符合经济原则的，生漆质量好，成膜快，不需要添加任何颜料和其他材料就可以顺利成膜达到封护的作用。而在石质胎体上直接髹涂红漆或者金胶漆是一种浪费材料的做法，髹涂在胎体上的漆很快就会渗透到砂岩的孔隙内，仅凭一道漆是无法实现贴金的。因此无论怎样使用材料，必然需要髹涂两道漆才能实现贴金效果，这两道漆一道发挥封护成膜的作用，一道作为黏结剂粘贴住金箔。

4.3 彩绘工艺研究

彩绘工艺包含"彩"与"绘"两部分内容："彩"本身包括两方面内容，其一是色彩，这是重要的文化问题，其二是指材质、媒介，就是颜料；"绘"特指技法，用同一种材料可能产生不同的效果，这就是"绘"要解决的问题。

千手观音彩绘部分所包含如下几部分造型：

第一，所占面积最多的法器。缤纷的法器散落在整体金色的浮雕上，用色彩点衬托着千手观音金碧辉煌的效果。第二，四个侍者（三女一男）的衣饰中色彩占有不少比例。第三，力士金刚几乎通体施彩。第四，作为泥塑部分的云朵，在一定程度上既有审美功能，同时又用作为填充物，掩饰雕刻瑕疵。第五，作为雕塑重要组成部分的"饿鬼"与"贫儿"，是遵照千手观音补形仪轨中设计的人物，尽管现在颜色大部分脱落，但还是在整体画面效果中发挥重要的作用，第六，整个千手观音造像石窟龛眉上的火焰纹彩绘部分，尽管彩绘面积不大，但是精细的画工使它成为千手观音整体效果中不可分割的组成部分。在整个彩绘部分中，尽管四个侍者所站立的石台和做了大面积红色的彩绘处理，但是基本上为简单的平刷色彩，没有太多的技法和颜色信息。

对于像千手观音这样的地上文化，在历代的妆銮过程中都经历了这样一个事实：就是佛教表现艺术与中国特定时期的特定色彩观的结合问题。这里是两条线索：一是在不同时期佛教本身经历着不同流派的发展变化；二是根据不同朝代政府颁布的主流色彩观都采用不同的色彩搭配。两者共同决定了现在所看到的千手观音的色彩效果。

目前根据千手观音实物所观察到的可见彩绘层数大多数为两层，且两层色彩有着巨大的色相差别。在这里较为典型的色彩叠压关系为：第一，蓝色叠压红色；第二，蓝色叠压绿色；第三，绿色叠压蓝色；第四，红色叠压蓝色。从上面的四种色彩叠压效果以及现有的两层可见彩绘层不难发现：千手观音曾经出现过两种设色效果。

最外面一层的彩绘效果，在绘制之初的色相以青绿色为主，配以少量红色、白色和黑色，这是离现在最近的时代效果。而下面内层的色相是以大量的红色配以相对少量的青绿色以及少量的黑、白色（表4）。

表4 彩绘颜料分析结果表

颜色	分析结果	分析方法	颜料所处地点
红	朱砂、赤铁矿	XRF、FORS	千手观音
	朱砂	便携 XRF、Raman	千手观音
	土红	XRD	宝顶山正觉像龛
蓝	青金石（浅蓝、蓝）	便携 XRF、Raman	千手观音
	群青	XRD	宝顶山观无量寿佛龛
绿	孔雀石	XRF、FORS	千手观音
	$FeSO_4 \cdot 7H_2O$（翠绿、浅绿）	便携 XRF、Raman	千手观音
	孔雀石	XRD、FORS	千手观音

4.4 三维信息留存及虚拟修复研究

千手观音的信息留存工作大致可分为两类：一类为基本形态的测绘，另一类则为影像记录。基本形态的测绘主要包括传统的拉尺丈量、经纬仪测量、水准仪测量、全站仪测量、近景摄影测量等；而影像记录则主要有素描、照相与录像等。由于千手观音是三维立体凿造，雕造结构十分复杂，上述手段多获得的平面二维数据，无法完整、真实地反映千手观音造像的形态、结构及保存状况，系统、科学的调查与记录及相关保护修复工作难以进行。三维激光扫描技术是在地面利用激光扫描装置自动、系统、快速获取对象表面的三维坐标的测量技术，相对于传统文物测绘方式，有如下主要优势：非接触式、无损；精度高；速度快。

在千手观音造像抢救性保护工程前期研究中设立三维信息留存及虚拟修复等初步应用，其目的包括：①实现千手观音造像真实现状的测绘与数字化保存；②虚拟修复与研讨，即可建立虚拟修复模型，呈供专家研究讨论与决策，再实施真实修复；③建立真实保护修复参照与核查标准；④历史比对，了解掌握病变趋势，支持保护决策；⑤利用高精度的三维空间数据及真实纹理信息，构建更逼真的三维模型，供展示使用。

在前期研究中，项目组分别采用五类以上不同功能的三维扫描仪器进行了尝试，最终确定了以中距离、低精度的三维扫描仪做控制测量，而以近距离、高精度的三维扫描仪做局部测量的总体思路，以中期修复试验区域为主要对象，完成如下既定的主要目标内容：采集了区域内翔实的三维空间信息数据，永久存档；实现了整体的三维建模以及单只手或法器的精细建模；尝试进行了虚拟修复，提供了相关模型与图件，对实际修复起到一定支持作用；基于模型进行了以视频为主的数字展示初步尝试。

4.5 修复材料研究

4.5.1 石质加固材料选择

根据2008年前期调查的结果，千手观音石质病害主要有手指结构的残缺、断裂，石质表面粉化剥落、片状剥落以及少量生物病害和渗水，整体安全性和完整性受到严重影响。以胎体需补全部分的统计为例，造像整体存在残缺440处，主要是手指和法器部位，残缺手的数量占到总手数的34%；除残缺外，存在断裂或裂隙90处，手的断裂基本在手指上。因此，对千手观音造像石质胎体的加固是相对迫切的需要，也符合和抢救性保护修复的需求。

在前期现状调研过程中同时发现石质胎体在历史上经历过多次修复，主要的修复材料有：补塑材料黄泥、黏土混合物，补塑材料中添加的麻、棉纤维，木、竹、铁、石等材质锚件等。优点在于材料易得、塑形方便、易操作、易更改；而缺点是这种泥质胎体在当地常年湿度较大的气候环境中，会吸收空气中的水分，使泥质胎体、乃至岩体的水含量过高，长时间会造成胎体的粉化、生物病害、漆皮空鼓、起翘等病害，对造像胎体的稳定性造成危害。

前期调研的检测分析结果显示：千手观音砂岩化学成分主要为SiO_2，其次为Al_2O_3和一定量的黏土矿物，砂岩Al_2O_3含量比较高，抗风化能力较弱。胶结类型为孔隙式胶结，胶结物主要为易风化的钙质。千手观音风化砂岩中主要成分为石英和长石，另有一定量的黏土矿物，胶结物方解石含量最低为3%，最高为18.4%，石膏为风化产物，含量低于1%。

这些规律和历史信息的发现与解读，为千手观音造像石质胎体的修复提供了基本思路：慎重选择加固材料对严重风化的石质胎体进行加固；对具备参照条件的局部缺失进行修补；对修补工艺和锚固材料在进行处理后使用。其中加固材料的选择对于胎体风化的控制及修补效果的体现意义重大。中国文化遗产研究院、敦煌研究院、大足石刻研究院合作分别于2008年1～11月选择2只手，2009年2～4月选择13只手和1侍者像局部分别使用丙烯酸乳液、5%ZB-WB-S砂岩加固材料，对风化石质实施渗透加固的工艺修复试验，并启动了千手观音修复效果及本体稳定性跟踪监测工作。结果显示，由于大足地区环境湿度大，千手观音石质风化严重，水溶性材料丙烯酸乳液加固砂岩达不到加固效果，ZB-WB-S材料加固石质效果较好。2010年9～12月，再次对加固材料进行了大量实验室试验及分析后，三方再次合作开展了千手观音中期修复试验，选择千手观音造像顶层东、西侧各1平方米使用5%ZB-WB-S砂岩加固材料对粉化石质渗透加固，5%～10%ZB-WB-S砂岩加固材料与石粉配置的砂浆对残缺石质补形。结果显示，ZB-WB-S材料加固石质效果较好，ZB-WB-S石粉砂浆补塑效果好。此次试验得到了国内专家和管理部门的认可。

经过以上的资料收集、材料研究、试块的实验室试验以及2008年、2009年和2010年三次材料和工艺试验、专家的评审之后，最终确定石质胎体的加固和补全材料：即研制的纤维素ZB-WB-S砂岩加固材料作为千手观音风化砂岩的加固材料；ZB-WB-S石粉砂浆作为千手观音造像的石质补全材料；锚杆选择楠竹和现代材料碳纤维作为备选材料，在使用时根据需补形量大小及位置关系确定是否钻孔，置入经脱盐、灭菌、加固处理的楠竹或碳纤维锚杆作为连接件，钻孔时应根据石质断面及补形量确定孔深和孔径，避免对石材造成新的损伤。

4.5.2 贴金层修复材料选择

髹漆贴金层作为千手观音造像的重要组成部分，不仅在外观和面积上占据优势，而且对整个造像的石质胎体也起到重要的保护作用。因此，金箔层的修复也成为此次修复工作的重中之重。在2008年现状调查阶段，修复人员观察到金箔的保存量较大，且由于历代修复均有重新装金，形成金箔多层叠压的情况，最多处有8层的叠压关系。鉴于这种保存现状，依据修复的历史原则和真实性原则，修复人员希望能够尽可能将现存这些金箔保存下来。为此，2008年、2009年，修复人员选取造像局部进行了两次本体修复实验，确定对不稳定金箔进行揭取。对揭取下来的金箔进行筛选，对于金颗粒保存较多，整体保存状况较好的金箔层进行软化和平整，留在修复时进行回贴。试验采用的金箔黏结材料分别为传统材料牛胶和现代化学材料（15%ZB-WB-J-1和20%ZB-WB-J-2）。在对本体表面金箔层进行清理以及石质胎体加固后，利用黏结材料对处理好的旧金箔进行回贴，最后对金箔层进行协色、封护处理。这一试验效果并不理想，经回贴处理的金箔很快又出现开裂、起翘和脱落等情况，同时由于高温高湿环境，导致牛胶回贴的金箔层滋生霉菌，安全性没有得到改善。考虑到造像赖以保存的材料的安全性、稳定性，传统材料牛胶和现代化学材料（15%ZB-WB-J-1和20%ZB-WB-J-2）作为金箔的黏结材料由此基本被否定。

根据前两次本体修复试验的结果，2010年，修复人员使用经过改性的现代化学材料ZB-WB-J和传统大漆两种不同的黏结材料再次进行本体局部修复试验。之所以选择传统大漆作为试验材料，首先是因为千手观音造像本身的贴金工艺所采用的就是传统的大漆贴金工艺；其次，大足石刻周边的四川和云南地区是我国漆树集中分布的地区，从就近取材的角度来看，使用传统大漆也具有优势；再次，使用造像装饰的传统工艺和传统材料进行修复试验，对于文物非物质层面的传统工艺的研究和传承也同样有重要意义。

在2010~2011年的千手观音本体髹漆贴金层修复试验中，现代材料ZB-WB-J无法实现金箔修复的稳定效果；而生漆和髹漆贴金工艺却表现出越来越多的优势[1]。观察试验效果，发现生漆的特性尤其适合四川地区高温高湿的气候环境。使用传统大漆工艺不仅增强了旧金箔回贴的稳定性，还实现了回贴后使用新金箔协色或全色的可能性，从而实现修复的整体性和远观一致的效果；而且由于生漆的渗透作用，对于原有石质胎体和补全胎体部分的结合性、强度都有所提升；此外，由于大漆和金箔良好的封护作用，能够更好地保护石质胎体，减少外部水分对胎体的不良影响。

4.5.3 彩绘加固材料的选择

彩绘部分材料的选择与石质胎体修复基本相同，但又有特殊之处。千手观音造像的彩绘部分包括手持法器和云纹。彩绘是直接绘于石质胎体上，没有漆层保护，因此胎体的病害与其他石质部分基本相同，但病害更加严重；彩绘部分也存在部分使用黏土等泥质材料进行补全的现象，而特殊之处在于这些前代的泥质胎体与彩绘法器或云纹的造型有着十分密切的联系，不能轻易去除。因此，彩绘部分的胎体加固、补全材料就需要根据现状保存的情况具体进行选择：以ZB-WB-S与砂岩石粉配制的砂浆材料修复为主，而对于全部是泥质塑造的彩绘法器、云纹部分，则根据具体的保存情况来选择使用ZB-WB-S与砂岩石粉配制的砂浆补全材料或是使用黏土进行修复，其根本目的在于实现对文物造型信息的最大保留。这是此次胎体修复中的特殊情况，在没有其他更好的解决方案的情况下，只能依据现状，用相同材料进行修复。这种修复的缺点在于受空气环境的影响大，保存时间相对较短；优势在于使用黏土修复具有较好的可逆性，如果后代修复工作者能够找到更好的修复材料和解决手段，可以比较容易去除现在的修复部分（图19）。

5 大足石刻千手观音造像抢救性保护前期勘察及设计工作总结

2008~2010年底，在国家文物局支持下，中国文化遗产研究院作为项目组织单位，根据国家文物局《关于大足石刻千手观音造像抢救性保护工程立项的批复》（文物保函［2008］611号）、《关于大足石刻千手观音造像抢救性保护工程中期修复试验方案的批复》（文物保函［2010］984号）开展前期研究工作，初步完成了千手观音造像保存现状调查、病害机理研究以及修复材料的筛选试验等，2011年1月21日，大足石刻千手观音造像抢救性保护工程中期修复试验通过专家验收，并被评为"2010年全

---

1. 生漆作为一种天然、极具稳定性的有机材料，具有黏结性强，防虫、防水、耐火、耐腐的特性，至今没有任何一种合成涂料能在坚硬度、耐久性等主要性能方面超过它。干燥后的漆膜结构是非常紧密的网状立体结构，几乎不溶于任何溶剂，坚硬而富有光泽，具有良好的耐久性、耐磨性、耐水性和耐腐蚀性及绝缘性能。虽然生漆具有一定的毒性，但漆膜却是无毒无污染的，是一种优秀的绿色生态材料。

修复前　　　　　　　胎体补形后　　　　　　　髹漆贴金后　　　　　　　修复后

图19　千手观音造像局部修复过程及效果示意图

国十大文物保护工程"。2011年3月，千手观音总体修复方案获得国家文物局批复（文物保函[2011]262号）。2011年4月18日，大足石刻千手观音造像抢救性保护工程正式启动。

正如前文中提到的，千手观音造像保护修复工程始终将修复与研究相结合。2011年修复工作的整体方案得到了国家文物局的认可，但伴随千手观音造像保护修复的研究工作并未结束，甚至比前期研究和预期的难题、工作还要多。一方面在许多细节问题，如黏结材料配比、髹漆贴金工艺工序、彩绘修复的细节效果，等仍需进一步研究，根据修复中面对的具体情况随时进行再讨论、再研究；另一方面，千手观音造像主尊方案制订中也存在许多难题，并且在清理、加固主尊本体时现世的一些发现，对千手观音造像的研究和保护修复也有重要的影响。在国家文物局认可的工作和研究的基础上，秉持着"思"与"行"同样重要的研究思路，2013年千手观音造像保护修复现场髹漆贴金组工作人员就贴金修复可辨识性的方法进行了试验；彩绘修复组对造像保存彩绘法器进行整理和纸本复原研究，为彩绘修复提供依据；另因千手观音造像主尊的重要价值和之前提到的复杂历史和病害情况，修复工程项目组为编制主尊修复方案成立专门考察调研小组，对川渝地区的观音造像以及河北、山东等多处文物保护单位、宗教部门及雕刻学校进行了考察调研，并利用三维信息技术制作虚拟修复效果图。2014年，造像基本完成了上层和中层髹漆贴金修复，千手观音主尊开始了本体清洗、金箔揭取和本体加固补形等工作。2014年4月，现场工作人员在清理主尊软弱夹层时在石材修补处发现暗格，清理出石砖题记和金箔残片、瓷器残件等；7月清理主尊面部，发现面部天目、双眼、鼻、唇存在石刻雕刻上又有添加材料补塑的情况。针对这些新发现，项目组再次召开专家会议，重新讨论主尊面部的修复方案。应该说，千手观音造像保护修复的难度之大、问题之复杂体现于保护修复工作的整个阶段，因此更需要科学认真、谨慎灵活的工作方法。

在经过上述现状调查认识、造像工艺研究、修复材料试验等各方面工作的基础上，大足石刻千手观音造像保护修复的工作思路、根本原则和具体修复技术路线总结如下：

根据《中国文物古迹保护准则》《中华人民共和国文物保护法》和《威尼斯宪章》的相关阐述，千手观音造像抢救性修复工程以"真实性""完整性""最小干预""可辨识性"等为根本原则指导修复工作。同时，由于修复工作的特殊性和复杂性特点，每一项修复项目都是具有唯一性、独特性的实践，因此修复工作在以相关原则为根本操作原则的同时，也要根据具体干预对象的保存状态和价值构成来制订具体的保护修复方案。

根据以上原则，在保存文物材料安全的基础上，此次修复的关注点首先是尽可能多地保存造像的历史信息，包括千手观音造像的现状、保存的金箔和彩绘等，保护文物的真实性；其次，修复工作将根据造像保存现状的潜在一体性对有据可循的残缺部分进行补全修复，从而尽可能实现艺术的完整性，满足文物的审美需求；第三，作为宗教类文物，千手观音造像的保护修复要求相对一般历史文物或艺术品具有一定特殊性；此外，千手观音造像集石刻、髹漆贴金、彩绘工艺于一体，它的制作方法、材料和具体工艺也具有重要的科学研究价值。

目前千手观音造像的石质胎体、髹漆贴金、彩绘部分修复的基本路线总结如下：

①石质胎体修复：表面除尘→不稳定金箔层揭取→揭金后本体现状评估→去除劣化地仗和修补材料→裸露基岩脱盐→粉化石质加固→裂隙修复→断裂石质黏结→空鼓石质灌浆→残缺石质补型（包括劣化泥质胎体的更换）→补塑部位打磨修型→修复效果检测评估

②髹漆贴金：生漆层→漆灰层→生漆层→金胶漆→回贴旧金箔层→金胶漆→新金箔层→封护

③彩绘修复：除尘→表面预清洗→病害处理（起甲回贴，粉化加固）→彩绘整体加固→清洗→全色→封护

正如上文所述，千手观音造像作为世界文化遗产的重要组成部分，体量相对巨大、制作工艺复杂。目前国内石刻造像保护修复主要以工程类为主，对造像本体的保护、修复由于技术限制以及文物对象状况等原因也以保护维护为主。此次千手观音造像修复，由于造像本体病害严重、面临威胁较大，因此需要进行整体范围、更深入的干预手段。由于千手观音造像本体包含石刻、髹漆贴金、彩绘装饰等多种工艺手段，所处气候环境相对特殊，不同于我国北方众多石刻造像保存环境，不利于文物保护，且在国内外没有成熟的技术经验可以借鉴，此次工程始终重视修复与研究，将修复理论与修复实践相结合，注重对文物现状的认识和对具体问题具体分析应对。修复技术方面，历史上虽然有数次对千手观音造像的修复记录，但多以补全、贴金为主，采用材料也比较简单、稳定性不强，而此次运用了先进的材料和科学手段，对质地、气候环境、造像保存微环境、三维立体信息进行了检测、保存和研究，为修复提供重要依据和研究前提，使工程组得以对千手观音造像进行比较科学、全面的保护修复干预。这些之所以能够实现，与保护理论的发展和社会、科技的进步也息息相关。2013年9月，中国文化遗产研究院与大足石刻研究院合作举办"2013年大足石刻保护修复国际学术研讨会"，来自国内十余个省市、地区和柬埔寨、日本、韩国、意大利、法国、美国等国家的学者参加了此次研讨会，就千手观音造像的保护修复问题进行了交流、探讨。同时将千手观音造像保护修复的相关研究进行整理，在《中国文物科学研究》2013年第3期集中发表。

在国家文物局的监督、支持下，在各合作单位的积极配合下，秉持了"思"与"行"相辅相成的工作态度和研究方法，大足石刻千手观音造像抢救性保护修复工程项目组在尊重现代文物保护原则、尊重传统工艺的基础上，加大了科学技术、材料在保护修复工作中的参与程度，目的在于尽可能广泛、安全、长久地保护我国珍贵物质文化遗产千手观音造像的历史、艺术、文化价值，使工程各阶段

工作得以安全、顺利完成。

受篇幅限制，前期研究阶段参加单位和人员无法在此一一列举。特对所参加单位及人员表示诚挚的敬意。

6 参加人员

项目负责人 詹长法

主要参加人员

中国文化遗产研究院：王金华、高峰、吴育华、胡源、杨淼、张晓彤、付永海、王珊、高雅、宗树、程博、张可、陈璐、李元涛、马菁毓、田兴玲、刘意鸥、李园园、张俊杰

大足石刻研究院：黎方银、陈小平、陈卉丽、席周宽、蒋思维、韩秀兰、冯太彬、毛世福、周颖

敦煌研究院：苏伯民、段修业、乔兆广、黄伟、郝尚飞、何卫、岳阳

中国地质大学（武汉）：方云、周伟强、谭松林、伏学智

清华大学：张彭义、王娟、向丽、周剑石

北京大学：周双林、杨琴、吴海涛

北京帝测科技发展有限公司：侯妙乐、胡云岗、魏利永、卢广宇、张玉敏、胡丽丽

河海大学：陈建华

参考文献

1. 陈明光：《大足宝顶山石刻研究》，《佛学研究》，2000年6月。

2. 《重开宝顶碑记》《善功部碑》《遥播千古碑》《装修大佛湾、圣寿寺像记》《装彩千手观音、华严三圣、父母恩重经变像记》等，详见重庆大足石刻艺术博物馆、重庆市社会科学院大足石刻艺术研究所编《大足石刻铭文录》，重庆出版社，1999年，第253、256、257、260页。

3. 邓之金：《大足石刻维修工程四十年回顾》，《四川文物》，1994年第2期；王金华：《大足石刻保护》，文物出版社，2009年。

4. 王倩：《大足石刻观音造像艺术研究》，青岛大学2012年硕士论文。

5. 李利安：《观音信仰的中国化》，《山东大学学报》，2006年第4期。

6. 王金华：《金箔与千手观音造像风化破坏的关系》，《砖石类文物保护技术研讨会论文集》，2004年；王金华：《大足石刻保护》，文物出版社，2009年。

7. 《大足石刻千手观音造像抢救性保护工程——二零零八年前期调查研究报告》，工程内部资料。

8. 石质病害情况详见陈卉丽、段修业、冯太彬、韩秀兰：《千手观音造像石质本体修复研究》，《中国文物科学研究》，2013年第3期。

9. 金箔病害情况详见《大足石刻千手观音造像抢救性保护工程——二零零八年前期调查研究报

告》，工程内部资料。

10. 彩绘病害情况详见苏东黎、张莹、张新宇：《千手观音试验区的彩绘修复研究》，《中国文物科学研究》，2013年第3期。

11. 千手观音造像本体修复具体情况可参考陈卉丽、段修业、冯太彬、韩秀兰：《千手观音造像石质本体修复研究》，《中国文物科学研究》，2013年第3期。

12. 千手观音造像髹漆贴金层修复试验详见徐琪歆、李元涛、左洪彬：《千手观音造像髹漆贴金修复方法研究》，《中国文物科学研究》，2013年第3期。

13. Wang Liqin, Dang Gaochao, *Analysis and protection of one thousand hand Buddha in Dazu stone sculpture*, Chinese journal of chemistry, 2004, 22, 172~176.

14. 田兴玲、周霄：《大足石刻千手观音造像彩绘颜料分析》，中国文化遗产研究院编《文物保护科技研究》第五辑，科学出版社，第126~131页。

15. 郑利平、席周宽：《宝顶石窟彩绘颜料的初步分析》，《重庆历史与文化》，2000年第2期。

广西宁明花山岩画
第一期整体抢救性修复保护工程[1]

〖摘要〗

受广西壮族自治区文物局委托，自2005年起，中国文化遗产研究院联合上海同济大学（上海德赛堡保护材料有限公司）、中国地质大学（武汉）相继开展了花山岩画调查、勘察、监测、分析试验、保护材料调研及探索性试验研究、设计。在此基础上，完成了花山岩画第一期整体抢救性修复保护工程，该项工程的实施，从技术到施工组织管理都为今后花山岩画保护工程的全面开展奠定了良好基础。

1 项目背景

花山岩画位于广西壮族自治区左江流域的宁明县耀达乡，距宁明县城25千米。花山是一座峰峦绵延的断崖山，位于属左江支流的明江右岸，临江西壁断裂，整个壁面向江边倾斜，山高（距地面）270米、南北长350米，壁面平直陡峭。在峭壁上分布着约1900多个大小不等的赭红色人物、动物、道路，以及铜鼓、刀、剑、钟、船等器械图形，人像高度一般约在60～150厘米之间，最大的高约3米。画面距江面最高处约90米，最低处约30米，画面宽约172米、面积约8000平方米。

由于自然环境因素的长期作用，花山岩画岩体崩落、鳞片状剥离脱落、岩画颜料褪色脱落、岩体开裂，对花山岩画造成了严重的破坏，威胁着岩画的长期保存。岩画岩石片状剥离脱落病害最为严重，部分岩石片背面及大部分边缘早已风化，两侧及下部已有裂隙，背面全部溶蚀成空隙，仅少部分与崖壁相连，轻微震动即可使其脱离掉落。

花山岩画存在的严峻问题和保护工作的迫切性引起了中央、国家文物局和地方政府领导的高度重视，同时得到社会和媒体的广泛关注。但是，花山岩画保护是一项综合性保护工作，国内外没有现成的技术经验可以借鉴，需要集中力量联合攻关，对岩画本体、病害机理、保护材料等做深入细致地研究，保护措施离不开相关科研成果的支撑。受广西壮族自治区文物局委托，自2005年起，中国文化遗产研究院联合上海同济大学（上海德赛堡保护材料有限公司）、中国地质大学（武汉）相继开展了花

---

1. 获2011年中国文化遗产研究院优秀文物保护项目二等奖。

山岩画调查、勘察、监测、分析试验、保护材料调研及探索性试验研究、设计、应急性保护工程等工作，在保护材料、技术等方面取得突破。主要工作有：

2007年1月30日，广西壮族自治区文物局组织召开了"广西宁明花山岩画保护工作会议"，此次会议明确花山岩画保护工作的重点是本体保护。

2007年9月~2009年3月，中国文化遗产研究院与上海德赛堡保护材料有限公司合作开展了花山岩画开裂病害加固现场试验，选择天然水硬性石灰作为胶凝材料展开花山岩画加固保护应用研究。根据花山岩画的岩体条件、环境条件、保护要求，分析岩画对保护材料的要求，通过实验室试验和现场试验，研发了用于花山岩画开裂岩体加固保护的天然水硬性石灰系列胶凝材料，为花山岩画开裂岩体加固保护工程奠定了坚实的科学基础。

2008年9月~2009年1月，甘肃铁科地质灾害防治技术工程公司完成花山岩画堆积平台钻探等勘察工作，并搭建第一期区域脚手架。

中国文化遗产研究院围绕花山岩画的保护工作，相继开展了"岩画渗水病害和开裂病害勘察红外成像技术研究""三维激光扫描技术研究""花山岩画颜料防褪色技术研究""岩画开裂岩体黏结加固材料试验研究""花山岩画环境监测指标及技术"等专题研究工作。

2009年3月，广西壮族自治区文物局组织召开"花山岩画病害调查工作"及"岩画开裂岩体黏结加固材料试验研究"专家论证会。与会专家指出：花山岩画本体病害调查、统计、分析及机理研究工作是保护工作的重点，保护工作的核心是开裂岩体黏结加固材料试验、筛选与选定。建议：一是在科学保护方法研究的同时尽快采取应急性措施稳定岩画，防止那些处于极度不稳定状态的岩画掉落；二是尽快完成花山岩画开裂岩体保护工程方案设计。专家同时指出：设计单位应该参与花山岩画勘察、试验、实施全过程的工作。

中国文化遗产研究院与上海德赛堡保护材料有限公司、敦煌研究院合作开展了水硬性石灰性能指标试验及开发研究试验。

中国文化遗产研究院依据实验室分析数据、监测数据和现场试验结果，针对花山岩画特点，深化水硬性石灰应用试验研究。

中国文化遗产研究院与中国地质大学合作开展了开裂病害专项勘察、安设环境、气象、温度梯度监测设备，进行水、污染物、岩石成分、力学、热力学等性能指标测试，分析研究花山岩画开裂病害的机理。

中国文化遗产研究院于2009年8月完成了《广西宁明花山岩画本体开裂岩石第一期应急抢救性加固工程设计方案》，经国家文物局批准后，2009年10月~2010年2月，中国文化遗产研究院、上海德赛堡保护材料有限公司共同承担并完成了该项应急性保护工程；同时依据现场施工及保护工作需求，编制了《花山岩画岩石开裂病害加固技术手册》。广西壮族自治区文化厅于2010年9月16~19日组织专家对该项工程进行了验收，认为该项工程施工组织管理科学、合理、规范、系统；施工工艺流程合理；施工质量达到了预期效果；施工资料收集全面，整理系统；设计人员直接指导，现场深化完善设计并参与施工，对于质量控制起到了关键性作用。

在以前一系列系统分析与研究成果及第一期应急抢救性加固工程经验的基础上，受广西宁明县文物管理所的委托，中国文化遗产研究院承担了《广西宁明花山岩画第一期整体抢救性修复保护工程设计》任务，方案于2010年9月编制完成。广西壮族自治区文化厅于2010年9月16～19日组织专家对该项工程设计方案进行了评审，认为方案目的明确、保护原则正确、措施合理可行、文本规范完整。鉴于花山岩画修复保护工程为文物本体保护工程、材料性能指标的控制只有设计单位掌握、施工工艺直接关系到工程质量，专家强调指出设计单位应该直接承担花山岩画保护工程，并按科学研究项目要求及程序实施花山岩画保护工程。国家文物局于2010年11月26日批复同意广西宁明花山岩画第一期整体抢救性修复保护工程设计。

2 花山岩画开裂病害特征

花山岩画存在多种病害：岩画本体岩体开裂、脱空、剥落；渗水以及由水诱发的溶蚀、钙质沉积覆盖；岩画颜料层的风化、剥落；微生物生长附着及侵蚀破坏等，其中岩画本体岩石开裂、剥落、崩塌等对岩画产生最直接的破坏作用，几乎是毁灭性的破坏，是危害花山岩画保存的最严重病害。根据《广西宁明花山岩画本体岩体开裂病害专项勘察报告》（2010年6月），花山岩画第一期整体抢救性修复保护工程面积为735平方米，共发现开裂岩体3025处，病害总面积90.22平方米，约占调查区域面积的12.28%。

花山岩画开裂岩体成因可分为内因和外因两类：内因为岩体自身的矿物组成与构造裂隙，外因为大气、温差、干湿、生物等各种风化因素。在这两种因素的综合作用下，导致开裂岩块的大小、开裂体形态、开口方向、裂隙发育程度及裂隙填充物呈现出不同特征（表1）。

表1 花山岩画岩体开裂病害特征统计表

开裂块体特征	统计图
宏观形态	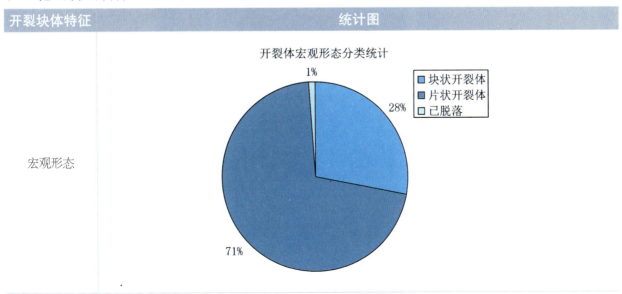

开裂块体特征	统计图
开裂体开口方向	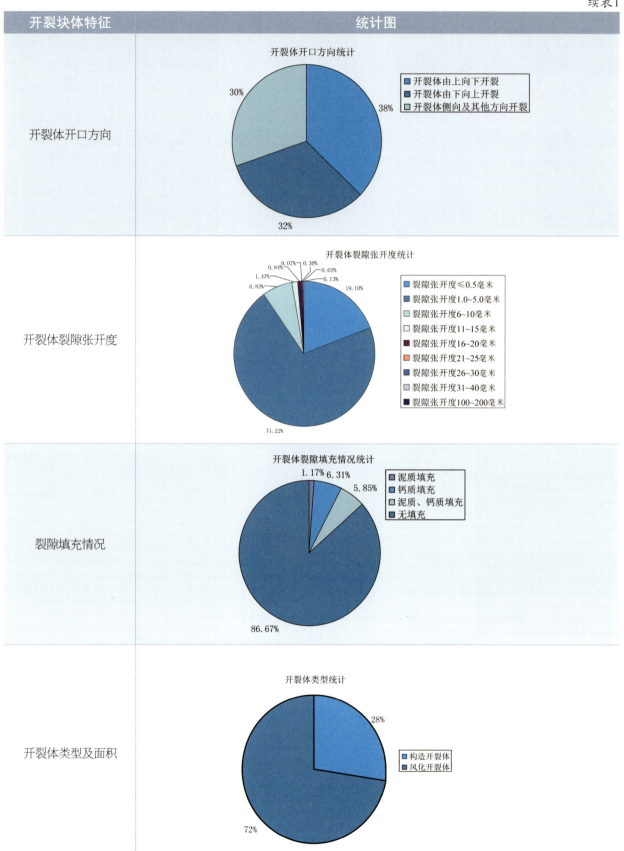
开裂体裂隙张开度	
裂隙填充情况	
开裂体类型及面积	

续表1

开裂块体特征	统计图
开裂体类型及面积	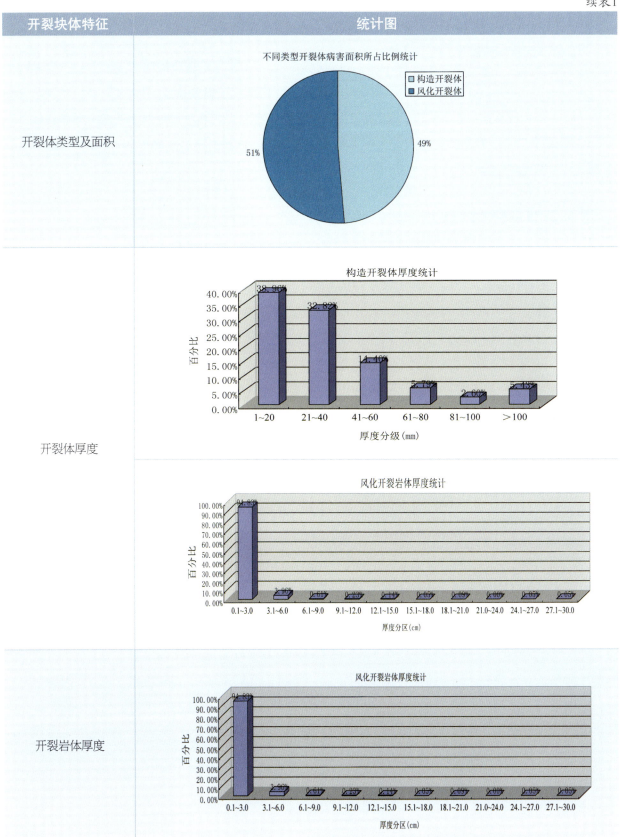
开裂体厚度	
开裂岩体厚度	

2.1 开裂岩体厚度、面积及宏观形态

开裂岩体厚度（最大值）主要集中在1~200毫米之间，最大开裂体厚度值为1050毫米，最小厚度为1.00毫米，平均厚度20.94毫米。开裂岩体形态，2178处呈片状开裂，847处为块状开裂，已脱落开裂岩体30块。岩体开裂面形态不规则，其中：279块裂隙面呈平面，2746块裂隙面呈曲面。开裂岩体面积多在0.2平方米以下，开裂面积较大者主要集中在中部区域，开裂岩体最大面积为9平方米（小型危岩体），最小面积仅为0.0001平方米，平均面积为0.0301平方米。

2.2 裂隙开口方向及张开度

开裂岩体的裂隙开口方位分为自上而下开裂、自下而上开裂和侧向与其他开裂三类。以自上而下开裂稍多，占整体的38%。

裂隙张开宽度是开裂岩体病害严重程度的重要指标，也是后期加固工作重点考虑的指标之一。裂隙的张开宽度多在0.5~20毫米之间，平均隙宽宽度为2.8毫米，较大隙宽分别为200毫米、150毫米、120毫米、100毫米，为小型危岩体控制面。开裂岩体裂隙张开度小于等于0.5毫米的开裂岩体总数为570块，占开裂岩体总数的19.10%；隙宽1.0~5.0毫米的开裂岩体总数为2126块，占开裂岩体总数的71.22%；开裂体裂隙隙宽6.0~10毫米的开裂体总数为204块，占开裂岩体总数的6.83%；开裂体裂隙隙宽11~15毫米的开裂体数目为44块，占开裂体总数的1.47%；开裂体裂隙隙宽16~20毫米的开裂体数目为25块，占开裂体总数的0.84%；开裂体裂隙隙宽21~25毫米的开裂体数目为2块，占开裂体总数的0.07%；开裂体裂隙隙宽26~30毫米的开裂体数目为9块，占开裂体总数的0.30%；开裂体裂隙隙宽31~40毫米的开裂体数目为1块，占开裂体总数的0.03%；剩余100~200毫米较大隙宽的开裂体为4块，占总数的0.13%。

2.3 开裂岩体裂隙充填情况

由于大部分开裂体裂隙张开度较小，所以开裂体裂隙中无填充情况占多数。$CaCO_3$胶结物充填与泥+钙质充填情况相近，均在6%左右，仅泥质填充情况较少，仅为1.17%。在所有开裂岩体中，裂隙内为泥质胶结物、钙质胶结物充填的块数分别为35处和189处；两者兼有的为175处；开裂体内裂隙无充填物的情况所占比例86.67%，为2595处。另外，少量开裂裂隙有昆虫巢穴存在的情况。裂隙泥质充填物主要成分为方解石，另外有少量的石英和长石，黏土矿物（伊利石）的含量只有5%左右。这表明，泥质充填物主要来自于裂隙的渗水，通过渗水带来一些非碳酸盐母岩矿物。

2.4 不同开裂类型对比

按病害发育特征将开裂岩体病害细分为构造开裂和风化开裂两类，则开裂岩体病害类型以风化开

裂为主，所有调查的开裂岩体中有2178块（46.29平方米）风化开裂岩体，占开裂块体总数的72%，但单块开裂体病害面积较小，风化开裂体病害约占总病害面积的一半；构造开裂岩体为847块（43.93平方米），占开裂块体总数的28%，虽然其数量所占比例较小，但构造开裂体病害单块病害面积较大，特别是危岩体的发育，构造开裂体病害面积约占病害总面积的一半。

构造裂隙形成的开裂体，其厚度受局部发育的构造裂隙控制，因此厚度相对要大。构造开裂体的厚度一般集中在1～40毫米，此区间占了总体71.78%。其次为厚度在41～60毫米区间内开裂岩体，占了总体的14.40%。而厚度达61～80毫米和大于100毫米的开裂岩体分别占了总体的5.79%、5.43%。开裂体厚度为81～100毫米间的开裂体所占比例最少，为2.60%。开裂体最大厚度为1050毫米，最小为1.5毫米。构造形成的开裂体的大部分厚度为1～6厘米，开裂体厚度较大的开裂体形成危岩体，其厚度大于10厘米，占了总体的5.43%。由风化作用主要因素形成开裂体的岩体厚度介于1～300毫米，主要风化开裂体厚度范围为30毫米以内，占了总数的94.83%，超过30毫米厚度的开裂体所占百分比较少，小于4%。

构造开裂体面积在0.001～0.1平方米范围内的开裂体数量最多，达到了86.49%。开裂体面积在0.0001～0.001平方米与0.1001～1.0平方米间的构造开裂体分别占总数的4%～9%。单块开裂面积达1平方米的构造开裂体调查范围内总共发育8处，占总数的0.95%，其中较大块开裂体形成危岩体，最大开裂面积达9.0平方米。风化开裂体的面积多集中在0.001～0.05平方米，此开裂面积区域段内开裂岩体发育个数占风化开裂体总数的89.06%，其余开裂面积区域内开裂面积均较小。

构造和风化开裂体三类裂隙开口方向比例相近，裂隙充填物也基本相似。

2.5 开裂岩体的稳定性

以开裂岩体的开裂面积与其总面积之比（A）作为判断指标，建立开裂岩体稳定性评估依据，划分为3个不稳定性评估级别：

①当A≥1/2时，则为Ⅰ级不稳定（最危险块体）；

②当1/3<A<1/2，则为Ⅱ级不稳定（次危险块体）；

③当A≤1/3时，则为Ⅲ级不稳定（一般危险块体）。

根据上述标准，第一期保护工程区域内有2096块开裂岩体为Ⅰ级不稳定，占70.41%，538块为Ⅱ级不稳定，占18.07%，343块为Ⅲ级不稳定，占11.52%，部分开裂岩体已发生脱落。

构造开裂体中的Ⅰ级不稳定块体占了60.19%，Ⅱ级占22.77%，两者之和达83.96%。其开裂比例比相同基数的风化开裂相对要大，这主要因为构造裂隙的贯通性要远好于风化裂隙。

风化开裂体中的Ⅰ级不稳定块体占75%，Ⅱ级占16%，Ⅲ级占9%。Ⅰ、Ⅱ级风化开裂岩体分布率之和达91%。由于风化开裂岩体多为小片状薄层开裂，所以与构造开裂体比较，在其张开裂隙具有相同张开度时，其稳定性相对较低，病害危险性较大（表2）。

表2 花山岩画开裂岩体不稳定级别统计

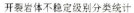

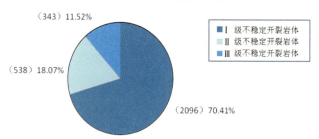

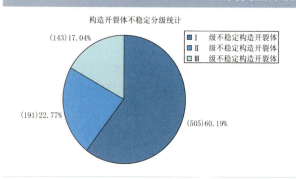

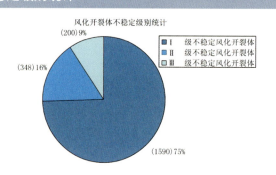

3 施工技术要求

3.1 施工目标

对第一期保护工程区域约735平方米范围内发现的所有开裂岩体进行加固保护，维持岩画本体的现状，保证其稳定与安全。

黏结加固对象主要为《广西宁明花山岩画本体岩体开裂病害专项勘察报告》（中国文化遗产研究院，2010年6月）所列的3025处重要开裂岩体、19处小型危岩体，其次是部分经过应急性"点"黏结加固处理的开裂岩体和新发现的岩画开裂区。

修复保护措施主要包括归位黏结加固、填充黏结加固和注浆黏结加固。

保护目标是在尽可能维持岩画现有空间状态的前提下，确保每一处开裂岩画岩体的安全稳定，在尽可能长的时间（至少二十年）内不再出现岩画开裂体脱落现象。

3.2 施工依据及规范

－《国际古迹保护与修复宪章》（威尼斯宪章，1964年）；

- 《保护世界文化和自然遗产公约》（1972年）；
- 《纪念建筑、古建筑、石窟寺等修缮工程管理办法》（1986年7月）；
- 《中华人民共和国文物保护法》（2002年10月）；
- 《中华人民共和国文物保护法实施条例》（2003年7月）；
- 《中国文物古迹保护准则》（2002年）；
- 《文物保护工程管理办法》（2003年4月）；
- 《广西宁明花山岩画本体岩体开裂病害专项勘察报告》（中国文化遗产研究院，2010年6月）；
- 《广西宁明花山岩画第一期整体抢救性修复保护工程设计方案》（中国文化遗产研究院，2010年9月）；
- 2010年9月16~19日广西壮族自治区文化厅组织专家对该项工程设计方案的论证意见；
- 国家文物局对该项工程设计方案的批复意见；
- 《广西宁明花山岩画第一期整体抢救性修复保护工程施工组织设计》（中国文化遗产研究院，2011年2月）；
- 《广西宁明花山岩画第一期整体抢救性修复保护工程施工手册》（中国文化遗产研究院，2011年2月）；
- 广西壮族自治区文化厅委托中介机构审核确认的工程预算；
- 《广西宁明花山岩画第一期整体抢救性修复保护工程合同书》。

4 黏结加固材料

4.1 主要技术要求

花山岩画本体岩体开裂主要是由温差变化为主、干湿变化为辅导致的活动性"死裂缝"，这种裂缝的长度和宽度会随温差及干湿交替变化而轻微变化。由于花山岩画本体处于自然的山崖上，无法将其控制在恒温恒湿的环境下，病因无法得到根除或缓解，本体裂缝会继续发展直到表层岩片与基岩完全分离为止。因此必须采取必要干预手段将开裂的岩画岩体固定到相对稳定的基岩上，缓解开裂的程度和速度。

针对露天存放的石质文物开裂病害，目前国内常采用的加固保护措施可分为两类：一类是采用锚杆结构加固等工程力学措施，另一类是采用黏结材料进行黏结加固措施。花山岩画开裂岩体往往体积较小，性脆，微裂隙十分发育，遇有外力极易破碎坍塌，采用锚杆等结构加固的工程力学措施基本是不可行的。采取黏结材料进行黏结加固是固定花山岩画开裂岩体的唯一选择。

根据保护目标，结合岩画本体岩石的物理性质、岩画制作材料、工艺以及花山地区气候环境特征，对保护黏结加固材料提出如下要求：

- 使用的黏结材料与工艺必须为将来的加固与修复提供可能；
- 黏结材料的化学成分必须与花山岩画本体材质相近，性能相近；
- 黏结材料的黏度适当，以在岩石表面不流动为标准；
- 黏结材料具备耐潮湿性能（相对湿度70%～100%），适合花山岩画的环境条件，不产生衍生破坏作用；

－黏结材料固化物的强度应低于花山石灰岩体强度，加固好的岩片若开裂应该仍沿老的裂纹发展，不产生新的裂纹；

－黏结材料固化物能缓解凝结水对岩画的溶蚀影响；

－小型危岩体要求的黏结力较大，注浆胶结材料选择环氧树脂浆液。

4.2 主要技术参数

花山开裂岩画本体黏结加固材料可分成二类，一类为封口黏结材料，第二类为注射黏结材料。前者主要是将已经开裂的岩片黏结住，防止脱落，同时防止注射材料流失。后者是注射到裂隙中，起黏结及填充作用。从材料技术要求角度，两者具有相似性，都具有很好的黏结性、耐久性及韧性，但在可施工性方面，要求前者具有很好的湿黏性和很好的可操作时间，后者具有很高的流动性，使材料可以流到裂缝的各个角落进行填充和黏结。根据裂缝的类型，需要采用不同黏度，不同粒径的注射黏结材料，以满足不同的要求。经慎重细致地对比研究和现场试验后，确认两类黏结加固材料的主要技术参数要求如下。

4.2.1 封口黏结材料的技术参数

抗压强度：28d：1～5MPa，最终强度为风化岩石的20%，≤10MPa。

抗压与抗折强度比：≤3。

收缩：实验室测得≤0.15%，现场施工面无裂纹。

热膨胀系数：≤10×10^{-6}，与石灰岩在同一数量级内。

附着力/拉拔强度：≥0.10 MPa（7d）～0.5MPa（28d）。

抗剪强度：0.1～0.3MPa。

吸水性：吸水速度高于石灰岩，毛细吸水系数≥ 2 kg/m2h1/2。

透气性：≥石灰岩的透气性，越高越好。

4.2.2 注射黏结材料的技术参数

抗压强度：28d：1～5Mpa，最终强度≤5MPa。

抗压与抗折强度比：≤3。

收缩：实验室及现场实验均无裂纹。

注浆材料的流动性：很好，可灌。

热膨胀系数：≤10×10^{-6}，与石灰岩在同一数量级内。

附着力/拉拔强度：≥0.10 MPa（7d）～ 0.3MPa（28d）。

抗剪强度：0.1～0.3MPa。

吸水性：吸水，毛细吸水系数≥ 2 kg/m2h1/2。

透气性：比石灰岩的透气性要好，越高越好。

4.3 主要配比

根据上述要求及相关参数，中国文化遗产研究院、同济大学历史建筑保护技术实验室中试基地暨上海德赛堡建筑材料有限公司、中国地质大学（武汉）通过比较分析和试验研究，选择水硬性石灰作为花山岩画岩石开裂病害抢救性加固保护材料，针对不同岩画开裂剥离类型提出黏结加固材料配比，并于2009年10月~2010年4月应用到"广西宁明花山岩画本体开裂岩体第一期应急抢救性加固工程"。

4.3.1 开裂剥离岩片的黏结材料优化配比

上述材料可以用于黏结裂缝宽度超过1毫米，例如壁面有损伤的岩片。当黏结小的新鲜的岩片，可以将上述混合均匀的材料过0.25毫米的筛网，加水为100：20（质量比）。

4.3.2 开裂岩石填充黏结材料配比

开裂岩石黏结加固材料的配比参照裂缝的宽度分成两类，第一类为＜0.3毫米细缝，采用细骨料；第二类为＞0.33毫米的缝，采用骨料粗，以降低收缩，增加黏结强度。根据中国文化遗产研究院和上海德赛堡建筑材料有限公司完成的《广西宁明花山岩画本体开裂岩体加固材料系统试验研究报告》成果，使用到本期修复保护工程的材料配比如下（表3~5）。

表3 填充黏结加固材料优化配比（单位：质量百分比）

序号	组分	比例
1	NHL2（Hessler）	35%
2	石灰岩粉 0.5 ~ 0.7 毫米	12%
3	石灰岩粉 0.2 ~ 0.5 毫米	35%
4	石灰岩粉 <0.1 毫米	16%
5	丙烯酸可再分散乳胶粉	1%
6	触变剂	0.2%
7	木质纤维素	0.5%
8	纤维素醚	0.2%
9	减水剂	0.1%

表4 封口封护材料优化配比（不含丙烯酸可再分散乳胶粉封口黏结剂）（单位：质量百分比）

序号	组分	比例
1	NHL2（Hessler）	35 %
2	石灰岩粉（粗）0.5 ~ 0.7 毫米	12 %
3	石灰岩粉（细）0.2 ~ 0.5 毫米	35 %
4	石灰岩粉（极细）<0.1 毫米	17.1%
5	触变润滑剂	0.2%
6	木质纤维素	0.5%
7	纤维素醚	0.2%

表5 细缝（小于0.3毫米）**封口黏结剂材料优化配比**（代号HS/FK05-A10/08）（单位：质量百分比）

序号	组分	比例
1	NHL2（Hessler）	49.3%
2	石灰岩粉（极细）<0.1毫米	49%
3	丙烯酸可再分散乳胶粉	1%
4	触变润滑剂	0.2%
5	木质纤维素	0.5%

4.3.3 注浆黏结材料

注浆黏结材料配比见表6。

表6 注浆黏结材料优化配比（单位：质量百分比）

序号	组分	比例
1	NHL2（Hessler）或 NHL5（St Astier）	99.2%
2	纤维素醚	0.2%
3	减水剂	0.3%
4	消泡剂	0.3%

4.4 保护修复档案

4.4.1 建档备案要求

为使"广西宁明花山岩画第一期整体抢救性修复保护工程"数据整理有序、管理科学、有效利用，能够实现信息化管理，满足花山岩画长期保护与展示工作的实际需要，本工程要建立"广西宁明花山岩画第一期整体抢救性修复保护工程档案"。本工程档案属于专业档案，由抢救性修复保护工程活动中形成的具有保存价值的各种文字、照片、图表、声像和电子文件等形式的历史记录组成。

档案建立实行"双套制"工作模式：纸质档案和电子档案双套备份。

建档备案工作，由工程项目部负责实施，项目部负责人对工程档案的各类资料进行审定，并在纸质档案表上签字后，连同电子档案光盘一起交中国文化遗产研究院相关部门收存保管。广西宁明县文物管理所、监理方各存一份备份。中国文化遗产研究院负责对建档备案工作进行指导、督促和检查。

已建档备案的各类工程资料与数据属于中国文化遗产研究院、广西宁明县文物管理所，各方必须集中统一管理，任何人不得据为己有。

4.4.2《花山岩画第一期整体抢救性修复保护工程档案》

《花山岩画第一期整体抢救性修复保护工程档案》是施工记录的主体，也是建档备案工作的基础（图1）。施工过程中施工人员应在现场及时准确记录各类保护施工操作和相关测量数据，拍摄各类记录照片，其中至少有一张是用于保护修复效果对比的正面照片，另拍3~5张能够反映开裂岩块形态特征的局部照片，照片要求采用JPG格式、像素大于500万、清晰、不偏色、拍摄对象应位于照片中部的焦点位置；绘制AutoCAD施工图，在开裂病害图层中准确标明保护对象的形状、位置和编号，保护对象的形状轮廓线为闭合曲线；真实、准确填写《花山岩画第一期整体抢救性修复保护工程档案》。每天晚上及时整理，准确输入电脑，为每一块开裂岩体建立抢救性修复保护档案文件夹，并做备份脱机保存；确保基础数据的完整性、真实性、科学性与安全性。

《花山岩画第一期整体抢救性修复保护工程档案》汇总时，应根据收录的内容编制目录，以便查阅。

《花山岩画第一期整体抢救性修复保护工程档案》作为现场记录使用时，尽量采用工整字迹；照片记录拍摄序号，以便于整理、建立电子文档。

建立正式纸质工程档案时，《花山岩画第一期整体抢救性修复保护工程档案》表中要插入修复前后的对比照片，两张照片的拍摄角度与光照度应相近；各栏目需有相关责任人的亲笔签名。

4.4.3 档案资料收集范围

- 各种相关的政府文件；
- 各类相关的专题会议纪要；
- 工程合同；
- 有关往来文件批复；
- 相关的前期研究成果；
- 保护方案（文本、图纸）；
- 岩画本体开裂及其他病害现状图；
- 施工组织设计；
- 施工人员花名册；
- 工程日志；
- 黏结加固材料的现场试验成果及详细说明；
- 施工工艺详细说明；
- 现场使用材料的材质证明书；
- 现场使用材料的试验报告；
- 现场使用黏结材料配合比试验资料；
- 各类各批次黏结、灌浆材料配比及数量记录表；
- 裂隙注浆记录表；

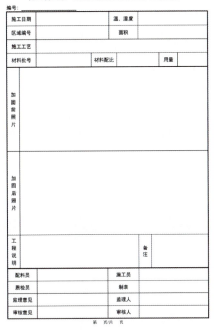

图1 《花山岩画第一期整体抢救性修复保护工程档案》

- 抢救性修复保护工程的相关施工图及竣工图；
- 抢救性修复保护施工的记录照片；
- 《花山岩画第一期整体抢救性修复保护工程档案》；
- 其他与工程相关的文字、照片、图表、声像和电子文件等。

5 项目技术创新点和示范作用

花山岩画项目从前期勘查、调查、病害机理研究，到保护材料研发，工程实施为期近十余年，是一项系统性综合性保护工程。工程参与人员较多，从工规所到科技所都有涉及。在整个保护工作中有以下几个比较重要的方面。

5.1 保护工作调查先行

花山岩画的保护工作最早在中国文化遗产研究院郭宏先生的博士论文研究中便已开展，其后中国文化遗产研究院和中国地质大学在现场进行了多次调研和勘察工作。并且利用中国文化遗产研究院自主课题经费在现场建立了微环境监测站，中国地质大学建立岩石裂隙变形监测记录装置。由此对岩画现场环境及病害条件进行了持续数年的观测和记录工作，并且借由对观测数据的分析和研究，初步解释了岩画的病害机理。为后续保护材料研究奠定基础。

5.2 保护工程实施有赖于研究工作的进展，研究工作是多学科多技术力量联合开展的结果

在了解岩画的病害机理后，保护工作的重点集中在保护材料上。由于岩画长期暴露于自然环境下，昼夜温差变化大等原因，使得有机材料被排除。

无机保护材料中的天然水硬性石灰进入工作人员的研究视野。2007年利用中国文化遗产研究院自主课题研究经费，与同济大学合作开展了天然水硬性石灰应用与岩石灌浆的研究。试验结果表明水硬石灰材料是优良的岩石保护材料。

5.3 研究成果与工程实施的有机结合需要大量现场试验和探索

在课题研究成果的基础上，组织进行了第一期试验性抢救保护工程。工作组进驻现场，对水硬石灰材料应用于工程实施进行了大量现场试验，详细摸索并总结了开裂岩石、空鼓、掉落岩石的加固方法和工艺。并且在现场建立了材料实验室，随时记录研究材料性能。现场试验诞生了对后续花山岩画保护工程具有指导性的技术文件，即《花山岩画开裂岩石加固工艺》和《花山岩画保护工程施工手册》。至此，铺平了保护工程实施的所有条件，后续工程实施水到渠成。

5.4 工程实施需要严格贯彻保护程序加强质量检测

考虑到水硬石灰材料首次在国内大型遗产地应用，项目组从施工人员选拔到现场培训、质量检测都进行了细致地规划。施工人员由各省文保中心、考古所技术骨干组成，在现场进行了新材料应用得详细培训工作。最后为确保质量检测的可靠性，引进了热红外技术作为灌浆加固的检测手段。数据表明加固工程质量可靠优良，并且证明了热红外技术在保护工作中的良好应用前景。

5.5 课题研究与保护方案设计和工程实施互为一体不可分割

中国文化遗产研究自主课题为年轻人提供了良好的平台。课题设立与工程相结合才能有的放矢，高效应用。设计方案把课题研究和工程结合到一起，既避免闭门造车，工程应用也为课题研究提供了反向审视自己的机会。如此既促进研究工作的思路更加切合实际，也使得工程实施具有科研性质。

保护工程的实施作为研究成果和展示，为年轻人创造更好更多的锻炼实践机会。

6 参与人员

由于广西宁明花山岩画本体开裂岩石第一期整体抢救性修复保护工程施工工序复杂、技术难度大，不同于一般的文物保护工程，项目部从全国文保单位借调精干技术力量参与本项目施工。主要参与施工人员如下：

项目负责人 王金华

保护工程负责人 王云峰

主要参加人员

中国文化遗产研究院：郭宏、张兵峰、李黎、胡源、刘建辉

山东省博物馆：孔庆生

上海德赛堡建筑材料有限公司：戴仕炳、张纪国、张德兵

泉州开元寺大殿维修设计方案[1]

【摘要】

　　泉州开元寺大殿是闽南地区重要的古代建筑，结构组成复杂。在20世纪80年代后期实施维修后，大大木构件、屋面、油饰彩绘等逐渐出现新的问题，为此再次进行维修。本方案首先采用三维激光扫描测绘手段对复杂的建筑构架进行测绘，获取完整资料，并开展全面的现状勘察。在此基础上，分析归纳存在问题，按照相关法规，酌情提出保护维修对策。

1 项目概况

　　2009年8月，受泉州开元寺委托，中国文化遗产研究院承担了泉州开元寺大殿保护维修设计。在天津大学建筑学院、泉州市文物保护研究中心专业技术人员的配合下，设计人员对大殿建筑进行全面检查，收集与大殿有关的历史照片和历史维修资料，于2010年5月完成泉州开元寺大殿保护设计方案，并获得国家文物局批复同意。

2 文物保护单位概况

　　泉州市位于福建省东南，东北与莆田交界；西北与三明接壤；西南与漳州、厦门相邻；东南与台湾隔海相望。气候属亚热带海洋性季风气候，四季长春，夏季时长温高，冬季短且无严寒。全年湿润而多雨，年平均降水量1215.8毫米。

　　开元寺是闽南名寺，在唐子城肃清门（西门）外百余米处，寺前为西街。创建于唐垂拱二年（686年）。宋代兴盛，曾有支院120区。元至元年间合并各支院，改名"大开元万寿禅寺"，此后多有兴废。明洪武年重建，崇祯年大修。清代和民国初期也有维修。1952年和20世纪80年代后期再次大修，并不断改造扩建，形成现在的格局。

　　现在寺院的基本格局形成于宋代，仍留有南宋所建东、西石塔和宋代阿育王塔。主要殿堂建筑有天王殿、拜亭、大雄宝殿、戒坛、藏经阁、功德堂等，多为明代以后所建。

---

1. 获2011年中国文化遗产研究院优秀文物保护项目三等奖。

3 开元寺大殿

开元寺大殿，又名紫云大殿。始建于唐垂拱二年（686年），宋元均有重建。洪武重建沿用了宋面阔七间、进深五间的殿座平面格局，并在其四周加建副阶，形成目前的格局。崇祯十年（1637年）大修时，将殿内所有木柱改为石柱。

大殿通高18.2米，面宽九间，共42.54米，进深九间，共31.64米，总建筑面积1345.97平方米。前后檐各有走廊一道，殿前有月台，正面、侧面设石阶三道，束腰部分嵌有73幅移自某印度教寺庙的狮或人面狮身石浮雕。大殿台明和月台均用为蛎壳灰砌筑，无麻刀或纸筋之类的纤维成分。

大殿下架柱身为灰白花岗岩石柱，其中当心间、次间柱子有浮雕盘龙，柱头雕大栌斗，与柱为一整体构件。柱身还刻有"明华岩信士龙华苏文昌立柱"及"明受五戒一品夫人王氏妙德立柱"等题记，说明是明代时所做的。柱顶与木结构屋架部分用一短木柱连接。后檐当心间廊柱使用两根印度教式的擎天柱。柱础采用辉绿岩，有方墩、覆盆、覆盆莲花等形式，估计有一部分是修建时从四处搜集而来。

大木结构融合了北方抬梁式、南方穿斗式和闽南建筑特殊的大木结构等多种形式，极其复杂，最大特点是把承重梁的一端或两端插在金柱上，有研究称之为"插梁式"。前后披檐的构架形式基本对称，但跨度尺寸不同。前廊柱柱顶雕出栌斗，步通梁（双步梁）架在檐柱和老檐柱上，梁头出挑较长，支挑寮圆（挑檐檩）和吊筒（垂花柱）；后檐使用两跳丁头栱出挑屋檐。上檐部分采用减柱造，去掉了D轴、F轴的14根柱子，通过不同高度的金柱、多层叠斗和插梁等搭建构架（图1）。建筑空间、构架处理与大殿的使用功能有机地结合起来。

大殿的柱梁交接处，均使用托木（雀替）作加强构件，且形式多样。托木上雕镂凤、牡丹、花草等图案。斗栱采用闽南建筑常见的叠栱形式，根据处在梁架位置不同，形成不同的组合，经勘测统计，共有41种形制。

梁、枋、檩、瓜筒（瓜柱）、板椽等木构件均使用杉木制作，板椽之上为红色望砖，板椽外侧钉有护檐板，翼角部位有生头木。

在进深第三间的前后柱顶部的斗栱上共附有24尊迦陵频伽（意为妙音鸟）和兽头装饰，手中或执南音管弦丝竹乐器，或捧文房四宝等圣物，凌空飞翔，融宗教、建筑、艺术于一炉。

北立面除当心间和次间以外的各开间和东西山面的青柱步（老檐步）为混水砖墙，墙体内外侧均有抹灰，并刷乳黄色涂料。各间墙体的根部有一形花岗岩地栿，下部空透，便于室内通风；中部有方形直棂窗。

屋顶为重檐歇山顶，屋角略反翘，总体曲线比北方建筑平缓、舒展。望砖上做泥背，铺瓦闽南建筑特有的红色板瓦、筒瓦，瓦垄前端装莲花纹滴水瓦（垂珠），勾头为筒瓦端头粘贴花头（即瓦当头）。筒瓦宽140毫米、长250毫米；板瓦320×320毫米、厚15毫米；花头直径140毫米，滴水瓦高220毫米。上层檐在望砖之上用暗厝做法，形成屋面向两侧起翘的曲线，上檐斗栱之外的四周设栅栏，遮住上檐斗栱。上檐南面檐下有 "桑莲法界"大匾额一方，白地黑字。屋脊为"鼎盖脊"式，用红砖砌成，外表抹灰，塑海浪纹，底色为土朱色，海浪为灰白色。部分屋脊局部采用灰塑、剪贴瓷片等装饰。正脊中央置一小塔，两端的翘头作上翘的燕尾，脊顶置绿色贴瓷游龙；上层檐的四条座脊（垂脊）的端部各置一尊天王座像；各戗脊上均有灰塑白鸽。山花部分水车堵用210×102×20毫米红砖空

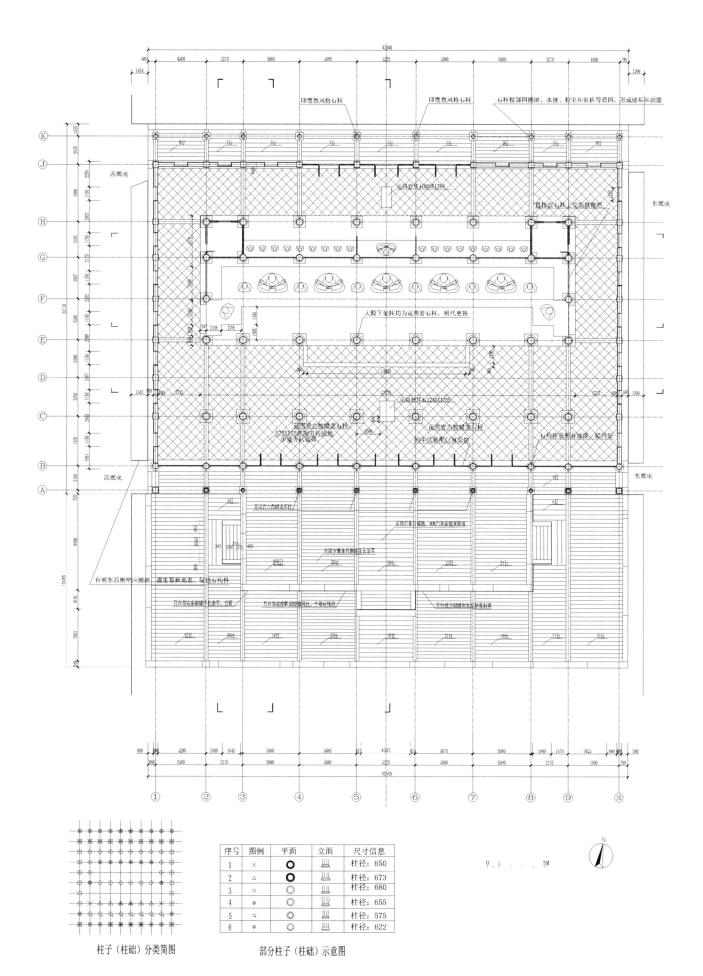

图1 开元寺大殿平面图

斗墙封护，有游龙兽面纹灰塑。

大殿正面当中五间作隔扇，每间四扇，当中两扇可内开，外侧两扇为死扇；东、西尽间、稍间为槛墙花窗，花岗岩石板壁下肩。背面当心间、次间为隔扇。其余各间为砖墙，上开方窗。两山面均为砖墙，上开方窗。

内檐天花以下木构件主要做铁红油饰，单披灰地仗，托木、莲斗等构件为红地上做彩画。外檐上架大部分刷红油，单披灰地仗，部分梁枋油饰红地做彩画点缀，题材主要为卷草纹，彩画外罩桐油。迦陵频伽通体做腻子灰地仗，绘彩画，罩桐油。天花以上无油饰彩画，也未做桐油封护。仅当心间脊檩作红地彩龙彩画，外罩桐油。天花板底面有彩画，土黄地，团寿蝙蝠图案。构图比较粗疏，与大殿其他彩画风格不一致。

殿内佛像设置基本依据唐代密宗教义，呈现一种独特的规制，具有重要的研究价值。石质佛坛供奉五方佛，通高均在6米左右。两侧还列有迦叶、阿难、文殊菩萨、普贤、观音、大势至、帝释天王、大梵天王、韦驮天尊、伽蓝神等诸天神。共计有各种主次佛像34尊。背面的佛像，中间为观音菩萨和善财、龙女，两边分列十八罗汉。观音通高3.6米，罗汉通高1.78米。

4 开元寺大殿现状勘察

开元寺大殿在20世纪80年代大修时更换部分构件，并重做屋面、装修和油饰彩绘，形式和做法均为清代闽南宗教建筑常见。

大木构架整体基本稳定，没有明显的歪闪、变形现象，大木结构不存在整体结构性安全问题。但大木构件和板椽存在白蚁蛀蚀、严重糟朽、劈裂拔榫等问题。

台明和石柱存在砌缝灰脱落、表面片状剥落、锈斑、植物生长、苔藓地衣等生物病害，靠近地面部位，因为潮湿、砌缝积土等原因，普遍生长杂草，造成砌筑灰土松动流失，出现渗水、歪闪等问题。以往维修曾使用水泥修补，并存在护栏栏杆直接在石柱上打孔固定等不当做法。

屋面局部渗漏，滋生草木和苔藓，屋脊开裂，少量瓦件缺失，灰塑褪色污染。

油饰彩绘地仗普遍开裂、脱落，油漆和彩画褪色、污染或起皮、脱落。迦陵频伽雕刻存在腻子地仗开裂、少数部位油彩脱落、尘土污染等问题。上层檐南侧檐下的"桑莲法界"匾白色底色部分的单披灰地仗和油饰基本脱落，黑字部分保存尚好。

5 病害产生原因

开元寺大殿出现上述各种病害，其原因既包括自然影响，也有人为因素。

5.1 潮湿

开元寺地处泉州，为潮湿闷热的东南沿海地区。潮湿多雨、雨水渗漏有助于霉菌的滋生和白蚁生存繁衍，给木构件带来极大的不良影响，造成部分构件不同程度的糟朽。

5.2 白蚁

白蚁在泉州市木结构建筑中普遍存在，是城市总体存在的病害。白蚁生存能力极强，目前的防治技术难以控制其滋生、蔓延。开元寺每年均对寺内建筑以及庭院进行灭蚁。但只能适当减弱，并不能制止白蚁侵蚀活动。

5.3 维修缺陷

大木构架的上架天花内部分未做油饰，也未用桐油封护，大大削弱木材防虫防腐能力。瓦面使用较厚的灰背为白蚁滋生提供了条件，也增加了屋面荷载。油饰彩画的地仗施工未完全按照传统材料和传统工艺，油漆使用现代调和漆，彩绘使用现代颜料，质量较差，导致油饰彩画褪色、干裂，地仗开裂、脱落。

6 维修设计原则

6.1 工程性质

依据《文物工程管理办法》的规定，本工程拟定位为现状修整工程，以治理和防治白蚁病害、维修屋面渗漏为主，对屋面进行全部揭瓦。对尚未确认的病变，暂时不做技术处理。

6.2 维修设计原则

①坚持"保护为主，抢救第一"的文物工作方针。

②坚持"不改变文物原状"的原则，对文物本体实施的所有保护措施都尽量避免给文物原有状态带来明显负面变化。

③坚持最少干预和合理、适度的原则。在有效保护文物的前提下，尽可能选择对文物负面影响最小的保护措施；对早期木构件尽量采取剔补加固处理，尽可能多地保留早期构件。

④尽量选择泉州地区传统材料、传统工艺做法，保持原有建筑形制和结构，如需采用现代保护技术、手段、材料，均以前期试验分析作依据。

⑤针对石构件的少量清洗和加固做法，在实施前，还需进行现场实验，确认方法得当无害，方可全面使用。

⑥树立预防性保护的意识。

7 维修设计做法

7.1 台明

原则上不对台明做结构性处理，仅对少数放置不平整的条石做适当铺垫稳固。

清除砌缝中生长的杂草树木。使用清水对台明侧面须弥座上的雕刻进行清洗，去除沉积的灰尘污物。

使用机械手段和化学药剂对台明表面滋生的苔藓地衣进行清除。首先用手术刀去除苔藓地衣表面残留，再用浸入80g/L的碳酸铵＋3%的R80杀生剂的纸浆进行糊敷。45分钟后揭取，用纯净水清洗干净。

对个别断裂的石构件，如无结构影响，可不做黏结加固，仅用蛎壳灰填实缝隙，防止渗水。对不做加固则可能会脱落遗失的石构件，用环氧树脂黏结。

对石构件进行清洗、修补和加固处理，必须首先进行局部试验，确认可行有效后，方可大面积使用。

7.2 石柱

剔除所有封堵石构件孔洞的水泥砂浆，改用同类石材的石块填补。使用清洁剂或化学试剂，清除石构件表面的油渍污点。改造殿内直接在石柱上打孔固定的铁栅栏，变为在柱子上安装铁箍固定、然后再设栅栏的做法。

7.3 大木构件

对非白蚁侵蚀而糟朽且深度小于10毫米的构件，可剔除糟朽部分，渗涂防腐剂；对糟朽深度不超过30毫米，长度不超过1000毫米，宽度不超过15毫米，且糟朽截面积未超过构件截面宽度1/4，不致影响结构承载力的构件，剔净糟朽，做防腐处理后，用同类木条嵌补修复。

对糟朽程度非常严重，失去结构承载能力的极少数构件，可使用同材质且强度不小于原构件的木料更换。

对于因自然干裂产生裂缝的梁、檩、枋、柱等木构件，确认残损不影响结构安全后，可做楦缝处理。裂缝深度在30毫米以内，宽度不超过50毫米，清理缝隙后，嵌入适当的木条，用聚醋酸乙烯乳胶LT-01黏结；裂缝深度在30～50毫米，宽度不超过150毫米，嵌入适当的木枋，使用脲醛树脂（5011）黏结，并酌情加铁箍1～2道。

板椽糟朽情况比较普遍，已确认糟朽的板椽超过40%，屋面挑顶，尽量小心拆卸，妥善保管，继续使用。糟朽或拆卸损坏的板椽，用新杉木补换。板椽截面160×40毫米，中到中间距270毫米。

对所有新补配构件涂刷有机氯合剂和防虫药剂，进行防腐防虫处理。对上架天花板以上所有不做油饰的新、旧木构件，在进行防腐防虫处理后，刷热桐油2道，减少白蚁侵蚀危险。

对轻微损坏的旧构件应尽量通过挖补、加铁箍、墩接或环氧树脂加固等方法加以修补，不得随意更换。维修、更换大木构架梁、檩、柱等结构构件，必须注意维持构架原有升山（升起）、举折。

更换或修补木构件，新配木材必须经过挑选，符合《古建筑木结构维护与加固技术规范》的相关规定。承重木构件不得有糟朽、死节和虫蛀。新配木构件，必须使用干燥木材，含水率不大于20%，装修用木料含水率不大于15%。

所有连接和加固木构件和瓦件的铁制构件，均应人工打制。固定连接椽、连檐、生头木、封檐板等构件的各类钉子均为方钉，不得使用机制圆钉代替。

7.4 墙体

墙体原则上不做结构性处理。对东、西山面和北墙外立面抹灰开裂、空鼓者，剔除开裂松动和空鼓的灰泥皮，清洗露出的砖墙，再用蛎壳灰勾缝填实，抹灰层厚度以与原灰皮平齐为准。勾缝应赶轧至密实。清洗清除墙体表面的苔藓地衣和砌缝中的杂草。

7.5 屋面

7.5.1 揭瓦屋面

为解决木构件糟朽和屋面渗漏问题，揭瓦屋面，并按泉州地区古建筑传统做法重做屋面。

拆卸瓦面，应尽量保留拆卸下来的筒瓦、板瓦、勾头、滴水、望砖，卸下的各类瓦件，清洗后，分类存放。待大木构架维修完毕后，重做屋面时再次使用。对破碎、风化酥碱的瓦件，用同类型、同材质、尺寸接近的红陶瓦件替换。更换瓦件应优先选用完好的旧瓦。旧瓦不足时，定制补配质量合格的新瓦。新配瓦件的材质、尺寸、质量均应接近旧瓦，不得有变形、开裂和沙眼，颜色应一致。瓦耐压力达60#。

灰背用蛎壳灰必须按照传统工艺规程制作。铺灰背，必须赶光轧实。晾干后，才可铺瓦。瓦瓦时，底瓦需三搭头，无喝风、侧偏现象；瓦垄直顺，囊向一致。

7.5.2 屋脊制安

拆除屋面时，详测屋脊及各类装饰。屋面施工中，使用闽南红砖和蛎壳灰砌筑正、垂、戗、围各脊。外表抹蛎壳灰，厚15毫米。使用糖水灰堆塑海浪纹、云纹、卷草等纹饰。在正脊砌筑时预埋铁件钢筋，采用传统手法堆塑燕尾、游龙、宝塔骨架，使用剪贴工艺贴瓷。

7.6 油饰彩画

使用吸尘器对梁架、大木构件、斗栱和雕刻等进行除尘处理。

重做大木油饰。铲除原有地仗，重做油灰地仗，表面刷朱砂红色传统光油三道。

对未作修补和更换的木构件，使用丙烯酸类树脂加固地仗，然后，使用清洁剂清洗彩画，使用油彩修补缺失的彩画，并罩桐油。对做过修补或新更换木构件，做单披灰油灰地仗，使用传统油彩，依照原图样进行重绘，并罩桐油。对天花板以上所有白茬木构件（除当心间脊檩外），均刷桐油三道。

重做天花板彩绘。用绘图和拍照手段，记录现有彩绘式样。清除现有彩绘及地仗，板缝间贴麻木一层，然后重做单披灰地仗，使用传统油彩绘制天花彩画，并罩桐油三道。

使用化学方法时，应首先进行局部试验，确认可行后，方可全面使用。

7.7 白蚁防治

7.7.1 白蚁侵蚀构件的处理

对受白蚁蛀蚀宽度超过50毫米，深度超过150毫米，且蛀蚀截面积超过构件截面积1/4，可能影响梁架结构整体受力的梁、檩、枋构件，原则上用同类木材更换；对白蚁蛀蚀宽度在10～50毫米、深度小于150毫米且蛀蚀截面积小于构件截面积1/4的，可剔净蛀蚀部分，用同类木料粘补加固，环氧树脂黏结，酌情加铁箍若干道。

对受白蚁侵蚀轻微的檩、枋、瓜筒（瓜柱），侵蚀程度不致影响结构承载力等构件，剔净白蚁侵蚀部分，用同类木料镶补加固，环氧树脂黏结。仅表皮受侵蚀者，剔除侵蚀部分即可。

7.7.2 白蚁灭治

对已遭受白蚁蛀蚀、维修拟继续使用的木构件，在剔除蛀蚀糟朽部分后，喷涂六氯环戊二烯系列杀虫剂产品灭蚁灵。喷药时不要将蚁路挑开过大，喷药后不能立即移动被害物，并用碎纸或碎棉絮封堵，防止沾药的白蚁爬出，并使白蚁不因通风露光停止在该处活动。

7.7.3 白蚁预防

对天花以上所有无油饰彩绘的木构件，用5%的氯丹油剂涂刷两次，然后刷桐油三道。对有油饰彩画的木构件，在重做油饰彩画前，先用5%的氯丹油剂涂刷两次，然后做地仗及油饰彩画。

采用化学喷涂、建毒土带、砂粒屏障多种手段和途径防止白蚁。

禁止采用泼水刷地的做法清扫大殿，及时清理周边积水，尽量保持大殿台明和周边地带干燥，避免为白蚁筑巢提供条件。

为便于大木梁架的白蚁防治，在上层檐天花板以上，架设铝合金轻型梯架。水平梯架放置于天花梁上。竖向梯架使用钢箍架于每榀梁架正脊瓜柱部位。

7.8 避雷和电气

建议对寺庙内安防系统、电气设备和线路进行核查，按照相关规范要求整改完善。室外电线全部入地。所有安装于古建筑的布线都必须穿管，建议采用双面镀锌管。走线布置应注意对古建筑木构件和视觉的影响，尽量安置在隐蔽部位。

根据相关规范要求，设计和安装避雷装置，并定期检查。

8 参加人员

项目负责人　沈阳

主要参加人员

中国文化遗产研究院：温玉清、陈青

泉州市文物保护研究中心：姚洪峰

天津大学建筑学院负责建筑三维激光扫描测绘。

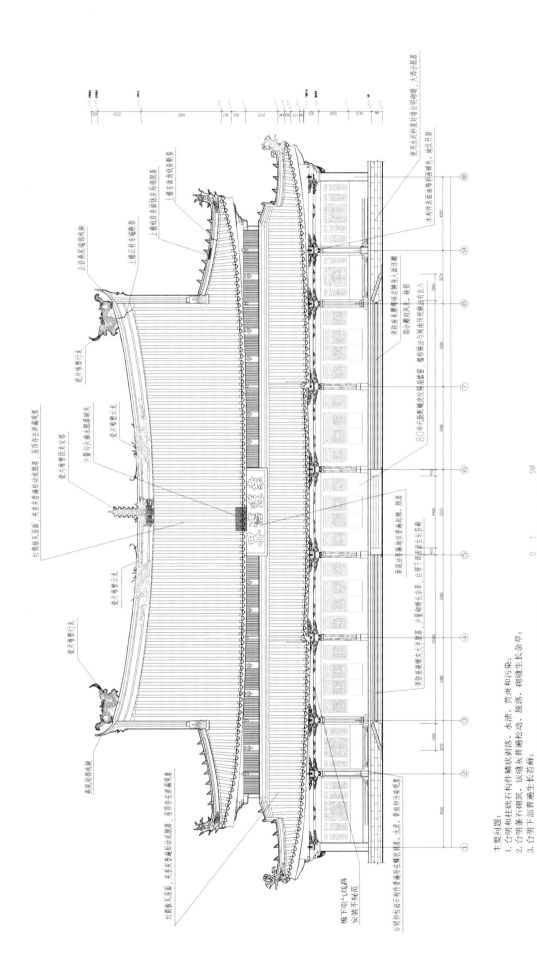

附图1 开元寺大殿南立面图

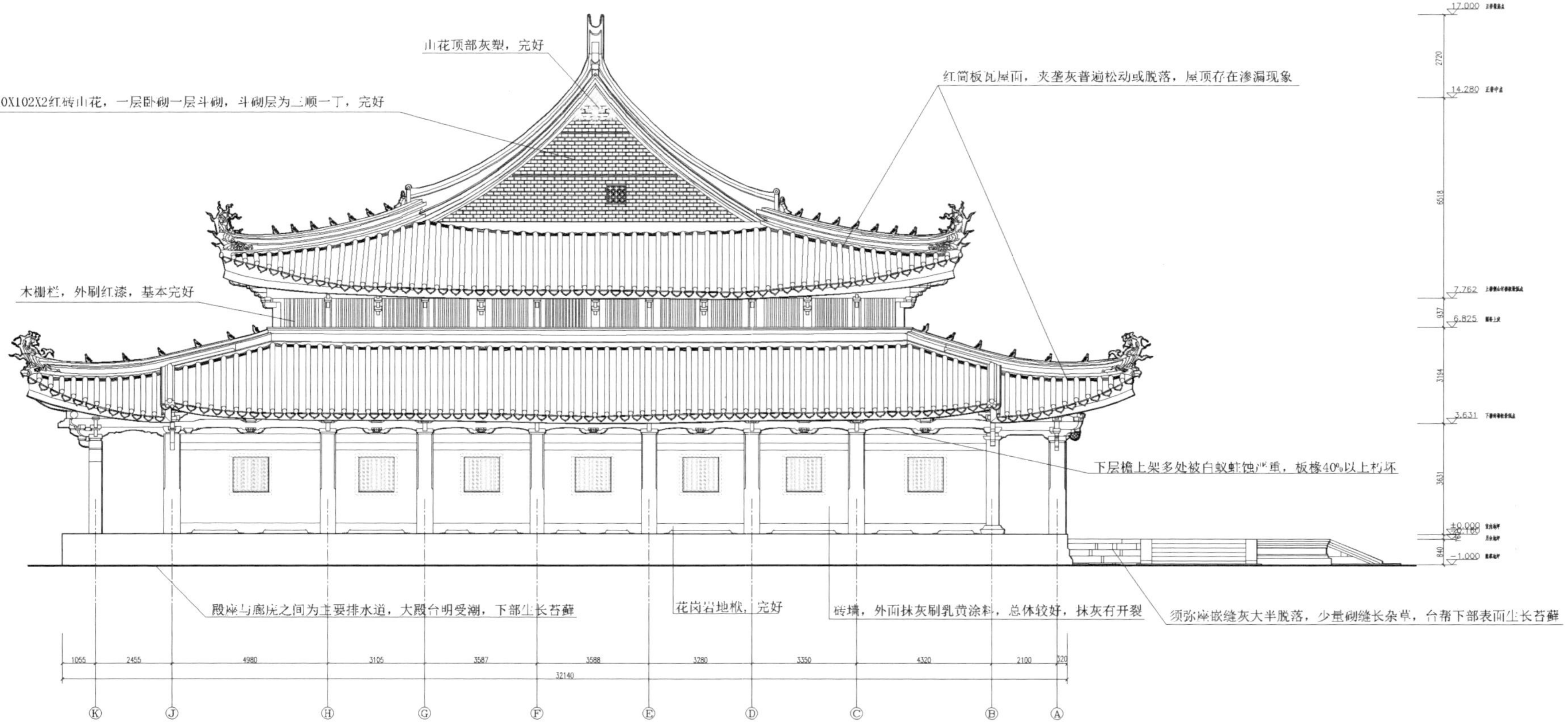

附图2 开元寺大殿西立面图

主要问题：
1. 下层檐上架内叙普柏脱较严重，40%板条剥离，向川尤其严重；
2. 大殿和廊沿之间为排水主要通道，造成大殿个明受潮，土长苔藓；
3. 个明柱柱础石构件鳞状剥落，水迹，黄斑和污染；
4. 个明条石砌筑，密缝灰普遍松动，脱落，砌缝灰普代砌做；
5. 直棂窗约为20世纪80年代砌做，石水泥修补；
6. 红色筒瓦屋面，支垄灰普遍松动或脱落，屋面存在漏雨渗水现象；
7. 屋面长草；

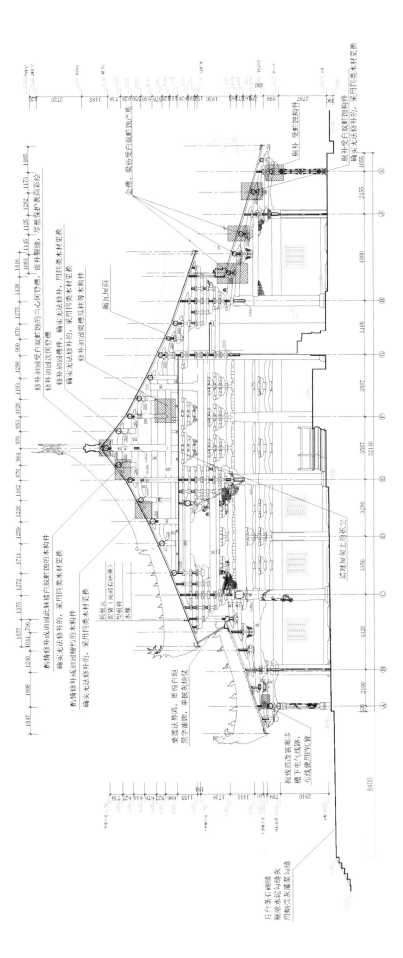

修缮内容：
1. 剔补加固因白蚁蛀蚀和渗漏而糟朽的木构件，对糟朽严重、确实无法剔补的，用同类木材更换；
2. 更换板瓦面瓦顶，用剪贴瓦顶、灰塑、彩绘等传统做法恢复屋顶装饰；
3. 揭取板瓦面瓦顶，用剪贴瓦顶、灰塑、彩绘等传统做法恢复屋顶装饰；
4. 清洗台明和柱础石构件表面污物，清涂台明的水泥重新勾缝；
5. 清涤台明和月台的水泥的灰勾缝，用硬刷扫除灰缝面的杂草和表面的苔藓地衣；
6. 采用物理和化学方法加固和保护国外精彩画，酌情使用传统灰浆心留用；
7. 酌情按传统做法整理修装修槛框，现有镶嵌贴心间留用，保护当心间国外精彩画；
8. 剔补加固当心间国外精彩画。

附图3 开元寺大殿剖面图

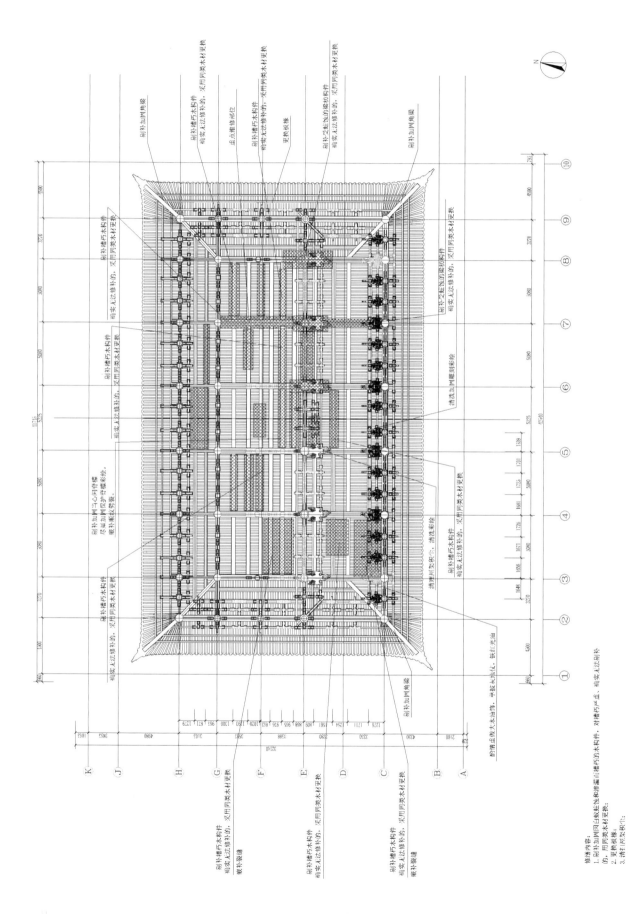

附图4 开元寺大殿上层梁架仰视图

河南武陟嘉应观古代彩画使用材料分析检测及保护实验[1]

【摘要】

河南省武陟县嘉应观内保存了较为完整且具有中原地方特色的清代建筑彩画，本项目针对彩画保存状况、保存环境，原工艺及病害等开展了详细的前期分析调查工作，在此基础上进行了保护材料及保护技术的筛选试验，为保护方案的设计及中原地区传统建筑彩画的保护提供了有效的科学依据。

1 项目概况

1.1 嘉应观简介

嘉应观，俗名庙宫，又称黄河龙王庙，位于武陟县城东南，建造于清代雍正元年至四年（1723～1727年）（图1）。据《武陟县志》记载："嘉应观在二铺营东，雍正初年，以黄沁安澜奉敕建，规模壮丽，有铜碑刻。"相传武陟地势平坦，黄河决溢频繁，为了治理黄河水害，雍正皇帝亲自赴豫督办河工。筑坝堵口成功后，敕命河臣齐苏勒在堵口处建造淮黄诸河龙王庙，派知名匠师，并调豫、秦、晋、鲁、皖五省民工，遵照当时北京皇宫的标准营建。 雍正三年（1725年）二月，武陟龙

图1 嘉应观建筑布局

王庙中轴线建筑落成，雍正皇帝钦赐龙匾，定名"嘉应观"，亲自撰写并书丹碑文，立铜碑，建御碑亭。雍正四年（1726年），修建河台、道台衙署和观西侧陈公祠，年底嘉应观全部竣工。修建工程前

1．获2011年中国文化遗产研究院优秀文物保护项目三等奖。

图2 嘉应观龙凤纹样天花彩画

图3 嘉应观走马板彩画

后历时四年，分南、北两大院落，以路相隔，今南院全毁，唯北院尚存，共有殿宇145间。

1963年，嘉应观被公布为河南省第一批文物保护单位。2001年，国务院公布嘉应观为第五批全国重点文物保护单位。

1.2 嘉应观彩画及彩画保存价值

现嘉应观中院建筑为河南省文物建筑中比较纯正的清官式建筑群，其大木构件做法符合清工部《工程做法则例》。山门、严殿、中大殿、东、西龙王殿的内檐彩画保存基本完整，通过现状勘察未发现彩画有重绘补绘痕迹，应为清代原物。纹饰类似清代旋子方心彩画，梁架方心为反搭包袱式，图案以锦文、如意寿纹、龙凤、仙鹤及吉祥花草为主题，色彩主要使用青、绿、朱三大主色。为突出中大殿的等级高于其他殿宇，其额枋和柱头使用了沥粉贴金工艺，斗栱彩画以朱色为主，垫栱板沿袭宋式牡丹、莲花等纹饰。嘉应观现存内檐彩画面积约为1510平方米，图案清晰，色彩极为丰富，工艺细腻，技法娴熟，充分体现中原地区清代彩画工匠的高超技术（图2、3）。

著名古建筑专家祁英涛先生到嘉应观考察时特别指出，嘉应观各殿内的清代原始彩绘非常珍贵。

尤其中大殿天花板上的65幅圆形彩绘龙凤图，图中龙腾凤舞、姿态各异、色泽绚丽，是典型带有前清艺术风格的彩画作品，在北京已难寻觅。嘉应观清代彩画不仅是研究中原传统彩画的完整例证，也是研究中原彩画与清官式彩画区别的重要例证。

1.3 彩画修复历史

经过文献查询及现场调查，没有发现新中国成立前维修彩画的相关文献资料和实证。1984年，嘉应观由河南省河务局移交给中原石刻艺术馆，当时院落破败，杂草丛生，屋面漏雨，个别殿堂有坍塌。1985~1991年，对部分漏雨严重殿堂进行了治漏维修。由于年久失修，外檐彩画脱落、损坏严重，已无法分辨其颜色和图案，失去保护木结构的基本作用。在对漏雨殿宇维修的同时，在资金紧缺的情况下，艺术馆自筹资金把山门、严殿、中大殿、东、西龙王殿外檐彩画进行了重绘，据当年维修时参与的老匠师们介绍，内檐彩画未做过任何维修处理，保持了原状。此次彩画保护前期勘察中，特邀故宫彩画专家王仲杰先生和相关地方彩画研究专家、工匠通过现场勘察分析，基本断定嘉应观现山门、严殿、中大殿、东西龙王殿的内檐彩画为清代原物。

2 嘉应观清代彩画保存现状

因绘制年代久远，又缺乏养护，嘉应观清代彩画损坏较为严重。现内檐彩画已出现大面积污染、起甲、龟裂、空鼓等病害，而且日趋严重。保护调查范围主要针对山门、严殿、中大殿、东西龙王殿内檐彩画，彩画保存面积约1510平方米，各种病害累计面积约2796平方米。

山门、严殿面阔三间，进深两间，单檐歇山顶。内檐彩画未见修复痕迹，保存较为完整。彩画纹样类似清代官式"方心式旋子彩画－雅五墨彩画"。彩画主要病害为颜料层大面积起甲、结垢、积尘和部分剥落、水渍、裂缝等。

中大殿面阔七间，进深四间，重檐歇山顶。内檐彩画未见修复痕迹，保存较为完整。特别是天花彩画，是由65幅龙凤图案组合排列，风格较为独特，有很高的保存价值。中大殿彩画主要病害为颜料层大面积粉化、剥离，水渍、积尘较为严重。

东、西龙王殿面阔五间，进深三间，带前廊单檐歇山顶。内檐彩画未见修复痕迹，保存较为完整。内檐彩画形式类似清代官式"方心式旋子彩画－雅五墨彩画"。彩画主要病害颜料层起甲、剥离、水渍、积尘等。

3 嘉应观清代彩画制作工艺材料调查

为了后期的保护修复需要，针对嘉应观清代建筑彩画的制作工艺及绘画使用材料展开了调查。初步观察可以看出，嘉应观所保存的清代彩画基本使用了单披灰地仗，灰层上施白粉层，表面使用不同颜色颜料进行绘画。中大殿走马板为一布五灰地仗，同样，灰的表层施白粉层，然后使用不同颜色颜料进行绘画。主要使用了红、黄、蓝、绿、黑、白色颜料。绘画技法上使用了墨线勾勒纹样，红、黄、蓝、绿颜色进行渲染，基本以纯色为主，部分位置加有晕染。线条流利，色彩鲜明，上槛和承橼枋等部位使用了沥粉贴金，更显彩画制作工艺的精致。

3.1 分析取样及分析方法

此次分析检测，分别从嘉应观山门、严殿、东龙王殿、西龙王殿和中大殿五处内檐清代彩画上采集不同颜色颜料和地仗样品，共取样59个。采集位置选择彩画破损处，采样量为最少量，尽量对彩画不造成新的损坏。

利用实体显微镜、偏光显微镜、X射线荧光、X射线衍射、扫描电子显微镜、激光拉曼等仪器对样品进行了结构观察和成分分析。因为采集的样品量有限，样品污染严重，给分析检测带来一定的困难。工作中使用多种分析仪器测试，以弥补样品量的不足和相互校验分析结果。

3.2 分析结果

通过检测，嘉应观清代彩画使用颜料成分见表1。

表1 **嘉应观清代彩画使用颜料成分分析结果**

颜色	显色成分
红色颜料	朱砂（HgS）、铅丹（Pb_3O_4）
蓝色颜料	群青（$Na_6Al_4Si_6S_4H_2O$）
绿色颜料	巴黎绿〔醋酸亚砷酸铜 $Cu(C_2H_3O_2)_2 \cdot 3Cu(AsO_2)_2$〕、氯铜矿〔$Cu_2Cl(HO)_3$〕
黄色颜料	雌黄（As_2S_3）
白色颜料	高岭土〔$Al_2Si_2O_5(OH)_4$〕

3.3 工艺分析

嘉应观的清代彩画地仗应分两种制作方式，梁架和中大殿天花彩画地仗为单披灰做法，灰层较薄，灰层与表面颜料层之间有高岭土的白色粉底层，白色粉底层上直接用墨线勾勒纹样，再用不同颜色的无机颜料填充在纹样中，纹样中有不同颜色颜料重叠渲染现象。

中大殿走马板的彩画地仗做法与梁架上的不同，地仗为一布五灰的做法，灰层较薄，制作较为粗糙。走马板由约20厘米宽的木板拼接而成，接缝使用石灰（$CaCO_3$）填充找平，然后在板面抹油灰贴麻布制作一布五灰地仗，地仗层上涂高岭土的白色粉底，粉底层上进行绘画上色（图4）。

除以上两种地仗做法外，中大殿天花彩画中有八块为20世纪80年代补做，使用的工艺与传统不同。传统天花与梁架做法相同，为单披灰地仗。后期补做地仗据当时施工工匠介绍是宣纸地仗，即木板上表糊宣纸用广告颜料在宣纸上仿原天花图案临摹制成的软天花，现在可以看到后期补做天花与老天花相比色调发白。

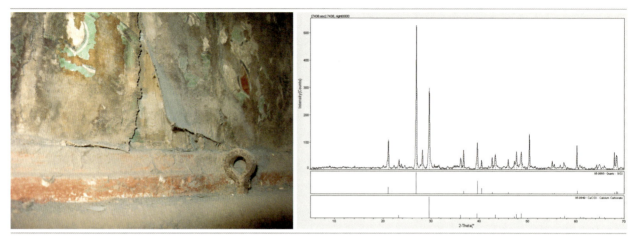

图4 嘉应观走马板一布五灰地仗及缝灰XRD分析谱图（碳酸钙）

3.4 讨论

通过以上分析调查，证实嘉应观清代彩画的绘制使用了矿物颜料，各殿使用的颜料种类基本相同。红色颜料使用了朱砂和铅丹；蓝色颜料使用了群青；绿色颜料使用了巴黎绿和少量的氯铜矿；白色颜料使用了高岭土；黄色颜料使用了雌黄；沥粉表面使用了贴金工艺；白色粉底层使用了高岭土。

嘉应观清代彩画地仗制作工艺初步观察有两种，一种为单披灰做法，一种为一布五灰做法。其中的布使用了麻布，木材接缝处均使用了石灰填充找平。

通过对样品的分析，发现很多样品颜料层为不同颜色颜料重叠渲染使用，颜料层较薄，这与绘画技法有关。整体图案色彩丰富、生动、明朗。同时，通过对分析样品的显微观察，发现彩画表面颜料层粉化及污染现象较为严重，亟需加固处理。

4 嘉应观清代彩画病害分析

彩画的周边环境对彩画的保存至关重要，从2009年承接了保护前期勘查起，针对彩画的周边环境就开展了监控记录工作。采集的数据为2009年11月~2010年7月近一年间的中大殿内温湿度及光照数据，同时查询当地气象站采集的殿外大环境温湿度监测数据，相互比较，掌握彩画保存周边小环境和大环境间的变化和差距，对研究环境和彩画保护的影响提供了可靠依据。

通过对温湿度的比较，可以看出殿外与殿内温湿度变化趋势基本相同，也就是殿内的温湿度随着殿外的温湿度变化而变化，冬季随着参观人数的减少，大殿的开门次数也有所减少，温湿度变化与殿外略有差异。检测期间，中大殿内年最高温度可达到34.8℃，最低温度达到-14.3℃，湿度年最高达到80.9%，最低达到25%。而且变化不是缓慢地变化，尤其是湿度，一天内或天与天之间变化强烈，冬季5℃以下的室温湿度将近80%的情况也时有发生，这样的保存环境对彩画的保护必然造成一定的不良影响，加快了彩画的劣化进程，尤其在彩画胶结材料日趋老化的情况下，结露、冻融、包括木基体的热胀冷缩，都加快了彩画颜料层和地仗层的脱落病害的发生。

　　嘉应观清代彩画因年久失于维护，破损状况严重。主要病害分三类：一是颜料层和粉底层的粉化、脱落；二是颜料层表面污染、积尘结垢；三是地仗层的起翘、空鼓。通过现场勘察和对保护环境的调查可以推断病害的成因：一与早期的建筑漏水有直接关系；二与长时间的缺少维护、保护有关；三也是现今较为明显的难以解决病因就是大殿内的温湿度变化剧烈，使病害发展愈加严重。为能保住这些珍贵的历史文物，尽快地对其进行加固保护处理势在必行。

5 嘉应观清代彩画保护试验

5.1 保护试验

　　根据以往的工作经验和保护修复文献的查询，前期试验中工作人员选择了其他保护工程较为常用且保护效果良好的几种加固材料，进行嘉应观彩画清洗、加固试验。

　　彩画表面污染物清除试验，首先使用洗耳球、毛刷等工具清除彩画表面灰尘，使用浓度50%的乙醇水溶液回软结壳的灰尘、鸟粪等污染物，再用手术刀或海绵擦、棉花等工具清除。

　　加固试验，是在试验范围内平均分为四块，分别使用桃胶、骨胶及丙烯酸类树脂AC33、B72不同加固材料进行可操作性试验及效果评估。颜料层回软使用热蒸气。

　　地仗层加固及修补，使用原地仗中的传统黏结材料油满和古建筑修缮常用的聚醋酸乙烯酯两种加固材料，结合传统油灰，分别对板缝间缝隙、麻布地仗的空鼓、起翘进行加固修补试验。地仗层回软使用热蒸气。

5.2 试验效果评估

　　四种加固材料对彩画表面颜料层都有一定的加固作用，颜色略有加深，无炫光（图5）。其中沥粉贴金部位的颜料层较厚，B72的乙酸乙酯溶液挥发较快、渗透不够，只对颜料层表面起作用，如多次加

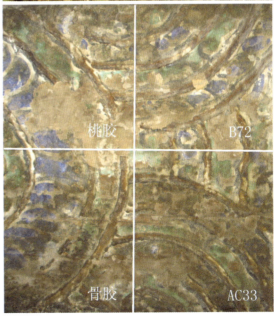

图5　嘉应观彩画加固前、后

图6 嘉应观一布五灰地仗使用油满加固前、后

固，浓度上升会使表面颜色加重，沥粉起翘加固时会用到热蒸气回软，所以加固材料中也不宜使用有机溶剂；桃胶、骨胶、AC33可以低浓度多次加固，对颜料层表面结垢的清除也有一定的帮助，可操作性上没有太大差别。骨胶、AC33两种材料加固后，画面颜色比桃胶略微加深，周边水印也较明显，桃胶、骨胶、AC33为水溶性加固材料，处理不当都会出现水痕，但在施工过程中整体要进行加固处理，也可避免水痕的产生。通过对加固效果的评估，确定选用3%～5%的桃胶水溶液作为画面加固材料比较合适。桃胶既为中国绘画的传统黏结材料，又具有较好的可再处理性，可操作性强。使用桃胶操作时室温在10℃以上，渗透效果更好。

一布五灰地仗层空鼓、起翘部位选择了两种材料进行灌浆加固试验。在古建修缮中因聚醋酸乙烯酯容易操作，是彩画地仗常用的加固材料。但在对麻灰地仗的加固上，亲和性和黏结强度都不如传统黏结材料——油满效果好。用油满加固地仗的空鼓不用开大口清理原地仗灰，用粗针管将稀释的油满注入空鼓部位，回贴支顶，干燥后去掉支顶，地仗层表面就非常平展，麻布与板壁黏结密实，而且不容易出现水痕。需要注意的是，油满用量不宜过多，过多会使地仗层发黑，影响彩画表面颜色（图6）。

5.3 保护试验结果

通过前期试验效果评估，筛选出保护效果理想、可操作性强的保护材料和方法，将用于嘉应观清代彩画全面的保护处理工程中。保护施工步骤应为：画面污染物清除—表面颜料层预加固—地仗层回软加固—颜料层整体回软加固—修补地仗层。为保证现存旧彩画加固回贴后的稳定，在画层加固完成后，单披灰地仗与一布五灰地仗缺失脱落部位，使用油满加细灰全面进行修补，补做的地仗层要低于原地仗层，要与原地仗紧密结合，补做地仗不重新绘制图案。

6 总结

科学、深入、细致的前期调查研究，是嘉应观清代彩画保护修复的基础。阐明嘉应观清代彩画颜料、工艺使用状况和特点，为研究中原地区传统彩画形制、图案、制作工艺提供了翔实的历史信息。同时，嘉应观彩画病害、病因、保护材料和保护技术的相关研究，对相同工艺的清代彩画保护修复提供技术支撑，也指导河南地区古建筑彩画保护修复向着良好的方向发展。

7 参加人员

项目负责人 陈青

主要参加人员

中国文化遗产研究院：胡源

河南省文物建筑保护设计中心：陈磊

中国文化遗产研究院

优秀文物保护项目成果集（2011～2013）

第二编

2012年

简　介

2012年中国文化遗产研究院共组织完成了79个文物保护项目，其中保护规划项目36个，保护维修设计项目21个，保护修复设计项目18个，保护与展示设计项目4个。统计结果见图1。2012年，为了更好地组织优秀文物保护项目的评选工作，中国文化遗产研究院编制并颁布了《中国文化遗产研究院优秀工程项目评选办法》，并将该项工作正式纳为年度常态化的一项工作。

2012年有13个项目参评年度优秀文物保护项目评选。根据专家评审意见，经院党政联席会综合分析评估，评选出中国文化遗产研究院2012年度8个获奖的优秀文物保护项目（图1）。

一等奖：1项

1.潼南大佛本体保护修复工程

本项目在实施过程中，组织科学严谨，研究与分析贯穿始终，资料信息留取全面。该项目充分体现了传统工艺与现代材料有机融合的保护理念。

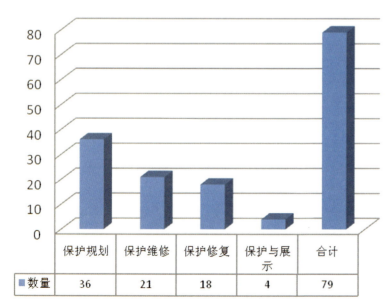

	保护规划	保护维修	保护修复	保护与展示	合计
数量	36	21	18	4	79

图1　2012年中国文化遗产研究院完成文物保护项目类型统计

二等奖：4项

1.清东陵裕陵维修工程设计

该项目根据清东陵裕陵的具体情况，开展了多学科的勘察与调研，提出的裕陵建筑价值概念具有独到性，方案维修措施具有较强的针对性，提出了"个体修复价值与整体修复价值相结合"的原则，并贯穿到方案设计中，对于文物维修项目具有启发性和示范性。

2.佛宫寺释迦塔保护规划

该规划现场调研翔实，资料收集全面，分析准确、到位，规划措施结合了申遗和古城保护的相关理念，考虑到了历史城市的格局、环境以及与现代城市发展的关系，对古塔周边环境的控制和改善起到了指导作用。

3.哈尔滨圣索菲亚教堂维修工程设计总体方案

该项目根据教堂建筑形式复杂、维修技术难度大的特点，开展了多学科、全方位的前期调研、勘察与专项研究工作，提出的维修设计理念准确、保护措施系统较完整，为保护维修工程提供了有力的科学依据。

4.承德安远庙石质文物科技保护方案

该项目前期调查翔实，病害分析较科学；针对凝灰岩进行的室内和现场试验规范，效果良好，为下一步工程实施提供了科学依据；技术措施合理，水硬石灰在凝灰岩石质文物保护中的应用具有创新性。

三等奖：3项

1.承德殊像寺清代彩画保护工程设计

该项目保护原则正确；前期调研工作翔实，病害分析准确；传统材料（油满）的分析结论对同类型的保护工程技术具有指导作用；室内和现场试验工作充分，效果良好，为下一阶段工程实施提供了科学依据。

2.青海玉树新寨嘉那嘛呢堆保护规划

该规划较好地结合了灾后的重建工作，具有较强的可操作性，规划提出的保护措施合理，增加非物质文化遗产的内容，结合了宗教与少数民族的风俗特点，对边疆少数民族文物的保护工作具有示范意义。

3.淮安清口水利枢纽保护与管理总体规划

该规划现场调研工作细致、完整，规划对保护对象的界定较准确，对大运河申遗工作起到了较好的支撑作用。提出的保护区划和保护措施合理，保护管理规划具有可操作性。

佛宫寺释迦塔保护规划[1]

〖摘要〗

　　佛宫寺释迦塔（俗称应县木塔）建于辽代，是世界现存最高的古代木结构楼阁式塔，第一批全国重点文物保护单位。2011年6月，受朔州市文物局委托，中国文化遗产研究院承担了《佛宫寺释迦塔保护规划》（以下简称规划）编制工作。

　　规划组在清华大学图书馆和资料室、北京大学图书馆善本库、国家图书馆善本库等处查阅大量相关资料与文献，通过研读、消化与梳理，厘清其建造和保护历史脉络。同时，与山西省、朔州市、应县的相关部门座谈、沟通、调查现场，走访当地居民，广泛听取意见。2011年底完成规划初稿，经多次征求意见和修改，形成正式文本。2012年3月，获得国家文物局原则批准。该规划为全国重点文物保护单位保护规划，属文物保护专项规划。依据国家有关法律法规编制，经依法审批公布后，作为佛宫寺释迦塔保护、管理和利用的法规性文件，并纳入《应县城市总体规划》。本规划范围以佛宫寺释迦塔现行保护区划为基础，结合应县县城历史规模和范围，确定了规划区域。规划面积约1461.3公顷。规划期限为2011～2025年，分近、中、远三期实施。

1 项目概况

1.1 文物概述

　　佛宫寺释迦塔位于应县县城西北隅、佛宫寺南北中轴线上，塔基南部正中地理坐标：北纬39°33′54.12″，东经113°10′55.26″，海拔高度988.6米，是寺院的中心建筑。塔始建于辽清宁二年（1056年），初名宝宫禅寺，后更名为佛宫寺。明代成化以后，寺院逐渐衰落。清康熙、雍正年间，曾进行大规模维修。后逐渐破败，仅保留释迦塔等少量古建筑，格局已不完整。

　　释迦塔总高65.838米，平面为八角形，每面为三间。台基平面基本为方形，各转角处有石角兽。塔由塔基、塔身、塔刹三部分组成，有明层五层，暗层四层。首层为重檐，副阶周匝，南北开门。二至五层为单檐，有平座。木构件表面有油饰彩画，顶部有藻井。全塔有斗栱54种，铺作间栱眼壁有彩

---

1. 获2012年中国文化遗产研究院优秀文物保护项目二等奖。

画；塔内五个明层共有佛像26尊，其中一层1尊，二层5尊，三层4尊，四层7尊，五层9尊；塔上还有壁画和51块匾额楹联。1974年，维修佛像过程中，发现辽代契丹藏经卷、舍利佛牙、佛像等重要文物。

佛宫寺内现存牌楼、钟楼、鼓楼、释迦塔、拱桥、大雄宝殿群组等古建筑和仿古建筑山门，以及铁鼎、铁幢、铁狮、铁钟、石狮等明代遗物和塔幢、碑刻等文物。

2002年对佛宫寺遗址进行钻探，发现辽金时期建筑、夯土基础、烧土类遗迹、道路、水井遗址和近代建筑基址8775.7平方米等，但格局和形制尚难确认。

20世纪50年代以来对释迦塔实施多次抢险维修。

1.2 规划对象

通过评估，确认规划文物本体为释迦塔以及与释迦塔有直接关联的佛像、壁画、匾联和佛像内发现的辽代契丹藏经卷、舍利佛牙、佛像等文物，佛宫寺现存牌楼、钟楼、鼓楼、释迦塔、拱桥和大雄宝殿群组等古建筑。

近年重建的山门和展室、办公室、监控室、接待室、厕所等建筑，作为非文物建筑纳入规划。在释迦塔周边还有净土寺、明清应县城墙遗址、真武庙、广盈仓等文物古迹、历史城区和传统民居区等，也作为相关对象纳入规划范畴。

释迦塔周边已建有仿古商业街、仿古商业建筑等，对文物环境有较大影响。

2 价值评估

2.1 文物价值

佛宫寺释迦塔是世界上现存最高的古代木结构楼阁式建筑，在世界建筑史上占据举足轻重的地位，具有不可替代的重要历史价值；释迦塔及其附属文物反映了辽代佛家文化内涵，反映以塔为中心的早期佛寺建筑格局特点；释迦塔将横向的佛寺布局与塔的形制结合，形成竖向的佛寺空间集合体，形成特殊的寺院构成；释迦塔是辽宋时期边疆关系的实物见证，与辽代佛教盛行及统治者稳定边疆民心有着密不可分的关系，反映辽金时期应县的军事地位；释迦塔处在辽代应州城中心，在明清应州城中也占据重要位置，与应县城市历史紧密关联，是应县重要的地标建筑；释迦塔佛像内发现的辽代契丹藏经卷，是对佛教经典的重要补充和印证。

释迦塔是研究我国古代高层木结构建筑的唯一实例，其结构性能和建筑技术显示了辽代木结构建筑设计和建造技术高超水平，对建筑科学研究有重要价值；刚柔相间的结构体系具有良好的抗震性能，对探索优化现代建筑抗震设计具有重要的科学参考价值。

释迦塔造型端庄，比例匀称，集建筑、佛教、彩塑、绘画、书法、石刻艺术于一身，是举世瞩目的艺术宝库，具有独特的艺术价值；释迦塔现存佛像、壁画、匾额、碑刻等，是研究同时期历史文化艺术的珍贵实例。

2.2 社会价值

释迦塔是中国作为东亚木结构建筑发祥地和主要分布区的重要标志，对提升应县在国际上的知名度有积极作用；释迦塔是应县的标志性建筑物，在应县人民心目中占据重要位置；释迦塔是应县乃至山西省的重要文化遗产和旅游资源，具有重要的社会影响力。

3 规划对象现状评估

3.1 释迦塔

释迦塔基本保持原历史建筑形制，明层外槽斜撑被拆除，结构体系基本完整；总体结构在自重和外力长期作用下出现严重的压缩沉降、扭曲变形、倾斜等现象；柱子有不同程度的沉降，北、西北方向最为严重，且以二、三层最为明显；塔体二、三层呈现扭曲状变形，并不断发展，引起结构稳定性有所变化；部分木构件糟朽风化、劈裂或压裂，造成承载能力下降；木材干缩老化以及长期负荷下的纤维松弛，造成木构件强度降低；塔内大量栖息燕子、鸽子，对防虫有一定效果，但动物粪便污染文物并造成一定的腐蚀。

释迦塔地基基础基本稳定；台明总体完整，局部有鼓闪、开裂和渗漏问题，石构件表面滋生苔藓地衣；台基现存19个转角石角兽，缺失5个；石刻风化严重；防护玻璃罩影响通风，导致结露长草，造成保护性破坏。

释迦塔屋面栈棍望板局部变形和糟朽，泥背松散；瓦顶长草，瓦面普遍松动，部分破碎，局部渗漏。

木构件表面彩绘存在白粉底层开裂、空鼓、起翘，颜料层脱落、粉化和表面污染现象；现有414块栱眼壁，其中37块彩绘完全脱落，一层内檐最为严重；栱眼壁表面普遍被后涂白色涂料；外檐栱眼壁污染严重；部分栱眼壁彩绘空鼓、崩裂、脱落；一层壁画颜料层粉化、脱落，表面积尘、水渍污染严重。

3.2 释迦塔附属文物

释迦塔二至五层佛像在"文化大革命"中遭到严重破坏；20世纪80年代修复后，总体良好；佛像表面存在地仗空鼓、开裂，颜料层起甲、粉化，鸟粪和灰尘污染等问题；塔上匾额楹联存在糟朽、开裂、地仗起翘、脱落，颜色层脱落等问题，外檐部分尤其严重。

3.3 院落

佛宫寺释迦塔现有围墙以内地面已铺砖，采用漫排式排水，缺乏有组织排水，西半部局部排水不畅，导致雨后院落积水。

3.4 释迦塔影响因素

释迦塔原有结构构件和后添加结构加固构件总重量约为7400吨；如不计一层土坯墙重，木塔自重约为2885吨。木材材性变化导致承载能力下降，部分构件损坏。

风、地震、生物等自然因素对释迦塔总体结构和构件安全有较大影响。两次遭受炮击和拆除二层以上明层外槽夹泥墙和斜撑，也对塔体结构产生严重影响。

3.5 其他文物

佛宫寺现有格局为明清以后形成，且仅存中路布局，辽代佛宫寺边界和格局不清；临街牌楼、钟鼓楼、拱桥、释迦塔北侧院落内钟鼓亭、东西配殿、大雄宝殿近年均经过修缮，总体保存较好。

佛宫寺现围墙内区域发现的古代遗址多残破，难以确定其原格局和形制；现已被回填；现围墙以外区域未作考古探查，地下遗存情况尚不明，佛宫寺建筑格局不详；牌楼与山门之间原民居区被现代广场和仿古商铺替代，中央树立观音像，不符合历史格局；由于文献资料欠缺，佛宫寺历史沿革尚有待考证。

佛宫寺内的铁鼎、铁幢、铁钟保存相对较好，铁狮存在锈蚀、缺失等病害，石狮存在风化、缺失等病害，塔幢、碑刻普遍存在风化、生物侵蚀等病害。

3.6 非文物建筑

山门建筑形制和位置均有改变，建筑质量较好，现作为参观主入口，满足现代管理利用需求；院内近年所建展室、监控室和办公接待建筑的形式与释迦塔文物环境基本协调，但不符合寺院历史格局。

3.7 周边环境

近年发现辽应州城北城墙部分遗址，详情待考古成果证实。明清应州城城墙残留遗址原外包砖墙被毁，夯土裸露，风化剥蚀严重，真武庙以东城墙部分残留外包砖墙，其余部分已无地上遗迹。净土寺总体格局改变，规模缩小；大殿保存较好，其余建筑均为后建，不合规制。真武庙仅存与城墙结合的城台，城台包砖缺失较多；殿堂无存，现有建筑为近年所建，不合规制，改动较大；原址现为烈士纪念建筑，外观整齐。广盈仓仓房因佛宫寺后新建仿古建筑而向西迁移50米，建筑本体良好。

释迦塔东侧民居区，基本保持明清传统街巷肌理和尺度，与释迦塔保持良好的空间关系；民居建筑以平缓单坡屋顶为主，造型简朴，色彩灰黄，高度、体量与文物景观协调；现存传统民居未得到有效保护，房屋质量较差，部分建筑已坍塌；建筑密度偏高，人口稠密，基础设施不完善，环境卫生较差；佛宫寺与东侧民居区间距过近，缺少消防通道和隔离带，存在消防安全隐患。

3.8 仿古建筑

释迦塔北侧新建仿古建筑群，缺乏历史依据，不合古代建筑规制，体量庞大，严重破坏释迦塔景观环境，局部占压明清应县城墙遗址；牌楼与山门之间的仿古商业建筑，局部体量庞大，造型不佳，与历史格局不符，影响文物环境景观；释迦塔南侧仿古商业街（西街、辽代街）改变城市历史形态和格局，建筑形式单调，体量偏大，影响释迦塔景观。

3.9 城市景观环境

外围地形与水系格局尚存，周边传统城市风貌改变较大。释迦塔东侧、北侧原有雨污自然汇聚形成的水塘，现已填平，成为荒地，杂草丛生，垃圾成堆；释迦塔位于平原，环境景观基本保持，视线通廊良好。但是，城市建设对释迦塔及周边景观环境的影响逐步加强，景观控制问题亟待解决；规划范围内有大量现代住宅楼、商业建筑和办公建筑，层数多为四层以上；释迦塔东南已建成高层建筑和西南方在建高层住宅楼群，对释迦塔环境景观影响较大；释迦塔西侧新辟城市广场，景观景点设计与文物缺少协调，未考虑对明清应州城墙遗址的影响；释迦塔景观与附近的应县城墙遗址、净土寺以及真武庙等缺乏联系。

4 文物现状综合评估

4.1 现行保护区划

山西省人民政府《关于公布太原晋阳古城遗址等102处全国重点文物保护单位保护范围的通知》（2008年8月）确定佛宫寺释迦塔文物保护范围和建设控制地带，但部分界划表述不清楚，易引起歧义，难以操作；典型地标变化较大，影响划界；未考虑释迦塔与应县历史城区的关联，难以应对城市发展对历史环境的影响；管理规定欠缺，影响实际控制力；对释迦塔周边景观视廊考虑不够，缺少控制。

4.2 文物保护现状评估

20世纪70年代以来采用多种技术对释迦塔的结构变形进行监测，获得大量数据；2008年起，实施释迦塔整体结构稳定性和局部结构变形不间断监测、地震与地面脉动监测和环境监测，为分析释迦塔结构提供了依据；结构安全监测有待完善，综合监测系统尚不完善，缺少整体结构危险预警功能；大雄宝殿东侧耳房现为结构监控室，具有监测仪器设备维护与管理，数据采集等功能。但是，监测缺少连续性，对监测结果缺少定期评估。

近代以来多次实施保护工程。已实施保护工程对维持释迦塔总体稳定有一定效果；综合监测工作逐步健全，取得初步成果；释迦塔总体状况复杂，凭借已有监测与分析成果，尚不能确定总体保护方案。1934年拆除二层以上明层外槽内部斜撑，对释迦塔结构造成破坏性影响。

4.3 展示利用现状评估

1985年，释迦塔对外开放，展示以登塔参观为主。早期游人可上至顶层，后因结构问题，改为登至二层。院内有展室，展示从释迦塔佛像内部发现的舍利佛牙等珍贵文物，建筑面积仅180平方米。

据统计，近些年参观游人每年约13万左右，并有逐步升高的趋势。一般游客停留参观时间在0.5～1小时之间。

总体看，游客登临对释迦塔结构安全的影响尚待评估；现有展示内容和深度未能全面展示释迦塔文物价值和文化内涵，缺少对佛宫寺文物内涵的挖掘，展示空间及条件有限，展示服务设施匮乏；周边仿古商业街与释迦塔缺少关联，销售商品鱼龙混杂、档次低劣。

4.4 管理现状评估

应县木塔文物保护管理所为释迦塔的管理使用单位，隶属应县文物局，负责包括释迦塔在内的佛宫寺文物管理、保护、研究、宣传和合理利用工作；管理机构可以履行释迦塔日常管理和使用的基本职责，但无法满足释迦塔保护工作的需求。文管所现有编制40个，在编人员35人，其中高级职称1人，中级职称9人，初级职称12人，临时工28人，缺乏必需的专业技术人员，管理和保护研究能力有待提高；牌楼和山门间区域缺乏管理，影响文物保护及旅游发展的需要。

文管所在山门内东、西两侧有管理办公用房约912平方米，管理用房布局缺少统一规划，部分房屋闲置，堆放杂物，供暖设备陈旧，且距释迦塔较近，存在一定的安全隐患，不能满足管理和安全保卫工作需求。

释迦塔现围墙内土地已划为文物古迹用地，文管所制定了《应县木塔工作管理手册》《岗位职责》等管理制度，但制订时间较早，需更新、完善。

4.5 安全防护

2005年在管辖范围内建立安全监控系统，后补充监控点，设夜间值班人员，制定《应县木塔突发事件应急预案》，但安全防护设施不完善。

在消防方面，已制定《应县木塔消防疏散预案》，院内设有消防水池，塔内各层和庭院摆放手持式灭火器。附近设有消防队，消防车可至释迦塔旁。由于未限制燃放烟花爆竹，缺乏火灾防范应急预案，对释迦塔构成极大威胁；释迦塔东侧民居区存在消防隐患，部分民居距文物较近，不符合消防要求。

释迦塔无防雷设施。塔顶原有铁塔刹与地面没有金属连接，但历史上未遭雷击。

释迦塔东北侧原为雨水汇区，现已干涸，被垃圾填平。据说历史上曾受到暴雨引发的水患侵袭。

4.6 基础设施现状评估

应县周边道路系统完备，荣乌高速公路可至太原市和大同市；S210、S303省道串联雁北地区多处重要文物古迹；佛宫寺释迦塔周边有西街、迎宾路、北环路、北街等城市道路。

释迦塔周边无旅游专用停车场，参观车辆直接停放南侧牌楼附近，影响城市交通；内部车辆可从东侧大门进入。

释迦塔供电来自城市供电系统，主要需求为管理展示、监控系统和生活照明。照明线路缺乏系统设计，不符合安全规范要求。电线架空设置，对文物景观有负面影响。

佛宫寺释迦塔管理区已引入程控电话，现有固定电话两部，分别安置在东、西两侧办公区；寺内另有内线电话网，各办公室设置有内线电话。原有对讲机已老化闲置。

释迦塔管理范围的给水系统已接入应县市政管网；东部院落排水已接入市政排水管网，西侧仍依靠自然排水；院落内局部地表排水不畅，大雨过后会积水，偶尔发生倒灌现象；厕所排污接市政管网。

佛宫寺释迦塔院落内已采用集中供暖系统。

释迦塔上和院内设有多处垃圾箱，山门内东侧建有公共厕所。

4.7 考古调查和研究现状评估

1933年，梁思成、刘敦桢等考察测绘释迦塔，并发表论文。1943年，陈明达测绘释迦塔，1964年出版《应县木塔》。梁思成、陈明达等根据史籍、遗址，对佛宫寺布局做了复原研究。

20世纪70年代以来，开展多项释迦塔保护研究，测绘释迦塔，勘察释迦塔问题，建立释迦塔结构稳定性监测系统。

2002年，对释迦塔周边区域进行考古勘察，已有成果影响对佛宫寺范围和格局的判定，未能提供释迦塔与辽应州城和明清应州城历史关联的实证资料；对释迦塔的保护研究，因认识能力局限，尚未形成准确认识；释迦塔的整体结构、建造技术和保护方面的研究工作，缺少系统组织，研究方向分散。

5 规划总则

5.1 规划原则

本规划坚持"保护为主、抢救第一、合理利用、加强管理"的文物保护工作方针，全面保护佛宫寺释迦塔的真实性、完整性和安全性；科学、系统、有效地进行释迦塔文物保护工作；加强对释迦塔文物的保护管理工作，提高管理水平和力度；在确保释迦塔文物安全的基础上，进行重点展示。

5.2 规划目标

规划目的要使佛宫寺释迦塔的真实性和完整性得到保护,周边环境得到明显改善,保护技术取得显著成果,管理工作得到加强,保护能力得到提高,展示水平明显提升,公众文物保护意识得到提高,文物保护与社会经济发展和人民生产生活关系得到改善。

5.3 规划结构

根据释迦塔以及应县城市历史格局和文物现状的保护、展示和管理需求,规划建立"一点、三环、双十字"规划结构。一点,即释迦塔,为保护的核心;三环,即佛宫寺寺域围墙、明清应州城城墙和辽代应州城城墙形成的三个环形结构;双十字,即释迦塔南北和东西两方向的视廊景观形成的景观十字和明清应州城内部的十字街干道。

5.4 保护区划

5.4.1 界划原则

以佛宫寺释迦塔文物本体及其环境的安全性和完整性要求为依据,参考相关研究成果,结合文物管理和城市发展需要,调整佛宫寺释迦塔保护区划。在考古工作尚无法确认佛宫寺范围的阶段,保护范围暂时以现有围墙为依据;保护区划控制体现释迦塔与辽、明清应州城的历史关系;保护区划界线尽可能与释迦塔及周边街区、道路关联,提高可操作性;净土寺、应县城墙、真武庙和广盈仓仓房的保护区划执行相关文件。

5.4.2 四至范围

(1)文物保护范围

东、西、北侧以佛宫寺现有围墙向外扩15米,南侧至西街路北侧;面积5.1公顷。本范围为暂定范围。待考古工作证实佛宫寺寺院范围后,重新核定释迦塔文物保护范围。

(2)建设控制地带

西至大同路,南至新建东西街,东至瑞东北路,北至荣乌高速公路,文物保护范围以外区域,面积399.8公顷(其中包括其他文物保护范围面积2.4公顷)。

①Ⅰ类建设控制地带:瑞东北路向北延长线以西、北环路以北、大同路向北延长线以东、荣乌高速公路边以南区域为Ⅰ类建设控制区,面积235.1公顷。

②Ⅱ类建设控制地带:瑞东北路以西、东西街以北、迎宾北路以东、北环路以南区域和南街以西、西街以南、迎宾路以东、二道巷以北区域以及此区域南侧辽代街东西边界以内区域,为Ⅱ类建设控制区,面积67.7公顷(其中包括其他文物保护范围面积2.4公顷)。

③Ⅲ类建设控制地带:建设控制地带以内,文物保护范围和Ⅰ、Ⅱ类建设控制区以外区域为Ⅲ类建

设控制区；面积97公顷。

④环境协调区：西至西侧省道S303，北至荣乌高速公路，东至八一排水沟，南至南侧省道S303，建设控制地带以外区域为环境协调区，面积1056.5公顷。

5.5 管理规定

5.5.1 文物保护范围

文物保护范围的土地性质全部调整为"文物古迹用地"；文物保护范围土地由国家征购，归文物管理部门管理，任何单位或个人不得侵占、挪用。

不得进行任何影响释迦塔文物本体及其环境的安全性、完整性的活动。

不得进行任何与考古、文物保护措施无关的建设工程，或者爆破、钻探、挖掘等作业。因特殊情况需要进行时，应按法定程序上报国家文物局批准。

建设文物保护设施，建筑檐口高度不得超过4米。采用应县明清传统建筑风格，屋顶采用平缓坡屋顶或平屋顶，外立面不得使用琉璃瓦和釉面砖等现代建筑材料。

任何建设活动，必须首先进行考古发掘，必须履行法定申报程序，执行资质管理。

5.5.2 建设控制地带基本管理规定

不得改变该历史城区的街巷格局、尺度和地形地貌。

不得拆除区内文物保护单位和列为暂保文物的传统民居、近代建筑，只允许按照文物法规维修；

任何建设工程不得破坏文物及其环境景观、历史风貌。

建设控制地带内建设项目，必须履行法定报审程序，经国家文物局同意，报山西省城市规划行政主管部门批准后，方可实施。

建设控制地带内发现古代遗址，应及时通报文物部门，实施必要的保护管理措施，并根据遗址价值及时调整保护区划。

重视辽应州城、明清应州城和护城河遗址等历史环境因素的完整性保护，一旦发现，应及时划入文物保护范围。

不得建设污染文物环境的市政、电力、电讯以及广告牌等设施，不得开展可能影响文物保护单位安全的活动。

严格控制土地使用性质，不得扩大建设用地比例，逐步提高非建设用地比例。

执行《应县城市总体规划》有关该区域的建设控制要求。

（1）Ⅰ类建设控制地带管理规定

执行建设控制地带基本管理规定；

Ⅰ类建设控制区为"禁建区"，维持现有城市绿地和农田功能，不得建设任何与文物保护、管理和展示无关的设施；

（2）Ⅱ类建设控制地带管理规定

执行建设控制地带基本管理规定；

尽量保留民国及其以前的民居建筑，传统民居维修和翻建原则上维持原有高度，保持平缓坡屋顶；

新建房屋的檐口高度不得超过4米，北街以东区域的公共建筑檐口高度可放宽至7米。应控制建筑体量，色彩以灰黄色为主调，外观应采用明清地方传统建筑形式，平缓坡屋顶；不得使用琉璃瓦、釉面砖。

（3）Ⅲ类建筑控制地带管理规定

执行建设控制地带基本管理规定；

区内传统民居翻修、改造和历史街区整治，应尽可能维持原有城市肌理，体现原有形态、风格和体量；

建筑檐口高度不得超过7米，以二层为主，采用明清地方民居建筑风格，屋顶以平缓坡屋顶为主，建筑色彩以灰黄色为主调。外观应与应县明清传统街区风格协调，外观不得使用琉璃瓦、釉面砖。

（4）环境协调区管理建议

该区域内进行任何建设活动，应首先进行考古发掘，确认无古代遗址，方可进行建设；

环境协调区内发现古代遗址，应根据其价值调整保护区划；

根据环境协调区对释迦塔景观的影响，划分不同区域，提出相应的建筑高度控制指标。

（5）禁建区和限建区

规划根据保护管理需要，在规划区域设置禁建区和限建区，其中文物保护范围和部分Ⅰ类建设控制区、环境协调区为禁建区。佛宫寺与明清应州城墙遗址之间区域，作为禁建区管理，不得兴建任何建筑设施。Ⅱ、Ⅲ类建设控制区和环境协调区北环路以南区域为限建区。同时，对环境协调区设置12～36米的四级高度控制区。

在保护区划管理规定基础上，规划对禁建区和限建区提出进一步的控制要求。

6 文物保护规划

6.1 规划原则

坚持"不改变文物原状"的原则，保持文物现状及其所附带的全部历史信息；坚持"原址保护"原则；坚持"尽可能减少干预"原则，强调保护措施的科学性与延续性，一切保护修复措施不应妨碍再次保护；坚持"可识别"原则，所有保护内容应有准确的档案记录和永久的年代标志。

6.2 日常监测

全面开展以结构安全状况评估为主的释迦塔综合监测工作，并在结构研究基础上增加安全预警的内容。开展释迦塔结构加固保护实施过程中的结构安全和施工过程监测，确保施工中的文物安全；开展保护工程实施后的结构保护加固效果评价和后期结构安全的监测。

6.3 日常维护

将日常维护作为释迦塔本体保护的常规工作，完善保障制度，加大日常维护资金的投入；加强安全巡视检查，及时发现释迦塔本体及附属文物的变化，采取必要的临时防护措施，并及时上报文物主管部门；定期清除释迦塔瓦面、台明等部位滋生的杂草树木，及时勾抹灰泥开裂或脱落的瓦面；定期清扫释迦塔及其他文物表面的灰尘和鸟禽粪便；及时清除庭院积水。

6.4 释迦塔保护

6.4.1 主体结构加固

①进一步开展释迦塔结构稳定性综合监测，完善监测系统，为制订释迦塔保护和加固方案提供技术依据。

②制订释迦塔总体保护和局部加固方案，实施保护和加固工程。

③针对释迦塔二、三层结构变形问题，制订底部三层结构加固方案。

④采用轻型材料模仿释迦塔明层外槽斜撑体系，加强结构整体性。

⑤采取适当技术，加固残损严重的木构件，提高构件的承载能力。

6.4.2 其他保护措施

整修台明；全面维修释迦塔各层瓦面；维修释迦塔门窗装修，保护建筑彩画和石质文物以及壁画、佛像、匾额等；整修庭院地面。

6.4.3 其他工程

制订和实施科学有效的馆藏辽代文物保护管理措施。

①佛宫寺古建筑保护工程维修钟鼓楼、释迦塔后部大雄宝殿院落；②维修山门建筑；拆除山门以北院落中70年代以后建筑。

7 景观环境整治规划

7.1 对策

保护文物周边的景观环境，重点保护历史城区街巷肌理、空间尺度和建筑风貌，整治释迦塔周边的景观节点。

景观环境设计应以保护释迦塔文物景观为核心，不得追求豪华或商业娱乐的氛围，城市绿地避免明显的人造痕迹。

加强基础设施建设，改善居住环境；在满足释迦塔保护要求的前提下，各项环境控制指标与应县城市总体规划相衔接。

7.2 生态环境保护

严格禁止在建设控制地带以内区域非法取土（岩石、沙子），维持现有地形地貌特征；监控各种自然灾害对地形地貌的破坏，及时采取应对措施；采取绿化或护坡的方式，保持地形地貌环境。

严格控制应县生产生活燃煤产生的煤烟排放；严格控制有害气体排放；建设控制地带以内区域，不得进行露天焚烧活动。

保持本地区的地下水资源，建设控制地带内禁止发生任何污染水源的行为；完善建设控制地带以内区域的排污系统，保证雨污分流，防止水源受到污染。

加强绿化工作，扩大绿地面积；释迦塔以北区域城市绿地应体现自然的郊野风格，避免与释迦塔历史气息不符的现代城市公园形象；保护当地的原有植物树种，严格限制外来植物的引进；文物保护范围以内区域内种植的植物，根深不宜超过1.2米，以保护可能存在的地下遗址。

7.3 景观环境整治

在文物保护范围内整修围墙；拆除围墙内建国后所建管理办公生活用房；整治并少量拆除牌楼与山门间现有仿古建筑，部分建筑整治后作为文物保护管理用房；文物保护范围内的各种线缆做埋地敷设。

Ⅰ类建控地带严格禁止进行任何与文物保护无关的新建设项目；对盐碱地区进行绿化；大同路以东、北环路以北在建宾馆建筑，必须避让辽代应州城北城墙遗址，建筑不得超过两层。要严格审定沿街立面，外观色彩以灰黄色为主，屋顶不得使用琉璃瓦。不得对释迦塔产生负面影响。

Ⅱ类建控区内，拆除释迦塔北侧新建仿古建筑地上部分，对地下部分进行覆土遮挡，并改造为释迦塔博物馆和游客服务中心，减小对释迦塔景观的负面影响；将牌楼南侧的西街辟为步行街；整治明清应县城墙遗址和真武庙之间的景观环境，建设城市遗址公园；整治释迦塔东侧传统街区，维修民国以前具有历史价值的传统民居，改造有安全隐患的房屋，清理影响历史街区景观环境的违章建筑；各类管线埋地敷设。

Ⅲ类建控区内，整治改造传统街区和民居建筑，清除影响景观环境的违章建筑；对仿古商业街（辽代街）进行降层处理；严格控制明清应州城十字街道两侧建筑的规模、形式和高度，保持街巷的良好空间尺度；逐步改造不符合规划要求的建筑。

7.4 景观视廊保护

严格控制释迦塔与应县县城东、西、北侧入城公路之间的建设项目，保持景观视廊的良好效果；

保护释迦塔南北和东西方向的景观视廊，特别要控制释迦塔以南的应县城市建设高度，维护释迦塔与翠微山的对景关系。建筑以多层为主，酌情降低已有高层建筑高度；保护释迦塔与东西两侧传统民居区街巷的景观视廊关系；整治改造后建辽代商业街部分遮挡释迦塔视线的建筑，改善释迦塔与周边街巷的景观对景关系；重点设计释迦塔西侧、北侧、东侧区域的景观节点；景观设计应避免追求豪华或商业娱乐等破坏历史景观的现象。

8 展示利用规划

8.1 运行对策

以释迦塔保护为核心，坚持科学、合理、适度和可持续利用；近期禁止登塔参观，完善展陈方式，提高旅游活动层次。

8.2 功能分区

将佛宫寺释迦塔文物保护范围内划分为文物主展示区、文物次展示区、现场管理办公区；周边有博物馆展示区、主办公区、游客服务区、城市遗址公园区。

8.3 展示内容

近期主要以释迦塔外观展示为主，有限度开放释迦塔一层；博物馆建成后，全面展示释迦塔建筑成就、佛宫寺佛教文化和辽代密藏文物。

8.4 展示设施

改造释迦塔北侧现有仿古建筑地下部分，改建佛宫寺释迦塔博物馆，通过多种技术手段，全面展示释迦塔文物内涵、应县及其文物的历史内涵。

8.5 参观容量控制

在释迦塔结构基本稳定前，禁止登临释迦塔参观，对释迦塔参观容量不作要求；在释迦塔结构变形得到有效控制后，适度开放释迦塔登临，严格控制参观容量不超过文物承载力，确保释迦塔及游人安全。

8.6 服务设施

游客管理中心设在洼地东界东侧，利用现有一层仿古建筑，面积约1800平方米，提供售票、导游服务、纪念品售卖等服务。

在佛宫寺围墙东侧大门内，修建生态型内部停车场。在游客服务中心东侧设置主停车场，在主办公区东侧建设东停车场。改造现位于迎宾路和西街交汇处东南角的停车场和前街（辽代街）南端停车场。

9 文物管理规划

9.1 管理机构

应县木塔文物保护管理所，为佛宫寺释迦塔的保护、管理、使用单位，直属应县文物局。应县木塔文物保护管理所管理范围包括佛宫寺释迦塔、附属文物、其他古建筑和地下遗址等，以及周边所属的景观环境。

9.2 管理职能

应县木塔文物保护管理所负责释迦塔有关的保护、管理、日常维护、展示宣传、游客管理和服务、文物调查和研究等工作；加强应县木塔文物保护管理所的保护技术能力，以满足释迦塔日常维护和监测管理的功能需求；按照经法定程序批准公布的佛宫寺释迦塔保护区划管理规定，对佛宫寺释迦塔文物保护范围和建设控制地带实施管理；负责佛宫寺释迦塔的展示利用的组织管理，引导和疏导文物展示区域的游览线路，确保释迦塔和游人的安全；负责维护佛宫寺释迦塔的环境卫生，定期清扫释迦塔和庭院，保证配套设施和基础设施正常使用。

9.3 职工队伍

扩大释迦塔保护、管理队伍。政府文物主管部门根据释迦塔保护管理需要，适当增加佛宫寺释迦塔文物保护管理所的人员编制；加强释迦塔保护管理队伍的业务素质。应县木塔文物保护管理所人员构成应以历史、文物保护、建筑学专业人员为主，满足保护、研究和管理工作的基本需求；应定期进行职工教育，有计划地开展保护管理、文物研究、安全保卫等方面专业技能培训。

9.4 "四有"档案工作

依照法定程序公布修改后的文物保护范围、建设控制地带和环境协调区；设置保护标志，边界以界桩形式明确区划范围；完善佛宫寺释迦塔"四有"档案的工作，并全面数字化处理与存储；加强佛宫寺释迦塔文物档案的收集整理工作，建立佛宫寺释迦塔档案室和资料档案管理系统。

9.5 管理设施

东侧办公区为释迦塔文物管理机构日常办公所在地；改造牌楼与山门之间部分现有商铺建筑，作为佛宫寺释迦塔文物保护管理所现场办公室，包括现场管理、技术检测、安防监测和值班用房等；在现场管理办公区内，设置佛宫寺释迦塔安全防范监控室和值班室、结构稳定性监测控制室。

10 文物安全规划

10.1 安全防范

完善安全防范系统建设；完善围护设施的建设；加强管理，建立24小时全天候值班监控制度；完善紧急情况预案，应对突发事故引起的灾害和事故。

10.2 消防

根据国家有关消防规范，全面评估佛宫寺释迦塔及其周边地区的消防状况；建立和完善消防管理制度，确定消防责任人，建立消防档案，设置防火标志，定期组织消防检查和消防演练；建立佛宫寺释迦塔消防组，与应县消防队建立顺畅有效的联络响应机制；建立和完善适合佛宫寺释迦塔特点的消防系统和设施，保持消防用水、消防通信和消防车通道完好有效。在释迦塔围墙外设置专用消防通道，路宽4米；通过绿化手段，在佛宫寺释迦塔东围墙与东侧街区之间设置防火隔离带，宽15米，搬迁隔离带内各类建筑；制订并发布《佛宫寺释迦塔区域烟花禁放令》，禁止在佛宫寺释迦塔文物保护范围内燃放烟花爆竹，禁止在释迦塔保护围墙外50米以内区域燃放内筒式组合烟花。

10.3 防雷

开展佛宫寺释迦塔防雷性能和技术条件研究，制订适合释迦塔特点的防雷方案；原则上禁止在释迦塔内放置可引起雷击的各类物品，用于释迦塔监测的各类设备仪器，应具备防雷能力，符合防雷要求，确保不使释迦塔遭受雷电威胁。

10.4 自然灾害防治

与城市自然灾害监控系统相结合，对可能出现的地震、暴雨等自然灾害进行监测、预报和评估；加强对各类灾害的预测与防护，制订应急预案，加强突变性破坏的防治能力。

11 文物研究规划

11.1 考古研究

开展佛宫寺考古调查和发掘，完成对佛宫寺边界的探查；近期完成对应县辽应州城城墙遗址及其他历史遗迹展开全方位的考古调查；开展明清应州城的城墙、城门和护城河的考古工作。对明清应州城的十字街和佛宫寺南面原辽代街区进行考古探查。

11.2 古代木结构多层建筑艺术和技术研究

研究和发掘与释迦塔同时期历史建筑的结构形制及建筑科学和艺术成就，研究释迦塔建筑设计理念；开展释迦塔保护与应县城市发展历史研究；研究释迦塔结构设计理念、结构体系特点，总结技术成就。

11.3 释迦塔保护技术研究

开展释迦塔结构和建造技术研究和释迦塔保护干预历史研究，总结经验教训；开展释迦塔保护技术研究，为释迦塔的保护和管理提供科学手段；研究适合于释迦塔及相关文物保护的材料和技术。

11.4 宗教学、民俗学研究

探讨释迦塔及佛宫寺的宗教内涵及其在历史上的宗教意义及地位；开展辽代佛教文化和辽契丹藏经卷研究；研究释迦塔与当地民间信仰和民俗的关系。

11.5 学术出版

整理以释迦塔为对象的考古学、艺术学、历史学等已有研究成果，出版专项研究报告；整理和出版释迦塔文物的保护研究、工程设计、施工成果。

12 参加人员

项目负责人 沈阳
主要参加人员
中国文化遗产研究院：王雪莹、冯铁宏、黄小殊（外聘）、黄玉洁（外聘）

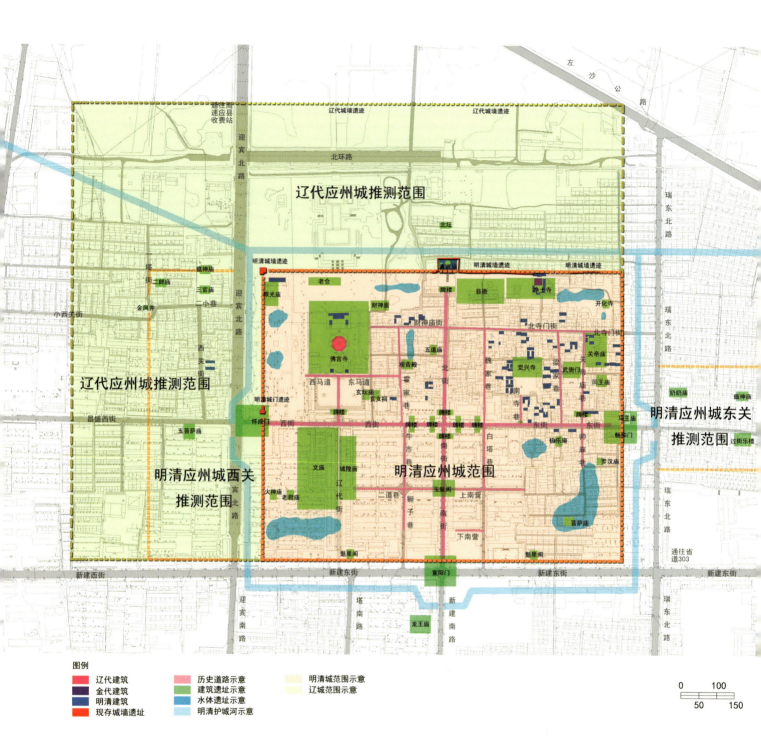

图例

辽代建筑　历史道路示意　明清城范围示意
金代建筑　建筑遗址示意　辽城范围示意
明清建筑　水体遗址示意
现存城墙遗址　明清护城河示意

附图1　佛宫寺释迦塔周边历史遗存分布示意图

附图2 释迦塔文物价值图—主体结构

释迦塔总体结构三维模型

释迦塔单元楼层三维模型

　　释迦塔上共有斗栱54种，根据位置和承载结构的需要，设计了多种形式。在释迦塔整体结构中，发挥了联系结构、缓冲受力的节点作用，有效提高了释迦塔结构的整体性能。

塔身

一层转角铺作

塔基角部石角兽

四层平坐铺作和檐下铺坐

内槽梁架结构全景

塔基

塔刹

　　佛宫寺释迦塔是世界现存最高的木结构楼阁式塔，是研究我国古代高层木结构建筑的唯一实例；塔体全部依靠柱、梁枋和斗栱搭接穿插组合而成，刚柔相间的结构体系具有良好的抗震性能，反映了辽代木结构建筑设计和建造技术高超水平，对探索优化现代建筑抗震设计具有重要的科学参考价值。

塔基

附图3 释迦塔周边景观环境变化图

（60年代）　　　　（2011年）

从西北方向看释迦塔

释迦塔北侧新建仿古建筑群，缺乏历史依据，不合古代建筑规制，体量庞大，严重破坏释迦塔景观环境，局部占压明清应州城墙遗址

（80年代）　　　　（2011年）

从东北方向看释迦塔

释迦塔东侧、北侧原有雨污自然汇聚形成的水塘，现已填平，成为荒地，杂草丛生，垃圾成堆。

（40年代）　　　　（2011年）

从西面看释迦塔

释迦塔西侧新辟城市广场，景观景点设计与文物缺少协调，未考虑对明清应州城墙遗址的影响。

（50年代）

从西南方向看释迦塔

西南方在建高层住宅楼群，对释迦塔环境景观影响较大。

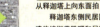

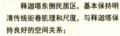

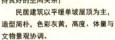

从释迦塔上向东面拍

　　释迦塔东侧民居区，基本保持明清传统街巷肌理和尺度，与释迦塔保持良好的空间关系；

　　民居建筑以平缓单坡屋顶为主，造型简朴，色彩灰黄，高度、体量与文物景观协调。

（40年代）　　（50年代）　　　　　　　　　　　　（2011年）

从释迦塔上向南面拍

　　牌楼与山门之间的仿古商业建筑，局部体量庞大，造型不佳，与历史格局不符，影响文物环境景观；牌楼与山门之间原居民区被现代广场和仿古商铺替代，中央树立观音像，不符合历史格局；释迦塔南侧仿古商业街（西街、辽代街）改变城市历史形态和格局，建筑形式单调，体量偏大，影响释迦塔景观。

图例　■ 辽代建筑　　■ 50-60年代建筑

　　　■ 金代建筑　　■ 70-80年代建筑

　　　■ 民国建筑及以前　■ 90年代以后建筑

周边建筑年代

建筑年代	占地比例
辽至清代	4%
民国及以前	26%
50-80年代	20%
90年代以后	50%

附图4 释迦塔周边建筑年代图

附图5 释迦塔保护区划图

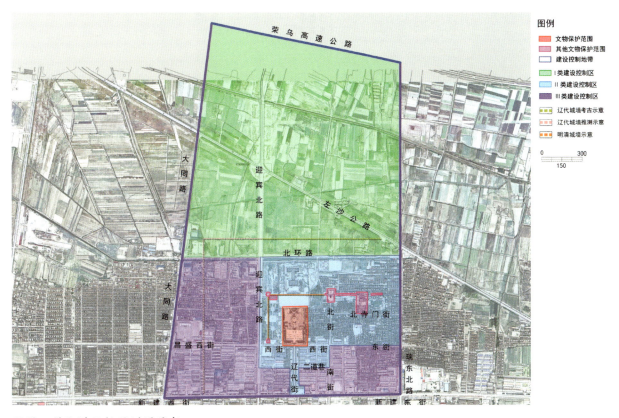

附图6 释迦塔保护区划图局部

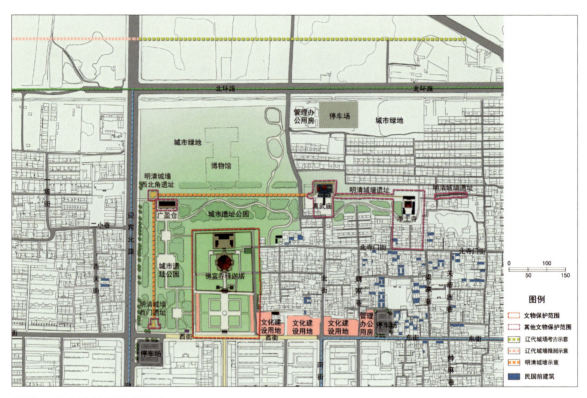

附图7 释迦塔规划总图局部

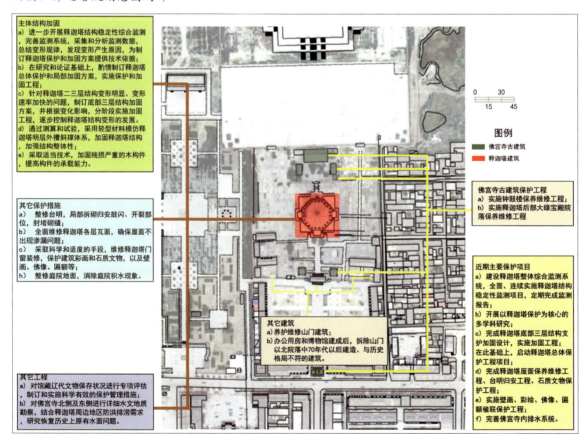

附图8 释迦塔文物保护规划图

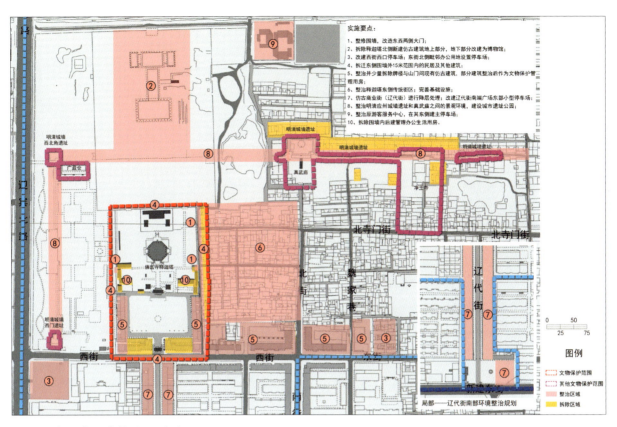

附图9 释迦塔环境整治规划图

附图10 释迦塔展示利用规划图

青海玉树新寨嘉那嘛呢堆保护规划[1]

【摘要】

　　本规划是国家文物局在2010年4月14日青海省玉树藏族自治州发生里氏7.1级强烈地震后的文化遗产保护工程启动项目之一。首先，本着救灾项目的特殊性，在效率和节奏上基本是非常规操作，以最短的时间提交最核心的规划内容，绝对服从整体救灾时间表和重建规划相关工作的需要；其次，对于位于少数民族地区的遗址，学习民族政策、做好与少数民族地区干部和群众的协调沟通工作，维护民族稳定是首要任务；第三，由于该文物为活态遗产，其在宗教概念、选址意念、选址要素、结合山形水势方面都有自己独特的思想和对应关系，在规划中要把握相互之间的关系，作为保护规划的重要依据；最后，在本规划与所在区域城市震后重建规划协调沟通的过程中，各方做到最大限度的协调沟通，尤其在双方规划重叠的建设控制地带区域，在保护的前提下相互尊重、充分对接，并在实施过程中严格控制和遵守，这四点是本规划的突出特点。

1 项目概况

1.1 项目背景

　　本保护规划是2010年4月14日青海省玉树藏族自治州发生里氏7.1级强烈地震后，国家文物局组织的玉树震后文化遗产保护工程的启动项目之一。

　　新寨嘉那嘛呢位于玉树州结古镇东5公里处。中心坐标：北纬33° 01′ 09.46″，东经97° 03′ 32.7″，海拔3654米。规划面积约83.42公顷。

1.2 文物名称及类型

　　新寨嘉那嘛呢为近现代重要史迹及代表性建筑（编号V-201）。

---

1. 获2012年中国文化遗产研究院优秀文物保护项目三等奖。

1.3 保护级别及公布时间

2006年公布为第六批全国重点文物保护单位。

1.4 项目周期

2010年7月～2011年11月。

1.5 国家文物局批复文号

文物保函[2012]538号。

2 项目特点

2.1 时间紧迫，分秒必争

2010年4月14日，青海省玉树州发生里氏7.1级强烈地震。

2010年5月14日，国家文物局在新寨嘉那嘛呢启动玉树震后文化遗产保护工程。中国文化遗产研究院承接了新寨嘉那嘛呢的抢救性维修方案设计和文物保护规划。

2010年5月20日，中国文化遗产研究院新寨嘉那嘛呢的抢救性维修方案设计项目组在7天之内完成了该方案的编制。

2010年7月初，新寨嘉那嘛呢的保护规划开始编制。

2010年5月～12月底，规划编制人员先后五次到玉树进行现场踏勘。

2010年8月22日完成规划初稿并提交青海省文物局。

2011年1月13日规划通过省级评审。

2011年11月13日，本规划原则通过了国家文物局专家评审。

2012年6月签订项目合同书。

2.2 民族工作，稳定第一

对于位于少数民族地区的遗址，学习民族政策、做好与少数民族地区干部和群众的协调沟通工作、维护民族稳定是首要任务（图1）。项目组五次现场勘查，深入调查嘉那嘛呢石经堆的管理状态，了解结古寺、新寨村委会、玉树文管所以及新寨村群众对嘉那嘛呢石经堆的管理和使用权限，摸清和理顺相互之间的关系，并在充分沟通和协商的基础上，提出规划建议和措施，适应了在民族地区保证民族稳定是第一位的工作要求。

2.3 活态遗产，持续发展

新寨嘛呢石经堆是1715年由嘉那活佛创建的，嘛尼石主要由产于其南侧的拉泽龙巴山沟的白色石材为主雕刻而成，创建近三百年来，现存的嘛呢石累积达到20亿块之多，嘛呢石刻内容有"六字真言"、《甘珠尔》《丹珠尔》以及《解脱经》《善贤经》等种类繁多的佛经，还有造型优美、姿态各异、工艺精湛的各种石刻佛像、

图1 2010年12月工作人员与当地管理机构相关人员一同进行现场调查

佛塔等等。本次规划所涉及的遗产本体为嘛呢石经城以来构成新寨嘛呢石经城的所有嘛呢以及2010年"4·14"地震后运回的嘛呢（这部分嘛呢是在20世纪50年代至70年代宗教活动被停止后，从嘛呢石经城搬出用于建筑材料的嘛呢石，地震后建筑倒塌，嘛呢石露出，被自觉运回）。规模为东西约250米，南北约80米，平均高约5米，最高达9米，占地面积2万平方米[1]。

嘉那嘛呢石经堆的相关遗存有3座宗教建筑，15座佛塔，这是后期根据不同宗教需求陆续建成的，大部分为20世纪80年代建设。附属设施有转经筒、转经道等。

嘉那嘛呢创建时的指导思想、选址要素和选址环境是嘉那嘛呢石经堆保护规划中保护区划界定的重要依据，也是嘉那嘛呢保护规划最具典型意义的特点（图2、3）。嘉那嘛呢石经堆选址意念：据《嘉那·道丹松却帕旺传记》记载，观世音授记曰："请你（嘉那活佛）开始创建一个一箭距离[2]之嘛呢石，来世之众生看到它从恶趣中解脱之力量"；"藏历木羊年（1715年），嘉那嘛呢石建在观音跟除道场之中央"；嘉那嘛呢石经堆是在一个天然形成的羯摩坛城上建立，并按照"六字真言——唵嘛呢叭咪吽"的顺序进行堆放。选址要素：三个道场（嘉那嘛呢、乃古滩、拉泽龙巴沟）。在《嘉那·道丹松却帕旺传记》[3]中，"沟头宛如伸展的哈达帷幔；沟尾宛如珍宝镶饰的村庄；右边山峰[4]为圣密宗事部三怙主之胜地；左边山峰[5]为格尼西巴旺秀，上方为观世音制胜大海道场之首要胜地乃古滩；前方为观世音密集道场拉藏山沟[6]；（此山沟）右边大河[7]之涛声如雷声贯耳；左边溪水潺潺如密教三部悦耳之咒声；两条河水交汇之右边，观世音跟除道场[8]之中央，于

---

1. 数据来源：总装备部勘察设计研究院2010年5月对嘛呢石经堆测量的1:100的地形图。
2. 从甘露泉向西一箭之地。故甘露泉是创建嘉那嘛呢时东侧的起始点，是新寨嘛呢的重要地理坐标。
3. 引用《安多研究》桑丁才仁翻译的《甲那·道丹松曲帕旺传记》的第八章"向村民制定制度，举行嘛呢石奠基仪式"。
4. 位于新寨村西北方向，为当地非常著名的依山向下延伸的一道岩石山脉。
5. 即西巴玉泽山，"格尼西巴旺秀"意为"柏树如玉之居士官殿"。
6. 即拉泽龙巴沟。
7. 即扎曲河。
8. 嘛呢石经堆。

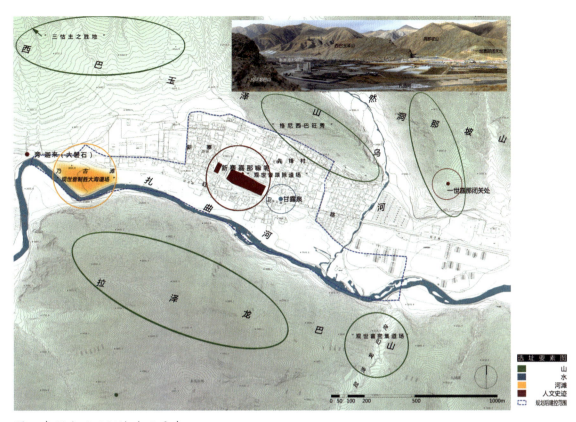

图2 嘉那嘛呢石经堆选址要素

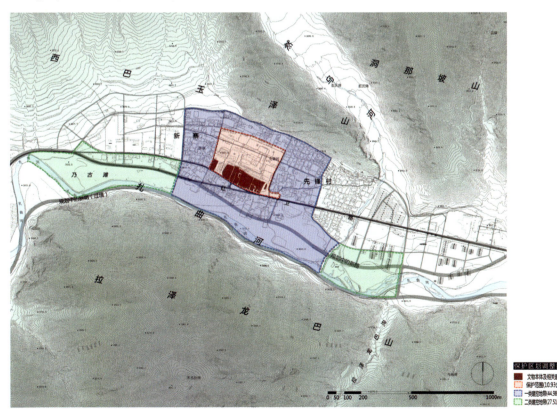

图3 嘉那嘛呢石经堆保护区划图

图4 2010年12月21日萨迦祈福大法会南侧转经道（与218国道重合）情景

图5 2010年12月21日萨迦祈福大法会主会场情景

藏历木羊年，太阳轸宿巧遇，息、增、怀、伏之业圆满实现之吉日。"选址环境为"三山两水一滩。"三山为西巴玉泽山及其西侧神山——拉泽龙巴神山、洞那坡山（又称德德果山，一世嘉那活佛闭关处）等山；两水为扎曲河、然乌河；一滩是乃古滩。重要标志性地理坐标是甘露泉，一世嘉那活佛确定嘛呢时的规模是从甘露泉向西一箭之地而确定，由此，嘉那嘛呢石经堆的规模在创建时就已经确定了，但会形成怎样的坛城，并没有固定的模式，而是随缘而定，这是嘉那嘛呢石经堆活态遗产的重要特点，也是保护规划在评估和分析、保护区划界定、保护措施制定时要考虑的重要依据。

关于非物质文化遗产，在保护规划编制过程中，项目组特别关注了一年中最重要的、在藏历11月举行的萨迦祈愿大法会，在现场体会了嘉那嘛呢石经堆所承受的最大人流压力的壮观景象，并对法会举行期间产生的各种情况和问题进行分析，为嘉那嘛呢石经堆的本体保护、环境治理、管理要求和展示利用强度控制都制定了相应的应对措施（图4、5）。

对于活态遗产，持续其稳定的发展是保护规划必须思考的问题。因此，根据其创建时的宗教意念、选址环境、发展态势，在规划中提出拆除北侧屠宰场，预留嘉那嘛呢石经堆发展空间，对于转经道的整治和流线安排，都采取了相应的措施予以保证其可持续发展的需要。

2.4 规划对接，协调沟通

与所在区域城市规划对接方面，本规划做到了与所在城市规划的充分对接，这也是本规划的一个重要特殊性。新寨重建规划编制工作主要是由清华城市规划设计研究院详细规划研究中心承担。在规划编制的过程中，清华城市规划设计研究院详细规划研究中心新寨重建规划项目组提供了所有阶段性成果中与嘉那嘛呢相关的资料，并充分听取保护规划提出的各种原则和要求，尽最大可能满足嘉那嘛呢保护规划提出的各种要求，达到了保护规划和区域规划的成功对接的目的，尤其是建设控制地带的控制指标。由于建控地带是两个规划重叠的部分，因此这部分的指标均是在与保护规划充分商议后确定的，重点体现在用地调整（图6）、交通规划（不仅与详规对接，还给总规提出将214改线的建议，总规采纳了该建议，214国道移至巴扎河南）（图7）、建控地带的环境整治、高度控制（图8）等，均是以保护规划的要求进行对接的，做到了与城市总规和区域详规无缝对接的最佳状态（图9）。当然，能充分通畅地做到无缝对接离不开震后重建这个条件。

3 保护规划相关内容

3.1 价值评估

3.1.1 文物价值

①新寨嘉那嘛呢以其数量、内容、规模而著称于世，经过近三百年的堆垒，到目前为止嘛呢石已

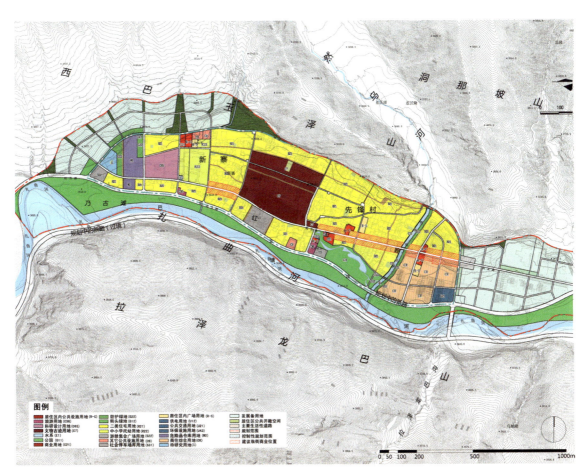

图6 嘉那嘛呢石经堆用地规划图

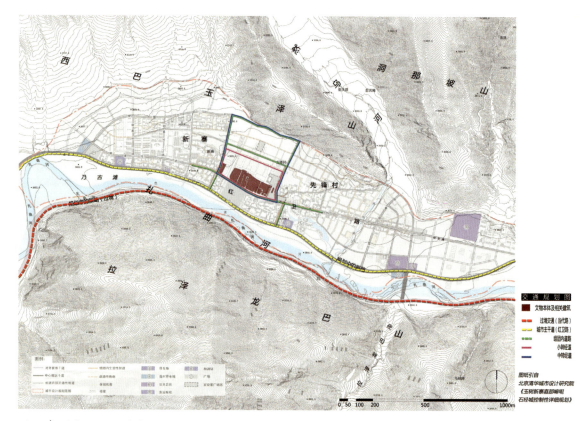

图7 嘉那嘛呢石经堆交通规划图

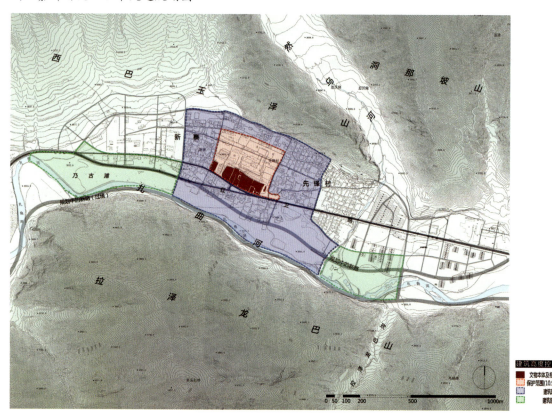

图8 嘉那嘛呢石经堆建筑高度控制图

多达25亿块，实属罕见。

②新寨嘉那嘛呢内容丰富，被誉为"世界第一石刻图书馆"。

③自1715年新寨嘉那嘛呢创建以来，就成为青海、西藏、四川和甘肃藏区人民每年固定举行佛事的重要场所。

④新寨嘉那嘛呢宗教建筑内保存有最早可以追溯到18世纪的不同类型的珍贵附属文物。

⑤新寨嘉那嘛呢就地取材，就地加工，创造出独特的刻经石艺术。

⑥新寨嘉那嘛呢体现了独特的藏传佛教的嘛呢石经堆格局、功能和表现形式。

图9 新寨鸟瞰图（清华城市规划设计研究院详细规划研究中心提供）

⑦新寨嘉那嘛呢石经堆被认为是人世与天地神祇的界线、人间与天地神祇的交汇点和连接点，更是藏族文化最为典型的体现者。

3.1.2 社会价值

①新寨嘉那嘛呢是有生命力的活态遗产，是藏传佛教文化活动和宗教艺术传承的重要载体。

②佛教圣地：新寨嘉那嘛呢是现存的嘛呢经堆中规模最大、影响力最大的嘛呢石经堆。

③新寨嘉那嘛呢第一世嘉那活佛独创了"多顶求卓"舞蹈，当地著名的"卓舞"即源于此，"卓舞"是为国家级非物质文化遗产。

3.2 保护区划

新寨嘉那嘛呢保护区划分为两个层次：保护范围和建设控制地带。建设控制地带分为一类建设控制地带和二类建设控制地带。

保护区划面积为83.42公顷，其中保护范围面积约10.93公顷；建设控制地带面积约72.49公顷（不含保护范围）。

3.2.1 保护范围

嘛呢本体、宗教建筑、中小转经道范围以及形成嘛呢山形水势的"三山两水一滩"的历史环境，面积约10.93公顷。

3.2.2 建设控制地带

建设控制地带分为一类建设控制地带和二类建设控制地带。一类建设控制地带主要是指嘛呢周边环境控制区，二类建设控制地带主要是指嘛呢至乃古滩和嘛呢至拉泽龙巴山沟的视廊通道控制区，面积约72.49公顷（不包括保护范围，其中一类建设控制地带面积约44.98公顷，二类建设控制地带27.51公顷）。

3.2.3 管理规定

（1）保护范围管理规定

明确保护范围（约10.93公顷）内的土地使用性质为文物古迹用地，并设定永久性界桩。

不得进行任何与文物保护无关和有损于文物安全性的活动以及其他任何有损于环境氛围的项目。

禁止从事有损于遗产保护和地形地貌的采石、挖土、取土或爆破、钻探等活动。

对文物的抢救和维护应制定详细的实施计划，并经过科学论证，严格遵照《中华人民共和国文物保护法》所要求的程序进行。由于地震造成的文物本体及其宗教建筑、转经道等文物环境破坏，应按程序尽快进行抢救性维修及保护措施。

不可移动文物已经全部毁坏的，应当实施遗址保护，不得在原址重建。但是，因特殊情况需要在原址重建的，严格遵照《中华人民共和国文物保护法》所要求的程序进行。

如有影响或破坏原历史风貌的现存建筑，应根据具体情况，分期分批外迁，尽可能接近文物的历史风貌。肉联厂应于近期尽快迁出保护范围。

保护范围内的移动塔、电力塔限期拆除，各种管线结合灾后重建，进入城市市政设施管网。

（2）建设控制地带管理规定

一类建设控制地带：①一类建设控制地带是藏王墓周边环境安全区域，应严格控制建设区域的发展速度。②不得进行任何破坏原地形地貌（特别是构成嘉那嘛呢历史环境的山形水系）、污染水源与损毁植被的行为。③区域内不得进行大的建设活动，建筑高度（檐口）控制在9米以内。④严格限制其他建设活动，包括架高压线、移动塔等。⑤建设控制地带内的建设项目，必须先进行考古发掘，确认可行后实施，并且不得破坏嘉那嘛呢的历史风貌。工程设计方案按相关程序经国家文物局同意后，报城乡规划建设部门批准。

二类建设控制地带：①不得进行任何破坏原地形地貌（特别是山形水系）、污染水源与损毁植被的行为，不得进行挖山建房活动，严格限制其他建设活动。②保护嘛呢石经堆和乃古滩、拉泽龙巴沟之间的视线廊道，严格控制该区域的建筑高、密度和建筑风格。建筑高度（檐口）控制在12米以内。③积极配合城市规划部门编制的灾后重建规划，将214国道南移，弱化红卫路与嘉那嘛呢转经道重合部分的过境交通和城市交通功能。解决嘉那嘛呢南侧转经道和主干道重合、人车矛盾突出的问题。④禁止在建设控制地带内的扎曲河河滩开辟采沙场，现有的采沙场限时迁出。⑤进一步强化绿化工作力度，有计划地恢复嘛呢石经堆北山（即西巴玉泽山）的原有植被，养护嘛呢石经堆至扎曲河滩地的湿地及林卡，最大限度地恢复历史环境风貌，营造优良的历史环境氛围。

3.3 保护措施

3.3.1 嘉那嘛呢堆震后抢救性保护维修工程[1]

（1）文物本体——嘉那嘛呢石经堆抢救性维修工程

本体维修工程包括嘛呢的维修、转经廊维修、转经道维修等。嘛呢的维修主要是保持震前嘛呢格局和规模，尤其是东立面和南立面的原有形态，紧紧把握原嘛呢堆有序码放的稳定特质，结合抢险清理，恢复原有的干摆嘛呢石边界。转经廊主要进行维修加固，以起到挡土墙的作用，保证转经僧俗群众的安全，并可作为今后嘛呢堆边缘保护的一种可行方式推广。转经道要清理嘛呢石堆内部通道与塔、殿周围通道，重新干摆垒砌。近期实施重点是结合排险，在保证安全前提下，尽快清理边界松散处的嘛呢石并转移，降低危险处嘛呢石堆高度，并不得再进一步堆放嘛呢石。结合佛塔、佛殿抢险修缮，优先清理周边通道。对位于嘛呢堆边缘的濒于倒塌的辟邪塔应尽快拆除或进行有效支护，以免危及群众安全。在此基础上摸索总结嘛呢堆归安的经验，为下一步全面整顿打好基础。

（2）宗教建筑抢救性维修工程

宗教建筑抢救性维修工程包括15座佛塔和3座佛殿的维修。维修的佛塔主要有八善塔、辟邪塔、嘉那道丁灵塔、三怙主塔和四座房式塔，主要维修方式是现状加固和加固基础后在原基础上重建。维修的佛殿有桑秋帕旺佛殿、查来坚赞佛殿、甘珠尔佛殿3座，根据具体震损情况，分别制订相应的维修方案，桑秋帕旺佛殿是现状加固，查来坚赞佛殿要解决在夯土墙内侧设置承重柱解决结构问题，再进行其他加固措施，甘珠尔佛殿则重点对转经桶固定架进行检修，三座佛殿均需要做坡顶翻修，加做防水，装修全面翻修，重新油饰、彩绘等。

（3）宗教设施抢救性维修工程

宗教设施维修工程主要包括转经廊、转经筒和转经道的保护与维修。对于现有的转经廊，进行维修加固，以起到挡土墙的作用，保证转经僧俗群众的安全，并可作为今后嘛呢堆边缘保护的一种可行方式加以推广。转经廊维修加固后，转经筒按原制归安，损坏的进行修补，已经无法使用的小转经筒按原制补配。转经道分为四个层次：石经堆之间通道、小转经道（腾故）、中转经道（巴故）、大转经道（铊故），不同层次根据不同的问题进行处理。石经堆之间的通道随着嘛呢石的清理，按原制码放归安，疏通各嘛呢石经堆之间的4条通道，宽度按原制，路面用改性土；小转经道（腾故）配合肉联厂的搬迁，整治小转经道，转经道宽度不小于3米；中转经道（巴故）限期拆迁肉联厂，恢复历史上中转经道路线与格局。转经道宽度不小于6米，路面用改性土，并在道路外侧增设排水沟；大转经道（铊故）保持现有格局，保证畅通，路面宽度和材料维持现有状态。

1．资料来源：中国文化遗产研究院编制完成的《玉树新寨嘉那嘛呢震后总体抢险修缮工程方案》。

3.4 文物环境保护与整治

3.4.1 文物环境

"三山"[1]的保护：逐步恢复西巴玉泽山"柏树如玉之居士宫殿"历史植被状态；加强拉泽龙巴神山日桑宫堡等宗教场所的保护与管理；保持洞那山坡现有山形和格局。"两水"的保护：保护扎曲河、然乌河沿河环境和景观，适当种植灌木。"一滩"的整治：迁出位于乃古滩东侧砂石厂；结合灾后重建规划安置现在乃古滩上的板房和帐篷，恢复乃古滩历史环境和功能。甘露泉的整治：清理甘露泉周边垃圾，利用现有地势，结合灾后重建规划，开辟甘露泉下沉式广场。转经道的整治：除了围绕嘛呢石经堆的小、中转经道，还有围绕拉泽龙巴山的大转经道，如果有可能也要进行相应的整修。村落的保护：结合灾后重建规划，使保留一定规模的新寨村有序发展。

嘉那嘛呢相关遗存有旁·迦来磐石和拉泽龙巴山沟的原材料地。旁·迦来磐石在其周边20米之内作为其展示范围，设置展示说明标牌。位于拉泽龙巴山沟内的原材料产地要进行严格控制，经评估确定开采方式、开采秩序和开采量，实现有时有序开采，达到对嘛呢石原产地的保护与管理的目的。

3.4.2 非物质文化遗产

成立玉树传统文化研究机构，对非物质文化遗产、历史文献、传统的节庆红多进行研究和传承工作，发掘非物质文化遗产传承人等。对传统手工嘛呢石刻工艺进行研究和传承，要求进献的嘛呢石均为手工制作。恢复震前嘛呢石经城各空间格局，清理乃古滩砂石厂和临时建筑；结合肉联厂搬迁，将八善塔东侧广场和南侧红卫路上震后堆放的嘛呢石搬移至北侧的预留嘛呢石发展场地，恢复震前嘛呢石经城东立面和南立面；整修萨迦祈愿大法会场，根据功能需求适当扩大法会会场规模，但扩大部分控制在现有规模的三分之一左右。

3.4.3 地质灾害治理工程

主要治理内容有泥石流、山体滑坡等，治理方法通过工程治理、生物治理和改善排水系统的方式进行，同时进行严密的长期有效的实时监测，密切观察监测范围内的地质情况变化。

3.4.4 环境整治工程

为了保存嘉那嘛呢整体格局的完整性，整治嘉那嘛呢所处环境中的不和谐景观与因素，改善建设控制地带历史环境的整体和谐性，根据整体保护嘉那嘛呢文化价值的要求，修复部分历史环境，组成嘉那嘛呢遗产构成要素之间视线通廊的畅通。

嘉那嘛呢内部环境整治内容有保护范围内的拆迁建筑、景观整治和沿河砂石厂整治内容。肉联厂

1．中国城市规划设计研究院于2010年5月编制完成的《结古镇灾后重建总体规划（2010~2025）》中的4.2.1的第4条："城市周边的山体在藏民心目中具有崇高的地位，尤其是结古寺所处山体更是被奉为神山，作为藏民宗教生活的中心，同时也是城市的视觉焦点。围绕城区的山体是城市主要的风水山，在规划中需要严格保护。"

占据了嘉那嘛呢的核心位置，对嘉那嘛呢的文物保护和管理造成极大地影响和破坏，应限期迁出。位于嘛呢北侧山脚下和南侧河滩上民居，可根据玉树"4·14"震后民居建筑震损鉴定结果，分期分批予以拆迁或整改：震损鉴定为严重损坏的建筑予以拆除，根据灾后重建详规另择地建设；震损鉴定为中等损坏的建筑，如果该建筑对嘛呢功能或景观影响不大的建筑，可保留进行加固，继续使用；如果该建筑对嘛呢功能或景观造成较大破坏和影响的建筑，则采取拆迁重建的处理方式。嘉那嘛呢内部环境的景观整治内容主要包括移动通信塔、空架电线、管线、厕所等等基础设施以及超高构筑物对景观的破坏和影响。同时要求在建设控制地带内的沿扎曲河北岸河滩上的砂石厂限时搬迁。

3.4.5 道路交通系统调整

本规划对外交通系统最大的调整是建议总规将过境道路214国道（红卫路）南移至扎曲河河滩，同时交通系统按使用功能分为对外干道、中心城区干道、组团内部道路三个层次，形成通畅的城市道路网。

内部交通则解决广场和停车场的问题。将震后在广场上堆起的嘛呢移至现嘛呢石经堆北侧新辟嘛呢空间，恢复八善塔东广场震前格局。结合北侧宗教仪式场所，确定北广场功能和规模。在甘露泉东南方向保护范围外，结合游客服务中心设置游客中心停车场。在嘛呢石经堆西南侧、西入口游客接待中心旁，设置西侧停车场。

3.4.6 基础设施调整

给排水方面调整给水出水口位置，放置于中转经道外围，管线埋地，做防冻处理。具体措施和方案参见《玉树新寨嘉那嘛呢石经城控制性详细规划》，统筹规划。排水沿中转经道外围设置排水沟，在红卫路进入城市管网。排水沟上置排水篦子做盖板，大型宗教活动时可做临时厕所。其他排水设施参见《玉树新寨嘉那嘛呢石经城控制性详细规划》，统筹规划。

电力的110千伏的结果变电站作为新寨组团的上级电源点，变10千伏电源线路（YJV22-3×300）分别接入新寨1号和2号开关站。配电采用10千伏开关站-10/0.4千伏变电站，提高供电安全性。规划区内10千伏电力线路采用地下敷设方式。电信管网线路与强电线路统筹规划。移除两处移动通信塔。

环卫方面，根据不同的居住类型设置居民垃圾投放点，服务半径不大于70米。近期规划新寨组团设置一座小型垃圾转运站，占地面积约为200平方米。结合新寨民居内多设厕所的实际情况，公共厕所主要是为游客和转经人服务的。因此采用小面积、多点分布的方式，每座建筑面积60平方米，间距控制在500米。新寨全区规划设置了8座公共厕所，本保护规划区域内有7座。在中转经道外围设排水暗沟，平时解决日常排水，大型宗教活动时做临时厕所使用。

3.4.7 防灾工程

防灾工程主要包括防震、防洪及泥石流、防火、防盗等。①防震：对嘛呢石经城两侧山体进行地质稳定性评估，有针对性制定相应的防范、治理措施。②防山洪和泥石流：尤其对由于地震引发的地质松动情况进行评估和检测，制定相应的防范措施。③防火：现主要是建筑防火，将来山区林地形成规模后，则相应增加山林防火。建筑防火主要为加强对殿堂内酥油灯的管理以及转经廊的防火。建议主要采取灭火器装置作为主要防火设施。山林防火主要依靠加强管理监督，控制人为明火，以及在秋冬干燥树木易燃季节的巡查，及时发现明火并采取应急措施。④防洪：按国家《防洪标准GB50201-94》以及标准设计防洪设施，洪水重现期按百年一遇计。区域内排洪沟与城市管网衔接。监测灾害地质信息，加强山体滑坡、洪水预警和防治工作。⑤防盗：委托具备相关资质的专门机构，设计嘉那嘛呢防盗系统设施，范围涉及开放殿堂和相关区域、库房等；设备可采用32画面切换自动控制录像系统，对整个殿堂进行24小时监控，以确保殿堂的安全；摄像头安装部位要相对隐蔽，线路敷设安全通畅。安防设备的购置应从长期考虑，不得使用简易产品，设备必须具备先进性。

4 参加人员

项目负责人　查群

主要参加人员

中国文化遗产研究院：于志飞

感谢清华城市规划设计研究院详细规划研究中心《青海玉树新寨嘉那嘛呢石经城控制性详细规划》编制组的杨丹丹、王勇在保护规划编制过程中的深入探讨和积极配合。

另外，在此尤其要感谢王景慧先生在规划编制过程中的指导和支持，并附王景慧先生的《玉树新寨嘉那嘛呢石经城规划的意见》[1]全文以作缅怀。

附：玉树新寨嘉那嘛呢石经城规划的意见

王景慧

一

玉树新寨嘉那嘛呢是第六批全国重点文物保护单位，它反映了藏传佛教独特的信仰习俗，表达了藏族群众对佛教的信仰和虔诚之心。自1715年嘉那一世活佛创建，历经几百年，僧俗群众不懈地奉献投放，日积月累，数量达25亿之巨，且嘛呢石雕刻精美，并有大经堂、佛堂、佛塔、大小转经筒等宗教建筑，形成一座壮丽的石经城，完全具有"世界文化遗产"的价值。

用原始的石块这种看似最简单的材料，通过几代人的不懈投放，表达对佛的崇敬和自身祈福的愿望，以其巨大体量，形成极具震撼力的景观。这是一项独特的具有创造性的天才杰作，符合世界遗产

---

1. 该意见是《玉树新寨嘉那嘛呢石经城控制性详细规划》（清华城市规划设计研究院详细规划研究中心编制）的评审意见。

的标准一，"嘛呢"这种独特的形式又是藏传佛教的传统文化典型特殊见证，这种形式是世界上绝无仅有的，在其他的宗教地区找不到这样的例子，符合世界遗产标准Ⅲ。嘉那嘛呢具有世界性的突出普遍价值，应该申报"世界文化遗产"。

具体的申报方法可以考虑连同昌都丁青乃查姆嘛呢等几个价值较高的典型打包一同申报。现在应该做这方面的准备。

二

新寨村石经城的规划可以分为两方面的任务，一个是文化遗产的修缮保护，另一个是村落的灾后重建，二者既有联系又有区别。

1. 文化遗产的修缮保护

新寨嘉那嘛呢（连同大经堂、佛堂、佛塔等）是第六批全国重点文物保护单位，同时也具有世界文化遗产价值，所以，对它的修缮保护应该严格按照我国《文物保护法》《文物保护修复准则》的规定，并遵照国际上对世界文化遗产保护的要求。要认真研究历史状况，搞清原形制，用原材料、原工艺原样修缮。为更多地保存文物的历史信息，尽量不要全部拆除重建。

《玉树新寨嘉那嘛呢石经城控制性详细规划》（以下简称《规划》）中所说的整体设计原则有"延续修前佛塔的形制及风格"的提法，延续是不够的，只保存风格也是不够的，要严格考证，按原形制不得改变。《规划》中说"用水泥砂浆提高片石砌体的抗震性能"也是不对的，这不符合世界文化遗产保护维修的"可逆性"的要求。（所谓"可逆性"是指维修措施在日后有更好方法时，可以改变原做法而不会影响到文物本体。）

新寨嘉那嘛呢的维修要由有文物修复资质的专业设计单位进行设计，其方案要经国家文物局审查批准。

《规划》要对新寨嘉那嘛呢要明确划出保护范围和建设控制地带，保存或恢复其历史环境，《规划》提出拆除一些"文化大革命"后建的工厂，恢复嘉那嘛呢和山、河的空间联系，这个想法是可取的。但是不赞成在北面新建寺院，也不赞成在嘉那嘛呢周边新建嘛呢石加工厂，这不符合世界文化遗产保存真实历史信息和历史环境的原则。

围绕嘉那嘛呢的宗教、民俗活动和嘛呢石的雕刻技艺属非物质文化遗产，它同样具有"世界代表性非物质文化遗产"的价值。但是它和物质文化遗产的保护是有差别的。非物质文化遗产是依托于人本身而存在，以声音、形象和技艺为表现手段，并以身口相传而得以延续，它是民族习俗、民族文化的"活"的显现。对嘉那嘛呢来说，就要保护这些活动和技艺的传承人，保护承载这些活动文化空间。现在这些活动仍是藏族群众生活的一部分，具有其生命力，我们要做的是尊重藏族群众的虔诚信仰和淳朴情感，保护这个地区的文化、社会环境，保护具体的活动场所，但是千万不要以保护的名义使这些非物质文化遗产成为商业化的表演，成为招徕旅游的重复表演的"节目"。

2. 新寨村的灾后重建

新寨村的灾后重建也应是《规划》的重点，要修复和重建震毁房屋，保障住房安全，同时完善基础设施，改善生活环境，提升整体功能。村中属嘉那嘛呢的建设控制地带的地方，其房屋建筑在体量、高度、形式要有所规定，要与文物主体相协调。其他地方的民居只要是藏族的形式，可以少做限制。不要在现阶段为旅游而对民居拆迁改造。

三

文化遗产开展旅游可以展示文化遗产的价值，让更多的人享受文化遗产，同时也为遗产地带来经济、社会等多方面的效益，在这里开展旅游是完全必要的。但它的前提是文化遗产的本体和环境受到保护，可以永续利用。宗教信仰和民族习俗得到尊重，做到可持续的发展。

嘉那嘛呢除一般的文化遗产的性质外，还是一处维持原有功能的还在使用的文化遗产，它是藏族民众的圣地，目前仍是朝拜和祈福的地方，具有宗教和民俗的双重意义，所以，不能把它一般的旅游景点，来参观者应该抱有一种崇敬的心情，尊重当地民众的风俗信仰，入乡随俗，参与朝拜。这样，旅游设施的规划就不是完全从游人的需要出发，而是要考虑不破坏文化遗产及其历史环境的真实完整，不破坏宗教圣地及民俗活动的环境氛围。

旅游系统有为旅游景点评定等级的一些办法和规定，主要是从旅游者的吃、住、行、游、购、娱方面出发的，这些规定不完全适用于文化遗产，尤其不适用于还在使用中的宗教、民族、民俗活动场所。《规划》中为求获得AAAA级景区，欲在村中建设"完备的旅游接待设施"是不对的，旅游设施要结合玉树地区统一考虑，这里不应该建商业街、旅游宾馆、旅游酒吧。旅游线路也应该是在玉树和更大范围内一体考虑，在这里新建景点凑出几小时的旅游路线是不必要的。

淮安清口水利枢纽保护与管理总体规划[1]

〔摘要〕

清口水利枢纽是大运河上的两个关键节点之一，自春秋至近现代均进行过重大的水利工程建设，区域面积巨大，遗产构成复杂。本文从规划编制的背景入手，分析了保护规划编制的要点和对策，对今后大型复杂活态遗产的规划编制具有重要的借鉴作用。

1 项目概况

清口水利枢纽位于大运河淮扬段北口，遗产核心区域分布在现江苏省淮安市。清口水利枢纽曾为黄河、淮河、运河交汇之区，是明清两代运河治理工程最密集、地位最重要、技术成就最高的中枢所在，是目前运河全线古代水利工程遗存最密集、保存状况最好、价值最高的地区之一。自隋炀帝开东西大运河，由通济渠经山阳渎达长江就经过此地。至元明清通南北大运河，里运河在此直接向北，早期入黄淮，清以后穿黄淮而入中运河，清口枢纽是东西大运河和南北大运河交汇之处（图1）。

然而自清咸丰五年（1855年），黄河改道，清口失去枢纽地位，运口逐渐衰落，遗产整体处于废弃状态。近年来，由于自然变迁和人为破坏，遗产整体面临较为严峻的挑战，真实性、完整性逐渐减退。作为大运河申遗中不可或缺的一环，清口枢纽的保护工作刻不容缓，再不开展相应的保护工作，这一重要遗产濒临消失。如何在遗产分布范围巨大、遗产构成复杂、遗产类型众多的基本现状情况下有效地保护遗存本体，深入发掘其历史、科学、社会等价值，并促进区域与城乡的可持续发展成为亟待解决的问题，迫切需要出台能够全面协调和长期指导大运河保护和发展的规划体系。2011年，受淮安市文物局委托，由中国文化遗产研究院牵头，会同多家科研机构共同承担了《淮安清口水利枢纽保护与管理总体规划》编制工作。

2 规划范围、性质及拟解决的问题

清口枢纽位于江苏省淮安市约50平方公里范围内，遗产整体分布于淮阴区、清浦区、清河区。中心坐标北纬33° 32′ 59″，东经118° 16′ 30″（图2）。平均海拔约11米。本规划性质是全国重点文物保

---

1. 获2012年中国文化遗产研究院优秀文物保护项目三等奖。

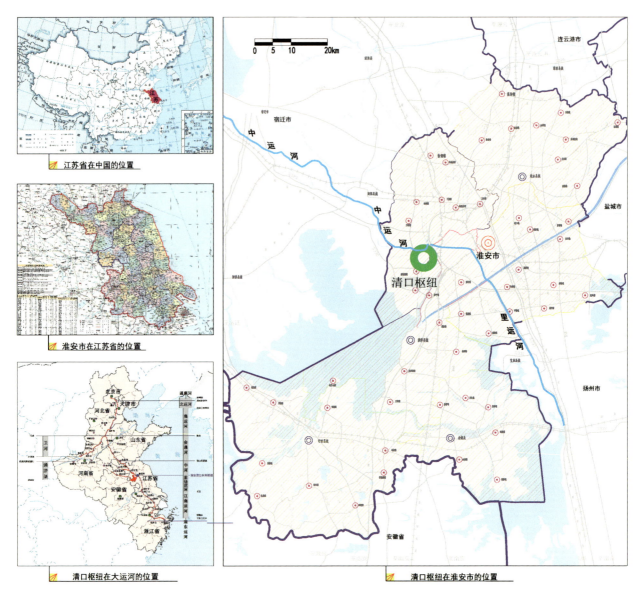

图1 清口水利枢纽区位图

护单位保护管理总体规划，是清口枢纽保护管理的指导性文件，是大运河遗产保护规划体系中单独遗产点的保护规划，也是申报世界文化遗产的基本文件依据之一。

　　规划根据国家对遗产保护的要求，深入研究清口枢纽遗产价值，总体调查评估清口枢纽；明确保护对象，建立基本信息库，并制定相应保护及控制规划、展示规划，提出保护管理要求；合理进行规划分期，同时对其他相关规划提出建议。

3 项目自身特点

　　清口枢纽内涵复杂、外延广泛。作为活态遗产的大运河，经过千余年的自然变迁和人为改造，其

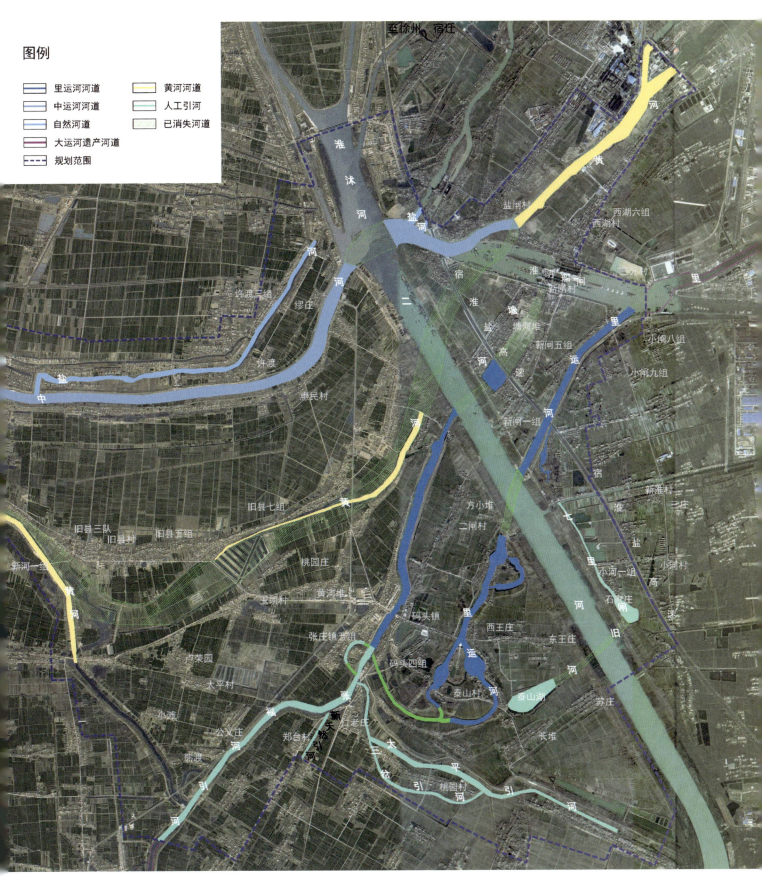

图2 清口水利枢纽卫星影像图

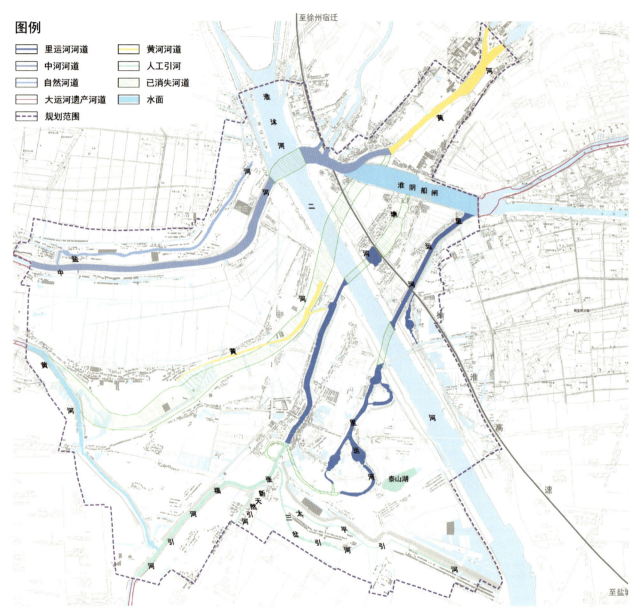

图3 清口水利枢纽规划范围图

遗产类型极为丰富。除包含有人工河道、自然河道、引河、水源及各类闸、坝、堰、堤、涵洞、转水墩等水工设施外，整个50平方公里内分布着庙宇、村镇、碑刻等大量相关遗存。整个区域涵盖了大运河遗产的大部分类型，携带大量历史信息（图3）。

遗产涵盖的时间和空间尺度巨大。清口作为古淮、泗水交汇处，在邗沟开凿之前的自然航道的框架中就是重要的交通枢纽、咽喉要地。自春秋至清末至近代现代，清口区域是大运河上历史最为悠久、使用时间跨度最长最具连续性的枢纽，具有时空连续性的重要特征。

目前各部分保存现状差异极大。大量的运口、堤防、闸、坝处于遗址状态，部分在地表清晰可辨，部分掩埋于地下，密集分布在遗产整体区域。石构闸、坝保存较为完整，以夯土为主的提防及坝体、转水墩、围堰等保存较差。

研究工作极其缺乏。虽然清口区域作为大运河上最重要的运口一直为水利史专家、历史研究专家所关注和研究，然而大量的研究是基于文献基础上的历史研究，没有在历史地理、考古遥感以及考古学的支撑下进行实地的勘探和发掘，致使整个清口区域范围内的遗产在很长一个时间段内处于"未落地"的状态。真正的考古工作自2007年在中国文化遗产研究院及中国科学院遥感应用研究所、中国水利水电科学研究院、江苏省考古研究所等相关专业研究机构联合现场调查勘探后才开始全面铺开。遗产本体调查尚有许多工作仍在深入研究当中，使得保护规划中遗产认定及遗存范围分布等关键工作具有较大难度。

4 保护规划编制技术要点

4.1 以历史研究为依据，明确遗产构成

清口原为泗水入淮之口，又称泗口。在不同的历史时期清口地区有不同的空间范围。规划编制组通过对历史文献、舆图的深入研究分析，以1854年（清咸丰四年）即黄河改道北徙前一年清口枢纽遗存状况作为遗产认定的标准。遗产名称均以1854年所使用名称命名（图4）。同时，将河道沿线自然景观及村落景观作为大运河遗产不可分割的一部分纳入规划整体体系之中。依据《大运河保护与管理总体规划》及《大运河淮安段保护规划》等上位规划对本区域的规划要求，除背景环境外，将遗产分为河道、水源、水工设施及相关遗存共四类53处遗产点（表1、2；图5、6）。

表1 清口水利枢纽遗产构成表

类型		名称	数目
河道	运河河道	中河、里运河、盐河	3
	自然河道	黄河	1
	人工引河	张福河引河、太平引河、三岔引河、塘河、新天然引河	5
水源	池塘	泰山湖（七里闸旧河）	1
水工设施	堤防	中河北岸缕堤、中河南岸缕堤、黄河格堤、黄河北岸缕堤、黄河南岸缕堤、塘河左堤、塘河右堤、里运河内堤、里运河外堤、临湖堤、顺黄堤、顺水堤、临清堤、汰黄堤、临清束水堤、天妃坝石工堤	16
	闸	福兴正闸、福兴越闸、通济正闸、通济越闸、惠济正闸、惠济越闸	6
	坝	中河头坝、中河二坝、中河三坝、头坝、二坝、三坝、四坝、余家坝、济运坝、束清坝（康熙至乾隆三处）、束清坝（嘉庆时期）、束清二坝、御黄坝、御坝	14
	堰	圈堰、临清堰	2
	转水墩	康熙新大墩、乾隆新大墩、旧大墩	3
相关遗存	建筑遗址	惠济祠（包括御制惠济祠碑）	1
	碑刻	乾隆阅河诗碑	1
总计			53

表2 清河水利枢纽遗产现状调查表

★ 运道、相关水道与水源工程（含正河、月河、支线运河等运河河道以及减河、人工引河、城河/内河、湖泊/水柜、水库、塘、泉等）

编号	名称	类别	遗产年代			起讫地点	长（米）	宽（米）				水深（米）	遗存分布范围面积	人工开凿比例	通航现状 A:是 B:否	与运道连通现状 A:是 B:否
			开凿时期	历史时期重要修缮与重建	废弃时期			河口	左堤	右堤	合计					
1	中河（钳口坝一二河口）	运河	清代	不详	目前仍在使用	自钳口坝至二河口	5200	100~120	70~100	90~200	260~420	10~50	973021.9	70%	A	A
2	里运河（张福河运口一张福河船闸南）	运河	明代	新开张福河后成为新开张福河河道	目前仍在使用	张福河运口至张福河船闸南	3040.76	90~100	10~50	10~50	110~200	15~50	240190.25	90%	A	A
3	里运河（中河口一福兴闸正河）	运河	不详	陈瑄沿北末运河遗址开清江浦运河，延长淮扬运河河道自今码头镇地区	清代	北部自小闸村八组起，南部至新闸村一组	2300	30~70	40~230	50	120~350	15~100	183518.26	90%	A	A
4	里运河（福兴闸正河一通济闸正河）	运河	不详	开挖二河时部分被占，部分被毁	清代	全段位于二河的西南侧，二闸村内	500	100~150	20~40	20~40	140~230	3~10	45913.79	90%	A	B
5	里运河（通济闸一惠济闸一四坝正河）	运河	不详	此段提定型与乾隆时期，河工在新的里运河道新修了二闸和三闸后此段堤至泰山内，此后河工又多次形成，次加固	清代	北部在三闸村内，南部在泰山内	1800	10~50	20~50	20~50	50~150	5~15	177955.48	90%	B	B

续表2

编号	名称	类别	遗产年代			起讫地点	长（米）	宽（米）				水深（米）	遗存分布范围面积	人工开凿比例	通航现状 A:是 B:否	与运道连通现状 A:是 B:否
			开凿时期	历史时期重要修缮与重建	废弃时期			河口	左堤	右堤	合计					
6	里运河（四坝—张福河运口）	运河	不详	不详	清代	从现码头桥南500米处至二坝村	800	20～80	15～25	15～25	50～130	0～1	43450.85	90%	B	B
7	里运河（通济闸月河）	月河	清乾隆二年	不详	清代	位于二闸村，枕秉故里东	700	50	20～40	20～40	90～130	3～20	37757.76	90%	B	B
8	里运河（惠济闸—四坝月河）	月河	不详	不详	清代	位于四坝头码头至二坝村，惠济闸正河的东面	700	35～150	20～40	20～40	75～190	3～20	112969.66	90%	B	B
9	盐河（钳口坝—二河口）	运河	清康熙二十六年	雍正九年、嘉庆十七年、道光八年均有挑浚	目前仍在使用	自钳口坝至盐河与运河交汇处	5000	30～60	30～50	30～50	90～160	10～50	194252.67	30%	A	A
10	黄河	运道	明弘治时期	明清时漕运大多从仲庄闸入黄进入清口南下北上，至嘉庆清年间仍从黄河引水冲射行舟。也可以说这条黄河是明清时的主要航道	清代	码头镇境内，西起仲弓一号组、经旧村、陶闸村向北	22.4（淮阴区境内）8（清口范围）	30～60	60～100	60～100	350	1～4	136965	80%	B	B

续表2

编号	名称	遗产年代				起讫地点	长（米）	宽(米)				水深（米）	遗存分布范围面积	人工开凿比例	通航现状 A:是 B:否	与运道连通现状 A:是 B:否
		类别	开凿时期	历史时期重要修缮与重建	废弃时期			河口	左堤	右堤	合计					
11	张福河引河	人工引河	清康熙三十九年	引清水于黄河口相近出入运河，使之畅达，庶可抵黄，后屡淤屡挑，道光、同治、光绪、民国乃至新中国曾多次挑浚"张福引河"逐渐成为"张福河"。后因张福河疏浚扩宽，延长，已归入张福河故道。		在码头镇南敬老院旁张福河内	原长1050丈，面宽10丈，深1丈，或8~9尺不等	2	不详	不详	不详	1	131736	90%	A	A
12	太平引河	人工引河	清乾隆四十二年	乾隆至道光年间多有疏浚至道光勾起淤塞	道光后期	在运口的头坝与二坝之间，今码头村二组南，洪泽湖大堤北	原长300丈	10~30	10~20	10~20	30~70	1~5	157352.2	90%	B	A

续表2

编号	名称	类别	开凿时期	历史时期重要修缮与重建	废弃时期	起讫地点	长（米）	河口	左堤	右堤	合计	水深（米）	遗存分布范围面积	人工开凿比例	通航现状 A:是 B:否	与运道连通现状 A:是 B:否
13	三岔引河	人工引河	清康熙年间	乾隆中改名太平河	不详	张福河运口至张福河船闸南	原长1640丈，现有1580米	5～20	5～10	5～10	15～40	0～5	60398.35	90%	B	A
14	塘河	人工引河	清嘉庆时期	清嘉庆时期在自然河塘上取土筑堤而成，道光7年开始行漕，是年河通，总水干涸，河张锡井、潘进行"灌济运"即塘水济运，中运河与里运河接通以后，此塘逐渐停止行船，咸丰后随黄河北徙而废	清咸丰时期	清口临清壩与御黄坝之间	原长588丈，现有长250米	200	60	60	320	不详	578160（含左右堤的面积）	70%	A	B
15	新天然引河	人工引河	清道光年间	不详	清代	位于码头镇南	640	15～25	—	—	—	0～3	14300.38	70%	B	B

★ 水运、水利工程设施（含堤防、坝、涵洞、船闸、桥梁、码头、运口、纤道等工程设施及其附属设施）

续表2

编号	名称	类别	遗产年代		位置	地上部分		地下部分		遗存分布范围面积（平方米）	主要构件			遗存现状 A:遗址 B:在用工程
			建设时期	废弃时期		遗存内容	尺寸（长×宽×高）	遗存内容	尺寸（长×宽×高）		名称	材质	结构	
16	泰山湖（七里闸旧河）	塘	明代始建	目前部分尚在使用	泰山村公路东侧、泰山村一组泰山村村委会正对面	呈条带形湖泊，大湖泊，连分为三个水塘	650×210×（9～11）	尚不清	不详	136500	湖	土、水塘		B
17	中河北岸缕堤	堤防	康熙三十八年建，嘉庆、道光时期均有加固。新中国成立以后仍有两次扩觉加高	尚在使用	该堤途径淮阴区三树镇三堰村、三岔村、凌桥乡豆瓣集村至杨庄五岔河	堤体	现缕堤长48里，堤高8米堤顶宽8～10米	尚不清	不详	211054	堤体、堤基	土、石	夯土	B
18	中河南岸缕堤	堤防	康熙二十六年建，新中国成立以后有两次疏浚加高	尚在使用	此堤在淮阴境内，途径南吴集镇河滩村、码头镇的仲弓村、惠民村	堤体	现堤高8～10米，顶宽60～80米，长自泗阳交界至许渡大桥：北100米处五河口，共为48里	尚不清	不详	342994	堤体、堤基	土、石	夯土	B
19	黄河北岸格堤	堤防	清嘉庆十六年	清代	北起张庄家，南至大中工	部分堤体	长约1100米	尚不清	不详	97184	堤体、堤基	土、石	夯土	A
20	黄河北岸缕堤	堤防	明代始建	黄河北徙后，具体年代不详	现在的北岸缕堤从码头仲弓村经旧堤村至陶闸村二组	部分堤体	9600米×3米×2米（调查范围内尺寸）	尚不清	不详	557524	堤体、堤基	土、石	夯土	A
21	黄河南岸缕堤	堤防	明代始建	黄河北徙后，具体年代不详	码头镇的大沟头、新河沟村、太平村、御坝村和陶闸村七组	段状堤体	3000米×（4～6）米×（2～3）米（调查范围内尺寸）	堤底有石工3～5层	不详	133092	堤体、堤基	土、石	夯土	A

续表2

编号	名称	类别	遗产年代		位置	地上部分		地下部分		遗存分布范围面积（平方米）	主要构件			遗存现状 A:遗址 B:在用工程
			建设时期	废弃时期		遗存内容	尺寸（长×宽×高）	遗存内容	尺寸（长×宽×高）		名称	材质	结构	
22	塘河左堤	堤防	清嘉庆后所筑	咸丰以后随黄河改道而废	清浦区城南乡新闸村四组	堤体	长约1400米	堤基	不详	362684.53	堤体	土	夯土	A
23	塘河右堤	堤防	清嘉庆后所筑	咸丰以后随黄河改道而废	清浦区城南乡新闸村	堤体	长约1600米	堤基	不详	313713.52	堤体	土	夯土	A
24	里运河外堤（福兴闸－通济闸）	堤防	明代所建	清代	二闸村	堤体	长2300米	堤基	不详	17073.86	堤体、堤基	土	夯土	A
25	里运河外堤（通济闸－惠济闸－四坝）	堤防	清乾隆时期	清代	北起二闸村,南至泰山村	堤体	长500米	堤基	不详	67189.21	堤体、堤基	土	夯土	A
26	里运河外堤（四坝－张福河运口）	堤防	清康熙时期建	清代	东起泰山村,西至码头村	堤体	长1800米	堤基	不详	21001.23	堤体、堤基	土	夯土	A

续表2

编号	名称	遗产年代		位置	地上部分		地下部分			遗存分布范围面积（平方米）	主要构件			遗存现状 A:遗址 B:在用工程
		类别	建设时期 / 废弃时期		遗存内容	尺寸（长×宽×高）	遗存内容	尺寸（长×宽×高）			名称	材质	结构	
27	里运河内堤（中河口-福兴闸月河）	堤防	明永乐十三年 / 清代	北部至八闸村八组起，南部至码头镇泰山村一组	堤体	长2600米	堤基	不详		131594.64	堤体、堤基	土	夯土	A
28	里运河内堤（通济月河）	堤防	清乾隆二年 / 清代	二闸村	堤体	长700米	堤基	不详		12415.9	堤体、堤基	土	夯土	A
29	里运河内堤（惠济闸月河-四坝）	堤防	清乾隆时期形成 / 清代	泰山村一组	堤体	长700米	堤基	不详		5746.38	堤体、堤基	土	夯土	A
30	里运河内堤（四坝-张福河运口）	堤防	清康熙时期建 / 清代	东起泰山村，西至码头村	堤体	总长约1500米	堤基	不详		21001.23	堤体、堤基	土	夯土	A

续表2

编号	名称	类别	遗产年代		位置	地上部分		地下部分		遗存分布范围面积（平方米）	主要构件			遗存现状 A:遗址 B:在用工程
			建设时期	废弃时期		遗存内容	尺寸（长×宽×高）	遗存内容	尺寸（长×宽×高）		名称	材质	结构	
31	临湖堤	堤防	清乾隆八年	清道光二十三年后，具体不详	原起古黄河南岸，码头南镇太平村一组的窑河闸，向东南至御坝村、张庄村、码头镇南至桃园村九组、汪洋宅旁	堤体仅存少部分	2000米×（20～40）米×（15～20）米	堤基	不详	59081	堤体、堤基	土、砖、碎石	夯土	A
32	顺黄堤	堤防	清乾隆时期	清代，具体不详	在御坝村六组（原河神庙）至御坝村七组（今张福河桥）之间	堤体	长约2800米，高7～10米	堤基、碎石护坡2009年考古在坝下古堤下发现有埽工，并发现古钱币10000余没枚	堤底宽约72米 碎石护坡最厚处达9米	192927	堤体、堤基	土、芦苇、碎石	夯土	A
33	顺水堤	堤防	清康熙时期	清代，具体不详	位于王坝村二组，与御坝南相接。横穿御坝村二组东段，东接三组南段，基本呈东西走向	堤体	长约1600米，最高处约6米	堤基	不详	82793	堤体、堤基	土	淤土	A
34	临清堤	堤防	清道光五年建	20世纪50年代毁	二闸村四组，二河闸南起张福河向张庄镇村一组	堤体	现堤顶高出地面2米左右	堤基	不详	136884	堤体、堤基	土	夯土	A

续表2

编号	名称	类别	遗产年代		位置	地上部分		地下部分		遗存分布范围面积（平方米）	主要构件			遗存现状 A:遗址 B:在用 工程
			建设时期	废弃时期		遗存内容	尺寸（长×宽×高）	遗存内容	尺寸（长×宽×高）		名称	材质	结构	
35	汰黄堤（大平河右堤）	堤防	始建于明代，清康熙二十八年重修	开二河和淮阴船闸时被截断	南起二闸村，北至西湖闸，太平河东岸，现在的太平河右堤	堤体	现为太平河右堤	堤基	不详	151971	堤体、堤基	土、碎石	夯土	A
36	汰黄堤（大平河左堤）	堤防	始建于明代，清康熙二十八年重修	开二河和淮阴船闸时被截断	在塘河东岸	堤体	现为硬质路面	堤基	不详	76847	堤体、堤基	土、碎石	夯土	A
37	临清束水堤（大平河左堤）	堤防	清康熙年间	嘉庆后，具体不详	北起陶闸村南至张庄镇村、张福河西岸	堤体	长约2200米	堤基	不详	65579	堤体、堤基	土	夯土	A
38	天妃坝右工堤	堤防	清康熙三十年	嘉庆时期	位于张福河东岸、北起二闸村，南至码头镇	坝体	发掘资料	坝基	不详	58875	堤体、堤基	土、碎石	夯土	A
39	福兴正闸	闸	明代陈瑄时所建	1956年挖二河时被毁	二河西岸福河边，西为清浦区城南乡新闸村二组居民，南为二河北堤，东是越闸西堤，并有一条乡间小道	现闸址已为南水北调二站所用	不详	需进一步考古确认	不详	57126	闸基	土、石	石闸	A
40	福兴越闸	闸	清乾隆二年建	1956年挖二河时被毁	二河北堤以南，清浦区城南乡新闸村三组新闸村二组以西、二站以东东堤以东	需进一步考古确认	不详	需进一步考古确认	不详	83304	闸塘、闸基	土、石、水塘	石闸	A

续表2

编号	遗产年代 名称	类别	建设时期	废弃时期	位置	地上部分 遗存内容	尺寸（长×宽×高）	地下部分 遗存内容	尺寸（长×宽×高）	遗存分布范围面积（平方米）	主要构件 名称	材质	结构	遗存现状 A:遗址 B:在用工程
41	通济正闸	闸	民国时期	20世纪60年代末拆毁	二河提东堤以南、里运河、枚乘故里和二闸村二组以东	尚存闸塘和部分闸体条石	闸宽不足4米，闸塘东西长200米	经考古勘探闸塘内尚有少数条石	不详	27901	闸塘、闸基	土、石、水塘	石闸	A
42	通济越闸	闸	清乾隆二年建	20世纪70年代之前	二闸村一组、李启梅宅旁	闸体地上已无遗存	越河河道尚存，宽80~100米，水深3~5米	闸塘内闸基三夯土完整（考古）	不详	13204	闸塘、闸基	土、石、水塘	石闸	A
43	惠济正闸	闸	清康熙四十九年建，20世纪60年代末拆毁	码头镇码头村四组，闸塘之东	尚存闸塘	300米×100米	考古发现闸塘底门槽仍在，塘底三夯土平整，闸上的拉缆石、柱保存完好	不详	72764	闸塘、闸基	石	石闸	A
44	惠济越闸	闸	清雍正十年	1969年淮阴县政府建会堂拆去此闸石	此坝位于运口的五坝，泰山村一组，闸塘之西	现存闸东堤及闸塘，闸体在地面已无任何遗存	450米×（64~340）米	闸塘底三合土保存完好，闸基尚有条石	不详	52992	闸塘、闸基	石条	石闸	A
45	中河头坝	坝	清康熙年间	20世纪60年代被毁	在杨庄镇街南，陆光春宅后。中运河边	部分坝体	现存坝体宽3米，高5米	坝基	不详	14390	坝体、坝基	土、石	夯土	A
46	中河二坝	坝	清康熙年间	咸丰五年黄河北徙后，逐渐荒芜	在杨庄正太宅后，距头坝200米	部分坝体	现存坝体长6米、高3米，坝基两旁全栽上树	坝基	不详	13155	坝体、坝基	土、石	夯土	A

续表2

编号	名称	类别	遗产年代		位置	地上部分		地下部分		遗存分布范围面积（平方米）	主要构件			遗存现状 A:遗址 B:在用工程
			建设时期	废弃时期		遗存内容	尺寸（长×宽×高）	遗存内容	尺寸（长×宽×高）		名称	材质	结构	
47	中河三坝	坝	清康熙年间	20世纪50年代运河疏浚时被毁	杨庄居委会一组，杨庄老街陈能宅后，运河边，距二坝200米	部分坝体	现汉存2米长，2米高的圆滩头	坝基	不详	7199	坝体、坝基	土、石	夯土	A
48	头坝	坝	清乾隆二年	20世纪70年代末，因筑码头外环路拆毁	此坝在今码头镇敬老院东，即洪泽湖大堤零公里东北处	坝体	不详	坝基	不详	27719	坝体、坝基	土	夯土	A
49	二坝	坝	清乾隆二年	20世纪30年代因淮阴闸建成而荒废	码头镇二坝村，在头坝之东250丈，运道之北	坝体	该坝现存长2500米，高4~5米	坝基	不详	17390	坝体、坝基	土	夯土	A
50	三坝	坝	清乾隆二年	清代	在二坝东，距二坝250丈，运道之北	坝体	长130米，高8米	坝基	不详	32249	坝体、坝基	土	夯土	A
51	四坝	坝	清乾隆二年	清代	码头镇码头村四坝组，在三坝之东，距三坝250丈，运道之北	坝体	长15米，高6米	坝基	不详	18326	坝体、坝基	夯土	夯土	A
52	佘家坝（五坝）	坝	清嘉庆十三年	清代	泰山村村委会所在地	现坝堤尚保留，其东南侧尚存一水塘，被称为佘家坝大注	洼地长约630米，宽约70~200米	坝基	不详	4688.85	坝体、坝基	土	夯土	A

续表2

编号	名称	类别	建设时期	废弃时期	位置	地上部分 遗存内容	地上部分 尺寸（长×宽×高）	地下部分 遗存内容	地下部分 尺寸（长×宽×高）	遗存分布范围面积（平方米）	主要构件 名称	主要构件 材质	主要构件 结构	遗存现状 A:遗址 B:在用工程
53	济运坝	坝	康熙四十年	1960年代平毁	西起码头镇桃园村九组汪洋家宅旁的临湖堤，向东至泰山村七组孙学高宅	坝体（四至尚不明确）	总长1500～2000米左右	坝基	不详	5784.62	坝体、坝基	土	堆土	A
54	束清坝（康熙-乾隆三处）清康熙三十七年	坝	清康熙三十七年	清代	张福河东岸，风神庙南约200米 该束水坝已后在二闸村二组二闸南，张王祠前50米，新河西	张福河东岸部分坝体脊痕	宽约1米	不详	不详	不详	坝体、坝基	土	夯土	A
	清康熙四十一年	坝	清乾隆四十一年	清代	张庄镇村五组	张福河东岸部分坝体脊痕	不详	不详	不详	不详	坝体、坝基	土	夯土	A
	清康熙四十六年	坝	清乾隆四十六年	清代	惠济祠遗址南约200米	不详	不详	不详	不详	不详	坝体、坝基	土	夯土	A

续表2

编号	名称	遗产年代			位置	地上部分		地下部分		遗存分布范围面积（平方米）	主要构件			遗存现状 A:遗址 B:在用工程
		类别	建设时期	废弃时期		遗存内容	尺寸（长×宽×高）	遗存内容	尺寸（长×宽×高）		名称	材质	结构	
55	束清坝	坝	清嘉庆九年	清代	张庄镇村五组、老张福河故道道内	坝体	高度大体与张福河西堤相平	坝基	不详	9572.97	坝体、坝基	土	夯土	A
56	束清二坝	坝	清嘉庆二十二年	不详	束清坝北、号张福河故道垂直	坝体	70米×20米×（2.5~4）米	坝基	不详	12458	坝体、坝基	土	夯土	A
57	御黄坝	坝	清乾隆四十九年	不详	在今二河北岸、清浦区城南乡新闸坡南村五组，二河北堤下10米	坝体部分尚存	50米×30米	不详	不详	85709	坝体	土	夯土	A
58	御坝	坝，堤防	清康熙三十七年建御坝、雍正八年，在康熙御坝坝头按筑御顺水堤	清代	在今码头镇御坝村一组	坝体、堤体	御坝坝长约60~70米，宽度不可辨；顺水堤现有7~8米	坝基、堤基	不详	76639（御坝面积）	坝体、坝基、堤体、堤基	土	夯土	A
59	圈堰	堰	清嘉庆十三年	道光以后，具体不详	位于洪泽湖大堤北码头镇股飞宅旁，组西起二坝南，东接洪泽湖大堤	高地长堤、洼塘	长堤东西全长2500米，高5米左右洼塘面积50亩左右，水深1米左右	堰基	不详	42170	堤体	土、水塘	夯土	A
60	临清堰	堰	清道光年间	清代	位于二河西岸、现张福河河口处	不详	200米×95米×（2~4）米	不详	不详	20392.93	堤体	土	夯土	A
61	康熙新河大墩	转水墩	清康熙四十年建	20世纪50年代初切断，70年代损坏	码头镇南街17号院西南角、柳盛军宅下	墩体	现为一土台，高3米宽6米	尚不清	不详	4633	墩体、墩基	土	夯土	A

续表2

编号	名称	类别	遗产年代 建设时期	遗产年代 废弃时期	位置	地上部分 遗存内容	地上部分 尺寸（长×宽×高）	遗存分布范围面积（平方米）	地下部分 遗存内容	地下部分 尺寸（长×宽×高）	主要构件 名称	主要构件 材质	主要构件 结构	遗存现状 A:遗址 B:在用工程
62	乾隆新大墩	转水墩	清乾隆四年建	清代	码头镇桃园村十组、张福河西堤	部分墩体	60米×80米×4米	11233	墩基	不详	墩体、墩基	土	夯土	A
63	旧大墩	转水墩	清康熙三十一年	清代	位于码头镇南	地表已无遗存	不详	4434.98	墩基	不详	墩体、墩基	土	夯土	A

续表2

★ 运河相关遗存

编号	名称	类别	遗产年代 建设时期	遗产年代 废弃时期	位置	地上部分 遗存内容	地上部分 尺寸（长×宽×高）	地下部分 遗存内容	地下部分 尺寸（长×宽×高）	遗存分布范围面积（平方米）	主要构件 名称	主要构件 材质	主要构件 结构	保护级别与等级 A:全国重点文物保护单位 B:省级重点文物保护单位 C:市/县级重点文物保护单位 D:无	遗存现状 A:遗址 B:在用工程
64	惠济祠（包括御制惠济祠碑）	建筑群	明正德年间始建，清康熙十六年重修	清代	码头镇二闸村三组	目前地面仅存御制惠济祠碑原碑，明示碑。和高出皱纹3米的土台	御制惠济祠碑通高4.82米，碑首高1.17米，宽1.08米，厚0.58米，碑身高2.28米，宽1.04米，厚0.5米	惠济祠大部分建筑基地	不详	1426.32（御制惠济祠碑的面积）	建筑	石	建筑	B	A
65	乾隆阅河诗碑	碑	清乾隆年间	清代	码头镇二闸村五组乡村公路东侧	碑体	碑身高204厘米、宽92厘米、厚31厘米，碑额高78厘米，宽102厘米，厚33.5厘米	无	不无	1996.59	碑体、碑基、碑础	石	雕刻	B	A

嘉庆十三年河口图

里河三坝垫塌，惠济闸背过水，淮关迤上运河南堤漫开50余丈，二坝南岸临湖砖工肇通四十余丈，多处河湖一片。启放佘家坝涵洞引水入白马湖，大力分段强护。

道光七年河口图

嘉庆十六年于新御黄坝之南填筑御黄二坝。道光四年，高家堰失事，借黄济运，河道膠浅。于是创灌塘法，于新御黄坝外，筑东西纤堤，就钳口坝处建草闸一座，以为运口，再在闸外两边建直堰，中筑拦堰，即临黄堰。形成塘河，用水车车水入塘，水高于黄水即启闸放船入黄。

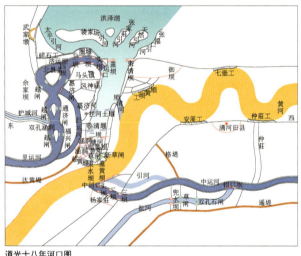

道光十八年河口图

道光十年于塘内填筑挑替河，互相灌放处清河相平，于是在东岸建涵洞一座为洩清，又在东偏建涵洞一座为引黄抬水。十五年又各添建一座。

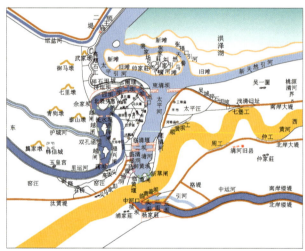

咸丰四年河口图

咸丰初年洪泽湖各坝连年开放。

图4 清口水利枢纽历史沿革图

4.2 深入分析水工遗产自身价值，科学全面评估遗产现状

依据确定的保护对象，规划编制组对遗产价值、保存现状、保护、利用、管理、研究现状进行全面深入的评估。

作为中国大运河中最具代表性的枢纽之一，规划编制过程中首先对遗产价值进行了整体评估，在其基础上对其历史价值、科学价值及社会文化价值进行分别评估。特别强调了在工程规划技术上，清口枢纽集成了勘察、规划、设计、施工、材料、工艺、方法等诸多技术要素，体现了自明至清分别实施的"蓄沙刷黄""束水攻沙""分黄导淮""避黄引淮""倒塘灌运"的规划方略，使其成为导淮

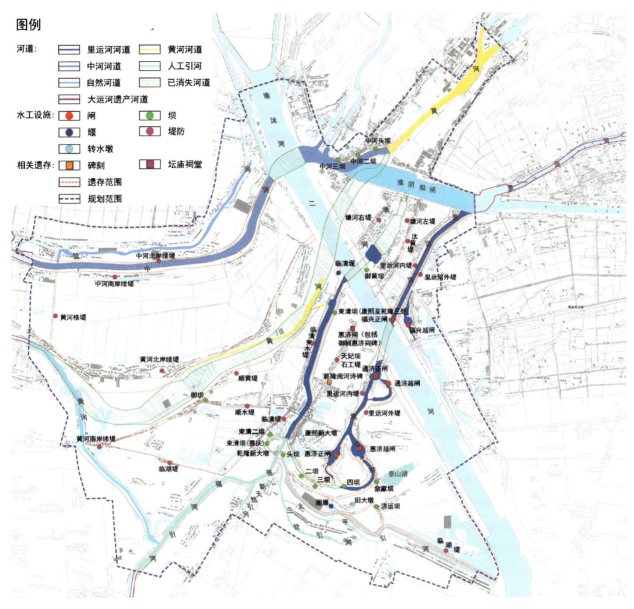

图5 清口水利枢纽遗产构成图

刷黄的主要通道。

　　遗产保存现状评估主要从外形和设计、材料和实体、用途和功能、传统技术和管理体制、位置和背景环境、精神和感觉等六方面入手，总体评价其真实性及完整性。保护、利用、管理、研究现状的评估以定性评估和定量评估相结合的方式，首先根据遗产类型不同划分为不同评估类型表，再确定评估因子。规划编制组邀请水利史、历史研究、考古学、历史地理研究、地方志研究、文物保护研究、土遗址研究等方面几十位专家对评估表评估因子的合理性及权重进行打分确定评估表。同时又依据其工程价值、历史价值和社会价值对规划范围内的53处遗产点进行了定性评估。对遗产的保护级别、管理现状、整个区域的交通条件、利用开放条件作出了全面评估。由于运河遗产属于在用的活态遗产，

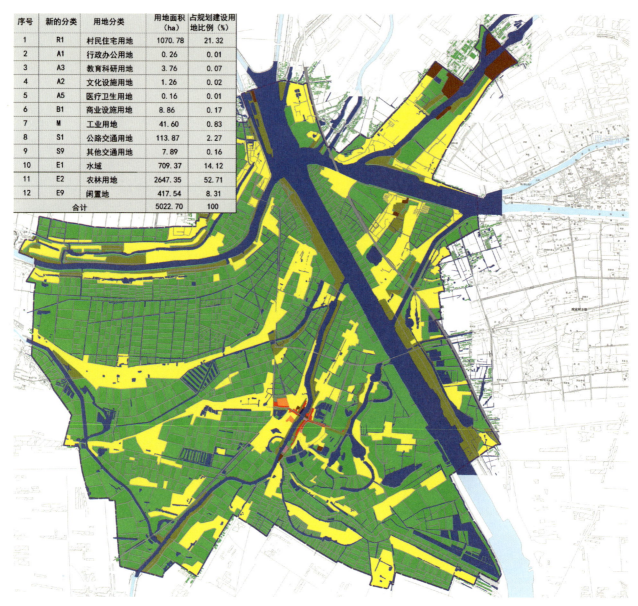

序号	新的分类	用地分类	用地面积（ha）	占规划建设用地比例（%）
1	R1	村民住宅用地	1070.78	21.32
2	A1	行政办公用地	0.26	0.01
3	A3	教育科研用地	3.76	0.07
4	A2	文化设施用地	1.26	0.02
5	A5	医疗卫生用地	0.16	0.01
6	B1	商业设施用地	8.86	0.17
7	M	工业用地	41.60	0.83
8	S1	公路交通用地	113.87	2.27
9	S9	其他交通用地	7.89	0.16
10	E1	水域	709.37	14.12
11	E2	农林用地	2647.35	52.71
12	E9	闲置地	417.54	8.31
	合计		5022.70	100

图6 清口水利枢纽土地利用现状图

规划中特别对目前河道的管理机构，河道通航能力以及在用的码头、运口、闸、坝进行了现状评估，对遗产本体可能造成的威胁作出相关分析。确保在充分研究遗产价值的基础上，对遗产本体及其周边环境作出全面的分析和判断，对下一步划定保护区划、制定合理的保护措施打下坚实基础。

4.3 遵循保护、运营、维护各行业统筹协调的原则划定保护区划，合理提出遗产保护、利用措施

规划定位为文化遗产保护规划，着眼于遗产价值的整体维护，不局限于传统的文物保护单位保护模式，确定了通过规划实施整体保护、通过联席会议制度实现协调管理、通过文物保护单位认定逐步

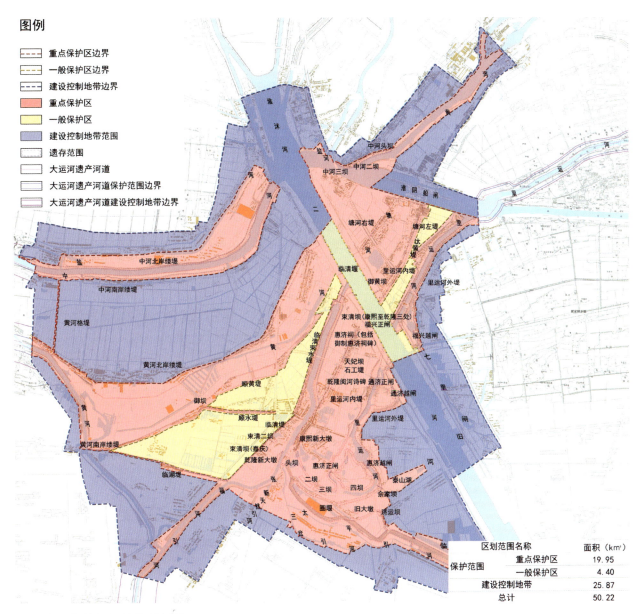

图例

- ┅┅ 重点保护区边界
- ┅┅ 一般保护区边界
- ┅┅ 建设控制地带边界
- ▨ 重点保护区
- ▨ 一般保护区
- ▨ 建设控制地带范围
- □ 遗存范围
- □ 大运河遗产河道
- □ 大运河遗产河道保护范围边界
- □ 大运河遗产河道建设控制地带边界

区划范围名称		面积（km²）
保护范围	重点保护区	19.95
	一般保护区	4.40
建设控制地带		25.87
总计		50.22

图7 清口水利枢纽保护区划图

实现依法保护的总战略——是基于现状遗产区保护级别不确定、但却亟须开展保护利用工作的现状制定的规划策略。

规划遵循保护、运营、维护各行业统筹协调的原则，将在用水工设施项目纳入遗产保护与维护规划、防洪治理项目纳入遗产防灾规划、输水和航运项目纳入遗产利用规划，通过规划手段将活态遗产的保护管理合理纳入到文物保护法的框架之中，为清口枢纽公布为文物保护单位奠定了政策基础——是基于对活态遗产特性的理解和遵从法律精神而制定的规划策略。

针对遗产区内遗存范围分布范围较广、类型众多的特点，规划将整个遗产区划分为7个片区进行分区详细规划（图7），从点至面，从宏观至微观，划定合理可识别可操作的保护区划，制定了设置保护标示、用地性质调整、遗存现状保护、考古现场清理积石归安、局部覆罩保护、按考古规范回填保

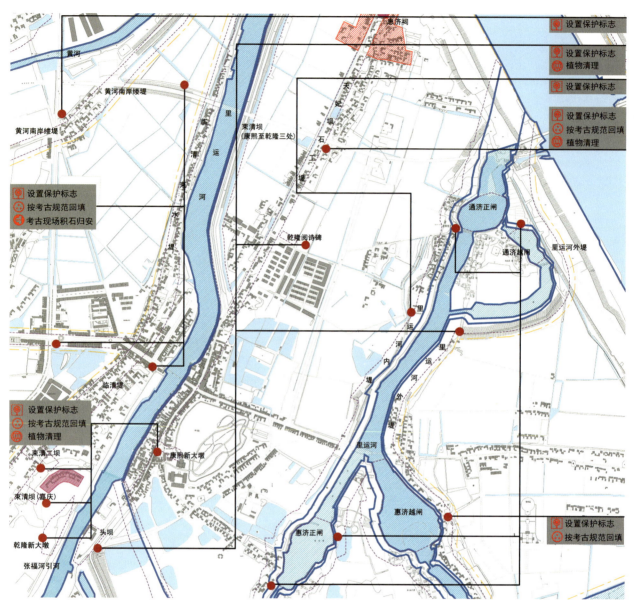

图8 清口枢纽保护措施分布图

护、河道水系疏浚清理、岸坡维护等保护措施，同时针对不同区域制定了限制地表耕作、加强日常维护、开展科技保护、制订应急预案、加强监测工作等本体防护措施。注重运河作为淮安市重要水资源景观的特性，充分利用遗产现有的展示活动与展示设施，将资源整合并综合利用，实现遗产保护、市民教育与社会经济发展的互利共赢（图8）。

5 结语

清口枢纽是大运河遗产中最复杂的文化遗产之一，因其现状遗址与在用遗存共存的特性和我国现行的条块分割管理体制，更增加了规划编制工作的复杂性和难度。本区域遗产保护的问题与困惑，在经济全球化和城市化浪潮的时代背景下，也具有全国范围内的普遍意义。

6 参加人员

项目负责人　崔明

主要参加人员

中国文化遗产研究院：冯辽、乔娜、黎慧

清东陵裕陵维修工程设计[1]

【摘要】

　　裕陵属于清代皇家陵寝系列。明确的建造时间将清陵相互串联，清代皇家陵寝在规制与细部做法上的传承与演变轨迹尽在其中。裕陵维修工程的方案设计正是围绕裕陵在清陵序列中的时代特征和价值关系，评估现状并考虑保护与传承方法。该项目从扩展裕陵彩画价值评估范畴引申探讨维修工程对保护与传承非物质的设计意图的价值和必要。该探讨有助于阐释中国古建筑维修保护中对彩画适时补绘的合理性，有助于中国古建筑保护理念进一步关照中国古建筑保护对其文化内涵的传承需求。

1 项目概述

　　裕陵位于河北省遵化市西北30公里的清东陵陵区。清东陵是清朝埋葬皇帝后妃的主要陵区之一，先后有5位皇帝安葬于此，裕陵是清高宗爱新觉罗弘历（乾隆皇帝）的陵寝。裕陵于乾隆八年（1743年）二月初十日丑时破土兴工，乾隆十七年（1752年）主体工程基本告竣，嘉庆四年（1799年）三月初八日，正式定陵名为"裕陵"（图1）。

　　裕陵规制既有承袭前朝，也有展拓和创新。在选址、建筑布局、设计等方面均具有很高的历史、科学、艺术价值。裕陵建于清朝鼎盛之际，在清诸帝后陵寝中堪称上乘，裕陵建筑的主体结构和彩画等仍保留着大量新中国成立前的历史原物，具有很高的实证价值，是清代皇家陵寝的重要组成。

　　清东陵裕陵维修工程属于国家文物局"十二·五"计划中清朝皇家陵寝保护维修项目之一。2012年中国文化遗产研究院承接了清东陵裕陵维修工程。该项目维修对象有：圣德神功碑亭（即大碑楼）、五孔桥、牌楼门、一孔桥、下马牌、井亭、神道碑亭、神厨库、东西朝房、三路三孔桥及东西平桥、东西值房、隆恩门、东西燎炉、东西配殿、隆恩殿、琉璃陵寝门、随墙门、二柱门、方城明楼及部分围墙。建筑修缮总面积6000余平方米，石桥修缮总面积2000余平方米，院落修缮占地面积约7000余平方米。彩画现状保护及石质构件现状保护均单独立项，不在此项目范围内。

1．获2012年中国文化遗产研究院优秀文物保护项目二等奖。

图1 裕陵神道

2 项目要点

清朝前后跨越二百余年，入关后的第一座帝陵清东陵孝陵建造于1661年，孝陵是满族入关并取代明王朝后所建的第一座帝陵，很大程度上借鉴或承袭了明朝陵寝建筑的制度。孝陵形成的规制又成为之后清陵建制的基本依据。同时裕陵建造于清《工部工程做法则例》颁布（雍正十二年，即公元1734年）之后，是第三代样式雷主持设计建造时期，这些时间差异和背景因素在清代的建筑及彩画制作的具体手法上留下不同的时代痕迹。裕陵维修工程方案设计的要点在于要针对裕陵建筑的时代特点、现存状况及价值特点提出相应的保护与修缮要求。

3 现状勘察重点与方法

现状勘察重点包含原形制及做法特点和鉴别原物以及保存状况等，勘察采用收集相关资料和人物专访、现场勘察和有针对抽样检测探查相结合的方法。

裕陵现状勘察分建筑本体和建筑彩画两部分同时进行，有助于印证建筑本体是否为原物的判断。

3.1 建筑修缮情况重点调查

此项调查重点了解哪些是原物，哪些属后来维修所添改。

裕陵建成距新中国成立间隔近两百年，期间有过一些维修活动，重大的如"裕陵建成四十余年后的嘉庆四年（1799年）隆恩殿被发现有木柱糟朽问题，后进行大修，之后即道光二年（1822年），又因上次修配木料含水率过高，出现糟朽和漆皮爆裂的质量问题"[1]。在勘察隆恩殿的草架中，发现有外檐带彩画斗栱被内置的现象，应与大修活动有关。另外隆恩门外檐下檐东西山挑檐檩彩画盒子画法的差异也说明维修涉及檩条更换，包括一些建筑彩画的过色见新的现象都应是后期修缮的痕迹。

重点调查方面除收集相关维修背景资料外，工作人员还向当地参加过维修工程的同志以及中国文化遗产研究院主持东陵孝陵大碑楼维修工程的张阿祥同志咨询裕陵维修和孝陵大碑楼的修缮情况，了解清朝皇家陵寝建筑的做法特点，向故宫工程处的同志咨询故宫建筑的相关做法和修缮情况。

现场侧重可能被后期修缮过的部位。

3.2 现状勘察

建筑的现状勘察分总体勘察和单体建筑勘察两部分。总体勘察主要是从裕陵整体工程的角度了解裕陵建筑之间的关联，如主要建筑材料和一些通用做法、局部残损与整体的影响等等，以使裕陵维修方案在局部维修要求设计时体现个体与整体的关联，包括维修尺度的把握同样应有整体权衡的考虑。

裕陵建筑主要做法调查重点是本次维修可能涉及的或确定相关的做法，包括建筑室内外铺装用材及铺装形式、做法；大木构架中的稳定性处理方式，如柱枋交接部位均有铁件联系，预防构件拔榫；大木构件的用材做法，如各殿座的大木构件如梁、枋基本都使用多道铁箍，这种做法直接相关彩画地仗做法，存在铁箍生锈造成地仗层离骨，进而鼓胀脱落的问题；墙体做法需了解墙体种类，了解各类墙体用砖规格和砌筑方式，了解砌筑材料和墙面罩面做法。如从方城破损处和风化的砌筑缝中探查方城砌体中有预埋大量铁条的做法，说明在建造时就考虑到砌体内外不同砌筑方式的结合的问题；了解屋面及木基层做法，经现状调查，除大碑楼和隆恩殿在屋面中部用帽钉固定瓦件外，其余建筑的琉璃瓦屋面只在檐口用一道帽钉固定勾头。由于不能揭除瓦面进行详查，工作人员根据《清孝陵大碑楼》修缮工程报告，得知屋面固定琉璃瓦还采用暗钉方式，即部分板瓦后尾有钉孔，用钉子将板瓦固定在望板上，防止瓦件下滑。这些均涉及维修设计时要充分考虑屋面瓦件的稳固做法，并在施工拆除瓦面阶段需进一步勘察瓦件的固定方式。关于望板，现状调查发现有竖铺和横铺两种做法，竖铺望板和"里口木"做法都是清中、早期官式建筑做法。本次维修工程应当注意保留原构件，传承原做法。

另外现有的一些修缮做法也需要进行评估，如干摆墙的修补，从现状勘察发现修补基本是采用传统的剔补和表面抹灰划缝的做法。正常干摆砖表面是没有砌筑缝的，由于表面风化、砖体面层缺损，

1．于善浦等编著：《清东陵》，中国人民政治协商会议唐山市委员会文史资料委员会编，1991年，第53页。

砖缝就会裸露，个别剔补很难做工圆满。其次，在风化、酥碱砖的表面做传统材料抹灰修补，使墙面看上去像长癣一样斑驳难看，而且很容易脱落。适当改进修补材料和考虑修补的视觉效果也是本次维修需要关注的方面。

裕陵室外海墁地面铺装破碎、风化、缺损、缺失、坑洼不平十分严重。据管理处负责人介绍，2005年为配合申遗举行大型活动，管理处对隆恩门前的海墁地面进行了临时整修，主要采用灰土将坑洼部分找平，对陵寝园内和神厨库的甬路和主要参观通道进行了重新铺墁。其余海墁地面仍然处于自然残损、破碎、缺失、坑洼不平的状态。目前用灰土填补坑凹的做法在虽然视觉效果还好，但由于填补部位有厚有薄，薄的部分灰土很容易松动、粉化，刮风时即尘土飞扬。此外虽然甬路基本已翻修平整，但甬路两侧的砖地面明显缺损、坑凹严重，大多有松动或不稳定隐患，使游客容易出现崴脚状况，如何把控这部分的修缮范围及方法，现有地面修缮的一些经验可以借鉴。

3.3 裕陵油饰、彩画保存状况

裕陵油饰尤其是外檐基本都重做过，因此调查重点放在彩画上。

现存彩画有原始原物，也可能有被过色还新或完全是后来重新绘制的情况，还可能有随构件更换个别补绘的结果。总之，对一座建筑上现存彩画年代的判断是很专业和复杂的事情。为此，工作人员求助于彩画专家王仲杰先生和他的学生参与彩画项目。彩画调查主要包含五方面内容，一是对裕陵相关修缮资料的了解；二是采访东陵管理处目前就职的老同志，向他们了解新中国成立后的维修情况，校核相关修缮资料的内容。鉴于东陵管理处提供的裕陵建筑彩画新中国成立后基本没有动过的说法和工作对于彩画现状保护的要求，把新中国成立前后作为判断裕陵"老彩画"的时间界限；三是查找20世纪50年代拍摄的老照片，了解新中国成立初期裕陵建筑状况。四是专门请故宫彩画专家王仲杰先生赴现场进行勘察、辨认彩画的绘制与保存情况，一方面复核东陵管理处老同志关于东陵彩画新中国成立后基本没有被动过的说法，先在大的时间概念下，判断现有彩画的基本身份，然后再通过现状照片，详细观察各个殿座的彩画纹饰，在初步断代的基础上进一步明确哪些"老彩画"并不是建筑始建时的原物，同时印证建筑修缮的一些历史信息，为保护方案的编制寻找更多有价值的依据和参考；五是彩画残损调查采取彩画专业和彩画保护两部分专业人员同时进行的做法，在同一图纸上由具有彩画断代与绘制专长的技术人员负责标定哪些部位需要补绘、重绘，由彩画保护科技专家同时标定哪些部位可以现状保护，以使彩画现状保护与修复两项工作在设计方案层面尽量衔接。

3.4 主要建材规格的调查

调查对象主要涉及维修需补配的砖、瓦件。

对裕陵建筑主要用砖构件尺寸的调查发现，裕陵建筑墙体和室外地面铺装用砖规格基本都是一样规格的大城砖，区别主要在于加工砍磨的程度。建筑室内及台明均铺设方砖。

对裕陵建筑屋面琉璃瓦件尺寸的调查发现，瓦件用材大小有些凌乱，分析原因，与屋面被修缮过有关，另外"由于清代修订过多次琉璃瓦的规格，各地琉璃瓦的规格差异很大，再加上琉璃瓦件的生产工艺以手工为主，因此，瓦件规格很难统一"[1]。

3.5 主要建筑材料检测

利用中国文化遗产研究院具有的科研人才资源和新近购进的一批勘察设备，组织院相关学科科研人员参与裕陵建筑材料检测。检测与探查都是在有明确对象和目标下进行，如从隐蔽木构件保存是否完好的状态的探测到砌体内部构造的探测，从木材、砌体材料成分性能的检测到建筑彩画颜料的分析，提高了本项目在前期勘察、评估方面的科学性，为维修方案在选材和维修方式的确定方面提供参考依据。

3.5.1 大木用材情况检测

裕陵大木用材有都是楠木传说，为验证用材真实情况，工作人员对一些表皮有劈裂等瑕疵且触手可及的大木构件进行抽查取样（图2），经中国林业科学院木材工业研究所材性室鉴定，7个样品的树种鉴定结果分别是：

·明楼北侧上金檩——娑罗双（该材料是菲律宾进口材，根据我国木材进口历史，最早进口时间应在19世纪，该测试结果证实明楼在建成之后进行过修缮）

·明楼东北角飞椽——冷杉

·神道碑亭西三架梁皮——香樟

图2 裕陵木材取样

图3 裕陵墙内柱探查

1．文化部文物保护科研究所主编：《中国古建筑修缮技术》中国建筑工业出版社，1983年。

图4 工作人员测量裕陵墙体裂缝　　　　　　　　　　图5 裕陵墙体内部结构取样

　　·隆恩殿西侧采步金下随梁——香樟

　　·隆恩殿二层南梢间望板——杉木

　　·大碑楼（西南角）柱头枋——落叶松

　　·东朝房——明间后檐下金檩随檩枋——楠木

　　·神道碑亭西三架梁皮——香樟

　　裕陵建筑的木构件表面细密，少有开裂现象。结合抽样树种鉴定结果，证实裕陵建筑大木选材树种多样，并非皆采用楠木。

3.5.2 木材原位腐朽程度检测

　　主要采用木材阻抗仪探测仪进行检测，一是针对神道碑亭墙体开裂，核实墙内柱是否存在腐朽问题，二是量化东朝房后檐北次间檐檩表面腐朽深度。经检测神道碑亭墙内柱"材质均匀，无腐朽损失"（图3），确认当地人介绍神道碑亭墙体裂缝是1976年唐山大地震引起、而非墙内柱问题引起的说法。东朝房后檐北次间檐檩表面腐朽探测深度只有3厘米，确认只需局部修补即可。

3.5.3 方城墙体内部砌筑情况探测

　　针对方城墙体的局部鼓胀、开裂问题，采用内窥探测和重点钻探取样的做法，对墙体内部情况做详细复核。裂缝探测采用北京康科瑞工程检测技术有限责任公司生产的型号为KON-FK（B）裂缝宽度监测仪，该仪器具有裂缝位置及宽度值的自动化检测、无人状态下长期监测的功能。裂缝宽度检测值的精度为0.01毫米（图4）。

　　经探测，该裂缝为后期发育裂缝与方城东侧面砖鼓闪有一定的关系，在制订修缮方案时应考虑从结构加固的角度进行处理。

　　钻探取样重点选择方城底层砖台东侧鼓胀破坏处和上层须弥座台上两层砖高位置（图5）。裂缝内窥与墙体内部钻探取样结果显示，目前方城墙体存在的残损现象属表层干摆砖的破坏，不涉及内部砌体的稳定问题。因此，局部鼓胀不需要对鼓胀部位墙体进行更深入范围的拆砌。

3.5.4 砌筑材料及屋面护板材料抽样检测

砌筑灰浆、抹面灰浆及护板灰的检测样品主要从裕陵建筑局部残坏物体中获取，共取样三组，经成分检测分析，大碑楼二层内砌筑砖台上的砌筑灰浆和隆恩殿南梢间护板灰的主要成分均是石灰，有些含有极少量的杂质石英或少量未完全炭化的氧化钙。东朝房后檐墙抹灰材料中主要成分是白云石，一定量石英和铁红，未出现碳酸钙，检测人对此提出需重新分析，但因随后离院，未能重新复核该检测数据。目测该样品与常见传统抹灰材料相符，应是熟石灰与红土混合物。

3.5.5 砖样检测

砖样原位检测选取对象选在本次拟修缮范围的有代表性的方城墙体和海墁地面部位。全自动数字式回弹仪的型号为HT225W，该仪器由北京康科瑞工程检测技术有限责任公司生产（图6）。

经现场原位回弹方城墙体的砖体，相对强度存在差异，又取方城墙体的砖进行实验室物理试验，检测结果：强度在7.3~9.9MPa之间，平均8.6MPa。

海墁地面选择有代表性的面层砖和垫层砖进行回弹仪原位检测，面层砖和垫层砖均分表面基本完好的和表面已风化的砖进行对比检测。两组回弹数据显示：不论平铺还是竖铺，表面基本完好的砖的强度比面层剥落、风化的砖强度明显要高出30%。

图6 回弹检测裕陵地面砖　　　　　　　　　图7 研究人员分析裕陵彩画颜料样品

3.5.6 裕陵彩画颜料分析

彩画颜料成分检测目的有二，一是确认所用颜料，二是根据颜料成分分析判断彩画的年代（图7）。因此，取样选择以年代被质疑部分为对象，如大碑楼天花彩画和二柱门彩画。在它们的颜料成分检测分析中，发现有巴黎绿、群青成分，说明这两部分的彩画年代可能相对偏晚，而二柱门在裕陵建筑彩画是唯一画"龙方心"的彩画，经彩画专家判断很可能是后来重绘时改变了原有彩画的画法。在隆恩殿内檐彩画颜料的成分检测分析中，未发现有晚期颜料成分，说明虽然隆恩殿彩画有被过色见新的痕迹，但发生时间偏早。

4 裕陵建筑现存主要问题及成因分析

台基与基础方面，未发现有明显的（个别如三座琉璃门有陈旧性基础沉降现象）基础沉降现象，个别台基的压面石、垂带和踏步石有走闪现象，与局部窝水引起台帮砖体酥碱冻胀变化有关。

屋面存在失修和缺乏日常保养的问题，主要表现屋面长草，捉节、夹垄灰松动，尤其是夹垄灰松动脱落现象突出，分析可能与修缮季节过晚有关，与冻胀有关，导致相关走水当排水不畅，尤其是檐部坡度平缓，雨水易滞留，檐部椽望因渗漏引起的水渍痕迹和椽头腐烂的现象也较普遍。

早年发生的人为锯截、拆除大木额枋的部分一直没有补配，使建筑局部大木构架一直处于不完整状态。

墙体问题一是上身糙砌抹灰墙的罩面面层自然风化剥落，表面粗糙，虽然在视觉上有岁月的痕迹，但容易造成墙体表面的进一步风化损坏。其次，台基的台帮砖有酥碱风化现象，与散水松动窝水有关，尤其是位于阴面处。

明楼方城台子墙体开裂、鼓胀的主要问题与对应的城台石质吐水槽断损有关，上层排水不能直达地面石板，而是落在台子顶面，导致该处渗水，致使对应墙面常年潮湿，发生冻胀破坏，因未能及时修缮，年复一年，恶性循环，墙体损坏日趋加重。此部分经重点内窥与钻探检查，证实方城墙体残损问题不涉及内部砌体的稳定。

海墁地面的残损状况不是短时间形成的，表层铺装的损坏、缺失，会殃及下一层砖垫层的稳定和持久，面层砖不断有被踩踏发生碎裂的现象。

院墙主要问题集中在陵寝园二进院及外围墙，表现为墙顶琉璃瓦面因失修出现的瓦件松动、脱落，导致墙顶不完整、呈残败状。

彩画部分因年久表面存在污染、颜色褪化、颜料及地仗层老化起翘、脱落等现象，尤其是外檐彩画脱落严重，木质裸露，铁箍生锈。牌楼门和二柱门的建筑形式，使彩画部分很难抵御日晒风雨的侵蚀，失毁最为严重。

裕陵石桥整体上基本稳定，局部存在因年久失修和人为破坏存在局部缺损和走闪、松动现象，两座平桥石拦板缺失，形制不完整。

5 关于维修改动情况

现有一些修缮做法有改变现象。如原竖铺望板改为横铺做法，后更换的椽子用料和加工不到位，有的椽子直径偏细，不顺直，大连檐（里口木）有的被改为闸挡板做法，如此修缮下去，裕陵建筑时代特点将越修越少。

由于建筑使用功能的转变，有的建筑装修被完全改装，如神厨库内两座神库、一座神厨的装修被改为现代玻璃门窗，使该原建筑风貌削减。

20世纪70年代重建的值房，只保留了原值房的基本建筑形制，外檐装修已改为现代玻璃门窗。

由于年久失修，裕陵宰牲亭建筑后半部分地面建筑已毁多半，宰牲亭主体建筑后檐柱位置还保留宰牲亭后背建筑的两根柱子，柱上有水平构件的搁置卯口，地面还保留完整的柱顶石（可以根据柱子的卯口位置及残留的柱顶石，参照尚保存完整的同类建筑进行修复）。

现有干摆墙面的修补方式也在勘察之列。传统的剔补和表面抹灰做法都很局限，修后容易败坏干摆墙的视觉效果，剔补本身也具有扰动破坏，有必要对修补材料和方式，包括修补程度做些改进性尝试。

经现状总体与个体勘察、分析评估，明确了该项目维修重点在屋面、地面及彩画。明确了局部残损、缺失对个体、对整体的影响，明确了哪些属于原物应尽量保留保护，哪些属于错修需要整改，哪些尚存在不明确，需要进一步了解和确认。总之现状勘察为维修方案设计提供了较充实的参考和依据。

6 裕陵价值评估

在裕陵价值评估中，除一般共识的价值因素外，该项目重点探讨了裕陵建筑彩画的价值所在。

首先建筑彩画是中国古建筑的重要组成，中国古建筑彩画除对木构件的保护和装饰作用外，更有传达建筑等级、身份品第的意图在其中。中国古代建筑专著宋《营造法式》和清《工部工程做法则例》中都将彩画列为专篇，通过图示表现不同的图案形式和色彩组合，显示彩画的不同题材和格调。还可以彩画的不同配置标定建筑之间的等级存在，讲究规制的目的在于体现封建等级制度的不可滥用和逾越。特别值得重视的是王仲杰先生结合相关建筑彩画的类型配置，从清代陵寝建筑彩画单一使用旋子类型的配置中，发现并推断清代陵寝建筑彩画的配置中可能蕴含有生大于死的概念。这一认识，不是一座单体、几座群体建筑彩画所能够体现的，进一步说明了中国建筑彩画在纹饰图案背后有着深层的文化内涵。

其次，陵寝建筑具有明确的建造年代，真实准确地记录了彩画的演变轨迹，使陵寝建筑彩画具有官式血统的"时代样本"价值。

总之，看似相似的裕陵建筑彩画，不仅有等级和审美观的影响，其彩画配置理念包含诸多文化关联和潜在深意。从裕陵建筑彩画价值的评估中，工作人员进一步体会到中国建筑彩画具有的传统文化的隐喻表达和魅力所在。

以清陵本身具有的序列属性，抓住清陵建筑具有的清官式建筑时代样本的特点，从更为宏观的角度，开启裕陵价值评估尤其是彩画评估的新视角，为裕陵彩画补绘修复方案的编制奠定了良好基础。

7 裕陵维修保护设计方案

裕陵维修保护设计方案以"不改变文物原状和传承清中期时代特点做法相结合；重点维修和尽可能少扰动相结合；尽可能保留老构件和传递历史信息相结合；个体修复价值与整体修复价值相结合"的原则贯穿其中。

维修方案的设计总体思路以现状维修为主，传承裕陵具有清中期官式特点的原做法，参考故宫清代皇家建筑相关修缮经验和做法。对维修尺度的把控既根据个体、局部实际情况出发，又结合类别特点区别对待。如对具有不可预见因素的屋面维修的深度，在方案阶段适当加大残损范围和深度的测算，要求施工阶段对屋面维修深度进行最后确认。对可以确定维修深度及范围的部位则提出明确的设计做法要求，如方城开裂、鼓胀部位的修复虽不涉及内部砌体的稳定，但在修复做法上应考虑新老砌体结合的稳定性，明确要求根据既有墙体的做法，在回砌时间隔施加锚固钢筋。对需要改进的墙面修补做法，提出拟尝试改进的可操作指向。并在整个方案的编写上以提出设计要点的方式，突出强调对各部分的修缮控制要求。

裕陵彩画补绘、重绘设计以现存实物为依据，以彩画缺失、有失建筑完整性为修补必要性依据，在彩画补绘、重绘设计要求上，明确限定施加范围及部位，同时明确现状保护范围及部位。以期彩画免遭自然消失，又以新老共存、有序传承为目标。

总之，裕陵维修工程方案设计意图鲜明，突出了保护性修缮的原则精神，以适度把握修缮、修复尺度作为设计目标。

8 结语

该项目的方案编制体现了中国文化遗产研究院吸收本院多学科参与的结果。

该项目方案设计的特别探索在于对裕陵彩画的价值评估与修复设计要求强调了中国古建筑保护的需求和特色。从建筑的角度，有助于进一步彰显古建筑原有的传统文化背景和设计意图。从保护的角度来说，历史延续和传承是中国古建筑修缮目标的价值追求。

9 参加人员

项目负责人 杨新
主要参加人员
中国文化遗产研究院：查群、肖东、刘江、阎明、张秋艳、刘忠平、于志飞、王林安、孙延忠、沈大娲、胡源、张秀芬（外聘）
同时该项目建筑测绘由天津大学曹鹏老师率20余位学生完成。

哈尔滨圣索菲亚教堂维修工程设计总体方案[1]

〖摘要〗

由于哈尔滨圣索菲亚教堂建筑结构的复杂性、所涉专业的广泛性，维修设计项目组集结多专业、多学科协同作战，在充分全面的前期勘察、调研、分析的基础上，本着不改变文物原貌，遵循可逆、可识别的文物保护思路，采用最小干预手段，制订了哈尔滨圣索菲亚教堂的维修设计总体方案，以期实现目前条件下该教堂在文物、历史、文化等方面真实信息得以最大程度上的保留与传载。

1 项目概况

留存至今的哈尔滨圣索菲亚教堂落成于1932年，是远东最大的东正教教堂（图1），是"中东铁路"相关宗教性建筑。教堂建筑高48.576米，占地面积830.43平方米。作为哈尔滨城市标志性建筑，该教堂于1996年经国务院公布为第四批全国重点文物保护单位。受哈尔滨建筑艺术馆委托，中国文化遗产研究院承担了该教堂保护维修工程设计。

1.1 教堂概况

1.1.1 教堂简史

该教堂经历三次修建。1905年，沙俄政府为稳定"中东铁路"驻军的军心，第一次修建了木结构的圣索菲亚教堂。时隔两年，1907年该教堂迁至道里水原街（现兆麟街），并进行了第一次扩建。20世纪20年代初，在哈尔滨的俄罗斯人口激增，为满足使用，于1923年在当时原址附近对该教堂进行了第二次扩建（图2）。

此次扩建历经九年，于1931年11月25日建成，是为现存之规模。教堂的建设恰逢哈尔滨建城初期，为"中东铁路"建设的产物。

为了甄别文物本体的真实性，项目组详细调研了教堂自建成至今的主要历史沿革。其中唯一一次规模化干预、修整发生于1996年。该年6月哈尔滨市政府对教堂本体进行了保护性修复，对其环境开展了综合整治。有关本体整修的内容主要包括：地下室、室内地面、室外台阶与踏步、室内墙面、外墙

---

1. 获2012年中国文化遗产研究院优秀文物保护项目二等奖。

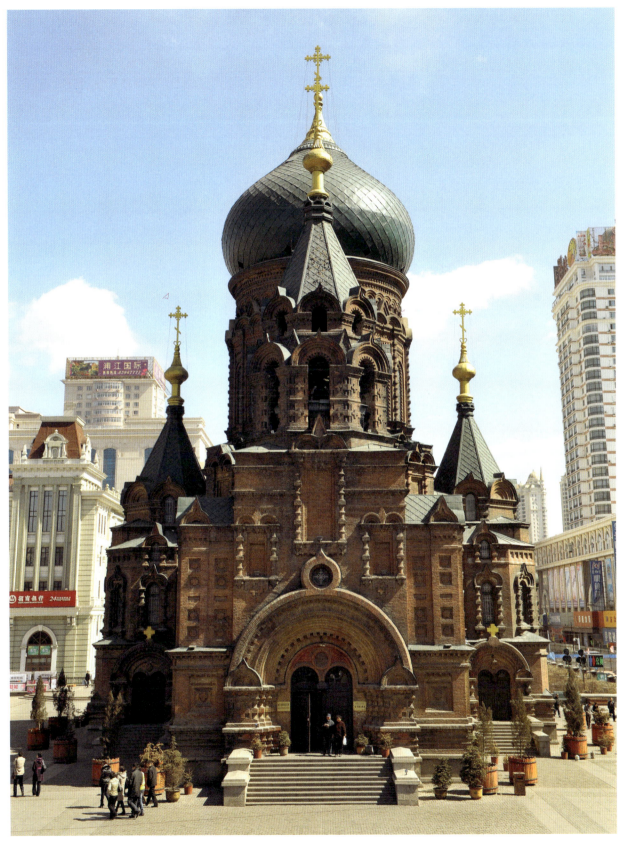

图1 圣索菲亚教堂西立面

修复、门窗修复、铁皮屋面及附属工程等八处分部工程。整修后的教堂命名为哈尔滨市建筑艺术馆，由市建委管理。

1.1.2 教堂特征

哈尔滨圣索菲亚教堂深受拜占庭建筑形式的影响，结合俄罗斯的"葱头顶""帐篷顶"形式，集合罗马样式的拱券与高窗，形成了多种形式、符号有机组合的传统俄式教堂建筑艺术风格。

图2 第二次扩建时，新、旧教堂共存

结构配合建筑形式，以中央穹隆结构构成为例（图3）：正方形平面四周分布承重柱墩，上承罗马半圆券及帆拱，通过拱券、帆拱的过渡衔接上部鼓座（筒形结构），鼓座上承半球形穹隆，穹隆外罩木屋架"葱头顶"，形成典型的东正教教堂结构单元。该教堂主体采用砖砌体承重结构，局部运用了钢筋混凝土材料工艺。作为局部承重结构，钢筋混凝土材料不仅用于穹隆顶，还用于教堂楼梯及局部二层楼面（主、附唱诗台）。该材料的运用带来了更为合理的、简约的结构形式。教堂木结构部分主要分布于部分楼盖、局部楼梯，以及屋顶木桁架。

组成该教堂的装饰分为内外两部分。外部清水红砖墙材料本身带有较强的装饰作用，其表面还设置了俄式壁柱、火焰式窗檐、线脚及东正教正十字架等各式民族及宗教属性明显的砖饰。室内则不同于俄传统教堂内墙满饰东正教典籍、人物为主的壁画形式，现存教堂内墙墙面、顶棚表面，装饰着俄

图3 教堂中央穹隆结构360°全景

罗斯民族传统纹饰及宗教正十字架等图样，同时又结合大面积涂刷代表东正教不同宇宙空间意向的色彩涂装。宗教主题的画作仅以油画形式悬挂于墙面（现已缺失），用以明确体现该教堂的东正教属性。

1.1.3 价值评估

教堂构建于哈尔滨城市建设之初，是哈尔滨城市建立、发展的重要历史见证。同时，作为中东铁路建设、运营及管理的重要实物，它是中东铁路史研究的重要实物史料，也是西方宗教在东北地区传播与渗透的重要实例。具有很高的文物价值、历史价值。

圣索菲亚教堂作为历史上东亚最大的东正教教堂，不仅完美承继了罗马、拜占庭建筑艺术，还体现了浓厚的俄传统教堂的建筑风格，具有极高的建筑艺术价值；其建筑的公共性，及高低错落、充满韵律的轮廓外形，是特定历史时期城市区域"场所"中心，在城市整体空间、形象及意向构成方面具有重要的艺术价值。

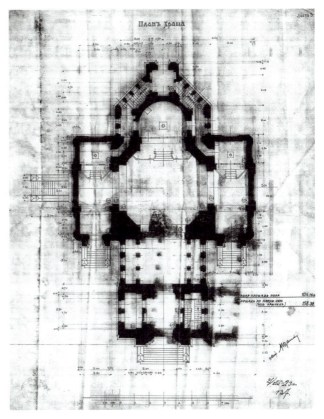

图4 教堂原始设计图复印件

结构方面，教堂的营造科学地运用了当时的新型结构材料工艺——钢筋混凝土，并合理地运用于该教堂局部结构建构中，既满足了建筑使用功能，又简化了结构形式。作为国内著名近现代文物建筑，是成功、合理应用钢筋混凝土结构材料工艺的重要实例之一，其科学价值不言而喻。

通过历史资料调研，历史图片、图纸（图4）收集比对，该教堂的营造施工基本保持原设计格局与形制，只局部结构略有改变。变动部位分别位于三处：其一，将中央穹隆西侧的砖柱墩由实心砌体改为空心分体结构，利于地基基础减荷；其二，减小砖柱墩上部帆拱出挑距离，增大拱券上部的鼓座（筒型结构）直径，使得教堂主体空间更开敞，外部"洋葱顶"造型更为丰满；其三，取消前厅二层过廊砼混梁下的廊柱，使得结构得以合理简化。

结合现场踏勘，教堂自建成至今的这段历史里，建筑方面的原制改变发生于1997年，该教堂历史上唯一的一次规模化整修工程。此次整修原制改变的部位在于：为阻止不均匀沉降延续，采用级配砂石几乎填埋了所有地下室，仅保留了原锅炉房；其次采用混合砂浆修复教堂勒脚线以下残损内墙墙面；为阻止外墙砌筑白灰砂浆继续风化，将原外墙元宝缝工艺改为水泥砂浆做法。另，原教堂自带简单设备，已因长期停用而废止；新增给排水、供暖、供电、安防、消防及防雷设施，属逐步无序添加状态。

综上判断，该教堂在建筑形式、建筑结构、建筑装饰、装修及设备等方面较完整地保留了初建时的形制及实物遗存，能够较真实反映教堂初建时的历史背景及信息，该文物建筑的完整性、原真性较强。

1.2 项目内容

一直以来，圣索菲亚教堂都未曾进行完整、详细的现状测绘，不具备开展维修设计的基础条件。同时，对于重点文物保护建筑来讲，此情况亦属基础数据资料缺乏。借此次教堂保护维修勘测之际，项目组确定建立教堂测绘专项小组，对该教堂建筑进行详细的现状测绘，获取全面、精确的数据信息，在满足教堂维修设计需求的同时，完善教堂建筑现状基础数据收集。

教堂自建成距今已八十余年，长期受自然和人为因素的影响，其文物本体在建筑、结构、壁画、外墙砖材料等方面均出现不同程度的残损、老化病害，在设备方面出现杂乱现象。为此，项目组集结了建筑保护、结构、科技保护、建筑设备等方面专业人员，协同对教堂开展了各专项详细的现状调查、全面科学的检测分析，统筹制订了该教堂维修工程设计总体方案，并深入细化了各专项设计。

2 前期勘测与分析

2.1 现状测绘

现存的哈尔滨圣索菲亚教堂建筑高耸、体量较大，空间丰富、结构复杂，造型繁复不规则、装饰精美丰富（图5），传统测量要准确获取教堂建筑精确尺寸较为困难，为此，项目组决定采用以目前先进的三维激光扫描技术，对教堂进行现状测绘。同时，考虑三维激光设备在实际使用中的局限性，避免测绘数据缺失，项目组根据教堂实际状况，确定辅以传统测量方式开展此次实测。同时，项目组在本总体方案下设《三维激光测绘及信息留存》（专项一），详细制订、实施了该教堂现状实测方案。

2.1.1 三维激光扫描

教堂的三维激光数据采集工作分为外业现场扫描数据采集及内业数据处理两大步骤。

（1）现场扫描

为提高工作时效，项目组采用两种不同精度三维激光扫描仪进行数据采集，合理把控教堂整体及细节尺寸、准确定位残损部位。同时，结合采用高清摄影器材在尽可能正视（正投影）的要求下，对索菲亚教堂内墙壁画及整体外墙砖面，实施分区逐点高清拍摄，为后期其他保护专业的图件制作提供高清照片、真实影像。

按照三维激光扫描后续数据整理、整体点云拼接的技术要求，现场扫描相邻站间的拼接标靶（拼接点）设置不少于三处，且标靶固定、不得移动。为确保整体点云拼接准确，结合使用了高精免棱镜全站仪，对教堂各水平构造点的拼接标靶实施控制测量，为三维模型拼提供了统一的坐标体系，从而保证了数据拼接的准确性。

为避免复杂环境影响数据采集质量，测绘组制订了数据质量跟踪和检查方案。采取安排专人对已

图3 圣索菲亚教堂外部造型

图6 教堂建筑空间精细模型

扫数据进行多次检查、备份的方式，防止较大面积的数据遗漏、缺损，确保数据安全、完整。

（2）数据处理

内业数据处理主要包括点云预处理、三维精细建模、三维整体建模、纹理映射及正射影像图的生成等步骤。

点云预处理是建立精确三维模型的必要前奏。通过对点云数据检核了解，采用人工方式删除各扫描分站重复、分层的无效数据实现粗差剔除，并经相关三维软件精度测、验合格后，在统一坐标系统内完成精确模型整体点云拼接，最后删除拼接处的重复数据，达到数据简化。

教堂三维精细模型（图6），是建立在三角网上表现教堂空间数据关系的精细模型。通过成型的三角网模型，可方便地构建各类正射影像剖面。正射影像经校正合格后即可实现纹理映射、物体表面数据对比分析及空间量测等。此阶段需在进一步剔除误差、无关数据的条件下，完成细节数据的补漏、补洞后，最终完成模型精细化，达到真实留存教堂三维空间精确数据信息的目的。

数字正射影像图是在三维精细模型的基础上，于全站仪测得的统一坐标体系内，采用专用软件自动生成的，可实现精确测量的图件。按照项目其他专业的需求，测绘组完成了包括平、立、剖在内的共计25个数字正射影像基础图件。

2.1.2 传统测绘

由于"葱头顶、帐篷顶"位于教堂顶部，内部空间局促，木桁架结构复杂、遮蔽严重，使用三维激光扫描仪进行测绘存在仪器搬运困难、不安全，扫描无固定架设平台，结构、构造构件遮蔽严重等问题，易造成采集数据不准、缺失，故项目组决定采用与传统测绘相结合的方式，解决三维激光扫描现场实施困难的问题。传统测量包括了仪器测量及传统手工测量两方面手段。

在仪器测量方面采用混凝土回弹测厚仪，测量核准教堂二层局部混凝土楼板、梁的厚度；并采取搭架方式，测定教堂顶部穹隆混凝土薄壳的结构厚度尺寸。

通过传统手工测量，测得"葱头顶、帐篷顶"内部木结构桁架系统尺寸，为建筑图纸的绘制提供尺寸依据。运用三角测量的方法，测定梁架排布方向；利用"葱头顶、帐篷顶"内外开口处的构造特征点，与三维数据产生尺寸关联，确定图纸上的梁架方向。

2.1.3 图纸绘制

基于各专业协作，项目组在数字正射影像图件的基础上，完成了包括建筑结构、壁画与外墙砖材质贴图及结构有限元模型等的基本图件绘制。

（1）建筑图纸

将数字正射影像图导入AutoCAD专业制图软件中，绘制建筑平面、立面及剖面图。图纸绘制的过程也是局部结构、构造判读，局部尺寸、数据校核的过程。

集中建筑图纸绘制过程中的问题，分类对待处理。对于结构、构造细节模糊处，采取现场勾画草图调查的方式明确构造交接；对于正射影像图显示结构不合理处，也就是点云数据错层显示的现象，在预先判读后赴现场进行图、物比对，再行修整三维模型及正射影像等基础图件；对于尺寸、数据缺失部位，则采用三维激光扫描仪进行现场数据补充采集。

通过上述方式，最终建筑图纸深度达到了完善墙砖分割、确定教堂主要病害结构开裂位置的精度；图量完成了包括平、立、剖在内的总计25张基础图件、图纸。

（2）壁画、外墙砖图件

通过专用软件按照近景摄影的方法矫正数值影像照片，将其贴制于正射影像图上，制得准确比例的彩色正影射图（图7）。彩色正射影像图清晰地显示病害类型，准确地反映了病害区域，便于壁画、外墙砖现状病害勘察、病害标注，为科技保护专业提供了基础图件。彩色正射影像图总量包含了所有室内壁画区域及室外外墙砖区域。

（3）结构建模

有限元结构模型曾尝试直接采用三维模型转换的方式建立，但由于三维模型存在数据量大、主体结构数据尺寸不封闭连通的缺陷而未能实现。最终有限元结构模型，采用了在完善后的建筑线画图上搭建完成。同时，又通过现场踏勘、传统测量的方式，细化了不同建筑材料结构构造交接方式及尺寸。

2.2 现状与分析

2.2.1 教堂建筑

一般而言，针对文物建筑的现状残损调查包括：原形制、做法后期改变的残损，以及建筑自身病害残

图7 教堂壁画仰视正射影像图

损等方面内容。纵观教堂建筑现状调查，分析教堂历史沿革调研，其现状残损包含了以上两部分。

（1）原状改变

教堂建筑原制改变的部位有以下几方面：

①1997年的整修工程，为均衡教堂高低错落的结构引起的不均匀荷载，避免结构不均匀沉降的延续，于地下室空间几乎满填级配砂石的做法，改变了教堂原有建筑空间形式。现该建筑仅保留了原地下室锅炉房。

②同期工程，为修复教堂室内勒脚线（高4.2米）以下墙面抹灰，整体改用混合砂浆抹制；为阻止外墙砌筑白灰砂浆表层继续风化，采用水泥砂浆修复墙面元宝缝。目前，室内混合砂浆抹灰部位与内

墙面合宜性良好，无空鼓、脱落发生；由于水泥砂浆与砖材料膨胀系数不同，导致外墙水泥砂浆元宝缝收缩脱落而损伤砖表面的现象时有发生。

（2）自身残损

教堂自身的残损病害集中于地下室、室内地面、屋顶楼面、装修、装饰、设备、防雷等部位。

①地下室：勘察仅剩的地下室锅炉房，其基础花岗岩毛石白灰砂浆砌筑，地面以上室外部分条石包砌；地面水泥铺墁，顶部施工字钢为肋，南北向并联跨布跨度1.7米的纵向砖砌平拱；于平拱上架设直径150～180毫米红松地板梁，铺50～80毫米厚红松地板（一层地面）。从教堂外墙观察，地下室墙体孕育着5条与外墙贯通裂缝，现场仅锅炉房墙基开裂可见。该处裂缝具体位于锅炉房外壁现设备管沟口上部，并延伸至锅炉房房顶一跨平拱；从基础开裂发生部位分析，初步判断该裂缝含不均匀沉降因素。同时，因地下室内潮湿，所有钢、铁构件表面锈蚀，地板梁糟朽，严重处深达10毫米。

②室内地面：室内地面、楼盖以木质为主，部分为水泥地面。以锅炉房顶部情况推断，一层木地面做法为直径150～180毫米的红松楞木，上铺50～80毫米厚红松板材，表面罩红漆。该部分木地面因地下室（包括级配砂石填埋区域）潮湿，普遍存在地板上表面油饰脱落明显，并伴有返潮现象，大部分地板木构件存在糟朽；小面积的水泥地面位于后过廊，存在局部开裂、塌陷现象。教堂主体通高，仅局部设有或木质或水泥楼面，现状均良好。

③屋顶及露明楼盖：构造做法基本相同，皆为木桁架上铺40毫米木望板（木衬板）、楼板，钉0.5毫米厚黑铁皮鱼鳞瓦及铁皮，铁皮表面刷绿漆。因铁皮瓦件、瓦钉锈蚀，构件松动遮护不严，造成局部屋面漏雨，侵蚀木望板乃至木桁架及楼梁。

④装修：1997年整修工程按原制修复的教堂红松门窗装修，其形式原真性较高。门、窗内外两层做法，门扇的现状良好；窗的外扇因风雨侵蚀普遍变形、油饰脱落、构件糟朽，局部内扇变形，少数窗扇整体缺失。

教堂整修后的教堂，作为博物馆移交哈尔滨市建筑艺术馆管理，集中展陈了哈尔滨建城以来最为翔实的历史老照片，较为符合其文物建筑本质。

2.2.2 建筑装饰（外墙砖及壁画）

教堂装饰由内墙装饰及外墙砖装饰两部分组成。

①内墙装饰：包括以俄民族纹饰图案为主的壁画，以及为区分教堂不同宗教空间属性的彩色涂装区域。除勒脚线以下，其余内墙墙面均未做干预，保留着1997年整修之前的残损现状。由于教堂转而成为博物馆，日常大量参观游客带来了室内环境温湿度的变化，加速了壁画已有病害如地仗酥碱、空鼓，白灰及颜料层酥松、起甲、粉化、脱落等残损的发展，并呈日益加重的趋势。现场不时有粉状物洒落地面。

②外墙砖饰：室外清水砖墙及其表面各种砖饰较为完整地保留着初建时的形制。因其所处环境空气污染、气候酸雨侵蚀，其碎裂脱落、片状剥蚀、风化脱落、局部盐析、生物等表面病害呈加速发展趋势，并逐步侵蚀墙体影响结构。

教堂装饰作为本总体方案之专项三——《外墙砖及壁画保护修复设计方案》，详细阐述了有关外墙砖、壁画现状病害及制作工艺的现状调查、检测及分析。

2.2.3 建筑设备

原教堂简单、有序设备因停用而废止，现仅剩部分遗存；现状设备大部分为后期无序、无规划逐步添加。清洁用简易给排水系统，其管线存在影响教堂室内原貌及渗漏现象；与市政关联的供暖系统管线排布杂乱，室内管线与散热片连接不当未能形成有效的热力回路；供电系统布设随意不规范，室外铺设于地面部分的线路存有漏电隐患，屋顶裸露于铁皮屋面的线路存在引雷隐患，室内明布线路杂乱存有火灾隐患；2005年新增的分体柜式空调，分别位于教堂较为隐蔽部位，工况良好；主体照明系统因原木烛台遭毁坏，现用铜质仿制灯具取代，效果良好。

原教堂建筑无安、消防设施。1997年整修后简单增补灭火器，无消防报警措施；新增的安防设备监控点存在较大面积的盲区。

教堂建筑后安防雷设施经有关技术部门检测，其屋面各金属构件之间无等电位连接、各类电线、电缆未做防感应雷处理，以及电源开关未设电源避雷器，存在防雷隐患。

2.2.4 教堂结构

结构稳定与否事关教堂建筑安全，是总体方案关注的焦点问题之一。作为本总体方案的专项二——《结构分析报告》，建筑结构专业在全面调查了教堂结构病害，初步分析了其病害产生原因的前提下，结合对甲方提供，由黑龙江省寒地建筑科学研究院2005年制定《哈尔滨圣索菲亚教堂结构安全性、耐久性检测鉴定报告》（下文简称《结构安全性、耐久性检测鉴定报告》）中材料检测内容进行了校核的基础上，采用有限元模拟与现行规范相结合的方式，对教堂结构进行了验算，客观分析了教堂的安全性及稳定性。并通过汇总分析六年来教堂结构沉降、开裂检测数据，复核了稳定性验算结论。

2.2.5 现状勘察

教堂建筑结构现状调查包括病害勘察与材料检测两部分，分别按照地基基础及上部结构两部分进行。

（1）地基基础

出于对文物本体少扰动、最小干预考虑，在充分利用现有资料及根据现场可调查部位（地下室锅炉房），确定了教堂结构地基基础情况。教堂地基主体持力层为粉质黏土层（局部夹粉细砂）。该土层呈软可塑状态，属中压缩性土层，其承载力特征值为fak=130KPa；基础花岗岩毛石白灰砂浆［白灰：砂（重量比）=1∶3］砌筑，埋深2.8米，350毫米≤单边放脚≤420毫米，外立面露明部分花岗岩条石包砌。

现状调查教堂基础育有5条裂缝，分别与外墙的裂缝对应贯通。可见部位的裂缝位于地下锅炉房墙基管沟口上部（外墙窗口下），与一层平面北侧外墙裂缝上下贯通。该裂缝沿砌缝竖向分布，呈上宽下窄状发育形态，最宽处裂缝宽约5毫米。于裂缝发生部位来看，初步判定该基础裂缝与结构不均匀沉降有关。

（2）上部结构

分成主体结构、局部结构两部分。

主体结构：砖砌体承重体系自下而上为：砖墙、砖柱墩、拱券、帆拱及鼓座。其材料为手工红砖（尺寸240×115×50毫米）与白灰砂浆［白灰：砂（重量比）=1：3］砌筑。主体结构的残损发生主要有两方面：承重外墙开裂及拱券开裂。①外墙：共发育有5条裂缝，观其发生部位分别位于窗洞口、连续墙体中部及结构高度差异较大处，观其发生形态分别呈斜向开裂、中间开口大两头小（枣核状，图8）及竖直开裂等特征。由此推断外墙开裂分别由于结构高差造成的荷载差异、不均匀沉降及温差应力等因素造成。同时根据每处裂缝都伴有两种或以上的特征分析，教堂外墙裂缝均为组合应力裂缝。同时，外墙的5处裂缝都发育至地面以下基础部位；②拱券：位于砖柱墩及局部承重墙之上，其形式为罗马式的半圆券。几乎所有拱券均有开裂现象，且集中于券顶区域，呈下宽上窄发育状态。开裂现象以中央穹隆四周的拱券最为典型、严重（图9），除具备上述共同特征外，其裂缝开口两侧砌体同时伴有上下错动现象。据国内外对砌体结构罗马半圆券的研究结果，此类券在拱顶区域为受拉结构，多会因承载力不足而产生受拉裂缝，并表现出下宽上窄的形态。同时，该类裂缝还伴有裂缝两侧拱壁上下错位的现象，此为结构不均匀沉降所导致。因此，造成教堂拱券开裂的主因是结构承载力不足，并伴有不均匀沉降现象。进一步的研究表明，开裂后的拱券由两铰拱变成了三铰拱，拱顶因受拉开裂后应力释放变为受压结构，并导致拱脚部位产生了水平推力。

局部结构：局部结构的残损集中于罗马式券窗顶、混凝土穹隆顶、混凝土梁与砖墙交接处、现浇混凝土楼梯等部位，以及屋顶木桁架、木梁。①罗马式券窗顶：与拱券开裂原理相同，多数外墙罗马券窗顶部区域皆有裂缝，开裂仅限于室内一侧未通室外。②混凝土穹隆顶：处于教堂

图8 教堂南侧连续墙体中部枣核状裂缝

图9 教堂中央穹隆西侧拱券开裂情况

顶部屋顶部位，属围护结构只承载自身重量。混凝土回弹测厚仪测试，其结构厚度约为120毫米；外表层（穹隆上表层）抹40～80毫米不等的砂浆防护层；钢筋扫描仪测得，穹隆结构内部较为匀布网状钢筋，其间距在90～120毫米。根据扫描数据，穹隆无明显变形现象。其内表面抹灰脱落、构件多有细微裂缝，但未露内部钢筋；外表面表层防护砂浆局部脱落。③混凝土梁与砖墙交接处：唱诗台混凝土楼板梁，两端植入墙体内。板梁现状无变形。其病害部位位于梁端部与墙体交接处，因结构变形而出现反向斜裂缝。④混凝土楼梯：混凝土现浇梯板，一端植入墙体内部的悬挑形结构。楼板最薄处尺寸100毫米，横向出挑1.06米，跨度为5.25米。因梯板过薄，在未有工字钢加固的二、三层之间的底板出现多处裂缝，缝宽1～2毫米。究其原因，该梯板过薄无法满足相应国标规范对板式楼梯要求，存在承载力不足而造成。⑤木桁架、楼梁：屋顶木桁架整体结构状况良好，构件无明显变形。仅因屋面漏雨，局部构架存有雨渍；半露明钟楼三层楼盖地面，表层铁皮防水漏雨，导致地板下楼梁普遍水渍，局部构件因干湿交替出现干裂现象。

（3）材料检测

出于结构安全性及验算可靠性考虑，项目组全面核查了距上次检测已过7年的教堂结构材料性能，并将之与2005年的《结构安全性、耐久性检测鉴定报告》中材料检测结果进行对比，验证了自上次检测以来教堂材料无明显劣化的同时，上部结构限元模型采用了两次比较后的保守取值。结构构件、材料检测采用了无损及微损的方式进行。按照现行规范，现场采用回弹方法分别测定了砖及混凝土的强度，采用灌入法测定了砂浆强度；用电脉冲钢筋扫描仪测定混凝土构件钢筋分布，用混凝土回弹测厚仪测定混凝土构件厚度。为提高本次材料检测的准确性，还采取了对现场脱落砖构件、非受力混凝土构件局部取样的方式，通过国家标准实验室检测核实了这两项结构材料的各项性能。

（4）计算与分析

教堂建筑高耸，主体结构通高无分层，属砖砌体超高层，无法按照现行砖结构规范对其进行安全评估。结构专业以有限元全过程仿真计算为主，配合现行规范，对教堂地基基础、结构进行了在各种工况组合条件下的全面验算，分析教堂结构的整体安全性；并通过结构有限元仿真模拟了各种结构残损发生过程，证实了病害发生的主要原因。

同时，配合结构验算，结构专业还通过搜集、整理、分析教堂近六年来的检测数据，进一步的证实该教堂的结构稳定性。

（5）结构验算、模拟

①有限元模型：在建筑线框图的基础上，构建教堂建筑结构模型。利用ABUQUS将模型建成8节点6面体三维实体单元，并分成371464个节点、1704974个单元（图10）。"洋葱头"采用了壳单元。

在综合了2005年《结构安全性、耐久性检测鉴定报告》及2006年《索菲亚新建广场

图10 带半无限体地基的结构有限元模型

岩土工程勘察报告》（工程编号：2006-0410）两份既有地勘报告的基础上，将每层土体作为弹性实体单元，将地基建为8节点六面体三维实体单元。

②有限元模型参数：有限元模型采用了两次检测比较后的保守取值，即砖砌块强度10.0MPa，密度15.8kN/m³，弹性模量1.870 MPa；结合砌筑砂浆贯入法测定值，根据《砌体设计规范》，确定砌体抗压强度为1.3MPa，混凝土强度则取16.7 MPa。

地基则根据两份既有地勘报告的内容，将承载力、压缩模量等土体参数赋予模型，建成半无限体地基有限元模型，用以分析地层土体应力分布。

为提高有限元动、静力验算的准确度、精确性，通过教堂结构动力特性实测数值与结构有限元模型动力参数（白噪声参数）对比，修正有限元模型参数，充分考虑了既有结构损伤。测试结果表明，结构卓越频率分布在2~5Hz，结构刚度较大。

③验算分析：验算分析将教堂结构分成地下地基基础及上部结构两部分分项进行。地基基础采用有限元模型计算的结构底部应力，结合现行规范验算了相应位置地基承载力和变形。

上部结构采用了有限元全过程验算、模拟。在静力条件下，核准了教堂整体结构承载力，模拟了主体结构开裂残损部位形成的因素及程度；动力条件下，修正参数后的有限元模型在风荷载条件下，进行了地震时程仿真分析及反应谱抗震计算。

④地基基础：按照现行地基基础设计规范，核实教堂基础在埋深及尺寸均满足现行规范要求。无论是对教堂地基开展的现行地基基础设计规范计算，还是教堂半无限地基模型有限元模拟，结论都表明教堂地基各土层所承受的应力均小于其承载力，地基承载力满足教堂荷载。同时，由于教堂结构高度差异引发的荷载分布不均，地基土层存在剪应力；地基土持力层及其下卧层厚薄分布不均，造成的地基总压缩变形不均，是为引发结构发生不均匀沉降的因素。

⑤上部结构：有关教堂整体结构有限元模型应力验算分析，不仅复核了教堂主体结构的承载力，还验证了主体结构发生开裂残损的原因。教堂在重力标准值下，主体砖砌体结构最大压应力约为0.9MPa，最小值为0.28MPa，小于砌体材料测试强度1.3MPa，载力满足教堂重力荷载。同时，由于雪荷载计算值（0.0025MPa）远小于教堂重力荷载，对主体结构不构成决定性影响。1.不均匀沉降裂缝成因：在给定教堂有限元模型下部基础约束的条件下，模拟了3种（1、2、3厘米）不同行程的沉降初始位移，分析了结构的裂缝发育及裂缝分布情况。在不均匀沉降达1厘米时，结构的剪应力大于1MPa，结构开始出现剪切裂缝，且裂缝位置与现状发生位置相同。2.温度裂缝成因模拟：通过截取与现状开裂位置相同的有限元模型连续外墙，进行冬季室内外温差应力模拟。该外墙室内、外砌体单元因内外温差产生相应的膨胀、收缩位移，形成对应位移的拉应力。此墙中部薄弱部位为应力集中区，当温差大、拉应力超出材料强度时而产生开裂，裂缝呈两端小中间大的枣核状，与教堂该处的现状裂缝位置相同、形态相似，由此表明该裂缝含温差变化因素。3.拱结构裂缝成因模拟：将中央主穹隆拱券结构上部荷载附加于主拱，发现在主拱跨中1/3段内，其下翼缘组合拉应力为2.3MPa，大于砌体开裂强度0.17MPa，故会在跨中出现开裂，与现场拱券残损状况对应、吻合。

⑥结构动力仿真计算：针对哈尔滨市对于重要历史、文化建筑抗震设防烈度在6度之上提高1度的设防要求，项目组对该教堂结构开展了抗震安全性评估。通过对教堂地上结构实体有限元的模态分

析、白噪声分析、抗震时程分析，完成了结构抗震的定性和定量验算。1.模态仿真：模拟了教堂上部结构前10阶模态的计算，明确教堂主震型集中在主塔和钟楼的响应上，即中央穹隆鼓座窗洞及钟楼三层洞口根部为抗震不利区域；2.白噪声仿真：通过环境微动对结构响应的模拟计算值，与前期教堂结构动力特性实测值进行对比、耦合，修正结构有限元模型，从而提高有限元模型静、动模拟计算精度；3.抗震时程：采用太平洋某实测地震荷载谱为样品（频率为200Hz），将其地震波时程曲线作为荷载输入模型结构，采取与实测位置相同点的加速度反应，研究结构动力响应较大位置。结果表明，中央穹隆鼓座窗台位置为地震响应加速度较大区域，对地震有放大作用；4.反应谱抗震计算：采用与抗震规范相对应的方法，模拟烈度7度地震条件下教堂结构南北、东西两个方向的地震响应。结构于东西向弯曲拉应力为0.2 MPa，大于教堂砌体抗拉强度设计值0.17 MPa约15%，无法满足7度的抗震设防要求。后续8、9度抗震分析进一步表明，结构最大应力在钟楼三层墙体洞口及中央穹隆鼓座窗洞根部，是抗震薄弱面。另外，在风荷载作用下，教堂结构抗弯拉应力最大值为0.07MPa，相对地震力而言已不起控制作用。

⑦检测数据分析：汇总分析教堂六年来（2005~2010年）各部位的裂缝及沉降变化数据，外墙裂缝变化量<0.5毫米，拱券裂缝变化量<0.5毫米，沉降变化平均值0.19毫米（图11），教堂结构基本处于稳定状态。从沉降变化分析曲线来看，结构沉降变化呈周期性波动；波动较大时段，与教堂周边基础建设急降水时间相对应。

进一步调研访谈发现，现有结构开裂残损至少发生于1997年整修之前，应属结构陈旧性开裂。

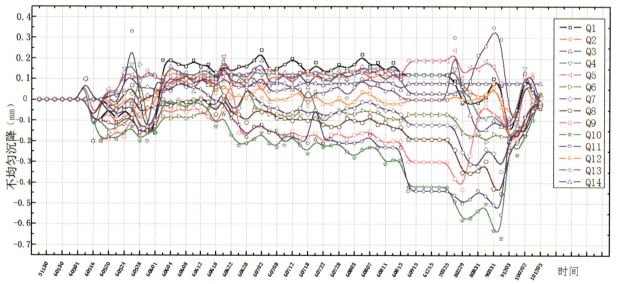

图11 结构不均匀沉降观测值数值曲线

2.3 勘察结论

2.3.1 教堂建筑

留存至今的哈尔滨圣索菲亚教堂除地下室大部分空间填埋了级配砂石，室内勒脚线以下墙面抹制了混合砂浆，外墙后期采用水泥砂浆勾制元宝缝，其余部分较完整地保留了始建时期的形制，文物原真性较强。现状主要病害残损集中于地下室、室内地面、屋顶及楼面（钟楼楼面）及装修等方面。

2.3.2 建筑装饰（外墙砖及壁画）

①现存教堂清水红砖墙完整保留着初建时期的砖饰形式，其表面病害因环境气候的不断劣化呈加速发展的趋势。

②室内装饰（统称壁画）依旧保留着始建之处的涂装，延续着1997年整修之前的病害残损状态。随着教堂作为博物馆对公众开放，参观人群持续增加，室内环境不断变化，导致壁画病害持续劣化。

2.3.3 建筑设备

①原教堂始建之初的简单设备系统，因停用而废止。现仅保留局部设备遗存。

②后期无序、逐步添加的新设备，不仅存有安全性问题，影响该文物建筑原貌问题，且存在功能缺陷，无法满足安全使用。

③安、消防及防雷设施后期简单增设，不仅无法满足设防基本要求，个别还存有安全隐患。

2.3.4 建筑结构

根据前期勘察、分析的结果，教堂主体结构满足承载力要求，结构相对稳定，现状条件下建筑安全。主体结构开裂现状并非单一原因引发，是多种因素组合造成；从开裂病害发生时间分析，此残损现状都属陈旧性病害；目前在外部环境条件稳定不发生人为改变的条件下，结构开裂及沉降变化处于阶段性微变周期性回归的状态。同时，根据结构有限元动力仿真验算结论，在烈度7度的地震作用下，教堂结构会出现局部失稳。

局部结构的开裂残损，或因构件承载力不足，或因自身结构缺陷以及教堂不均匀沉降变形所造成。

3 方案制订

3.1 方案内容

哈尔滨圣索菲亚维修工程总体方案主要包括以下内容：教堂建筑修缮、结构加固；建筑装饰（壁画及外墙砖）保护修复总体尺度及深度，以及建筑设备、防雷整改要求。

3.2 方案构思

①针对教堂残损现状，基于目前教堂结构相对稳定、建筑相对安全的状况，从文物、人员安全出发，以尽可能地不改变文物原状，少扰动、最小干预为原则，采用原材料工艺为主现代成熟材料技术为辅，对教堂建筑进行修缮设计。

②对于建筑装饰（即外墙砖及壁画）的保护修复则以教堂目前保留的始建原状为准，清除现状病害、修缮现状残损，有依据的修复残缺部位，以期最大程度的保留延续教堂的历史、文化信息。

③对于教堂原设备系统遗存予以修缮、保留，对于后期因该教堂建筑功能转变而新添设备，在确保教堂建筑安全、少影响其原貌的前提下，尽可能满足现行规范及现行使用功能要求条件下进行必要整改。

④满足现状条件下建筑安全、结构稳定，采取最小干预的方式，使用成熟、常规的技术手段，开展结构现状加固；采取不改变文物原貌、可逆的方式，使用目前先进的技术手段，适度提高教堂结构抗震性能；采用自动化设备延续结构监测，为教堂安全监控、后期保护提供实时数据。

3.3 设计说明

3.3.1 建筑

根据教堂建筑前期勘测分析的结论，按照现状残损病害类型分别对待，制订相应的维修对策。

（1）原状改变

出于对教堂结构稳定性的考虑，为避免原结构、材料在维修工程实施过程中因过度维修而出现保护性损伤，针对原状改变部位的修复采用以下对策：

为维持现状条件下教堂结构的稳定状态，避免因减荷过度再次引发结构出现不均匀沉降，原则上对于1997年为平衡教堂不均匀荷载而对地下室填埋的级配砂石不做清除，同时也避免清除过程中对原地下室结构干扰破坏；同时选取优质膨润土防水毯对级配砂石表面进行防水、隔潮处理，防止潮气上行继续侵害木构件，隔绝水分通过毛细作用侵害砖砌体。

为避免与教堂墙面和易性较强的内墙混合砂浆抹灰层及外墙表面水泥砂浆元宝缝在铲除过程中出现损伤墙面原材料的现象，本次维修设对此两部分现代材料不做大面积的复原性处理，仅采取局部清除已风化、松动、脱落的外墙水泥元宝缝，恢复原工艺麻刀白灰元宝缝做法。

（2）自身残损

根据教堂建筑各部位因不同病害因素产生的残损现状，采取有针对性的修复设计。

①地下室：对于因不均匀沉降出现的地下室基础墙体及顶部平拱连通裂缝，采用柔性砂浆压力灌浆的方式进行修补、加固处理。材料与工艺参照教堂外墙裂缝灌浆加固做法。

所有锈蚀构件进行表面除锈后，按照潮湿环境对钢、铁构件防锈工艺要求进行防护处理。具体采用基层涂刷锌粉底漆，中层刷环氧中间漆，面层丙烯酸聚氨酯面漆涂装进行防锈处理，阻止锈蚀病害的延续。

在一层地板维修过程中全面检修地板梁，采取不同的对策实施腐朽木梁的修复：当糟朽深≥1/4直径时，剔除糟朽部分，用红松随形结合结构胶粘补后，再用碳纤维布缠绑加固；对糟朽深修＜1/4直径的构件，直接采取红松随形结合结构胶粘补方式维修；对糟朽深度过深、采用上述加固方式无法满足结构使用要求的构件则进行更换；所有木梁一律ACQ防腐处理。

②室内地面：整体翻修变形木地板（1997年维修时修复），仔细检查构件，对糟朽严重（深度

≥1/3板厚）无法满足结构使用要求的木板进行更换，对糟朽较轻的木构件进行修补，所有木地板一律ACQ防腐处理；木地板上表面按现状重新油饰。

对于回廊局部残损水泥地面的修复，则按原工艺进行基层灰土夯打，面层则采用相邻地面水泥的配比重新抹制；新、旧地面交接处进行错缝处理，避免出现明显的缝隙。新抹水泥地面须经充分养护后方可使用。

③屋顶及露明楼盖：整体整修屋顶、楼盖。屋顶，对于变形的鱼鳞瓦进行修整使用，对于无法满足防水要求或锈蚀厚度≥50%的铁皮构件，进行原材料更换；露明楼盖，铁皮搭接处尺寸≥50毫米，且用环氧胶黏结严实，防止返水现象出现；按照现状满刷绿色防锈。

检修所有木基层，对于失去构造作用，无法满足安装铁皮防水的木基层构件进行原制更换；所有木基层构件统一ACQ防腐处理。

④装修：按现状整修、补配窗户，统一按现状色彩重新油饰。全面整修建筑外窗，铲除外窗枝条表面斑驳油饰，剔除老化的玻璃腻子灰；根据保存现状，或修整或补配外窗窗框、枝条构件；重新安装外窗玻璃，腻子灰固定。

参照现有形式恢复、补配缺失窗户；所有窗户按现状色调统一油饰。

3.3.2 建筑装饰

针对室外不断劣化的环境、气候条件以及室内壁画呈现出来的独特历史特征，总体方案侧重制订了教堂内、外装饰修复设计的方向与尺度把控。

①外墙装饰（外墙砖）：对于因教堂所处区域环境、气候污染不断劣化（酸雨pH均值5.3，极值≤3.9）而引发的清水外墙砖饰病害加速发展的状态，《外墙砖及壁画保护修复设计方案》（专项三）在前期全面的保护材料试验的基础上，采用科学、合理技术手段清除外墙表面病害、修复表面残损，避免病害及有害污染反复侵害外墙砖，以及雨水直接入侵造成冻融伤害往复发生。同时，侧重开展了砖表面保护加固材料的实验比选，延缓酸雨腐蚀外墙表面材料。为避免保护性伤害的发生，保护加固材料需经受现场环境条件下至少两个周期时间的考验。

②室内装饰（壁画）：不同于俄罗斯同类教堂室内满饰宗教人物、典籍的壁画形式，哈尔滨圣索菲亚教堂以程式化的俄民族、东正教正十字架纹饰图案、代表宗教宇宙空间意向的色彩涂装粉饰壁面、屋顶，突出显现着该教堂室内装饰特定的地域特征及历史背景。为此，壁画保护方案在采用了清理、灌浆、回贴等成熟加固技术手段对现存病害壁画开展修缮加固的同时，依据前期材料检测结果，采取实验室与现场相结合的方式，开展了壁画原材料、工艺修复性实验（图12），从而制订了缺失壁画有依据的可识别性复原设计，以期最大限度完整地呈现教堂独特装饰形式，以此展现其特定的地域特征、历史背景，为后期了解、研究与教堂相关的历史背景、本体形式，在视觉上提供了明确、直观的线索。

3.3.3 建筑设备

立足于文物保护原则，尽量少扰动本体，少改变文物原貌的基础上，通过设备专业设计，对教堂

图12 教堂壁画原材料、工艺现场复原实验

设备进行必要的整改，一定程度上满足现状使用要求。

①原设备系统：根据其现状废弃残损情况，避免原系统复原施工过程对建筑本体的过度干扰，原则上不做原设备系统的恢复性设计，仅对系统遗存实施保养性维修。

②后添设备：重新规范教堂设备设计，组织有序设备布线。规范管线接入设计，充分利用原地下锅炉房作为教堂设施的总设备间，与市政线路关联；各类管线按规范要求分类排布，互不干扰影响；供电系统按规范增设必要的防漏电、防雷及防火保护措施，消除该设备的安全隐患；为减小设备对该教堂原貌的影响，水平管线尽可能架设于一层木地板或隐蔽部位，竖向管线通行于附属空间。

③消防、安防：按规范增设对教堂原貌影响较小的红外烟感器，完善消防预警设施；同时，适当增加消防设备、设施。

在调整现有安防监控设备的基础上，于隐蔽部位适当增设安全监控摄像头，增添相应设施系统，消除安全监控盲区。

④建筑防雷：参考现行规范，充分考虑教堂建筑的安全以及避免过度设施安装影响其原貌，适度调整现有防雷系统，增设自身必要的防雷构造措施，满足教堂建筑的防雷要求；同时完善供电系统的各项防雷设置。

3.3.4 结构加固

针对教堂结构加固设计及检测工作包括三方面内容：针对结构现状残损开展的最小干预加固措施设计、针对结构现状残损形成开展的实时监测系统设置、根据结构抗震分析结论提出的抗震设计构思。

（1）结构加固

教堂结构加固以最小干预为出发点，根据前期勘测情况及分析结论，不同结构部位残损发生原因、受力状况，利用成熟的技术手段开展了有针对性的加固设计。

①主体结构：教堂主体结构包括地下地基基础及上部砖砌体结构。鉴于目前现状条件教堂结构相对稳定、主体结构沉降、开裂残损变化量小的特征，加固设计仅针对开裂残损部位进行灌浆加固修补处理。从现状裂缝分布情况、部位分析，其一是外承重墙体与下部地基的连通开裂，其二是位于拱顶区域的开裂。

由于外墙与基础开裂连通具备部分相同成因，加固设计采用了相同的处理手段，即采用环氧基柔性灌浆材料对此部分裂缝进行压力灌浆修补处理。考虑到教堂外墙裂缝处于动态微变状态，因此，灌浆加固实施前应做好浆料配比实验，确保材料固化后具备一定的收缩、延展性（0.5~1毫米），防止开裂延续。灌浆加固完成、材料固化后，对裂缝通过外墙线脚处的墙面进行4~6块砖的择砌处理，适度打断裂缝的贯通性；对于局部断裂砖块则采用环氧树脂类胶黏结，结合砖粉表面修补后继续使用。

对于拱顶区域荷载受力裂缝，则采用刚性浆料实施压力灌浆加固，确保裂缝修补后，与其两侧的材料性能上形成统一体，协同工作。此部分灌浆材料应选用结构用聚合物水泥砂浆和复合水泥砂浆，其硬化后强度≥1.3MPa的砌体强度，＜砖的强度10MPa。裂缝修补时应提前进行室内墙面装饰必要防护处理，避免跑浆污染墙面壁画。

②局部结构：对于罗马券窗顶部裂缝，因其开裂原理与教堂拱券残损原理相同，故采用相同的刚性浆料，根据现场开裂状况，实施或灌浆加固或嵌缝修补。具体规定为当现场裂缝≥0.5毫米时，实施压力灌浆加固。壁画区域的裂缝实施修补时同样须注意提前防护。

对于混凝土穹隆表面裂缝采用环氧基填缝剂修补、填实，阻止裂缝继续发展，造成潮湿有害气体侵蚀内部，诱发钢筋锈蚀，影响穹隆构件整体安全。

对于混凝土梁与砖墙交接处的变形裂缝，采用与外墙相同的柔性灌浆材料结合同性填缝材料，实施灌浆及填缝处理。

对于残损的二、三层间混凝土楼梯板，先采用环氧基填缝剂修补、填实底部裂缝；参照既有加固措施，采用工字钢梁加固楼梯，提高楼梯承载力；采用碳纤维布加固楼梯底板，提高梯板的整体性。

对于屋顶木桁架进行全面原位检修，重点关注潮湿部位，发现糟朽构件，则按照一层地面木楼梁的方式进行维修加固；对于三层半露明楼盖干裂木楼梁，则根据现场情况，当构件开裂缝宽≥10毫米且深度≥1/2构件直径时，采用碳纤维缠绑的方式加固；当构件开裂＜10毫米、深＜1/2直径时，采用木条结合结构胶嵌补的方式加固；对于纵纹断裂、塑性变形无法采用碳纤维布绑扎加固的构件实行更换。

（2）结构监测

对于结构关键部位，采用高精度光纤裂缝仪及高精度位移传感器，开展教堂结构裂缝及沉降变化数据的实时自动化监测，量化教堂所在区域环境因素变化（地质条件、气候条件变化）对教堂结构的影响，客观评估教堂结构安全健康状态。同时，为环境突变、突发事件造成的教堂结构异常状态提供数据标准，为教堂结构安全维护管理提供客观依据及科学指导。

（3）抗震加固

根据进一步的结构动力分析、抗震模拟验算结论，在不影响结构使用和最小干预且可逆的前提下，提出结构抗震改造可行性方案。通过选择设置抗震阻尼器，减小结构地震动力响应，提高结构抗震性能。阻尼器布设通常采用成品装配的方式，可实现与结构非永久性连接，并可选择安装于与结构地震响应薄弱位置相对应的隐蔽部位，从而提高教堂结构抗震性能，满足结构7度抗震要求。具体抗震阻尼器类型的选配、安装组合，需抗震专业机构经细化计算后再进行设计及装配实施。

4 结束语

多领域、多学科的专业技术人员协同工作，针对哈尔滨圣索菲亚教堂建筑结构的复杂性、所涉保护对象的广泛性，开展了精确的现状测绘、细致的病害调查、全面的材料检测、科学的现状分析，最终制定了本总体方案。研究自始至终贯穿于维修方案制订的全过程。通过对教堂建筑形制、形式的研究，制订了保护方案合理的范围及尺度，以期最大限度地保留该教堂独有的文物特征；通过现状病害的分析研究，结构安全性分析研究，原材料、工艺的分析研究，加固修复材料的遴选研究，确保成熟的保护技术手段在方案中的有效运用，从而保证了该教堂文物建筑在现状条件下稳定、安全的同时，保障了文物保护"最小干预原则""可逆可识别"原则，在该维修设计方案中得以实现。

5 参加人员

项目负责人 颜华

主要参加人员

中国文化遗产研究院：吴育华、孙延忠

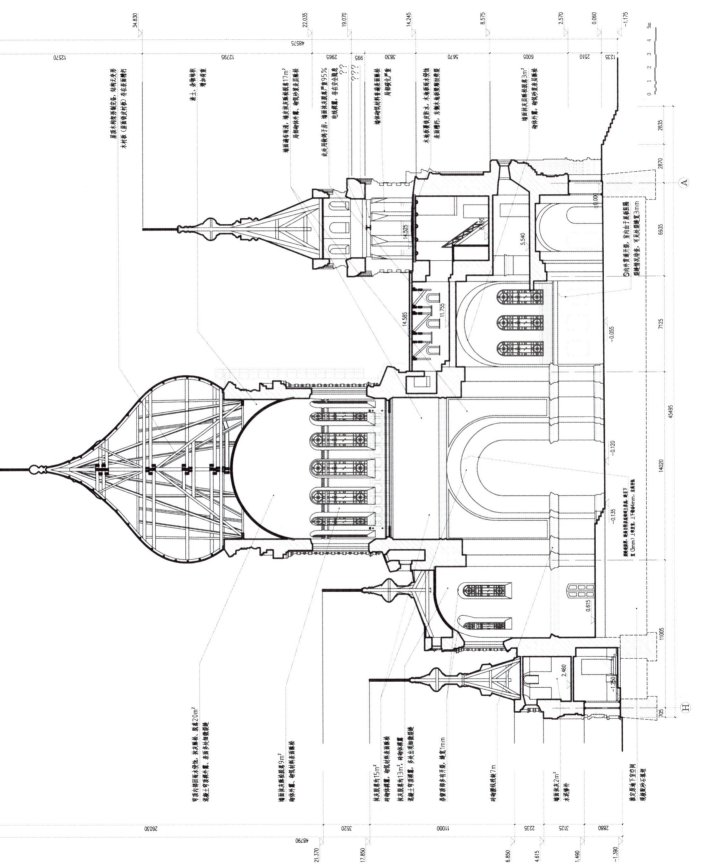

附图1 圣索菲亚教堂剖面图

附图2 圣索菲亚教堂北立面图

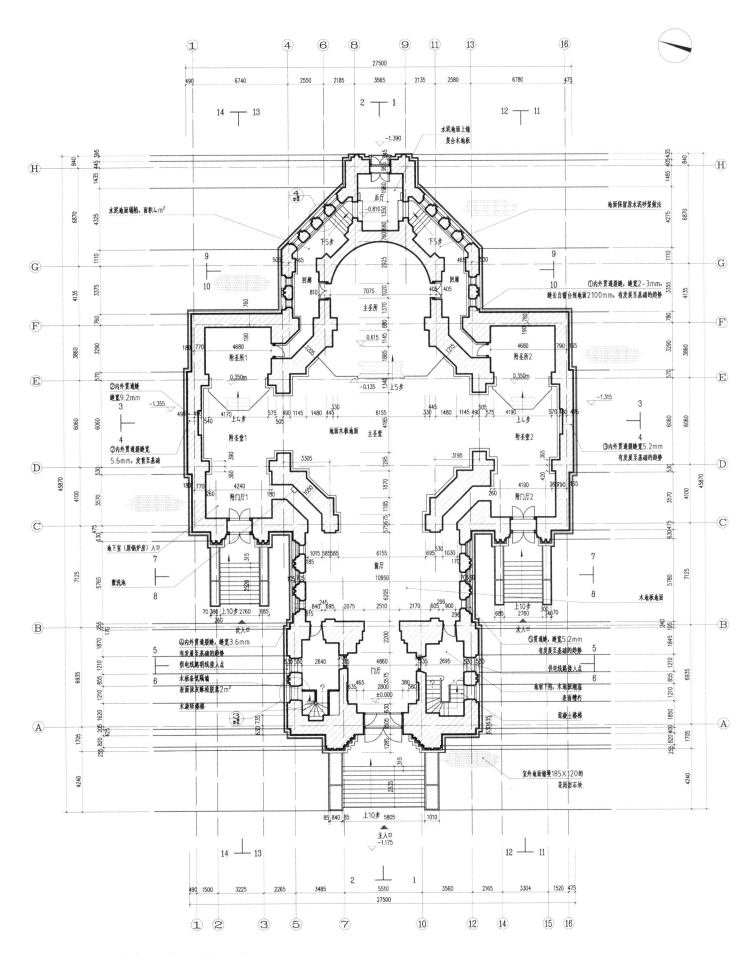

附图3 圣索菲亚教堂一层平面图

潼南大佛本体保护修复工程[1]

【摘要】

2010年9月，中国文化遗产研究院接受潼南县景区管理委员会委托，对县域内摩崖石刻造像潼南大佛开展了保护修复工程，自2010年9月启动至2012年5月现场工作完成，工程历时21个月。为保证工程顺利实施，中国文化遗产研究院在工程实施前对大佛本体进行了系统勘察，针对相关问题与难点，经论证形成了对修复操作具有指导意义的现状评估与对策研究报告。在修复中坚持最小干预的原则。对严重风化并出现空鼓的岩石胎体，采用了灌浆、加固、回贴的方法；对发髻等部的造型缺损经过审慎论证，借鉴了川渝地区特有的造像形制进行了修复；在对金箔层的修复中，发掘并应用了传统髹漆、贴金工艺。而对整体环境，采取了控制部分裂隙水源、设置脚部周边排湿通道的方法，减小渗水对本体的侵蚀，疏通毛细水的扩散路径。

在工程实施过程中，面对修复对象体量巨大，石质、贴金、彩绘多种材质交织，地区环境持续高湿等带来的问题，多次邀请专家咨询，研讨解决方案，达到对技术要求与工艺统一性的严格控制。

1 潼南大佛的历史沿革与价值研究

潼南大佛位于重庆市潼南县大佛寺内，地处县城西北涪江南岸的定明山北麓，距县城1.5千米。该造像为摩崖石刻释迦牟尼佛坐像，高18.43米，肩宽8.35米。其所处的大佛寺始建于唐咸通三年，旧名"南禅寺"，北宋治平年间赐额"定明院"，因寺内有摩崖饰金大佛——潼南大佛而得名"大佛寺"，迄今已有千余年历史（图1）。

潼南大佛为释迦牟尼佛坐像，规模宏大，巍峨壮观，整体造型严整、线条流畅、雕工精湛、仪态庄重雍容，通体饰金，是西南地区唐宋佛教造像的代表作品之一。大佛的修造结合了石刻艺术与建筑彩绘中的贴金工艺，在我国古代石刻中较为罕见，而这种结合应与该造像依存的大佛阁建筑有关，代表了一种具有综合性的独特艺术形式。这尊造像堪称佛教石刻艺术中的瑰宝，具有不朽的艺术价值。为研究巴渝乃至西南地区的石刻艺术史和佛教美术史，提供了重要的实物证据。

大佛的开凿历史较为特殊——佛首开凿于唐代（据碑文推测，始于唐长庆四年，即公元824年），中途停工，北宋靖康丙午（1126年）开始由道家主持佛身的雕刻，雕刻完成于南宋高宗赵构绍兴辛未

---

1. 获2012年中国文化遗产研究院优秀文物保护项目一等奖。

（1151年），佛像妆銮完成于南宋绍兴壬申（1152年）。整个工程历时约330年，但造像比例匀称，整体风格统一。在清嘉庆七年（1802年）、同治九年（1870年）和民国十年（1921年）又分别进行了三次重妆（贴金）。

潼南大佛在雕刻过程中经历了佛、道二教协作的过程，这在我国的宗教造像史上极为罕见，也是佛教文化在中国本土传播并与本土宗教文化融合的例证，对于宗教文化的研究具有很高的历史价值。

潼南大佛雕刻工程跨越三百年，体量巨大的造像从设计到完成施工，由不同时期工匠共同完成的作品在整体造型和工艺上和谐统一，显示了我国古代工匠对工艺传承的高度重视与卓越贡献，作品在构造上的完整性与稳定性也再次印证了古代设计师与工匠的智慧与胆识。而后世历代工匠对大佛所做的保护和修复遗留下来的证据，也向今人揭示传统造像、妆銮工艺与保护修复工艺之间高度有机的结合，传统妆銮材料与修复材料的遗存为今人研究古人的技术与工艺理念留下了重要的线索。

图1 潼南大佛正射影像图（修复前）

2 现状勘察与方案调整

2.1 现状勘察

中国文化遗产研究院从2010年9月开始对潼南大佛的本体及周边环境进行调查，至同年12月底完成了地质环境调查、岩体及装饰材料成分分析、工艺分析、病害分类及详细记录、三维形貌信息留取。

潼南大佛及其周边环境的工程地质勘察由项目协作方中国地质大学（武汉）组织进行，查明了大佛寺景区的工程地质、水文地质条件，大佛的岩性结构，详细调查了大佛的工程地质病害。勘察结论认为场区内地质构造较简单，区域稳定性好；岩体表层金箔破损、底灰脱落处有风化现象，可采用灌浆加固等措施对风化表层进行加固。

就工艺而言，潼南大佛是我国川渝地区石刻雕制与贴金、彩绘工艺相结合的代表作之一，具有明显的地域特色。通过现场勘察并结合对地方传统工艺进行调研，可确定潼南大佛整体的典型制作工艺流程为：

石佛开凿 → 胎体表面修整打磨 → 灰底制作 → 贴金彩绘

潼南大佛主体部分的胎体为整体开凿的摩崖石刻，发髻部分为组件装配，包括唐代的石质发髻和后来制作的泥塑发髻。表面妆銮工艺分为贴金及彩绘两类，整体以贴金为主，局部饰以彩绘，这两种工艺在大佛表面分布情况参见图2。

经过多种手段的综合检测分析，亦得出大佛各种材质的基本成分：基岩为红色细粒长石石英质砂岩，底灰层为碳酸钙，地仗找平层为石膏，在底灰层和地仗找平层上为桐油、大漆、朱砂混合而成的漆膜，漆膜表面贴金。彩绘层颜料以天然矿物颜料为主（表1）。这些结果对工艺的推断提供了必要的证据。

表1 大佛各层材质成分分析结果

材质种类		检测结果	分析手段
基岩		红色细粒长石石英砂岩	XRD；XRF
底灰层		碳酸钙（石灰）	XRD；金相显微镜
地仗找平层		石膏	XRD；XRF；Raman；金相显微镜
金箔下漆层		桐油、大漆、朱砂	XRD；IR
金箔层		金	XRF；XPS；XRD
彩绘层	黑色（发髻）	颜料：炭黑黏结物：酰胺类含苯环有机物	SEM；Raman；XRF；XRD；IR；显微
	蓝色（眼角）	蓝铜矿－碱式碳酸铜	Raman；显微
	红色（嘴角）	朱砂	Raman；显微
	红色（衣摆）	非矿物颜料	IR；XRF；显微
	黄色（衣摆）	$Pb_2Sb_2O_7$	Raman；显微
	黄色（胸部）	$ZnCrO_4$	Raman；显微
	黄色（指甲盖）	$ZnCrO_4$	Raman；XRD；显微

在工艺方面值得一提的是，潼南大佛发髻的制作采用了不止一种工艺（图2），且大佛发髻并非直接凿刻在岩体上，而是制成组件装配于头顶的。大佛头顶上有部分发髻缺失，而现存的发髻则分为石质和泥塑两种，石质发髻主要位于下部三排，保存状况较好，排列有序，基本遵循从中间向两侧分别旋转的规律。其余发髻为泥塑，典型工艺是在石质基座上树立木骨，木骨上缠麻后泥塑成型、胎体表面贴有麻纤维层，之后彩绘。

另一项值得关注的工艺是大佛的妆銮，整个造像表面大部分都以髹漆贴金的形式进行了妆銮，局部则饰以彩绘。由于潼南大佛自始开凿至完成，经历了多次维护与修整，现场考察显示大佛存在多次重彩、重贴金现象，有些部位漆膜与金箔复合层多达4层，而有些部位层数则较少，说明在重新贴金的过程中，有时可能并非整体重贴。大佛贴金工艺基本结构见图3。

前期调查中，项目组还针对文物本体不同材质进行了详细的病害调查，确认了病害的种类，并通过详细的分层病害图绘制对病害数据做出了全面的统计。统计结果显示：潼南大佛本体材质多样，除了大面积的表面污染，本体部分主要病害集中体现为岩石胎体表面风化、空鼓、片状脱落，尤以躯干部位为重；金箔漆膜复合层存在严重的分层起翘，表层与下层之间灰尘富集，泡状起甲存在于各层金箔漆膜复合层。在揭取表层金箔后大面积呈现金箔脱落的状态。大佛头顶发髻部分缺失，泥质发髻存在脱落、移位、残缺等病害。大佛表面整体覆盖尘垢，部分尘垢与漆膜层表面脱落的金颗粒混合，病害分布见图4。

工作人员在调查过程中采用三维扫描技术留取了潼南大佛完整的立体形貌信息（图5）。

除了基本的形貌信息留存，在这次工程中，三维扫描对于发髻的修复也起到了重要的作用——在通过对川渝地区的佛教造像形制进行调研之后，项目组依据现存石质发髻的造型特征和排列规律以及该地区造像发髻的一般形制，采用三维虚拟复原技术制作了复原模型，为发髻修复提供了有效的帮助。

2.2 修复实验及对病害认识的深化

2010年10月～2011年1月，项目组赴现场对潼南大佛展开了对表面污染的初步清理、对病害的深入调查和前期修复实验，内容包括岩体加固、金箔漆膜复合层回贴、表面清洗。

随着除尘现场实验的深入，逐渐对病害状况，尤其是漆膜、金箔层的病害有了新的认识。

在初期调查中由于照明条件、积尘的影响，金箔漆膜复合层有大量隐伏的泡状起甲未被发现。而且表层金箔漆膜复合层与下层之间存在分层的情况，层间尘垢富集，会对金箔回贴造成障碍，且表层揭取后可见下层复合

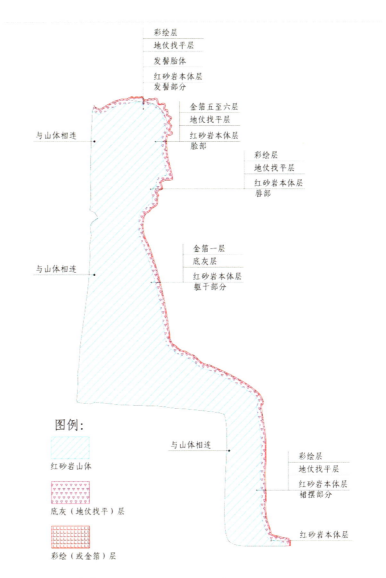

图2 潼南大佛表面贴金、彩绘工艺分布示意图

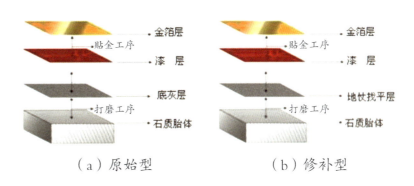

（a）原始型　　　　（b）修补型

图3 大佛贴金工艺示意图

层亦存在大面积泡状起甲，这也会直接影响回贴的加固效果和外观。因此决定对存在这类问题的表层复合层采取揭取的处理方法，而揭取之后可见大面积胎体或漆膜外露，导致原来面积较大的分层起翘

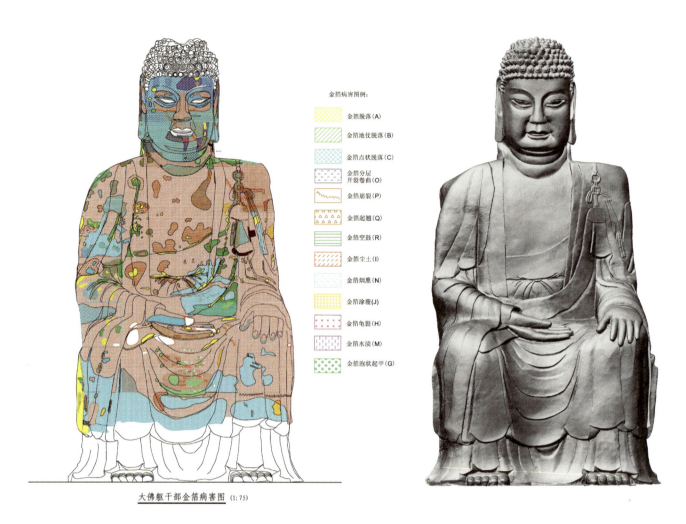

金箔病害图例：

▦ (黄)	金箔脱落（A）
▨ (绿)	金箔地仗脱落（B）
▦ (蓝)	金箔点状脱落（C）
▨	金箔分层开裂卷曲（O）
〰	金箔崩裂（P）
△△△	金箔起翘（Q）
▤	金箔空鼓（R）
▨	金箔尘土（I）
▨	金箔烟熏（N）
▤	金箔涂覆（J）
✕✕✕	金箔龟裂（H）
▨	金箔水渍（M）
⬡⬡	金箔泡状起甲（G）

大佛躯干部金箔病害图 (1:75)

图4 潼南大佛病害正立面总分布图　　　　　　　　图5 潼南大佛三维立体成像

病害变成大面积的金箔层、漆膜层脱落。

　　而经过表面清洗后，可见尘土覆盖部位金箔大面积脱落，这一结果大大超过前期调查设计以及初到现场时对表面金箔保存现状的认识。造成这一现象的根本原因在于表层金箔长期暴露在自然环境中，漆膜在吸水、失水情况下会出现膨胀、收缩，形成对表面金箔施加反复应力，造成金箔开裂、卷曲；同时由于金箔微观点蚀机理的存在，导致金箔粉化为金颗粒，并失去了与漆膜之间的黏合力。一部分金颗粒已经脱落，在表面积尘将漆膜遮盖的情况下，使人无法看到这一病害状况，而除尘之后，漆膜再度直接暴露。还有一部分金颗粒尽管尚未脱落，但与积尘混合，直接清洗势必脱落殆尽，而预加固后尘垢无法与金颗粒有效分离，清洗后仍呈现漆膜暴露的状况。

　　金箔层的病害状况较初期调查所预计的程度严重得多，采用现有技术，修复后可留存的表层原始金箔面积将无法满足外观视觉效果和当地民众宗教祭拜的需求。这一认识迫使项目组对方案进行了调整与再次论证。

2.3 修复方案的调整

随着对文物现状与病害认识的深化，项目组再次评估了潼南大佛修复的技术难点：

①粒化的金箔层于漆膜之间胶结力的丧失以及与灰尘、污染物的混杂，造成清洗和加固的障碍。

②岩石胎体和地仗层析出的盐分受漆膜阻隔，增加了脱盐的难度。

③除小面积区域可采用金箔回贴的保守修复方法，为求最大限度地保存文物历史信息，绝大部分区域在金箔漆膜复合层揭取后，对胎体进行了清洗、脱盐，修复，并全部重新贴金，贴金面积巨大。

④躯干部位空鼓、开裂面积大，灌浆回贴工作量高于预估。

⑤发髻缺失、变形数量多，泥作工程量巨大。

⑥大佛腹部及底部石质胎体风化、原表面装饰损毁不存，需按传统工艺进行胎体修复和地仗、漆膜制作，并针对环境特征设计导水管和排气孔，开凿排湿沟并进行岩壁加固等处理。

根据以上技术难点，为更加便于修复施工，项目组对现场脚手架设计进行了增补，同时确定了从头顶彩绘开始，自上而下的工作顺序。而方案改进的重点在于具体实施过程中，针对不同情况灵活采用加固、灌浆、修补、回贴等技术手段进行修复：

①面部金箔漆膜复合层分层开裂卷曲病害部位，除耳部较厚部分进行回贴，其余部分建议揭取后进行清洗、脱盐后贴新金箔处理。

②对躯干漆膜空鼓、开裂处进行灌浆、回贴；严重起翘部位建议揭取，连同漆膜缺损部位一起对基岩层进行加固，重做地仗、漆膜并重新贴金。

③去除零层衣摆部位为近代制作彩绘，已损毁，按传统工艺制作新地仗、漆膜，预留排气孔。

此外，项目组同时对大佛发髻的形制进行了深入调研，经专家论证，确定潼南大佛顶髻形制应同于川渝地区佛教造像肉髻低平的普遍特征，在大佛头顶发髻缺失部位并无隆起的肉髻，故修复方案中亦对顶髻的修复作出了相应调整，改为在头顶石质胎体做小弧度补塑辟谷对发髻进行补塑。

2.4 修复理念剖析

本次潼南大佛的修复，从岩体加固及修复、大漆层和金箔层的修复到发髻、彩绘层的修复，都大量参照并借鉴了大佛修造所使用的传统制作工艺及修复工艺。既是一次对物质文化遗产的保护修复，也是一次对非物质文化遗产的挖掘和保护。

潼南大佛从开凿到完成首次妆銮，跨越了三个朝代，既是古代工匠跨越时空合作的壮举，也是工艺史上的一次奇观，加上后世的多次重妆与修复，历经八百余年而仍旧保持着生机与艺术魅力。这一事实也证明了传统工艺和艺术作品强大的生命力。

而在石刻造像表面进行髹漆和贴金的妆銮工艺也不仅担负着装饰的作用，也起到了对文物本体不可忽视的保护作用。大漆作为天然黏合剂，具有优异的稳定性，并可以起到良好的阻隔作用，它在石质胎体表面形成的漆膜实际上起到了阻隔污染物、空气与水分子的作用，有效地保护了岩石胎体，延缓了软质砂岩的自然风化。而金箔层对漆膜的包裹，又进一步起到了对漆膜的保护作用，防止了漆膜直接与空气和紫外线的接触，延缓了漆膜本身的老化。这种设计体现了中国传统工艺集制作与保护于一体的理念。

经实际勘察亦可看到，历史上四次妆金，前后也跨越了七百五十年之久，但四次妆金所用的工艺与材料有着惊人的一致性，这证明了传统工艺在传承过程中良好的继承性以及传统材料优秀的衔接能力。而这种特点不仅显露于潼南大佛这一尊摩崖造像，也普遍存在于中国古代各种传统工艺。这其中蕴含着中国传统工艺的一种理念——即不仅注重物质文化遗产的传承，亦注重作为非物质文化遗产的工艺本身的传承。而制作与保护一体化的理念，也在艺术创作与保护修复之间建立起了有机的桥梁，将这一过程变得具有开放性。

从大佛的面部也可以看到，四层金箔都保留在佛像的表面。这一方面说明为大佛贴金本身具有宗教仪轨性质——工匠对前代金箔的保留，可以视为对佛陀所代表的宗教精神的敬畏；同时也应视为工匠世系对前代工作的尊重以及对历史遗存价值的肯定与保护。这种理念也正契合了现代文化遗产保护的原真性理念。

从国际历史纪念性建筑与遗址理事会的《威尼斯宪章》到规范乡土建筑保护的《墨西哥宪章》，都一致强调原真性、可逆性和最小干预的原则，而可逆性和最小干预都是以保护文物真实性为宗旨的。潼南大佛的"真实性"是什么？是唐代遗留下来的半具头像，还是宋代完成的整尊石雕？是初妆完毕的金碧辉煌，还是沧桑斑驳的现状？莫如说数百年来的工艺延续便是它的"真实性"。

潼南大佛的原真性既蕴含在体量巨大的物质遗存之中，也蕴含在代代相传的传统工艺中。通过现代技术对原始工艺材料的研究以及文献调查和对民间工匠、艺术史专家的走访，修复团队成功地复原了传统髹漆贴金工艺，也探清了传统修复工匠使用的天然黏合剂及其在保存上的优越性。

最终在修复方案的抉择上，团队对真实性、可逆性和最小干预原则做了综合考量，同时考虑到潼南大佛是一尊位于宗教寺庙中的具有宗教功能的佛教造像，需要实现供信众膜拜的功能，还需符合宗教建筑内造像及绘画修复的原则，使修复后的外观无损于该功能的实现。故选择在充分保证文物本体安全与外观需求的情况下，对大佛双耳部分金箔进行加固回贴，保留原金箔层外露，而对其他金箔脱落及分层起甲严重部位采取部分表层起甲漆膜揭取，对剩余金箔层和漆膜进行清洗、脱盐之后按传统工艺在表面进行髹漆保护和贴新金箔的措施。并参照川渝地区佛像发髻形制规律，对大佛头顶发髻采用传统彩绘泥塑工艺进行补塑和彩绘。

这一方案充分体现了对文物本体物质遗存历史、文化价值的保护，也体现了对作为非物质文化遗产的传统工艺的传承。

3 修复工作及工艺技术

从2010年8月开始围绕潼南大佛搭建脚手架，到2012年5月完成大佛表面的贴金工作，潼南大佛的修复工程共历时21个月。具体开展顺序如图6所示。

3.1 保护修复施工进程

3.1.1 计划总工期

2010年9月开工，2012年4月完工。

3.1.2 实际工期情况

2010年9月25日开工，2012年5月30日完工。

3.1.3 阶段性进度时间实施

①2010年9月25日开工，10月15日，参照设计

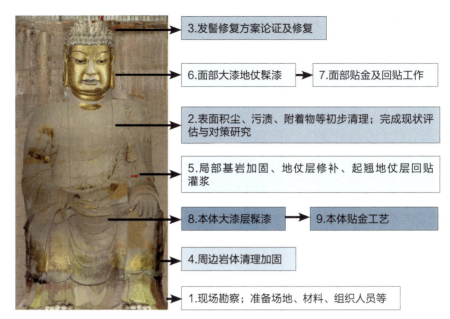

3.发髻修复方案论证及修复

6.面部大漆地仗髹漆 → 7.面部贴金及回贴工作

2.表面积尘、污渍、附着物等初步清理；完成现状评估与对策研究

5.局部基岩加固、地仗层修补、起翘地仗层回贴灌浆

8.本体大漆层髹漆 → 9.本体贴金工艺

4.周边岩体清理加固

1.现场勘察；准备场地、材料、组织人员等

图6 潼南大佛保护修复施工开展的顺序

方案进行现场勘察，进行场地、材料、技术人员等施工前组织准备；

②2010年10月16日到12月底，完成大佛表面积尘、污渍、附着物等初步清理；对本体保存现状与设计方案不同进行评估；完善施工方案，对本体病害程度、面积进行重新统计；开展发髻修复、贴金材料、本体加固、修补工艺实验。

③2011年1月，对发髻修复形制进行调研、论证；开展本体修复实验；

④2011年2~3月，开展发髻修复、贴金材料、本体加固、修补工艺实验，完成论证评估；

⑤2011年4月~5月10日，完成面部贴金层加固修复；

⑥2011年4月~7月15日，完成局部基岩加固、地仗层修补、起翘地仗层回贴灌浆；

⑦2011年7月15日~9月15日，完成边坡岩体清理加固；

⑧2011年9月16日~2012年1月，底完成本体贴金层加固修复；

⑨2011年12月12日，中期评估：重庆市文物局组织专家组经现场考察，听取汇报，质询，形成统一意见，同意项目按照工程计划继续完成下阶段保护修复工作。

⑩2012年3~5月，完成表面髹漆贴金全部工作。开展工程资料整理，财务决算，施工报告整理，准备工程验收。

⑪2012年8月2日，重庆市文物局组织专家对修复效果进行评估。认为该保护工程严格按照国家文物局批复的方案实施，总体效果较好，达到预期目的。潼南大佛的修复遵循的是从上至下的顺序，不同部位的工艺及病害情况各不相同，因此在各个修复环节中的方法也不尽相同。但基本步骤皆为：表面清洗→脱盐→胎体加固、补形→妆銮层修复（髹漆贴金、彩绘全色）→表面封护。

下文将按照这几个步骤对大佛修复进行详细阐述。而发髻部分因缺失较多，对原始形制的判断缺少直接证据，因而对临近地区同时代造像做了研究和参考，并采用三维虚拟修复技术进行了复原。且

发髻部分在工艺上与面部和身躯有较大差异，唐代的石质发髻和后期补配的泥塑发髻均为组件装配，表面采用的是彩绘妆銮。因此将把发髻部分修复作为独立的一部分进行阐述。

3.2 表面尘垢及沉积物的清洗与脱盐

表面清洗是修复施工的第一个步骤，潼南大佛是大型摩崖石刻，表面妆銮为全金装上五彩，表面大部分区域（面部、身躯）以髹漆贴金作为装饰，也就是说，表面尘垢及沉积物主要附着在金箔层表面。在前期调查中获得了佛像表面尚留存有较大面积金箔的印象，但深入调查表明，金箔层厚度极小，在贴金、抛光后已颗粒化并与漆膜层黏合，随着时间推移，颗粒化的金箔与漆膜层之间的附着力明显下降，已基本失去胶结作用。灰尘等表面污染与脱落的金箔颗粒混合后，增加了直接清洗的危险性，而清洗之前做加固则又会增加清洗的难度。

3.2.1 清洗与加固的矛盾

一些部位的金箔已颗粒化，并完全与漆膜脱离（六层肩部顶面），和尘土结合紧密，喷雾后可见金色。尝试用1.5%、2%和5%的AC33进行预加固，前两者均无法使金箔与漆膜重新黏合，后者加固有效，但用水清洗时，金颗粒遇水会再次与漆膜分离，无法达到保存目的（图7）。目前对此类问题可能有效的解决手段——如激光清洗，存在耗时过长且对设备参数配置要求苛刻的缺点。

五层正立面左右两侧：金颗粒看上去保存相对较多，但是进过简单清洗发现金箔缺乏光泽，而清洗干净则会导致金颗粒进一步脱落（图8）。

四层西层面：金箔非常光亮完整，表面灰尘较薄（图9），但实验发现金颗粒非常脆弱，甚至经不起喷雾。

表层尘土越少的地方金颗粒保存越好，被灰覆盖越厚的部位（水平方向，如肩部、手部）脱落越严重。潼南大佛表层尘垢分为两种类型，干燥易脱型和潮湿紧着型。干燥尘土下覆盖的金箔保存相对良好，如耳部；而潮湿尘垢下金颗粒大多已经脱落。显然，灰尘的存在及其复杂的成分组成，加上大佛寺内潮湿空气的共同作用，成为影响金颗粒稳定性的主要因素。

由于金箔附存于漆膜表面，而漆膜中含有桐油，所以有机溶剂的使用会导致桐油溶解，进一步导致金颗粒脱落，因此在清洗剂的使用上，有机溶剂使用受限；而单纯使用去离子水又将延长表面附着灰尘的湿润状态，同样会导致金颗粒脱落。

3.2.2 清洗实施

潼南大佛胎体表层布满灰尘，表面的金箔及彩绘的保存状况各异，部分金箔及彩绘非常脆弱，为洁除不同部位的灰尘，项目组在现场试验了多种洁除材料和工艺手段。根据文献及类似工程的实施经验可知，灰尘的洁除材料选择应以易挥发、不残留的常规溶剂材料为主，包括纯水、乙醇、丙酮及三者的组合复配材料。在清洗除尘过程中，从佛像身上收集到清、民国及现代金属钱币百余枚，还有4枚锈蚀的铁钉、錾子和现代琉璃瓦残片。

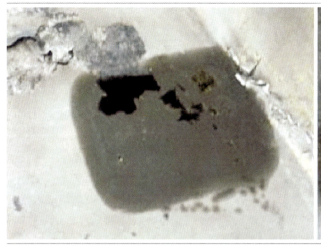

图7 六层佛像肩部喷雾及清洗效果

图8 五层佛像胸部两侧清洗前　　　　图9 四层佛像胸部金箔清洗中

（1）一般积尘清洗

大佛躯干和面部朝上的面积累了大量灰尘（图10），部分区域厚度超过7毫米。表面浮尘采用羊毛刷直接清扫（图11），清扫时严格控制力度，使毛刷仅作用于灰尘、不触及妆銮层，避免造成风化的彩绘层或颗粒化的金箔层剥落。毛刷清扫主要用于灰尘较厚区域的初步洁除或表面强度较高区域的洁除，如佛肩部、手臂、两膝等部位（图12）。

毛刷清扫无法完全清除表面灰尘，对仍附着于金箔及彩绘表面的灰尘，在清洗部位覆盖单层日本纸，涂刷清洁剂浸润，待溶剂稍作挥发后将日本纸揭下，重复上述程序三至四次将附着灰尘清除（图13、14）。

对细小局部的附着灰尘，用湿润棉签在表面轻轻滚动，以将灰尘黏附到棉签上的方法达到除尘目的。

本阶段选用的清洁剂有：乙醇与水1∶1溶液、丙酮与乙醇1∶1溶液、2%AC-51水溶液等。

（2）油污与积尘混合物的清洗

佛身表面的油污采用湿纸巾配合手术刀或棉签与镊子进行清理。

对于保存状况较好的金箔，直接用修复刀小心剔除表面油污与积尘混合的顽固性凝结状污垢物；而对风化剥落明显的金箔，先用乙醇等溶剂对污垢进行溶胀软化，再用修复刀剔除。

图10 大佛鼻翼与面颊部位积尘情况

图11 大佛面部毛刷清理积尘

图12 对大佛表面进行一般性清洗除尘

图13 日本纸贴敷浸润清除积尘

对附在胎体表面的泥土，用湿纸巾加小喷壶糊敷软化泥土，再用湿润棉签清除。

（3）顽固性附着物的洁除

对附着较为紧密的污染物，根据试验结果，滴乙醇水溶液软化后，采用贴敷法——在待清理部位贴敷日本纸，涂刷乙醇水溶液，多层贴敷，待溶剂适当挥发后揭开日本纸（图15）。根据污染物情况，可多次反复操作，直至清理干净。遇到顽固附着物所附着表面已严重风化破损的情况，则直接用铲刀清除已无保留价值的部分（图16）。

（4）微生物残迹洁除

潼南大佛表面生物病害主要包括金箔表面的霉菌残留物及衣摆部位基岩的苔藓。

首先以涂刷方式用杀菌灭藻剂霉敌对微生物进行灭杀（图17）。金箔表面的霉菌残留物采用类似于附着性灰尘清洗的方法进行清洗。清洗后，用橡皮轻轻擦拭，将金箔表面出现的白色痕迹去除干净。

衣摆部位基岩表面的苔藓采用高温蒸汽配合塑料毛刷清除。并适量喷洒复合杀藻剂杀灭基岩内部可能隐藏的苔藓孢子。

图14 日本纸贴敷浸润除尘前后效果对比

图15 油污与积尘混合物的清洗

图16 顽固性附着物的洁除

图17 微生物残迹洁除

图18 风化残存物洁除

（5）风化残存物洁除

石质发髻、彩绘及金箔漆膜复合层残损部位都不同程度存在底灰或金胶油的风化残存物，在进行下一步保护修复干预之前，需先将这些风化残留物洁除干净。

石质及地仗找平层的风化残存物多为粉状，直接用毛刷清扫，细小部位采用毛笔清扫去除（图18）。

金胶油风化残存物含有一定的有机组分，附着力稍强，适当滴加乙醇、丙酮的混合溶剂使之溶胀软化后再用棉签蘸取去除。

3.2.3 清洗效果

潼南大佛表面清洗效果见表2。

表2 大佛各部位清洗前后对比

位置	清洗前	清洗后
面部		
肘部		
手部		
衣褶		

3.3 劣化漆膜的揭取和石质胎体的脱盐

除了妆銮层表面尘垢和附着物，金箔漆膜复合层和岩石胎体之间还有结晶盐析出，结晶盐是漆膜层疱疹及因此衍生的开裂、卷曲、起翘剥落等病害的起因。另外，可溶盐随着水分的运动而存在于石质材料的空隙之中，尤其富集于靠近表面的部分，因而会阻碍加固材料沿孔隙的渗透，影响加固效果。因此为保证保护修复的质量，确保加固效果，在进行下一步处理前必须先对岩石胎体进行脱盐处置（图19）。

图19 对金箔之间的石胎裂隙进行脱盐处理

3.3.1 劣化漆膜揭取

在一些盐分析出的部位，尚覆盖有一层或多层与胎体分离或局部存在疱疹的金箔漆膜复合层，在脱盐前，需将与胎体附着不牢固的漆膜层先行揭取。

3.3.2 脱盐

酥碱砂岩的脱盐处理采用纸浆、日本纸作为吸附材料，采用电导率法检测脱盐效果，至电导率数值变化不大认为达到脱盐效果。

检测仪器使用DDS-11A型电导率仪。通过结果监测，在脱盐处理进行四次后电导率基本恒定，并对比不同吸附材料脱盐效果反映石质表面可溶盐成分得到了有效控制，为实施加固打下良好的基础（表3）。

表3 **脱盐处理电导率变化（us/cm）**

脱盐次数	纸浆	二层宣纸	四层宣纸
一次脱盐	87.5	67.8	77.4
二次脱盐	81.5	56.3	70.7
三次脱盐	76.3	51.9	66.3
四次脱盐	75.2	49.6	64.9

3.4 胎体和地仗层的加固、补形

3.4.1 砂岩胎体加固

大佛胎体为砂岩材质，风化现象主要表现为石质缺失部位基岩表层的风化、粉化。根据实验室筛

选及现场试验效果评估，综合对加固强度、渗透性及表面色差等因素的考虑，选择硅酸乙酯和GB-01硅丙乳液作为基岩加固材料。硅酸乙酯适用于大部分暴露于表面且风化轻微的本体基岩加固，GB-01适用于局部风化程度较高的基岩加固。加固采用多次渗透的方式进行，其间注意完成养护周期后反复渗透至不再吸收。养护期根据温度及相对湿度而定，以加固后基岩表面干燥、色差变化不大为准，一般施工两次（图20、21）。

较浅的空鼓与裂缝用针管注射方式直接加固（图22）。对严重空鼓部位则进行注射灌浆处理——用注射器由下向上注射，下孔注浆，上孔出浆时即止。注浆材料为添加石灰或石灰糯米浆的丙烯酸树脂。灌浆后需及时支顶以防止注浆过程中表面崩解（图23）。

3.4.2 肩部不当修复材料更换

大佛左肩部石胎原有大面积缺失，历史上曾用黄土、石灰和瓦块的混合物填充，现已塌陷并存在大范围空鼓。修复采用泥作对缺失的肩部进行修补。用泥取用大佛顶楼左后侧耕土层下面的黄泥，去杂质、草根等，将黄泥充分泡开、泡透，洗去盐分，加入30%的白石灰，适量掺入长2厘米左右的麻筋，反复击捶而成。肩部表层取大佛本体相同的砂岩磨成石粉，与50%水性环氧伴成灰胎泥，敷于肩部表层，进行修整塑型（图24~27）。

3.4.3 地仗层加固及灌浆处理

佛身地仗层的检查以平方厘米为单位逐一进行，完成"四定"：即定位、定点、定范围并定出病害种类。然后，分别作好记号，不同病害按照不同处理方法进行保护和维修。其中大佛胸部、腹部和两膝之间及脚面由于受漫长历史时期的雨水、潮气、雾气以及浸渗水等多种因素影响，风化、毁坏最为严重，是保护修复工程中的重点和难点。严重风化层在清洗、脱盐后，用水性环氧进行多次渗透加固。再用水硬性石灰与50%水性环氧拌和，对影响表面平整部分补塑造型。

对小范围空鼓，采用水硬性石灰与50%水性环氧混合进行灌浆填充。对范围相对较大的空鼓部分，用与大佛本体相同砂岩磨制砂岩石粉，加少量水硬性石灰和50%水性环氧混合灌浆。

大佛胸部保护修复难点在于对佛肩部装饰复杂、刻纹精细且风化严重的佩饰的修复。对纹饰的细部，采用水硬性石灰与水性环氧配制的灰浆精细塑型使其恢复完整性和历史原貌。

对大面积起翘部位，其下部砂岩往往已严重粉化，粉化层厚度最大15厘米。修复采用10%~50%水性环氧进行多次渗透加固粉化层。对胎体砂岩中有泥质胶结物条带状分布的区域，用10%~50%水性环氧进行饱和渗透加固，待加固养护期后以水硬性石灰与水性环氧混合物作为黏结材料，将起翘胎层回贴。为防止新粘贴的胎层移位变形，技术人员对粘贴部位用塑料管、支架进行48小时的定位支撑、顶压回贴，避免移位（图28~43）。

大佛本体地仗修补、灌浆所选择的水硬石灰具有低收缩、耐盐、适中的抗压和耐折强度、水溶盐含量低等优点。材料的水硬性持续固化特性在潼南潮湿环境下的适用性尤其突出。

图20 大佛面部加固处理（1）

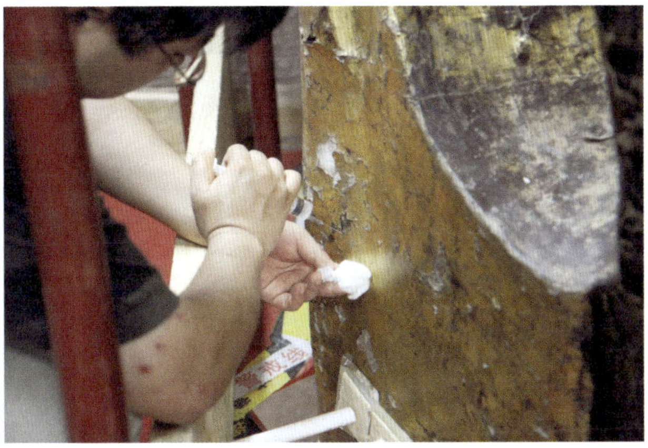

图21 大佛面部加固处理（2）

图22 针管注射式加固

图23 空鼓严重部位灌浆后支顶

3.4.4 手指的修复

潼南大佛右手五指平伸，置于腹前，施"禅定印"。"文化大革命"期间拇指及中指被毁坏。1979年，县文化馆用水泥将大佛右手拇指和中指进行补塑，并涂刷黄色油漆，现修补部分已与本体移位、脱离（图44、45）。

为恢复大佛手指的历史原貌，在修复中，对水泥补塑的大拇指和中指进行了现场翻模，并由专业人员选用同类岩石，按照模型打制复原，替换水泥部位。新制的石质手指头长37厘米，新手指与原胎体以两根长25厘米、径21毫米的铆杆及环氧树脂进行复位（图46、47）。

3.4.5 脚部修复

大佛小腿以下部位，曾屡遭寺外洪水淹没，而大佛腹部衣褶处低凹的造型又成为表面冷凝水聚集赋存的"佳地"，加之历史上长期的岩体浸渗水作用，因此该处地仗层空鼓、起翘、开裂严重，地仗层下基岩大面积风化，脚趾部位毁损严重。对于该部分的修复采用方法与躯干大面积起翘部位相同。腿部衣褶部分由于山崖地表水和裂隙浸渗水的作用，出现不少大小不一的水泡和气壳。每次出现，均经剔除后，用丙酮涂刷，用土漆砖灰重新补塑造型，并重新贴金（图48、49）。

图24 掏出原松散黄泥

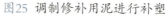

图25 调制修补用泥进行补塑

图26 修整塑型（1）

图27 修整塑型（2）

图28 对大佛身躯各部位进行检查

图29 定位、定点、定范围、定病害种类

图30 剔除空鼓胎体底层风化物

图31 对揭取的胎体进行处理

图32 补塑缺损胎体 　　　　　　　　图33 补塑缺损胎体

图34 对小范围空鼓胎体进行渗透加固 　　图35 对小范围空鼓胎体进行渗透加固

图36 胎体修复后的大佛胸部

图37 佩饰细部雕饰

图38 修复衣褶纹饰

图39 佩饰的修复

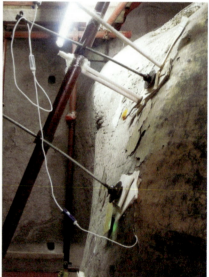

图40 加压定位回贴揭片

图41 用土漆加固回贴揭片

图42 回贴补塑后的大佛腹部

图43 胎体修复后的大佛膝部

图44 采用水泥修补的手指已断裂

图45 手指断裂处现状

图46 对大佛手指进行补塑

图47 修复后的大佛手指

图48 按原貌修复空鼓胎体

图49 用土漆回贴衣褶揭片

3.5 原始金箔漆膜复合层的加固

潼南大佛面部的金箔漆膜复合层存在大量翘曲、起甲、空鼓等病害，由于面部地仗较薄，一些部位甚至没有地仗，而是直接在岩石表面贴金。对于这类病害主要采用了黏结回贴及内部灌浆的方法。

3.5.1 起翘金箔漆膜复合层的回贴

为顺利回贴卷曲起翘的金箔漆膜复合层，先对其进行软化处理。根据现场试验结果，先采用乙醇、乙酸乙酯等溶剂浸润或滴注于金箔漆膜复合层表面使其软化，这种方法软化无效时采用高温蒸汽喷雾进行软化处理。

金箔回贴的黏结剂用的是现场试验效果最好的丙烯酸乳液。施工时用毛刷将黏结剂刷涂在翘曲金箔的背面，待溶剂稍稍挥发后用修复刀将翘曲金箔轻轻按压贴平，并用棉签按压排出空气，使之完全服帖。

3.5.2 空鼓金箔漆膜复合层灌浆

对金箔漆膜复合层空鼓严重的部位进行注射灌浆处理——由下向上，下孔注浆，上出浆时即止。注浆材料为添加了石灰或石灰糯米浆的丙烯酸树脂。为使翘曲金箔顺利归位，灌浆材料及金箔黏结剂完全固化前，采用临时支顶等辅助措施进行加固。支顶架前端使用棉包作为缓冲层，并垫衬棉纸，避免损伤金箔和漆膜。

3.6 髹漆贴金

3.6.1 髹漆贴金的设计思路

如前文所述，大佛清洗后表面因金箔不存而呈现斑驳的效果。若仅做局部回贴和全色，整体仍会呈现斑驳的外观。因宗教部门的要求及旺盛的民众礼佛祭拜需求，经过论证，在遵循使用原工艺、原材料的原则指导下，对脱落的金箔层采取了传统髹漆贴金的工艺进行修复。

通过研究，项目组制定了"加层法"的设计思路——即在现有的旧贴金层表面直接髹漆贴新金箔。"加层法"工艺在中国由来已久，在潼南大佛表面的部分区域也可以看到金箔漆膜复合层多层叠加的现象——证明了历史上不同时期层多次采用了"加层法"进行重妆，这种做法将传统妆銮的历史信息在不同层位上最大限度地保留了下来，为今天的研究提供了直接的证据。在本工程中，"加层法"的选择也是针对文物艺术价值、历史信息保存和恢复造像宗教功能两方面需求所采用的一种折中做法，旨在恢复造像妆銮层的视觉完整性，同时在层位维度上最大限度地保存历史信息，为后代研究留下余地。

3.6.2 髹漆的技术要求与工艺

本次工程中，项目组根据潼南大佛现状，在充分运用传统髹漆工艺基础上，对材料的配方和施工方法进行了因地制宜的调整。

首先，降低了传统漆灰中的生漆比例。传统漆灰中生漆的比例可以达到50%，而实验证明，用于潼南大佛文物本体地仗的生漆比例不得超过35%，因为大漆具有防水性能，降低生漆在漆灰中的比例才能更好地保留漆灰层孔隙率，允许岩石胎体中的水分释放。

其次，传统髹漆工艺通常是先用生漆在胎体表面进行封护，但这样做会阻碍大佛岩石胎体中所含水分的散发。因而在本次工程中改变了这个步骤，只用稀释的生漆对岩体表面损坏部位进行渗透加固，而不做整体封护，并将生漆封护层髹涂在漆灰层表面，这样可以使胎体的水分顺畅地渗透到漆灰层的孔隙中，起到缓冲的作用。

具体施工步骤如下（图50～57）：

①对风化和损坏部位进行表面除尘，然后进行第一遍生漆渗透。

用于渗透的生漆，须在生漆中按10%的比例加入松节油，拌和配制成渗透加固材料。这种材料主要用于石质胎体小面积空鼓和新材料填补部位的渗透加固。

②生漆干透后刮涂漆灰。

③漆灰干透后进行第二遍整体刮灰，与前述漆灰配方相同。

图50 生漆局部渗透加固

图51 打磨

图52 整体刮灰

图53 砂平磨光

图54 第一遍熟漆涂刷

图55 砂平磨光

图56 砂平磨光

图57 过滤金胶漆

④漆灰干透后用240号砂纸砂平，用吸尘器清除表面浮尘，再用纯棉毛巾蘸纯净水擦洗表面残留颗粒物。

⑤漆灰层干燥之后，表面整体涂刷生漆。

⑥生漆干透后，表面整体涂刷熟漆。熬制熟漆——将生漆倒入铁锅用火熬制，将生漆中所含水分去尽后即成。本工程中所用的熟漆是根据天气情况用生漆和熟漆调和而成的，气温高时多加生漆，气温低时少加生漆，其原则为调和后的漆料可在第二天干透。

⑦重复整体满刷熟漆。

⑧施金胶漆：漆层干透之后，用360目砂纸砂平并除尘。之后按照大佛面部各部位的具体形态，考虑金箔接缝的衔接位置，并根据气象条件和工作时间与工作量，计划好刷金胶漆的面积及具体部位。用特制国漆牛尾刷，蘸金胶漆涂刷于待贴金区域表面。等待金胶漆收汗，即干燥到约80%后，开始贴金。

金胶漆干燥结膜的程度与三个因素有关：即大漆和桐油混合的比例、干燥过程中环境的温湿度以及贴金的速度与对火候的把握。为实现理想的贴金效果，须凭经验综合考虑这三个因素，视天气情况随时改变金胶漆中各成分比例，一般生漆与熟桐油比例约为1:1，混合后掺入占生漆熟桐油混合物总量约20%的银朱。金胶漆调好后需经过滤，再按当日贴金量进行涂刷。金胶漆涂刷方向与大佛造型表面走势相符，刷路平顺，漆面均匀平整，不见刷痕。

3.6.3 髹漆对漆灰制作与熟桐油熬制的要求

将青砖磨成细灰后再用生漆加水进行充分拌和，制成用于修补岩石胎体的漆灰。根据当地天气情况，生漆与水的比例一般约为1:1。

熟桐油是将生桐油倒入铁锅用火熬制而成，待其成为黏稠状即成。在大漆中加入桐油有流平与降低成本的作用，更为重要的是，在金胶漆中加入桐油有助于银朱的发色，它不仅是配制金胶漆的理想搭配材料，也是增添佛金光彩的重要手段。

桐油在古代髹漆工艺中既可以单独使用，也可以与大漆混合使用，在调制金胶漆时，桐油与大漆形成的是混合物，不发生化合反应。优质的大漆在温湿度理想的情况下，在数小时内即可结膜，施工中，对于大漆干燥结膜时间的控制就成为了贴金的重要技术手段：干燥过快，会损失黏合力，金箔无法被粘住，干燥过慢则会影响工期，在大漆中加入的桐油比例是考验一个工匠技法的关键环节。

3.6.4 贴金的技术要求与工艺

大佛贴金工艺兼具两方面的功能，一是将石质胎体的表面整个包裹起来，实现保护功能，在这里则是地仗层与漆膜层共同发挥作用。二是满足宗教艺术对色彩的需要。为宗教造像施以贴金工艺来自于《魏书·释老志》："汉明帝永平八年（公元前65年）明帝梦见金人，以问群臣，臣称为佛。"此后，为表现佛光普照，人们便用妆金的方式来装饰佛像。

为大佛妆金，使用的主要材料是金箔与土漆。土漆具有稳定性强、黏结性强，防虫、防水、耐火、耐腐的特性，并具有能与金箔颗粒全面融合的特点。

在潼南大佛表面多处可见贴金层的接痕，这些漆膜厚而平整，接缝处痕迹明显而突出——因贴金工艺对金胶漆干燥程度要求严格，所以需根据金胶漆干燥速度和贴箔的操作速度来限定单次工作面积，待进行下一次单次贴箔时，新的金胶漆在与已完成的区域相邻的部位势必造成小面积叠压，就形成沿工作区域轮廓的线形隆起——即两个工作区的接缝，从这些接缝痕迹则可以判断单次贴金的工作范围。而从接痕隆起的方向来看，可以判断贴金的顺序为从上至下（图58、59）。

本次修复工程所采用的方法为"薄贴法"。新漆膜和金箔层将覆盖旧漆膜层和部分金箔，但对原有旧贴金层进行清理时，尽可能保存原有金箔层，不因此次修复采用"薄贴法"而放弃对原有金箔层的保护与整理。贴新金箔层的目的在于，在保护原有历史信息的同时赋予文物更完整的视觉外观，解决原文物表面因金箔脱落造成的斑驳感带来的不良审美效果，也帮助观众更好地理解这件宗教造像和艺术作品所传达的信息。而最大限度地保护并利用旧金箔，让文物传达更具历史价值的信息——则是今后的科研方向（图60、61）。

传统工艺在贴金操作中，很讲究"火候"。在髹涂的金胶漆还处于表面结膜但尚未完全干燥、略为黏手的时候贴金可达最佳黏合效果。这对贴箔操作者的个人经验和手感具有较高要求，而个人经验和技巧也与贴箔效果有直接的关系。而个人经验与技巧是高度个性化的因素，因此，由于个体的差

图58 漆膜表面接痕（1） 　　　　　图59 漆膜表面接痕（2）

图60 鼻翼部位贴金试验前 　　　　图61 鼻翼部位贴金试验后

异，由不同操作者（甚至同一个操作者）完成的区域则可能呈现不同的牢固度。尽管在贴金初期的视觉效果上没有区别，但是随着时间的推移，胶结效果的衰退，就会出现不均匀的金箔层脱落现象。

为了尽量减少这种个体差异对整体效果的影响，我们按照传统贴金工艺，制定出合理的贴金工作流程，并合理安排人员，尽可能使贴金效果统一，并禁得起时间的考验。

贴金箔须按照从下往上、从左往右的顺序贴金箔。尽量减少金箔间的过多叠压和出现留缝漏漆的现象（图62）。贴金箔时应注意查漏补金，于金箔粘贴时发现有留缝漏漆的现象，应及时补贴金箔，整体粘贴完成之后，必须仔细检查，是否在粘贴面存在因金箔打造时的漏金，或在贴金箔时接缝处出现露漆的现象。如有出现，必须及时补贴金箔，避免过时补贴造成光泽的不统一（图63）。金箔初贴后按照刷金（图64），压金、走金、封护等工艺达到良好的贴金效果（图65、66）。

3.6.5 躯干金箔严重脱落部位的髹漆贴金

躯干部位的髹漆贴金技术要求与工艺同样遵照面部进行，其技术要求与工艺在此不再复述。在具体实施过程中，按照大佛造像各部位的具体形态，考虑金箔接缝的衔接位置，并根据气象条件和工作时间与工作量，计划好刷金胶漆的面积及具体部位。之后再用特制国漆牛尾刷，沾上金胶漆涂刷于表面。等待金胶漆收汗，即干燥到约80%后，方可贴金。贴金效果见图67~69。

3.7 发髻的修复

3.7.1 发髻保存现状

大佛现存发髻166个，其中石雕发髻60个，均未见断裂或修补痕迹，应为唐代原物，保存较为完好，分布于下三排，排列规则有序；泥塑发髻106个，排列无序，有石质基座，多为历次修缮时补修遗存（图70）。

发髻具体层位与数量见表4。

表4 大佛发髻保存现状统计表

层数	发髻	左旋	右旋	破损发髻	明显脱落	备注
1	24	1	22	1	–	额眉发髻较小，均匀发髻空隙坐中
2	17	8	9	–	–	发髻纂坐中，右旋，较大
3	19	9	10	–	–	发髻空隙坐中
4	21	10	10	1	–	泥塑，大小较整齐，高低不一
5	22	8	14	–	–	泥塑，大小不整齐，高低不一
6	29	9	16	1	3	泥塑，大小不整齐，高低不一，方向错位
7	12	3	6	2	1	1个破损的发髻，方向为左旋
8	8	3	5	–	–	1个位置移动
9	8	1	5	1	1	1个破损发髻，方向为右旋
10	6	1	4	–	1	
总计	166	53	101	6	6	

所有发髻表面均有黑色彩绘痕迹。为了真实，详尽的留取资料，为保护修复提供依据，对发髻进

图62 贴金　　　　　　　　　　　　　　　　　　　　图63 补金

图64 刷金　　　　　图65 大佛面部贴金及饰色效果　　　　图66 大佛左肩佩饰贴金效果

图67 大佛胸部贴金效果　　　　　　　图68 大佛右手及腹部贴金效果

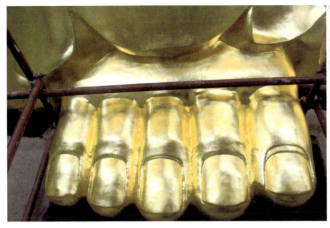

图69 大佛脚部贴金及饰色效果　　　　图70 大佛泥塑发髻保存现状

行了三维扫描工作，同时，根据测量结果进行计算，得出大佛发髻表面积22.31平方米。

为更加直观地展现大佛发髻情况，用三维技术制作了发髻的平面展开图。由图可知，额眉发髻（第一层发髻）中只有左边1个为左旋，其余22个皆为右旋；二、三层石质发髻以中心线为界，二层左边全部左旋，三层右边除最边1个外全部左旋，二、三层上下层位有意的左右旋转不同；四层以上并无明显旋转排列规律；六层延长部分为佛像耳后发髻，可以看出两部分发髻皆向脸内侧旋转。

3.7.2 保护修复的原则与流程

根据发髻保存现状，这部分本体的保护修复主要依据以下原则开展：

①根据最小干预原则，最大限度保存现有石质、泥塑螺髻，按照技术要求开展清洗、加固、补形等工作。

②组织文物管理部门、佛教美术、艺术史、传统工艺师等对发髻顶部缺失部分形制与工艺进行论证，以川渝地区唐代造像发髻形制为参考，在试验基础上使用传统工艺与材料实施修复工作，保证材料、工艺安全性。

发髻修复的技术路线如下：

3.7.3 表面清洗和脱盐

表面清洗主要针对的是发髻表面的各类污染物，去除表面有害污染物的同时为后期保护修复提供操作条件。清洗步骤包括积尘清理、顽固附着物清理和风化残留物的清理，具体方法见表面尘垢及沉积物的清洗与脱盐。

3.7.4 石质发髻的加固

对于保存状况较好的发髻并没有进行过多的干预。而对于局部风化的石质，则根据实验室筛选及现场试验效果评估，综合考虑加固强度、渗透性及表面色差等因素，选择了硅酸乙酯和GB-01硅丙乳液作为基岩加固材料。具体实施方法见砂岩胎体加固。

3.7.5 发髻表面彩绘的处理

（1）彩绘加固

对于部分保存完整、但有轻微风化的彩绘地仗找平层，采用的时5%的AC-33丙烯酸乳液进行滴注加固。将加固剂分次滴注到待加固的地仗找平层，每次控制用量，待加固剂完全将地仗找平层润湿时即停止（图71），加固剂基本干燥后进行二次滴注加固，加固剂的滴加一般要反复三次以上才达到所需效果，加固后用手摩擦不再有粉状物掉落，且不再吸收加固剂。

（2）彩绘的回贴

在大佛的发髻部分，大面积彩绘层出现了裂隙、剥离、翘曲及起甲。修复前先用泥浆进行灌浆。取本地黄泥加水调稀，用纱布过滤出泥浆，再按总量比添加3%丙烯酸乳液、5%石粉和水硬石灰，充分搅拌后备用。

用毛刷蘸1:1的丙酮乙醇溶液涂刷在彩绘表面（图72）。待彩绘软化后，用注射器向起翘的彩绘层背面及泥胎表面滴注10%丙烯酸乳液。丙烯酸乳液中的水分被泥胎吸干后，用注射器向裂隙或彩绘起翘部位灌注泥浆。待泥浆半干后，用棉球轻压起翘彩绘，使彩绘归位回贴。养护4小时，如果仍出现起翘，重复以上步骤直至完全贴实。起甲修复花费时间较长。

3.7.6 残缺发髻的修补

（1）轻微缺损部位修复

制备修复泥浆：取从佛像上散落的黄泥加水调稀，加入棉花和少量石灰，充分搅拌后备用。先用注射器在泥胎上的待修复区滴注10%的丙烯酸乳液。丙烯酸乳液的水分被吸干后，用钢制修复刀在脱落部位抹泥，按原貌填平抹光；对裂隙填充、补平、压实、收光。等所补的泥浆半干后，用修复刀压实，待第一层补泥干燥后再做第二层补泥操作。在此期间出现干裂现象时，立即再进行补泥、压实修复程序。如此反复直至修复完成为至。通常一个小于5毫米宽度的裂隙修复需要反复上述步骤三次以上，较大裂隙需要反复的次数则更多。图73与图74分别为塑形前后对比照片。

（2）较大缺损部位的初步塑形

根据现场试验对传统工艺的复原和验证，将泥质发髻塑形的基体材料分为粗泥和细泥，粗泥用于基本形的塑造，细泥用于发髻细节的塑造。粗泥以当地的土和沙子按2:1比例搅拌，加入经泡制的稻草调制而成，干稻草：土和沙子=1：50（质量比）。按照发髻缺损部位的形状进行初步塑形，此时塑形的尺寸略小于缺损部位尺寸。缺损部位较大时安装小锚杆连接新旧部位，并涂抹少量胶结材料（图75），以确保补配部分不脱落。塑形完毕即进行养护，因施工过程中环境空气相对湿度不稳定，且总体偏高，为保证干燥的连续性，每天在固定时间使用红外加热器在一定距离外进行辅助干燥至半干状态，以保证材料缓和固化，不开裂。

图71 轻微风化彩绘层加固

图72 起翘部位彩绘层回贴

图73 表面塑形前

图74 表面塑形后

图75 安装锚杆并涂抹胶

图76 大佛头部原状外观

3.7.7 发髻的补配

发髻的缺失主要集中于大佛头顶部位，头部缺少发髻后呈"v"形，严重影响了整体形貌（图76），因此根据方案对其进行了补配与安装。

大佛头顶缺失发髻的修复方法是依据三维扫描图，通过造型考证比对研究，参照遗存的唐代石质发髻造型特征，进行重新翻模，塑型新做，按原貌修复补全（图77、78）。

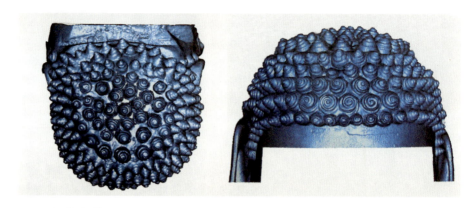

图77 大佛发髻三维扫描俯视图立面图

（1）材料制备

选取附近优质黄土，除去杂质后粉碎，浸泡于桶中待用（图79）。将所购置麻刀击散（图80），另将白灰、青灰分别装大桶浸泡7天以上。

将浸泡后的黄土、白灰按照3:7比例混合（图81）；加入黄土与白灰总量的10%比例青灰（图82），三组分充分搅拌均匀；将加工好的麻刀置于泥料中（图83）。加入适量水后将四组分搅拌、击打，使其均匀，以备使用（图84）。

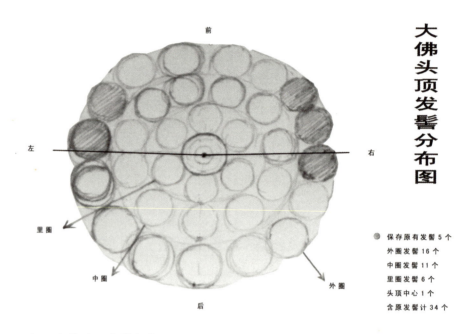

大佛头顶发髻分布图

- 保存原有发髻 5 个
- 外圈发髻 16 个
- 中圈发髻 11 个
- 里圈发髻 6 个
- 头顶中心 1 个
- 含原发髻计 34 个

图78 大佛头顶发髻分布图

（2）补配组件的制作

发髻部分的补配组件分为顶部泥环及严重缺损、缺失的发髻。其中发髻部分较复杂，不同层次的发髻，位置、大小和形貌皆有差异。根据前期调查情况分为底层、顶部、正上方三类进行制作。

①泥环的制作：泥环位于大佛头顶的天宫部位，围绕天宫石放置，用以校正发髻的整体形貌。将制备好的石灰、青灰、黄土、麻刀四组分泥料装模后夯制成5个10厘米厚泥环，外直径分别为100厘米、85厘米、70厘米、55厘米、40厘米，内直径50厘米、45厘米、40厘米、35厘米、35厘米。每个泥环分割为4～8瓣，阴干放置（图85）。

②重大残损及缺失发髻的制作：重大残损发髻指的是佛顶部分破损严重、位移较大，连接木桩已糟朽发髻。这部分发髻根据方案进行了翻模复制，重新制作。翻模所选取的是周边保存完好石质发

图79　加工黄土　　　　　　　　　　　图80　加工麻刀

图81　黄土中加入白灰　　　　　　　　图82　加入青灰

图83　加入麻刀　　　　　　　　　　　图84　四组分充分和匀

髻，发髻的螺旋方向则严格遵循对称的排列规律。翻模时，将薄铁皮剪成25厘米宽铁条，按遗存的石质发髻大小卷圈。用水调和生石膏，分别装入三个聚乙烯袋内，一块压在石质发髻上，凝固后将其取下，修补定型并晾干。

模具制作完成后，将制备好的石灰、青灰、黄土、麻刀四组分泥料装入，压实。脱模后阴干（图86），晾至半干时在发髻底部挖孔以备木质支钉装配。

③顶部肉髻的制作：如图87所示，顶部肉髻已完全缺失。根据相关文献显示，其高度通常为额部发髻的2倍左右，底面直径为额部发髻的3倍左右，肉髻表面从底至顶一般排列2层小发髻。按照文献中的描述，以底部保存完好的发髻形为模型来制作左右旋的泥质发髻——以两个石质发髻为原型进行翻模复制，脱模后阴干，阴干过半时在底部挖孔，阴干后保存待用。

④顶部小发髻（慧发髻）制作：和肉髻一样，顶部小发髻也已缺失，仅发现脱落石刻小发髻一枚。以这枚脱落的发髻为原型进行翻模，制成后根据其造型再加工成反向旋转发髻，亦对其进行翻模。模具制作完成后，将准备好泥料填入压实，根据现状调查和方案设计，共翻制顶部发髻31个，阴干过半时在底部挖孔。

按照头部坡度制作坡状模型（图88），将翻制的小发髻排列在该模型上阴干待用。

（3）发髻的安装

将所需补配组件全部制作完成，完全阴干后开始安装。安装步骤如下：

①清理：安装前对大佛顶部进行清理。清理对象包括原泥质地仗层和锚孔。泥质地仗清理完成后，用铁刷清理裸露岩石，直到露出新鲜岩石。锚孔清理干净后植入对发髻起固定作用柏木桩。之后在表面涂刷一层青灰，晾干。

②顶部泥环的安装：将外径100厘米泥环围绕天宫砌实。待一层泥环牢固后放入天宫石，围绕天宫石在第一层上铺砌第二层泥环。待两层泥环完成后围绕第一层泥环放置其他准备好的泥环，根据头部弧线要求用准备好的麻刀灰土材料找平（图89）。

③发髻位置的确定：将8号铅丝一端固定在脚手架上，一端探到佛头上，以佛像眉心为中心，绑扎发髻经纬分割线，经线集中到佛顶中心桩，重点分天目线、明慧线、耳前线。纬线主要有石发髻一层，泥发髻三层，确定每个发髻的精确位置。

④发髻安装：在制备好的补配发髻底部的孔内轻轻推入少量麻刀灰泥（图90），后按照顺序将其压入木桩按实（图91）。发髻安装后，用麻刀灰泥对缝隙进行修补（图92），而顶部正上方发髻在天宫内装入藏器（宗教仪式）后，放置于泥环之上，用灰浆粘实。安装完成后如图93所示。阴干后进行做旧、补色处理。

3.7.8 补色

待泥塑发髻干燥后进行找补做旧，操作步骤如下：

①打磨修胎：在干燥过程中，略有开裂属正常情况，用灰膏腻子补平。

②用矿物颜料佛头青调配灰油，参照原有佛头青色度加氧化铁黑和黄色调配补色。

③做旧后色度完整一致，视觉效果陈旧而不残破，庄严而无光泽（图94）。

图85 泥环的制作　　　　　　　　　　　图86 发髻脱模后阴干

图87 顶部肉髻保存情况　　　　　　　　图88 顶部小发髻补配制作情况

修复后的发髻保留了历史形制特征，留存下来的石质、泥塑发髻的材料与结构得到了加固保护，达到了整体观感协调统一的效果。

3.8 原貌留存

为了给后人留下可资借鉴的历史样本，经慎重研究决定，将保存状态及历史信息相对较为完整的大佛双耳，作为保持历史原貌的重要遗物进行留存。

首先对耳部起翘的金箔复合层进行物理软化，用针管注射或用排刷将浓度5%～10%逐渐增加的硅丙多次渗透加固。然后用50%水性环氧与水硬性石灰拌和，做成地仗层，将软化的金箔进行48小时的支顶回贴。

先采用无水乙醇或丙酮，将取回的金箔正面与背面的表面进行初步除尘与清洁，较为理想的加固材料为AC-33丙烯酸乳液。一般预加固采用丙烯酸乳液，后清除贴近金箔最内层的尘土。遇金箔本身保存较为完好，则使用清洗剂处理完表面后，用丙烯酸乳液进行必要的加固措施，再实施支顶等操作。

图89 天宫处泥环的铺砌过程

图90 补配发髻底部加入少量麻刀灰泥　图91 将发髻压在木桩上按实

图92 补缝

图93 发髻安装完成后形貌

图94 发髻修复后   图95 金箔加固

3.8.1 金箔加固

选用 AC-33丙烯酸乳液作为金箔预加固剂，预加固操作采取注射器滴注方式进行，滴注后养护至加固剂完全干燥固化。经过硅丙乳液预加固后，金颗粒未出现进一步的脱落（图95）。

金箔的底灰层脱落则还要对其进行修补才能回贴软化贴金，用AC-33丙烯酸乳液先对基岩表面预处理。金箔空鼓区域需进行灌浆处理，灌浆材料采用流动性和黏结性都较好的丙烯酸白灰砂浆。

3.8.2 金箔漆膜复合层软化

由于金胶漆的老化，翘曲、开裂的金箔漆膜复合层多数脆性较大，稍微用力触碰就会碎裂。因此回贴金箔漆膜复合层的第一步是软化。根据软化材料试验，单层金箔漆膜复合层的软化用乙醇等有机溶剂涂刷就可以达到较好的效果（图96）。

3.8.3 金箔漆膜复合层回贴

选用水性环氧与水硬石灰进行金箔回贴。回贴前使对裸露岩体进行脱盐处理（图97）。在金箔回贴工艺方面，由于金箔软化及黏结剂完全固化等步骤所需的时间较长，还需要提供临时支顶的辅助措施来确保回贴的顺利实现。需要使用支顶的方式长时间按压需要回贴部位。为了保护金箔表面，贴一层日本纸，上支顶架。支顶架挡板与胎体之间垫棉花和纸巾，固定并压稳支顶架（图98）。支顶过程中观察日本纸的湿润程度，如果日本纸过湿，拆除支顶更换日本纸，让黏结剂水分更快挥发（图99）。

4 周边环境整治

在对大佛本体进行修复的同时，项目组还对大佛造像背面及两侧风化较严重的岩壁进行了清洗加固。

图96 金箔漆膜复合层软化

图97 脱盐处理

图98 金箔回贴

图99 金箔回贴效果

　　为了解决佛身下部基岩长期存在的浸渗水问题，工程部在大佛左小腿内侧的渗水处安装了导水管，并在大佛底部沿大佛造像裙边及脚边开凿排湿沟，沟内填充鹅卵石，直接将湿气排导出（图100）。

　　为了展现出潼南大佛摩崖造像自然的本生特质，工程部剔除大佛脚前1979年铺设的水泥地平，显露出下面的紫红色砂岩，恢复大佛造像底部的历史原貌。同时也适当改善了地面自身的排湿能力。

　　为了有效保护大佛金身免受游人触摸损伤，还在造像底层距离大佛约3米左右处修建了木结构防护栏。

5 研究与发现

　　本次修复，在对潼南大佛进行工艺与病害调查的过程中，亦发现了这尊造像在建造与传承中存在着诸多工艺与历史传续的特殊性。

图100 排湿沟

5.1 多种工艺的综合使用

潼南大佛主体部分是摩崖石刻，此外还采用了泥塑、灰塑、镶嵌等工艺。

大佛的眼珠是用木材镶嵌再施以彩绘做成。

大佛头顶的螺髻少部分为石刻，大部分为泥塑。为使其结构稳定，古人在佛头石胎上凿小孔，置木桩，敷泥塑螺髻，并视螺髻的大小用一至三根木桩作为支撑，稳固一个螺髻。

佛身肩部、胸部、腹部等多处有掺加麻筋进行灰塑、泥补的现象。在大佛颈部和左侧腰部，还收集到地仗下层带有裱纸的样品。古代泥塑佛像装饰工艺中有使用裱纸的工艺，潼南大佛地仗层发现此种工艺，推测与大佛胎体的修饰和局部加固有关。

5.2 相印改变

据历史碑刻记载，这尊金大佛经历了宋、清、民国共四次妆銮。这一史料不仅在这次施工中得以证实，而且在民国十年贴金层之下，于大佛眉宇之间发现存有"白毫相"痕迹。"白毫"痕迹呈环形，外径16厘米，内径13厘米，凸出约2毫米（图101）。

5.3 首次发现的题记

在大佛头部前端的悬崖边上，新发现一处唐、宋摩崖题刻。题刻高1.6米，宽0.7米，共两则，上面一则刻"七月廿一日两人／长庆四年（824年）／十壹月十七下手三人／至十二月廿日"，字径3.5～18厘米。另一侧位于其下方："丙午年三月三十日下半身／中江縣……／至四月十五日。"字径5～9.5厘米（图102）。

5.4 空鼓及前人的处理方法

潼南大佛由于受地质营力及气温变化、树根穿越、山螺附生等多重影响，很多部位出现不同情况的空鼓。在揭取空鼓层和修复过程中发现，在民国十年实施妆金工程时，对历史上的佛身空鼓之处未作处理，大多仅敷以黄泥，其上再作漆层，造成了一部分的大面积空鼓。

技术人员在揭取大佛腹部空鼓层时发现一块长110厘米、宽80厘米、最厚处达8厘米、重量达50多千克的空鼓胎体。从胎体的横断面发现，古人在对佛身缺乏石料的情况下，是采用以桐油石灰熬制的底灰作为黏合剂，其间敷以瓦片、碎石等。其特别熬制作为黏合剂的桐油石灰，使各种材料间的黏合强度至今仍保持坚实，完全可以与现代任何一种黏结材料的强度媲美。

5.5 其他发现

潼南大佛是世界上唯一一尊吐露舌头的大佛造像。

此外还在大佛肩部发现掉落的唐代圆雕石发髻一个，高18厘米，底面直径23厘米。

6 总结

潼南大佛本体保护修复工程的顺利完成，是各级行政管理部门、不同领域的专家学者、各技术实施团队以及业主与监理单位共同努力的成果。中国文化遗产研究院在工程实施前对大佛本体进行了系统勘察，针对相关问题与难点，经过论证形成了对修复操作具有指导意义的现状评估与对策研究报告。在实施过程中，借鉴川渝地区具有地方特色的造像形制，对发髻等部位的修复进行审慎论证；坚持保证文物安全的原则，采用灌浆、加固、回贴的方法，对大佛胎体严重风化的泥岩夹薄层状砂岩进行了加固；在研究大佛胎体制作、地仗制作、不同时期的贴金工艺等基础上，对传统髹漆、贴金工艺进行了发掘与应用；采取了控制部分裂隙水源、设置脚部周边排湿通道的方法，减小渗水对本体的侵蚀，疏通毛细水的扩散路径。工程在实施过程中，面

图101 大佛眉心白毫处环行印痕

图102 大佛头部前端悬崖侧面题记

对着修复对象体量巨大，石质、贴金、彩绘多种材质交织，地域连续高湿天气等带来的问题，多次邀请专家咨询，研讨解决方案，达到对技术要求与工艺统一性的严格控制。工程在完成结项验收后，被评为2012年度"全国十佳文物维修工程"（图103）。

图103 潼南大佛修复后全貌

7 参加人员

项目负责人　詹长法

主要参加人员

中国文化遗产研究院：张可、张晓彤、王珊、程博、李元涛、张俊杰、吴育华、宗树、付永海、高雅、王玉、王方、何谦

宜兴金陵文物保护研究所：张品容、王爱民、张超、张品跟

北京帝测科技发展有限公司：侯妙乐、胡云岗、魏利永、卢广宇、张玉敏、胡丽丽

西安慧雅轩雕塑艺术有限公司：柴忠言

陕西历史博物馆：杨文宗

重庆潼南文物保护研究所：姜孝云、徐林、李浩鹏

北京首华建设经营有限公司：左洪彬、任具、左海刚、李占领、李国英、左泽新

洛阳古代艺术博物馆：苏东黎、戚雪娟

漆艺工艺师：何天喜、杨斌、王良斌、雷军

参考文献

1. 国际古迹理事会中国国家理事会：《中国文物古迹保护准则》，2004年。

2. 卡塞尔·布朗迪：《文物修复理论》，意大利非洲和东方研究院，2007年

3. Arthur Wright，常蕾译：《中国历史中的佛教》，北京大学出版社，2009年。

4. 李巳生：《中国美术全集·雕刻编·四川石窟雕塑》，人民美术出版社，1988年。

5. 郭丽：《汉代漆器金箔贴片浅说》，《内蒙古文物考古》，2002年第1期。

6. 甘景：《生漆的化学》，科学出版社，1984年。

7. 王世襄：《髹饰录解说——中国传统漆工艺研究》，文物出版社，1983年。

8. 路甬祥、乔十光：《中国工艺美术全集——漆艺》，大象出版社，2004年。

9. 李最雄：《丝绸之路石窟壁画保护》，科学出版社，2005年。

10. 路甬祥、唐克美、李苍彦：《中国工艺美术全集——金银细金工艺和景泰蓝》，大象出版社，2004年。

11. 张飞龙：《中国髹漆工艺与漆器保护》，科学出版社，2010年。

承德安远庙石质文物科技保护方案[1]

〔摘要〕

在承德避暑山庄及外八庙石质文物的保护中，其凝灰岩文物岩性特殊、病害机理较为复杂，相关研究极为缺乏，没有可以借鉴的经验。针对承德凝灰岩几种独特的病害形式以及特殊气候条件，本项目重点针对承德避暑山庄凝灰岩的物理力学性质及风化机理进行前期研究，在此基础上通过针对七种防风化材料的现场筛选试验，最终确定了适合于承德凝灰岩加固的防风化、灌浆、黏结材料及施工工艺，并提出切实可行的施工方法。以上成果对承德、乃至全国其他地域凝灰岩石质文物的保护具有借鉴意义。

1 文物概况及评估

1.1 安远庙概况

安远庙俗称"伊犁庙"，也称"方亭子"，建于清乾隆二十九年（1764年），仿新疆伊犁河北岸的固尔扎庙规制修建。

安远庙东西宽146米，南北长255米，占地2.8公顷。全庙平面为长方形，面南偏西，内外三进墙垣，前部庭院开阔，后部紧凑。

1949年前后安远庙仅存普度殿、山门及附属建筑小殿，其余建筑皆塌毁。20世纪80年代，国家拨款对寺庙进行修整，最独特的建筑普度殿以及山门、二道山门、配殿、门殿均已恢复清代原貌。寺内木雕绿度母为国家一级保护文物，亦为镇寺之宝。

1.2 石质文物现状

安远庙的石质文物主要包括建筑的基础、山门、基座、碑刻等。

---

1. 获2012年中国文化遗产研究院优秀文物保护项目二等奖。

1.2.1 山门

安远庙山门的石材按照位置、属性可分为正山门屋面石椽望、正山门石拱门、正山门石拱门基座。

正山门屋面椽望由长约80厘米的多块凝灰岩雕刻拼对而成，拼对处可见残余的白色填缝物。正面总长15.8米，侧面总长12.6米，外露宽0.5米，高0.32米。分布在屋面瓦及琉璃斗栱之间。

正山门石拱门共有3座，均由凝灰岩雕刻拼对而成，雕刻图案为蕃草纹饰。拼对处可见残余白色填缝物。

基座共有4座，均由红砂岩雕刻拼对而成，其中东侧拱门内建有售票处，将内侧基座遮挡而无法调查。

1.2.2 《安远庙瞻礼书事（有序）》碑

该碑由凝灰岩雕刻而成，长2.74米，宽0.78米，高2.5米，放置于二道山门东侧门殿内。碑身正面、背面镌刻《安远庙瞻礼书事（有序）》碑文，正面为满、汉文字，背面为蒙、藏文字。碑文四周用玻璃罩包围，碑文大部分保存完好，局部由于石质残缺无法看清。碑文及碑身上有大面积墨迹，局部有油漆痕迹等人为污染现象。碑顶被积尘覆盖。碑身雕刻局部有残缺，大部完好。

1.2.3 幢杆基座

幢杆石共有4座，位于安远庙二道山门前，左右各有2座。幢杆基座均由2块红砂岩雕刻后拼对而成，拼对处可见残余的白色填缝物。文物呈顶面八边形的柱体，顶面边长为0.5米，半埋入地下，地上部分高1.31米（从周围基座上水平面算起），中间有直径0.34米中空孔，以便于放置旗杆，孔内有尘土和游客丢弃的废弃物等。顶面可见有为放置抓钉而开凿的孔，抓钉已不存在。文物在露天环境存放。

1.2.4 香炉基座

香炉基座由7块凝灰岩雕刻拼对而成，拼对处可见残余的白色填缝物。高0.92米，顶面直径1.14米，露天放置于安远庙普度殿前，上供铁质香炉一座。

1.2.5 须弥座

绿度母身下须弥座由多块凝灰岩雕刻拼对而成，长5.48米，宽4.83米，高1.14米，放置于安远庙普度殿内。座上供奉绿度母佛像一座，须弥座西北立面紧贴木墙，无法观察其现状。

1.3 价值评估

安远庙于1988年被批准为国家级文物保护单位，1994年与周围寺庙一起被联合国教科文组织列为世界文化遗产。在外八庙中，安远庙的建筑与规模，远比不上其他寺庙高大雄伟，但它完全打破了汉式寺庙坐北朝南的"伽蓝七堂"传统建筑布局。在风格上明显保留原固尔扎庙的民族风格，其中巧妙地融进了汉、藏民族的建筑精华，从而使整个庙宇从布局、外观和建筑上，都别具一格，引人注目。

作为世界文化遗产避暑山庄及周围寺庙组成部分的安远庙无论在历史、艺术，还是科学上均具有较高的价值。

1.3.1 历史价值

①安远庙是厄鲁特蒙古达什达瓦部反击阿睦尔撒纳叛乱，举部内迁，维护民族团结的纪念地。
②安远庙是清朝尊重达什达瓦部宗教信仰，为他们修建的精神圣地。
③安远庙是中国传统文化与少数民族文化完美结合的成功范例。
④安远庙是典型的藏传佛教寺庙，反映了清乾隆时期蒙古民族的宗教信仰习惯。
⑤安远庙的主殿普度殿造型独特，在众多藏式建筑中别具特色。
⑥安远庙的各式建筑是汉藏蒙等各民族建筑艺术的融合，荟萃了民族艺术的精华。

1.3.2 科学价值

①安远庙择址合理，布局紧凑，建筑形制精妙，体现了当时的科学技术水平。
②普度殿的建筑结构、内部装饰、壁画等有极高的科学研究价值。
③安远庙附属建筑小殿子为研究清中期承德地区的四合院形制提供了模本。

1.3.3 艺术价值

①安远庙各式建筑的造型及装饰具有独特的形式美。整体建筑布局和建筑样式融入了少数民族特色。是清代典型的汉藏结合式皇家寺庙。
②普度殿内的壁画线条流畅，色彩明快，是汉藏蒙各民族文化交融的佳作。
③普度殿既是建筑艺术的宝库，又是绘画艺术的殿堂，是引发人们进行创作的极佳场所。
④普度殿中的造像精美，陈设富丽堂皇，是乾隆时期雕刻艺术的集大成者。
⑤普度殿中的彩画为梵文和玺彩画，有明显的时代特征和地方特点，其精美的纹饰具有极高的艺术价值。
⑥安远庙山门和普度殿的石券门上有精美的雕刻，具有很高的艺术价值。
⑦安远庙碑亭中的御碑有乾隆御笔各种民族的文字，碑身上有简练的蟠螭纹饰，是清代皇家书法与雕刻艺术的结合。

1.4 石质文物病害分析

安远庙石质文物病害形式多样，主要有片状剥落、鳞片状起翘与剥落、表面泛盐、人为污染、动物病害、前期水泥修补痕迹、微生物病害、孔洞状风化、表层空鼓等。其中，砂岩质文物的主要病害为片状剥落，凝灰岩文物破坏最严重的为开裂。

1.4.1 山门

山门橡望表面有大量片状剥落、鳞片状起翘与剥落和泛盐，特别是盐分在剥落层间频繁出现，严重威胁着橡望的完整性。其他病害有：粉化剥落、水锈结壳、应力裂隙、坑窝状溶蚀、残缺、水泥修补和动物病害等。橡望的整体保存状况较差。

正山门石拱门主要病害是残缺、裂隙，其他病害有人为污染、孔洞状风化、动物病害、鳞片状剥落、片状剥落等，拱门整体保存状况较好。

基座表面粉化剥落、片状剥落、鳞片状剥落严重，其他病害有残缺、水锈结壳、应力裂隙、人为污染、动物病害、风化裂隙、水泥修补及不当修复、微生物病害、孔洞状风化、表面泛盐、表层空鼓等。基座的整体保存状况较差。

1.4.2《安远庙瞻礼书事（有序）》碑

碑身雕刻局部有残缺，大部完好，碑文大部分保存完好，局部由于石质残缺无法看清，碑身上有大面积墨迹，碑顶被积尘覆盖。碑身上有大面积的孔洞状风化和水锈结壳，文物的其他病害有：机械裂隙，浅表性裂隙，残缺，表面粉化剥落，鳞片状起翘与剥落，表层片状剥落，断裂。该碑的整体保存状况尚好。

1.4.3 幢杆基座

幢杆基座均有大面积的粉化剥落、鳞片状起翘与剥落、表层片状剥落、机械裂隙等，其中1号幢杆基座有一处大面积的空鼓，4号幢杆基座有大量的残缺和断裂。1号和3号幢杆基座所雕刻的花纹基本保持完整。2号幢杆基座花纹破损约1/4，4号幢杆基座花纹破损约1/2。文物的其他病害有：浅表性裂隙、微生物病害、孔洞状风化、水锈结壳、人为污染、动物病害等。幢杆基座的整体保存状况较差。

1.4.4 香炉基座

香炉基座由7块凝灰岩雕刻拼对而成，拼对处可见残余的白色填缝物。高0.92米，顶面直径1.14米，露天放置于安远庙普度殿前，上供铁质香炉一座。炉座表面有大量孔洞状风化及机械裂隙，炉座基石基本呈片状破碎并有大量残缺。炉座其他病害有表面粉化剥落、微生物、水泥修补、水锈结壳等。

1.4.5 须弥座

须弥座顶面及其他三个立面被积尘所覆盖，三立面表面大部分均被人为涂刷有白色灰层。南立面局部有红色漆层污染。须弥座四周约有10处小面积残缺。须弥座的整体保存状况较好。

1.5 劣化机理分析

安远庙石质文物病害形式多样，砂岩质文物的主要病害为片状剥落，凝灰岩文物破坏最严重的为开裂，其风化作用的主要表现方式为：温差效应和冻融作用。

造成安远庙残损现状的主要因素可分为两大类：自然因素和人为因素。自然因素包括：构筑材料自身的组成和结构缺陷；基础不均匀沉降；水、风、温度、灰尘等物理因素；CO_2、SO_2、NOx等有害气体因素；霉菌、苔藓、地衣类、蕨、杂草、杂树等因素。人为因素包括：维护管理意识不到位、有意识破坏和无意识破坏。

1.5.1 构筑材料自身的组成和结构

①鹦鹉岩主要含有石英、钠长石、正长石和高岭石等矿物，且含有较多的岩屑和火山灰。岩石的密度小，孔隙率和饱和吸水率较高。从X射线衍射可知，黏土矿物高岭石的含量约占10%，这点还可从颗分试验的结果得到验证，即鹦鹉岩中含有10%～15%胶粒。对比X射线衍射和颗分试验的结果，认为这些胶粒可能是黏土矿物高岭石。因为黏土矿物性质活泼，有较强的吸附水能力，在鹦鹉岩中则主要体现在其饱和吸水率较高，浸水饱和后的强度急剧降低。总之，鹦鹉岩中黏土矿物含量较高的特点将导致其水理性质较差，抗风化能力不强。这也是导致其风化的主要原因。

②红砂岩的风化形式除了板状风化、片状剥落外，还有颗粒脱落。从砂岩风化后的饱和吸水率较高，可知其风化程度较高。据分析，红砂岩的胶结形式主要有钙质胶结、泥质胶结和部分铁质胶结。在风化营力作用下，此砂岩的三种胶结物首先发生钙质胶结物（即方解石）的溶解。其后泥质胶结物（即黏土矿物）发生溶解，这导致红砂岩的粉状风化。

1.5.2 物理风化作用

物理因素指水、风、温度、灰尘等的影响。安远庙石质文物受物理风化作用的主要表现方式为：冻融作用、温差效应、晶涨作用及外观影响等。

温差效应。承德市处于暖温带和寒温带过渡地带，属大陆性燕山山地气候，气候特征四季分明，昼暖夜凉，昼夜温差较大；夏季多大雨或暴雨，岩石表层干湿变化频繁，增加了岩石膨胀和收缩的频率，加快了岩石的开裂、剥落。

冻融作用。承德封冻期最长89天，最早封冻日期11月28日，最厚冻土深度1.26米，最大河心冰厚0.96米。年积雪日平均27天，最多83天，最大积雪厚度27厘米。承德冬季气温昼夜温差大，最低气温可达-20℃以下，而且经常在0℃上下波动，在石质文物含水量较大的情况下极易出现冻裂现象。

可溶性盐的晶涨作用。由于毛细水的侵蚀作用，石质文物近地面表层积聚的大量的Na（K）$NO_3 \cdot H_2O$和Na（K）$HSO_4 \cdot H_2O$等可溶性盐，会随降水和地下水沿石质文物结构中的毛细裂隙及风化裂隙通道渗透至一定高度，岩石表层中的水分一旦开始蒸发，可溶性盐类便结晶析出。晶涨作用可逐步加大裂隙，破坏岩石的原有结构。同时，聚集在岩石表层的盐类结晶，也会逐渐把原有孔隙堵塞，使水另辟通道，再沿岩石中的薄弱面渗出，进一步加大破坏范围。石刻基础部位在可溶盐的作用下，会慢慢酥碱粉化。

灰尘、杂物的破坏。空气中的粉尘等飘浮物质易于黏附、沉积在粗糙的岩石表面，影响石质文物的观瞻性。同时它们吸水后会产生活性，强化石质文物的化学风化作用。

1.5.3 化学风化作用

凝灰岩材质的文物发生化学风化，离不开水的参与，这里的水分主要来源于大气降水和地下毛细水。化学作用，包括溶解、水合、水解、氧化－还原、酸性侵蚀、化学沉淀、离子交换、硫酸盐还原、富集与超渗透。

水与SO_2、NOx等有害气体共同作用：承德大气中含有大量的SO_2、NOx等有害气体，与空气中的游离水或自由水结合形成酸雾，$2H^+ + CO_3^{2-} \rightarrow H_2O + CO_2\uparrow$，生成易溶的$Ca^{2+}$的硫酸盐和硝酸盐，随雨水流失。石质文物长期暴露在这样的开放环境中，必然会受到酸雾酸雨的侵蚀，变得疏松，易风化。

1.5.4 生物风化作用

由于日常管理不健全，安远庙部分石刻造像表面，发育有霉菌、地衣、苔藓、寄生蕨等低等植物繁衍生存，裂隙或孔洞生存着昆虫，其生存过程中所分泌的有机酸对石灰岩具有腐蚀作用，其遗骸附着在石质文物的表面与表层，掩盖了石刻的本来面目。

台基石构件和幢杆石的缝隙中还有多种杂草、藤蔓等高等植物生长，其根系的根劈作用可使石构件歪闪脱落，起翘碎裂。

1.5.5 人为破坏

安远庙石质文物存在着较为严重的人为破坏。人为因素大致可分为维护管理意识不到位、有意识破坏和无意识破坏三种。

2 保护试验

2.1 岩石的矿物、化学成分及其定名

2.1.1 薄片镜下鉴定

永佑寺后序碑标本，凝灰岩，呈灰白色，致密。岩石由斑晶（约5%）和基质（约85%～90%）组成，混有部分弧面棱角状和塑性弯曲状的玻屑（约5%～10%）。斑晶主要由斜长石和少量石英组成。斜长石斑晶呈柱板状，粒度0.5～0.8毫米，多被方解石交代，个别交代较弱部分残余聚片双晶。石英斑晶粒度0.25～0.5毫米，见有一粒细砂岩包体粒度3.7毫米。基质主要是斜长石和少量石英矿物，粒度0.05～0.08毫米。

普乐寺喇嘛塔标本，凝灰岩，呈灰白色，致密。岩石由斑晶（约10%～15%）和基质（约80%～85%）组成，混少量的弧面棱角状和塑性弯曲状的玻屑（约5%）。斑晶主要由斜长石、石英和黑云母组成。斜长石斑晶板柱状，粒度0.5～0.8毫米。石英斑晶粒度约0.25毫米，个别可达0.8毫米。黑云母斑晶片状褐红色，具多色性，粒度0.5～0.8毫米，最大1.5毫米。基质主要是斜长石和石英组成。沿裂隙有褐铁矿充填（图1）。

安远庙经幢杆底座的砂岩，标本浅褐色，碎屑结构。碎屑分选性中等，粒度多数在0.25～0.5毫米，少

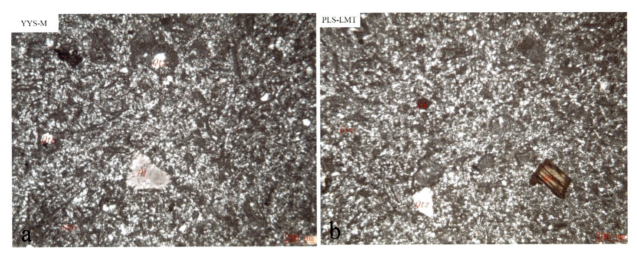

图1 永佑寺、普乐寺的鹦鹉岩岩样在偏光显微镜下的图片
（其中：Qtz 为石英，Pl 为斜长石，Bt 为黑云母，Lm 为褐铁矿，Gro 为基质）

数0.12毫米左右，个别最大0.38毫米。磨圆度中等，半浑圆状、次棱角状。钾长石见格子双晶。斜长石见细密聚片双晶，钠黝帘石化，表面浑浊。沿着细裂隙有褐铁矿（约2%）和微量的蛋白石充填。岩屑约占15%~20%，为粉砂岩和泥质岩。砂屑约占80%~85%，其中的斜长石居多，其他为石英和钾长石。填隙物主要是泥质，含量约为1%。孔隙式胶结。另外，含有少量的褐铁矿（约2%）和微量的蛋白石（图2）。

2.1.2 矿物成分（XRD）的测试

鹦鹉岩3例：分别取自永佑寺中间破坏最严重的石碑、文津阁碑以及普乐寺喇嘛塔。红砂岩3例：其中2例取自安远庙经幢杆底部的砂岩，1例取自溥仁寺经幢杆底部的砂岩。

图2 安远庙经幢杆底座的砂岩样在偏光显微镜下的图片
（其中：Qtz 为石英，Pl 为斜长石，Kfs 为钾长石，Det 为岩屑）

经过对鹦鹉岩的XRD谱图进行分析，得知石英的含量约60%，长石的含量约20%，黏土矿物高岭石的含量约10%。较高的黏土矿物致使鹦鹉岩的抗风化能力不高。

通过对取自安远庙和溥仁寺经幢杆基座砂岩的XRD谱图进行分析，可知石英的含量约60%或40%，低于75%，且长石的含量为40%或60%，超过25%，故其岩性应定为长石砂岩。

2.1.3 全岩化学成分分析结果

鹦鹉岩3例：分别取自永佑寺后序碑、须弥福寿寺琉璃牌坊和碧峰门的基础，编号分别为

YYS-M、XMFSS和BFM。

红砂岩2例：分别取自安远庙4号幢杆石（编号为AYM-SY-1）和溥仁寺幢杆石底部的砂岩（编号为PRS-SY）。

各元素用溶片X射线荧光光谱法（XRF）测定。相关的测试结果见表1。从表1可以看出，其SiO_2的含量>70%，表明该火山岩化学组成属于中酸性且更偏于酸的一种。

表1 全岩化学分析（XRF）测试得出的主量氧化物含量（wt%）

岩石性质	岩样编号	SiO_2	TiO_2	Al_2O_3	Fe_2O_3	MnO	MgO	CaO	Na_2O	K_2O	P_2O_5	LOI
鹦鹉岩	YYS-M	76.61	0.17	13.11	1.02	0.06	0.23	0.89	0.37	4.82	0.03	3.72
	XMFSS	79.07	0.17	12.54	1.06	0.03	0.2	0.33	0.36	2.64	0.03	4.54
	BFM	72.47	0.38	13.41	1.94	0.10	0.59	0.86	4.47	3.83	0.07	1.98
红砂岩	AYM-SY-1	74.21	0.20	12.47	1.23	0.02	0.36	2.18	3.44	3.20	0.07	2.60
	PRS-SY	71.50	0.35	13.34	2.35	0.05	0.95	1.59	3.93	3.01	0.09	2.64

2.1.4 总结及岩性定名

通过对上述测试分析结果进行分析，认为鹦鹉岩应命名为英安质火山凝灰岩。根据如下：

第一，根据表1的化学分析结果，可知其SiO_2的含量>70%，表明该火山岩化学组成属于中酸性且更偏于酸的一种，与流纹岩接近。鉴于安山岩和流纹岩在化学组成上存在某种过渡特点，故该火山凝灰岩可冠以前缀"英安质"。

第二，根据岩石标本的颜色、结构构造来判断，定名为"英安质凝灰岩"更为合理。因该火山岩具有明显的流纹状构造，即岩石中基质微细颗粒部分和石英长石斑晶均呈现出明显的定向排列特征。

第三，以该火山岩的主要矿物来判断，石英含量可达60%，正长石和钠长石约占20%，黏土矿物高岭石约占10%，其他则为玻璃质晶屑及目前尚无法测定的矿物，估计含量约在10%以下。

通过薄片分析及XRD的测试结果，认为红砂岩可以命名为中粒或中粗粒长石砂岩。

2.2 石质文物表面盐类析出物分析

2.2.1 盐分的XRD测定结果

石质文物表面盐分的XRD测定结果见表2。

表2 盐分的XRD测定结果

取样地点	取样部位	析出物<0.25毫米的矿物成分	
		盐类矿物	非盐类矿物
安远庙	山门房檐下风化凝灰岩面	六水镁矾（$MgSO_4 \cdot 6H_2O$）、少量石膏（$CaSO_4 \cdot 2H_2O$）	石英、少量高岭石、钾长石

续表2

取样地点	取样部位	析出物<0.25毫米的矿物成分	
		盐类矿物	非盐类矿物
普乐寺	喇嘛塔风化凝灰岩	钾硝石（HNO_3）、无水芒硝（Na_2SO_4）	石英、少量未知物
普乐寺	山门壁面人工烧制砖表面	钾硝石（HNO_3）、天然碱（$Na_2CO_3 \cdot NaHCO_3 \cdot 2H_2O$）、钾芒硝（$Na_2SO_4 \cdot 3K_2SO_4$）	石英

2.2.2 盐分来源的初步分析

据河北省气象局发布的2008年和2011年河北省气象公告，可知2008年和2011年承德发生酸雨的频率为28.3%和27.5%。又据文献《承德市降水化学特性分析》，可知"十一五"期间承德市城市降水中主要的阴离子是硫酸根离子，五年均值所占比例为61.1%，如下表所示。据此，可认为承德石质文物盐分中的六水镁矾（也称六水泻盐）、石膏、无水芒硝、钾芒硝中的SO_4^{2-}应来源于上述降水中的硫酸根。而这些降水中的硫酸根应该是大气中的SO_2污染水化形成的。降水中也含有一定的硝酸根离子，而承德石质文物盐分中的钾硝石中的NO_3^-应来源于上述降水中的硝酸根。而这些降水中的硝酸根可能是汽车尾气污染（NO_x）、大气中氮气（N_2）氧化形成的。

另外，盐分中的钾硝石和钾芒硝中的K^+可能与岩石中钾长石水化水解有关。而无水芒硝和天然碱中的Na^+可能与岩石中钠长石水化水解有关。

2.3 岩石的物理性质测试

2.3.1 密度及颗分试验

鹦鹉岩和青白石的烘干密度分别为2.164g·cm³和2.865g·cm³。鹦鹉岩的密度相比于其他岩浆岩而言，也是比较小的。这应该与其孔隙较为发育有关。为确定鹦鹉岩和红砂岩中粘粒和胶粒的含量，进行了颗分试验，得出以下结论：

第一，安远庙东经幢杆基座的砂岩为中细粒砂岩，溥仁寺的砂岩为细砂岩。二者都含有一些粘粒（0.002～0.005毫米）和胶粒（<0.002毫米）。

第二，鹦鹉岩中粘粒和胶粒的含量较高，其胶粒的含量都超过了10%，而新鲜岩样的含量更是达到了16.16%。这些胶粒主要是由次生的黏土矿物组成，比如伊利石、蒙脱石、高岭石等。黏土矿物的含量高将导致鹦鹉岩的岩石性质（特别是水理性）较差，抗风化能力较弱。

2.3.2 岩石饱水率的测试及劣化程度分析

岩石的饱和吸水率 ωs 是岩石在强制状态（高压或真空，煮沸）下岩石吸入水的质量与岩样烘干质量的比值，以百分比表示。

随着风化程度的增加，岩石的饱和吸水率也在增加，二者具有较好的线性关系。因此，将风化后与新鲜（未风化）岩样的吸水率比值作为风化（劣化）程度的指标，称为劣化度指标。该指标值越大，劣化程度越高。相关的测试和分析结果如表3所示。

表3 鹦鹉岩、红砂岩和青白石的饱和吸水率测试结果及劣化度指标分析

岩石种类	状态	饱和吸水率的平均值或范围	试样个数	劣化度指标
鹦鹉岩	新鲜	7.30（平均值）	7	1.05 ~ 2.08（平均为 1.44）
	风化	7.67 ~ 15.21	9	
红砂岩	新鲜	2.92（平均值）	3	1.80 ~ 3.09（平均为 2.47）
	风化	5.26 ~ 9.00	4	
青白石	新鲜	0.078★	4	—

对结果进行分析，可以得到以下三点结论：

第一，鹦鹉岩的饱和吸水率为7.30%，而饱和吸水率反映了岩石张开型孔隙和裂隙的发育程度。由此看出，鹦鹉岩张开型孔隙和裂隙的较为发育，该岩石的抗冻性和抗风化能力较差，现场调查也证实了这一点。

第二，与新鲜鹦鹉岩相比，新鲜红砂岩的饱和吸水率较低，其平均值只有2.92%。但是其劣化度指标的平均值2.47高于鹦鹉岩的1.44。

第三，青白石的饱和吸水率呈现负值是因为青白石的饱水质量小于干燥时的质量。究其原因，应该是青白石在煮沸饱水过程中其中的矿物成分方解石溶解于水导致其质量减少。

2.4 岩石的力学性质

相关测试结果见表4、表5所示。

表4 岩石单轴压缩试验计算表

岩石种类	试样编号	状态	直径D（毫米）	高度H（毫米）	单轴抗压强度sc（MPa）	弹性模量E（GPa）	泊松比 μ	软化系数 K
鹦鹉岩	1-1	烘干	50.10	99.60	63.44	7.89	0.11	0.40
	1-2		50.10	100.10	68.77	7.25	0.10	
	1-3		50.10	100.40	67.10	8.21	0.10	
	1-4		50.05	100.35	71.47	7.09	0.13	
	1-5		50.05	99.60	65.12	7.94	0.07	
	平均				67.18	7.68	0.10	
	1-a	饱水	50.00	100.30	30.74	5.36	0.14	
	1-b		50.02	100.00	25.74	4.33	0.11	
	1-c		50.00	100.10	18.07	3.85	0.16	
	1-d		50.10	100.06	27.90	5.21	0.14	
	1-e		50.04	100.20	32.16	8.29	0.34	
	平均				26.92	5.41	0.18	

续表4

岩石种类	试样编号	状态	直径D（毫米）	高度 H（毫米）	单轴抗压强度sc（MPa）	弹性模量E（GPa）	泊松比 μ	软化系数 K
青白石	3-1	烘干	49.20	99.70	85.23	20.45	0.05	0.65
	3-2		50.50	100.70	118.50	28.53	0.06	
	3-3		49.30	100.30	125.28	29.45	0.11	
	平均				109.67	26.14	0.073	
	3-a	饱水	48.06	100.56	65.86	21.75	0.23	
	3-b		51.70	100.84	68.33	19.48	0.23	
	3-c		49.42	100.06	43.21★	8.23★	0.01★	
	3-d		51.40	100.20	78.41	22.70	0.16	
	平均				70.87	21.31	0.21	

表5 岩石劈裂试验计算表

岩石种类	试样编号	状态	直径D（毫米）	高度H（毫米）	抗拉强度st（MPa）	软化系数 K
鹦鹉岩	1-1	烘干	50.04	25.47	4.85	0.46
	1-2		50.05	25.97	5.07	
	1-3		50.09	25.76	5.92	
	1-4		50.04	26.10	5.97	
	1-5		50.12	25.30	4.46	
	平均				5.25	
	1-a	饱水	50.00	25.56	2.03	
	1-b		50.00	25.18	3.03	
	1-c		50.00	26.50	2.56	
	1-d		50.00	25.50	2.58	
	1-e		50.00	25.60	1.90	
	平均				2.42	
青白石	3-1	烘干	50.22	25.28	5.48	0.74
	3-2		49.58	24.95	9.13	
	3-3		49.42	25.01	6.45	
	3-4		49.31	25.09	7.23	
	平均				7.07	
	3-a	饱水	49.92	24.90	4.71	
	3-b		49.90	25.00	7.27	
	3-c		49.60	25.00	3.84	
	平均				5.28	

根据以上对鹦鹉岩和青白石抗压、抗拉强度的测试结果，可知：

第一，按照坚硬程度分类，鹦鹉岩的饱和单轴抗压强度为26.92MPa，强度较低，属于较软岩（15<scw≤30）；青白石的饱和单轴抗压强度为70.87，属于坚硬岩（60<scw）。

第二，按照软化程度分类，鹦鹉岩和青白石的单轴抗压强度的软化系数分别为0.40和0.65，都属于软化岩石，即浸水后岩石的抗压强度有较大的降低。另外，上述岩石抗拉强度的软化系数分别为0.46和0.74。这也说明浸水后岩石的抗拉强度也有较大的降低。其中鹦鹉岩的单轴抗压强度和抗拉强度的软化系数分别为0.40和0.46，这表示鹦鹉岩浸水后，强度有较大程度的降低（其饱和强度不足干燥强度的50%）。

2.5 清洗保护试验

2.5.1 清洗对象

安远庙室外石质文物表面污渍病害主要有三处地点：

安远庙二道山门前幢杆基座（红砂岩）；安远庙二道山门东侧门殿内《安远庙瞻礼书事（有序）》御碑（凝灰岩）；普度殿前香炉基座（凝灰岩）。

2.5.2 污染物分析

安远庙石质文物的表面污染的表现形式主要有微生物损害、人为污染和水锈结壳三种。

安远庙二进山门前幢杆基座的缝隙边缘发现有绿色微生物繁衍（图3），观察并未深入侵蚀岩石本体，仅在表面附着生长。根据中国科学院微生物研究所真菌地衣系统学重点实验室的专家显微镜观察判断，为蓝藻类微生物。

安远庙二道山门东侧门殿内《安远庙瞻礼书事（有序）》御碑的基座四周分布墨渍流淌痕迹、墨

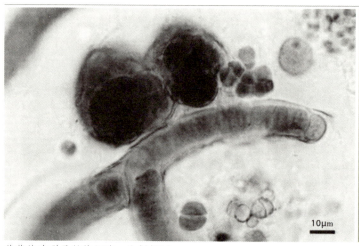
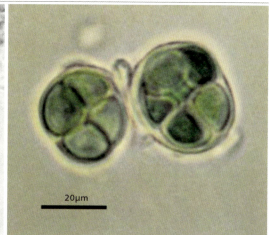

蓝藻的球形及丝状细胞，比例尺10μm　　　　　　　　比例尺 20μm

图3 幢杆基座红砂岩表面绿色微生物及显微观察

图4 碑刻基座油漆拉曼分析结果为现代工业漆　　图5 铁香炉石基座的水锈结壳及 50倍显微照片，箭头处颗粒具有金属光泽，为铁锈

色和油漆流淌痕迹等多处人为的污染应为早期墨拓碑刻后清洗产生的流淌痕迹。

石基座表面多处有油漆流淌痕迹（图4），现场取样。采用Thermo Nicolet Almega型显微共聚焦激光拉曼光谱仪分析，判断结果为现代工业用漆，很可能是涂刷玻璃罩木框时油漆滴落后产生的人为污染。

安远庙普度殿前铁香炉基座周身分布着不均匀的黑色水锈层。主要由于铁香炉常年遭受风吹雨淋，表面风化锈蚀后随雨水流淌至石质基座，锈蚀物缓慢残留并渗透进入表层风化的凝灰岩，形成黑色水锈结壳。经过显微镜观察为石质风化物与铁锈的混合物（图5）。常见铁质锈蚀为FeO、Fe_2O_3、 $-FeOOH$。

2.5.3 清洗方法

（1）殊像寺砂岩上的绿色微生物

采用高压蒸气清洗法进行试验。

通过调查发现，这些区域主要为苔藓地衣等生物生长或死去后在表面沉积造成的，颜色多为墨绿色或黑色，主要存在于石块接缝和经常有水流淌的表面部分。

去离子水预热以后，轻压蒸汽按钮，检查是否有蒸气喷出，如果一切正常，将喷头对准试验区内苔藓喷射蒸气，喷头与墙面间距30厘米左右，可根据具体情况布设。高压蒸汽喷射30秒以后，苔藓开始解散、瓦解，1分钟时开始剥落，2分钟后砂岩表面苔藓几乎清洗完毕，露出新鲜的砂岩。对其他根系较为发达、集中的部位进行二次喷射后也可以完美处理。

（2）二道山门前幢杆基座的绿色微生物

现场试验采用意大利BRESCIANI文物保护修复公司生产的R80 BIOCIDA杀菌抑菌剂，配置3%的水溶液。用脱脂棉涂敷于需要清除微生物区域，并将配好的抑菌剂溶液滴加与脱脂棉上，使其完全浸润。待20分钟后，藻类微生物失活被杀灭后，揭开脱脂棉，配合使用海绵、软毛刷用去离子水反复清洗，直至药液清除彻底。最后，用电吹风吹干潮湿表面。

（3）人为污染的流淌墨渍

首先，用装有去离子水的喷壶喷湿墨渍区域，用软毛刷轻轻刷洗掉表面浮土，此时，墨迹的轮廓明显。由于石碑处于半露天保存环境，风化轻微，因此孔隙较小。墨渍渗透得不深入。其次，采用尼龙毛刷、棉签稍稍用力，在去离子水的冲刷下，即可清除掉墨渍。

（4）人为污染的油漆流淌痕迹

采用凝胶法清洗油漆痕迹。

凝胶的配置步骤：①将1g Carbopol粉末与10毫升 ETHOMEEN C25或C12混合；②用pH试纸测混合溶液的pH值。结果显示：pH＝6.5，满足要求；③在Carbopol和ETHOMEEN混合试剂中加入100毫升丙酮溶剂；④加入几滴离子水，提供凝胶形成时需要的H^+与OH^-。

具体使用方法：首先，用棉签蘸去离子水清洁油漆处，清洁实验之前用干海绵擦去清洁部位表面尘土；其次，用棉棒蘸取凝胶试剂在油漆处表面反复涂抹，保持约30分钟（图6）；后用棉球擦掉局部的凝胶试剂，用刮刀尝试油漆是否完全软化溶胀，如果不够绵软，可再覆凝胶稍许；擦除凝胶后用刮刀可轻松剔除油漆，为了彻底去除残留凝胶试剂，用棉签或毛刷蘸取丙酮试剂进行清洗。

（5）铁香炉的水锈结壳

通过10%柠檬酸配氨水、10%的EDTA水溶液和3%草酸水溶液进行现场对比，得出草酸溶液的清洗效果明显，其他在短时间内无明显变化。

铁质文物的锈蚀产物均已比较稳定的$r-Fe_2O_3$、$-FeOOH$ 和 Fe_3O_4为主，3%草酸（$C_2H_2O_4$）溶液是还原性络合剂，先把铁锈中的Fe^{3+}还原成Fe^{2+}，然后络合成水溶性的草酸亚铁用水洗掉。香炉基座石材为火山凝灰岩，岩石呈片层状，其主要胶结成分为高岭土与伊利石，草酸不会对石质造成损伤，清除剂配合机械法可安全快速对表面进行锈迹清除。

将3克的草酸加入100毫升的水中，水浴加热搅拌至完全溶解。用脱脂棉涂敷于需要清洗的黑色区域，并将配好的3%草酸溶液滴加与脱脂棉上，使其完全浸润。几分钟后，揭开脱脂棉，配合使用海

图6 凝胶清洗

图7 草酸清洗

绵、棉签用去离子水反复擦拭，直至药液清除彻底（图7）。最后，用电吹风吹干潮湿表面。

对于铁香炉风化产生的铁锈污染，应当综合考虑。建议首先对铁质文物进行除锈、缓蚀、封护等措施，确保铁质文物的不会再产生新的锈水流淌后，再进行石质文物的水锈结壳的清除。而且在清洗过程中，注意清洗区域与未清洗区域的颜色协调统一。

如果不能对铁香炉进行保护处理，水锈结壳目前的状态比较稳定，且未对石基座本体产生破坏性，可考虑暂时保留，不予清洗。

2.6 修复加固材料现场试验

2.6.1 修复加固对象

主要针对安远庙内凝灰岩质文物，裂隙病害主要分布在：

安远庙山门拱券的微裂隙（凝灰岩）；安远庙二道山门东侧门殿内《安远庙瞻礼书事（有序）》御碑裂隙和孔洞（凝灰岩）；普度殿前香炉基座底部开裂（凝灰岩）。

2.6.2 材料选择

相对于环氧树脂，水硬性石灰具有无机材料的先天优势，其灌浆材料的主要成分是凝灰岩（砂岩）粉末、石英砂和阿嘎土（或料礓石），与文物岩性近乎一致，不存在收缩开裂、脱落的问题，而且无毒、无臭，不易燃、易爆，对环境不造成污染，对人体无害，对灌浆设备、管路无腐蚀，易于清洗，价格低，贮运方便。

研究表明，我国传统的烧料礓石、烧阿嘎土和欧洲的水硬石灰NHL2及NHL5结石体的孔隙率均在40%～50%之间，这就使其结石体具有很好的透水性和透气性，也就使修复结石体与石质文物本体很好兼容、耐久而不易产生剥离。因此，选取根据传统材料改进的钙硅无机修复材料进行试验。

分别选1000℃焙烧3小时料礓石和阿嘎土，制成180目粉状物，再选取石英砂。分别以石英砂、料礓石以质量比1:1，水灰比0.33拌制勾缝材料，水灰比0.55拌制灌浆浆液。根据具体需要填加上相应颜色和不同颗粒的石粉（应用于微裂隙渗入填补、接缝处封闭、小构件补全等不同情况应区别对待）。现有勾缝材料仍然保存良好且具有完好功能的部分应保留，只在表面涂刷薄层灰浆来使整体色彩更加协调。

2.6.3 注浆工艺规程

裂隙内部清理。根据裂隙形态与宽度，可采用自制竹签、试管刷、铜丝刷（或不锈钢刷）、管道刷等清除裂隙中的虫穴、泥垢等。

对于封口的开裂岩片及原岩黏结面需要用竹签或金属锐器进行仔细打磨，以便增加黏结系数。清理、打磨后的裂隙均需采用压缩空气吹净尘埃。

选择封口黏结材料。根据开裂岩片的大小、裂隙的形态与宽度、相关试验的成果数据等选择适当的封口黏结材料。

调配封口黏结材料。根据开裂岩片的大小，选用黏结材料配比，确定黏结剂用量，称量后加去离子水搅拌成熟，装入密封袋中密封保存，密封袋上贴上材料批号、配比、调配人及使用日期记录，备用。

润湿封口部位。采用软毛笔（刷）蘸取去离子水对将要封口面进行润湿。润湿既要充分到位，又不能积聚成膜。

封口、预埋注浆管。首先在合适部位插入合适大小、长短的注浆管然后在将要封口处，先用已调配好的、具有适当黏度的黏结剂在开裂岩片及原岩的黏结面上用力刮（或勾抹）一层，用以增加黏结系数，扩展有效黏结面。再用自制竹签等将已调配好的黏结剂尽可能深地填入缝隙，填满填实，尽可能不使黏结剂溢出缝隙边缘。

挤压密实。采用竹签等对填充在缝隙中的黏结剂进行逐层捣压密实，直至有水分渗出为止。黏结剂表层必须碾压结实，凹入缝隙2~5毫米，水分渗出后再用棉签腻平。

表面清理。采用棉签及去离子水将挂在石刻表面的黏结剂清理干净。务必对接触过黏结剂的石刻表面、裂隙边缘进行认真清洗，否则易留下白色斑块。

黏结剂留样。剩余的黏结剂，放入带有材料批号、配比、调配人及使用日期记录标签的密封袋中，及时交回工地实验室留样。

质量检测。养护48小时后，可借助放大镜检查封口处是否有裂纹，有即为不合格。不合格者返工，重新封口。湿度低于50%，应对封口部位早晚各润湿一次。

拍摄照片。照片应清晰、不偏色、对象居中，且每一步骤都应拍摄照片。

检查注浆管是否堵住。将注浆管轻轻拔出，看是否堵住。

调配、过滤注浆材料。根据开裂岩片缝隙的大小，选用注浆材料配比，称量后加去离子水搅拌成熟，经0.1毫米的筛子过滤后，装入塑料袋中密封保存，塑料袋上贴上材料批号、配比、调配人及使用日期记录，备用。

注浆。根据裂隙的大小选择合适的注射器或其他注浆设备。对于大的岩片、重的岩片，注浆应分多次进行。在注浆时应轻柔、缓慢，且应至少有两人：一人注浆，一人拿着毛巾随时准备封堵漏浆处。

清洁。采用棉签、脱脂棉及去离子水将挂在石刻表面的黏结剂清理干净。务必对接触过黏结剂的石刻表面、裂隙边缘进行认真清洗，否则易留下白色斑块。

封口。检查合格后养护48小时，轻轻的拔掉注浆管，用封口黏结材料将注浆管处封堵住。

2.6.4 试验结果

在完全不添加色料的情况下，在较大的温差变化和晚间温度低于零度的环境下固化10天后，风干后的水硬性石灰具有和凝灰岩近似的颜色，结石体几乎无收缩，无开裂，与片状开裂凝灰岩结合紧密，且具有较高的强度和耐水性。试验初步表明，水硬性石灰在凝灰岩的加固修复中有很强的适应性，具有广泛的应用前景。

试验证明，在砂岩的黏结过程中，水硬性石灰也有较好的黏结强度，黏结后的小块砂岩非常牢固，黏结材料无裂缝。

2.7 灌浆材料的物理力学性能试验

2.7.1 试样制备及要求

分别选1000℃焙烧3小时的料礓石和阿嘎土，制成180目粉状物。再将承德凝灰岩、砂岩分别破碎后制成80目岩粒。实验室温度为17℃～25℃（包括强度实验室）相对湿度大于50％。试样、标准砂、拌和水及试模等的温度应与室温相同。养护箱温度20±3℃，相对湿度大于90％。

每成型三条试体需称量的材料及拌和水量见表6。

表6 材料配比参数

填料名称	编号	取料（g）	取水（g）	质量比	水灰比
阿嘎土 石英砂 凝灰岩	SA+NHY	阿嘎土：500 石英砂：250 凝灰岩：250	435	1：0.5：0.5	0.435
阿嘎土 石英砂 红砂岩	SA+HSY	阿嘎土：500 石英砂：250 红砂岩：250	435	1：0.5：0.5	0.435
料礓石 石英砂 红砂岩	SL+HSY	料礓石：550 石英砂：275 红砂岩：275	407	1：0.5：0.5	0.37
料礓石 石英砂 凝灰岩	SL+NHY	料礓石：550 石英砂：275 凝灰岩：275	407	1：0.5：0.5	0.37

2.7.2 强度试验

表7 灌浆材料龄期强度试验结果

试样	3d		7d		28d	
	抗折强度	抗压强度	抗折强度	抗压强度	抗折强度	抗压强度
SA+HSY	0.154	0.248	0.210	0.612	0.783	2.01
SA+NHY	0.210	0.402	0.238	0.726	0.717	2.480
SL+HSY	0.295	0.594	0.446	1.113	1.526	4.007
SL+NHY	0.363	0.674	0.572	1.311	1.644	6.004

由表7试验结果可知，随着龄期的增加四种结石体的抗拉、抗压强度都逐渐增大，呈非线性增长趋势。结石体的初凝时间都比较短，3d时的抗折、抗压强度达到28d龄期的22.6％、13.7％，完全可以起到灌浆加固的初步效果；料礓石结石体的强度要明显高于阿嘎土结石体，28d抗折强度为阿嘎土结石体的211.3％，抗压强度为凝灰岩阿嘎土的223.0％；凝灰岩结石体强度明显大于红砂岩结石体强度，28d抗折强度为阿嘎土结石体的154.7％，抗压强度为凝灰岩阿嘎土的141.0％。由于水硬性石灰的成分、含量可

以调节，因此结石体的强度可以根据需要进行调整。

2.7.3 结石体的耐冻融试验

试件的冻结温度应控制在−25℃~−30℃，每次冻结时间为12小时，冻后即可取出然后在温度25℃、相对湿度（RH）70%条件下融12小时，融化完毕即为一次冻融循环。

冻融循环对结石体的强度存在一定的破坏作用，尤其对烧料礓石的砂岩结石体影响最大，18个循环后的抗折强度和抗压强度分别下降了64.9%、26.7%，其他结石体的下降幅度较小，抗折强度和抗压强度平均下降了9.8%、16.1%。相比而言，凝灰岩结石体受冻融影响更小，其抗折强度和抗压强度分别下降了10.9%、12.0%，红砂岩结石体下降了36.2%、25.5%。

2.7.4 结石体的温度循环试验

试验时，将试块在100℃烘箱中加热12小时，然后取出在温度25℃、相对湿度（RH）70%条件下恒温恒湿12小时，即为一次温度循环。

表8 结石体的温度循环试验结果

编号	SL+NHY		SL+HSY		SA+NHY		SA+HSY	
	抗折强度（MPa）	抗压强度（MPa）	抗折强度（MPa）	抗压强度（MPa）	抗折强度（MPa）	抗压强度（MPa）	抗折强度（MPa）	抗压强度（MPa）
试验前	2.435	11.295	2.007	9.254	0.930	4.774	1.072	4.222
试验后	1.247	7.198	1.087	7.501	0.781	3.526	0.561	3.342

从表8试验结果分析，干湿循环对试样的抗折强度影响较大，SL+NHY、SL+HSY、SA+NHY、SA+HSY分别下降了48.8%、45.8%、16.0%、47.7%，抗压强度下降了36.3%、18.9%、26.1%、20.8%；相比而言，SA+NHY抗温湿度破坏的能力最强，SL+NHY抗温湿度破坏的能力最差。

2.7.5 收缩变形性测试

用电子千分尺对测样进行收缩性测试，结果表明，SL+HSY、SA+HSY、SL+NHY、SA+NHY四种结石体28d时的收缩性非常小，最大仅为1.56%，SL+NHY只有0.551%，几乎没有收缩变形。

2.7.6 结论

不同龄期浆液结石体强度测试，冻融循环、干湿度测试、收缩性测试表明，烧阿嘎土、烧料礓石、石英砂以及凝灰岩、砂岩颗粒配成的结石体拥有良好的抗压和抗折强度、耐冻融、干湿破坏的能力，且收缩性小，初凝时间和最终强度都可以调节，同时可以针对凝灰岩或者砂岩的具体病害特征，选择不同的材料配比，以达到最佳的加固效果，完全可以满足承德避暑山庄及周围寺庙石质文物、尤其是凝灰岩文物的灌浆加固需要。

2.8 黏结强度试验

水硬性石灰黏结材料主要是将已经开裂的岩片黏结住，防止脱落，同时防止注射材料流失。将采集的岩石切割后，制作成50毫米×50毫米×20毫米的试块，分别采用黏结材料进行试块的黏结试验，黏结采用试块单面涂抹黏结材料和试块间黏结的方式。将试样黏结28d后进行黏结强度测试，具体结果见表9。

试验结果显示，水硬性石灰在凝灰岩上的黏结强度远远大于在砂岩上的黏结强度。0.635MPa的平均黏结强度也完全满足现场黏结的需要，适合于凝灰岩开裂岩块的黏结加固。

表9 **承德砖样黏结强度试验结果（28d）**

样品名称	黏结方式	黏结强度（MPa）	平均值（MPa）	破坏状况
凝灰岩	试块间黏结	0.567		非黏结面
	试块间黏结	0.667	0.635	黏结面
	试块间黏结	0.673		非黏结面
砂岩	试块间黏结	0.102		非黏结面
	试块间黏结	0.162	0.147	黏结面
	试块间黏结	0.178		黏结面
备注	凝灰岩一组中有一块拉成功，另外两块的从粘胶处拉开			

2.9 表面防风化材料现场试验

2.9.1 试验区的选择

选择殊像寺内风化程度较严重的须弥座的凝灰岩及幢杆基座的砂岩为试验对象。试验区内发育有典型的起鼓、剥落、粉化病害，可以代表承德避暑山庄及周围寺庙石质文物的保存现状。试验区每个试验材料的测试面积约为20厘米×20厘米，左边一半加固，右边一半作为对比（图8、9）。

2.9.2 加固材料的选择

凝灰岩为多孔材料，孔隙率较大，外界水分和有害物质如酸性气体、尘埃、生物等极易进入，石刻经过长期风化，文物表层呈现多孔、酥松、吸水性强、易脱落的特点，内层呈现有长短和粗细不等的裂缝、整体变形、强度下降的特点，因此，选择加固材料重点应放在材料的孔隙封护性能和防水性能，另外还需有良好的耐候性能。根据文物保护原则和对保护材料的要求，在查阅大量有关室内研究保护工程实例的资料、结合现场实验的基础上，拟选择几种国内外常用的传统石材保护剂及新型保护材料进行室内试验，有关材料的名称、代号及主要成分见表10。

表10 基本封护材料

材料编号	材料名称	产地	物态	浓度与配制
P	PS	兰州	液体	3% 溶液
L	雷马士 300	德国	液体	直接使用,不另加溶剂
F	水性氟碳 +5% 纳米二氧化硅	南京	液体	直接使用,不另加溶剂
G	纳米二氧化硅复合材料	北京	液体	直接使用
ZB	岩石加固剂 ZB-WB-S	兰州	液体	用三倍稀释剂稀释
P+L	PS+ 雷马士 300		液体	直接使用,先刷一遍 P,再刷一遍 L
P+ZB	PS+ ZB		液体	直接使用,先刷一遍 P,再刷一遍 ZB

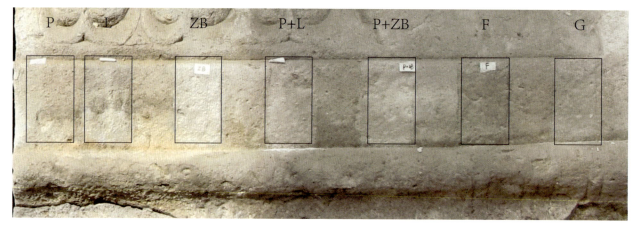

图8 试验区1涂刷两遍30d后外观(凝灰岩)

2.9.3 试验结果分析

用毛刷将石材表面清理干净,采用刷涂的方法试验。涂刷共分两次完成,待第一次基本风干以后再进行第二次涂刷。涂刷后用防晒网遮阳,避免暴晒,使试验区自然阴干。

用肉眼观察加固前后试块的外观,PS、ZB颜色较浅,同原岩颜色相近,雷马士颜色较深,水性氟碳+5%纳米二氧化硅有炫光现象,纳米二氧化硅复合材料呈乳白色,颜色

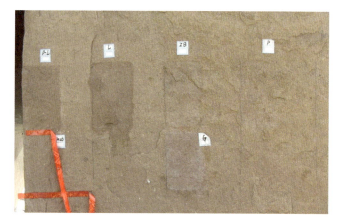

图9 试验区2涂刷两遍30d后外观(砂岩)

反差较大。溶液加固凝灰岩颜色由好到差的顺序为:ZB、P、P+ZB、P+L、F、L、G。

各种材料的渗透性也存在差别。第二遍涂刷时,PS仍保持较强的渗透性,与第一遍相近,ZB入渗速率也较快,L较差,渗透性差、入渗慢,即使轻刷少量溶液,5分钟后仍有部分顺岩面流下。水性氟碳+5%纳米二氧化硅风干后如同形成一层保护膜,渗透性下降。

风干后，ZB、P、P+ZB、P+L、G加固的试验区用细毛刷轻扫没有细砂或盐分掉落，手感粗糙，同原来较为一致。F加固的试验区用手摸较为光滑，无细粒掉落；L加固的试验区用手摸较为粗糙，有细粒掉落。

试验的几种封护材料对石质文物均有加固作用，但其各项加固性能有明显的差异，其中ZB、P、P+ZB综合性能较好，L表现较差，其他各种材料也各有特点，在选择加固材料时，还应根据文物的具体状况和材料的特点进行综合分析和考虑。

3 修复工艺研究

参考石质文物保护的基本方法，针对承德鹦鹉岩石质文物自身病害特征，拟采用清洗、表面脱盐、本体渗透补强、结构裂缝锚固灌浆、细小裂缝勾缝处理、局部修补及表面防风化处理等一系列保护方法。

3.1 保护修复过程中现场资料的留取与记录

①石刻文物保护与修复前，对保护修复对象的所处位置、大小、形质、保存状况等进行详细记录、绘图、照相。收集整个保护与修复过程中温度、湿度、pH值、色谱等原始资料。

②对石刻环境中的土壤、石质、石质粉化产物留取样品，并对样品进行科学检测分析。

③保护与修复方案实施过程中，详细记录具体操作步骤；对于不断出现的新情况，进行文字记录、影像资料留取。

④整个保护工作完成后，进行资料整理并编写保护与修复的工作报告，以便进行进一步的学术研究。

3.2 表面污染（水锈结壳、人为污染、水泥、苔藓等）清洗工艺

主要采用清洗的方式，包括手工清扫、高压蒸汽清洗、喷砂清洗、激光清洗等。可优先选用高压蒸汽和喷砂清洗等物理方法，尽可能减少化学溶剂的使用。

清洁工作从去除表面的松散性沉积开始（用软毛刷、水喷雾器和软刷子），使用去离子水配合物理方法去除。整体的清洁工作应尽量使用手工进行精细机械清洁。

表面存在的水泥污染和铁锈污染，在清洗过程中应尽量去除。水泥污染物使用机械法配合软化剂（乙醇、丙酮混合溶剂）及离子交换树脂进行。铁锈的去除使用磷酸铵溶液，调节pH值至7～8进行清洗。

对于精美石碑和石刻的纹理及图案区域的清洗，在条件允许下，优先选用激光清洗方法。在实际操作过程中，激光波长范围、脉冲频率、功率大小以及是否需辅助涂覆水与乙醇等液膜需要根据文物与污垢的实际情况经过实验确定。

3.3 表面脱盐工艺

吸附脱盐是主要的修复方法。一般都是采用纤维纸、纸浆、脱脂棉、纱布、膨润土等吸附物质，用水作为溶剂，使水渗入岩石微孔而溶解可溶盐类。安远庙石质文物采用宣纸和纸浆作为清洗材料。材料基本配方和使用方法如下。

①纸粉：先取出需用的纸粉量，再缓缓倒入适量的去离子水，边倒水边均匀地调和，直到将纸粉调成膏状（与糨糊类似）。使用软刷在需要脱盐的区域均匀涂抹一层。待完全干燥后取下。

②纸浆：将宣纸浸泡在去离子水中，完全浸湿后反复搅拌直到宣纸结构完全改变为糊状。使用软刷在需要脱盐的区域均匀涂抹一层，边涂抹边用软刷压按，确保与石材表面完全贴合。待完全干燥后取下。

③使用次数：使用次数是要根据脱盐效果而定，每一次脱盐都要记录电导率仪测试材料中的电导率数值（ms/cm），直到最终测试出的数值为恒定数值。

3.4 表面防风化加固工艺

根据文物保护原则和对保护材料的要求，查阅大量有关室内研究、保护工程实例的资料，初步选择几种国内外常用的传统石材保护剂如有机硅、有机氟硅及几种新型保护材料组成的纳米复合材料进行小范围的现场试验，在试验过程中根据实际情况调整材料参数和施工工艺，以求发挥出材料的最佳性能，达到理想的加固效果。

最终筛选出使用3%浓度的高模数硅酸钾溶液和岩石加固正硅酸乙酯改性材料ZB-WB-S。三种方式进行加固：PS单独使用，刷两遍；ZB-WB-S单独使用，刷两遍；PS刷一遍，待干后ZB-WB-S刷一遍。利用两种材料的特点复合进行表面防风化加固。利用低浓度高模数硅酸钾溶液预加固以便提高已风化凝灰岩及砂岩的表面强度，之后再用正硅酸乙酯的改性材料渗透加固，增加岩石本身预加固之后的渗透性、水稳定性等耐老化性能。

注意事项：施工前对基材进行必要的清理；可根据不同的岩石风化情况选择不同型号的产品，如岩石风化严重，可使用ZB-WB-S-2型；如岩石风化轻微，可使用ZB-WB-S-1型；如果需要降低材料的使用黏度，必须使用配套专用稀释剂；剩余的材料必须盖紧桶盖，存放于阴凉干燥处；本产品为易燃物品，施工人员严禁吸烟并禁带火种；施工现场必须隔离火源，保证良好的通风条件，以免发生火灾及损害施工人员的健康。

对于砂岩可采用正硅酸乙酯改性材料ZB-WB-S加固，对于风化较轻的、起甲的、薄层脱落的凝灰岩部位用PS，凝灰岩病害程度较重的用PS+ZB-WB-S。

石材的加固封护工艺为：将石材表面清理干净；石刻的封护可采用刷涂的方法。刷涂法，即用软毛刷将封护材料涂刷到试块表面，涂刷操作要均匀，特别是边角一定要涂刷到位，涂刷共分两次完成，每次间隔24小时，待表面干燥后再涂刷下一遍，直至把规定用量涂完，涂刷完的试块要避免阳光直晒，在阴凉处自然风干。

封护剂用量为0.50l/m²，即每平方米石材表面材料用量为500ml，这个用量是综合各种材料常用量，施工过程中可根据岩石的具体情况增减用量。根据尺寸和数量，统计、分析每种材料的体积用量。

3.5 裂隙灌浆加固工艺

针对承德鹦鹉岩石质文物的特点，选用国产水硬性石灰作为主要的灌浆加固材料，灌浆加固工艺如下。

①支护：根据石质文物裂缝的情况，制作大小不等的壁板，用固定在工作架上的可调丝杆支顶到石刻表面上，支顶前从裂缝处清理破碎的碎石、覆土、枯草等杂物。壁板要有柔软的线毯和棉纸做垫层。在加固治理措施实施前，首先对灌浆裂隙以外的文物本体采用遮蔽方式进行防护，确保灌浆不会对文物本体产生影响的情况下再进行施工。

②裂缝封闭：首先向裂隙内喷洒少量清水，简单清洗裂隙内壁，使浆液能与岩石表层充分黏结；然后用水灰比为0.35的水硬性石灰封闭裂缝防止漏浆。

③埋设注浆管：在封闭裂隙过程中埋设注浆管，间距视裂隙张开度和深度而定，一般在30～50厘米；注浆管直径在1厘米左右为宜。

④孔钻灌浆孔或预留观察孔：在裂隙上部预留观察孔；对于裂隙张开度较小无法插入注浆管的小裂隙，可在裂隙旁边次要部位或无雕刻纹饰的地方，钻直径1.5厘米的小孔，作为灌浆孔。

⑤灌浆：按水灰比0.55的配方比例，把灌浆材料配制好，使用高速搅拌器将浆液搅拌均匀，用自制的约1000ml的注射器由下而上依次将浆液灌入凝灰岩文物的裂隙或空鼓部位。在灌浆过程中要注意观察，以免漏浆污染石刻。对于灌浆量较大的裂隙，要分多次灌浆，待下面的浆液凝结干燥后，拔出注浆管，进行上面的灌浆。

⑥灌浆效果检查：采用内窥镜检查浆液的流向和黏结效果。

⑦修复锚固孔：待浆液完全干燥后，拆除壁板并对遗留在表面的灌浆材料进行清洗。然后用水灰比0.35的水硬性石灰填补观察孔，干燥后补色做旧。对于现有勾缝材料仍然保存良好且具有完好功能的部分应保留，只在表面涂刷薄层灰浆来使整体色彩更加协调。

3.6 空鼓、剥落加固工艺

采用传统水硬性石灰材料，将已经开裂的岩片黏结住，防止脱落，同时可以封闭裂隙，防止注射材料流失；与灌浆用的水硬性石灰相比，具有很好的湿黏性和很好的可操作时间黏结。根据修复加固的类型，需要采用不同黏度、不同粒径的石灰材料，以满足黏结和灌浆的不同要求。黏结加固水硬性石灰的主要技术参数要求如下。

（1）封口黏结材料的技术参数

抗压强度：28d：1～5MPa，最终强度为风化岩石的20%，约10～15MPa。

抗压与抗折强度比：≤3。

收缩：实验室测得≤0.15%，现场施工面无裂纹。

附着力/拉拔强度：≥0.10 MPa（7d）～0.5MPa（28d）。

抗剪强度：0.1～0.3MPa。

（2）主要黏结加固材料的配比

针对不同石刻开裂剥离类型黏结加固材料配比（表11）。

表11 脱落岩石薄片的黏结材料（质量百分比）

序号	材料	百分比
1	烧料礓石	35%
2	凝灰岩粉（粗）0.5～0.7毫米	15%
3	凝灰岩粉（细）0.2～0.5毫米	35%
4	凝灰岩粉（极细）<0.1毫米	15%

上述材料可以用于黏结裂缝宽度超过1毫米，例如岩面有损伤的岩片。当黏结小的新鲜的岩片，可以将上述混合均匀的材料过0.25毫米的筛网，加水为100∶20（质量分数，下同）。

开裂岩石的黏结材料：

开裂岩石黏结加固材料的配比参照裂缝的宽度分成二类，一类为<3毫米细缝，采用细骨料；第二类为>3毫米的缝，采用骨料粗，以降低收缩，增加黏结强度。

细缝（小于0.3毫米）封口黏结剂配方（代号HS/FK05-A10/08）如下（表12）：

表12 细缝封口黏结材料（质量百分比）

序号	材料	百分比
1	烧料礓石或阿嘎土	50%
2	凝灰岩粉（极细）<0.1毫米	50%

具体的施工工艺在之后补充现场试验的基础上进行调整，基本的施工工艺及技术要求如下：

①表面清洁：由于岩体暴露于外，岩体表面常附着尘土。首先需先采用软毛刷或吸耳球清除沉积的尘土。

②配置保护材料：可根据需要现场配制，易于使用。待整体将开裂、剥块、空鼓部位加固修缮完毕后，即进行整体防风化。

③施工时可采取流涂、点滴、注射或真空压缩工艺。

④开裂状剥块空鼓部位的加固：在对岩体喷流加固前，可先对开裂、剥块、空鼓的部位进行加固修缮。

4 结论

　　凝灰岩文物的系统保护尚属空白，缺乏相关研究和施工的充分支持。本项目针对承德安远庙石质文物，尤其是凝灰岩文物特殊的工程特性，进行了系统的研究，认为较高的孔隙率和黏土含量是其易于风化的内在因素，承德冬季漫长、积雪反复融化冻结是外界促发因素。在此基础上，提出了裂隙修复、表面防风化、脱盐等技术措施，同时通过大量试验筛选出国产水硬性石灰为灌浆、黏结材料，总结出适合于凝灰岩加固的施工工艺。根据前期的试验和监测，这些保护措施针对性强、较为系统，且行之有效，可以在工程施工中应用、推广。这些成果为承德凝灰岩文物，乃至全国凝灰岩文物的保护提供了技术支持和参考。

5 参加人员

项目负责人　李黎
主要参加人员
中国文化遗产研究院：邵明申、杨淼、付永海、王志良、成倩、宋燕
中国地质大学（北京）：张中俭
承德文物局：许军、高平、刘慧轩

东立面

北立面

南立面

西立面

图例					
1		残缺	5		表层片状剥落
2		机械裂隙	6		微生物病害
3		水锈结壳及积尘	7		孔洞状分化
4		人为污染			

中国文化遗产研究院		项目名称	承德安远庙石质文物抢险科技保护方案	
文物设甲字0101SJ0001		子项名称		
审　定	侯卫东	子项负责	图　名	安远庙普度殿前香炉基座病害图病害图
审　核	杨淼	勘　测	绘　图	朱加蓝	图　号	AYM-7
项目负责	李黎	设　计	校　对	杨淼	日　期	2012.03

附图1　香炉基座病害图

附图2 山门椽望片状剥落　　　　　　　　附图3 香炉基座南立面

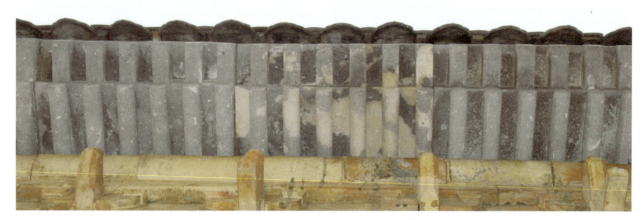

附图4 山门椽望北立面

承德殊像寺清代彩画保护工程设计[1]

【摘要】

殊像寺清代彩画保护研究从2004年开始，严格按照《中国文物古迹保护准则》，进行了一系列的相关研究工作，充分探讨了古建筑彩画的保护理念，剖析了其工艺特点和程序；并结合环境调查，对病害的成因进行了分析。通过保护材料实验室及现场试验筛选，提出了彩画原位保护的方法和技术。在此基础上，开展了会乘殿内外檐各一间的原位保护工程示范试验，保护材料以原制作材料为主，归纳总结了一套行之有效的完整的保护操作工序和流程，尽可能地保存了彩画的原真性。

1 概况

殊像寺（亦称文殊寺）是避暑山庄周围现存的八座皇家寺庙之一，又有"乾隆家庙"之称。于乾隆三十九年（1774年）仿山西省五台山殊像寺建造，寺内供奉的主神为文殊菩萨。殊像寺为全国重点文物保护单位，与避暑山庄及周边寺庙一同被列入世界遗产名录。

殊像寺保护为《中国文物古迹保护准则》实施示范项目之一，2001年承德市文物局与美国盖蒂保护所及澳大利亚遗产委员会开始合作编制殊像寺保护规划。2004年，作为编制规划程序的第一步，对殊像寺的现状、价值及管理条件等方面进行全方位的评估，评估于2006年完成。依据评估结果开始制定殊像寺保护与利用的概念性规划，目的是为殊像寺的保护提供一个总体方向以及为规划的实施提供指导意见和理念。本设计组全程参与殊像寺现存清代彩画的调查、评估、试验工作，其成果是本次清代彩画保护工程设计内容的一部分，也是保护方案编制的重要依据。

2 殊像寺清代彩画纹样及彩画保存价值

殊像寺原有的总体格局和园林布置基本完整，主体建筑尚存，保存了原寺庙的主要历史信息，是清史学者研究清代民族宗教政策、物质文化、工艺技术、装饰塑像、寺庙殿堂陈设物等方面的重要实物例证，能够为当前国家级文化工程《清史》的编撰提供很好的实物依据。

殊像寺会乘殿是承德皇家寺庙中保存最完整、唯一没有进行过大修的主体建筑。它拥有历史所赋

---

1. 获2012年中国文化遗产研究院优秀文物保护项目三等奖。

予的诸多功能，承载着极为丰富的建筑历史和民族宗教等内容，它是承德皇家寺庙中供奉三大士的重要佛殿，又是贮藏满文大藏经之所。建筑功能决定了建筑等级，该建筑屋顶满面覆以黄色琉璃瓦，梁枋大木施金龙和玺彩画，是等级较高的建筑。

会乘殿和山门的内外均保存了大面积的清代建筑彩画，钟楼梁枋也保存了少量的彩画。虽然大面积室外彩画已经脱落（缺失），而且遗留部分也经过了长期的风化和失修，但清代风格、纹饰和原来的颜色仍然清晰可辨。会乘殿和山门的内檐彩画虽然已遭到损伤，但是基本保存完整，会乘殿内檐彩画大面积使用了金龙图案，标志着殊像寺的等级之高、位置之重；同时，其宗教功能也从天花板上藏式风格的六字真言图案上有所体现。彩画的颜色和图案均为乾隆时期的典型作品，是现存清代建筑装饰的稀有实例，为研究当时的艺术表达方式、颜料、技术等提供了极有价值的信息。

3 殊像寺清代彩画保存状况评估

此次保护修复范围为会乘殿内外檐、山门内外檐、钟楼外檐三处建筑木构件上残留的清代彩画。现状评估主要包括：彩画现有病害类型、严重性及分布状况、病害调查图的绘制。

3.1 会乘殿彩画状况评估

会乘殿是殊像寺的主殿。其下檐面宽七间，进深五间，上檐面宽五间，进深三间。外檐彩画为两麻六灰地仗，保存状况较差。存留彩画的外观风化极为严重，装饰图案难以辨认。画层有多种残损状况包括各种类型的颜料层起翘、细小裂缝及缺失。此外，彩画表面较脏，有污染物沉积，并有鸟类排泄物以及可能由于动物活动所造成的黑化，且有水渍。彩画地仗残破导致木基层的暴露，在某些部位，上层麻灰地仗全部脱落，将下层麻灰地仗完全暴露。

许多木构件开裂和木构件的铁箍生锈也导致了彩画层的开裂和脱落。即使不存在这些情况，大部分彩画与其附着的木构件剥离发生空鼓，大片彩画因为重力的作用，以较快的速度脱落（图1）。

彩画各区域状况不同。例如南立面下檐几乎一半的彩画缺失，上檐80%彩画尚存，其中40%剥离并有脱落的危险。保存状况最好的区域之一是下檐东立面，几乎全部留存，而仅10%彩画有脱落的危险。很显然，不论这些彩画的位置在何处，假如不进行保护处理，它们都将继续脱落。

现代铁质防鸟网上发现了很多破损和固定不牢靠的地方，使得鸟类可以在屋顶结构内自由出入、筑巢。这导致了彩画上的鸟粪污染、地仗开裂区域鸟巢建造以及鸟类活动导致彩画脱落（图2）。

挑檐檩、挑尖梁头、垫栱板彩画为一麻五灰地仗。斗栱使用极薄的单披灰地仗。据观察，有麻层彩画比单披灰地仗的彩画面临更高的脱落危险。外檐彩画病害包括：颜料层脱落、地仗层脱落、空鼓、裂隙、剥离、龟裂、起翘、黑化、结垢、污染、动物损害（图3）。

会乘殿内檐彩画保存现状比室外好。虽然积尘非常严重，但大部分彩画尚存。彩画颜色鲜艳，图案清晰可识。表面的残损，如起翘、水平裂隙、龟裂、空鼓以及小面积脱落等病害较多，分布广泛，最严重的是沥粉贴金部分与地仗剥离卷翘。地仗为一麻五灰，普遍存在空鼓、剥离、裂隙病害。井口

图1 2004年5月外檐彩画南立面局部，在同年7月开始脱落

图2 会乘殿破损的防鸟网及脱落的斗栱构件和彩画残片

图3 会乘殿外檐彩画病害状况

图4 会乘殿内檐彩画病害状况

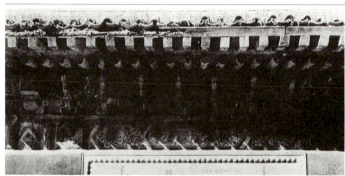

图5 山门外檐南立面明间1933年与2004年的照片比较，彩画已缺失

图6 山门内檐彩画水渍与剥离现状

天花几乎全部脱落，仅存的少量天花也是悬挂下垂，其上颜料层也呈空鼓状态（图4）。

3.2 山门彩画状况评估

历史上没有对山门内外檐彩画进行过维修的文献记录。山门外檐彩画总体上残损严重。南北立面都存在大面积脱落。在残存的彩画上存在水平裂缝及局部地仗空鼓。彩画表面风化严重，存在龟裂、起翘、颜料层脱落、水渍（黑迹）、结垢和鸟粪等病害。某些部位的彩画表面污染严重，以至于图案难以辨认。斗栱彩画为单披灰地仗，角科斗栱彩画及檩和枋的彩画为一麻五灰地仗，缺失较多。在地仗层脱落部位，暴露的木构件上经常可见裂隙，这些裂隙可能是导致彩画空鼓及最终脱落的原因。南立面檐柱上的纵向裂缝，从木材直延伸到墙面抹灰处，造成该部位彩画的脱落（图5）。

与外檐相比，山门内檐彩画的保存现状较好。直接位于额枋下面的黄色抹灰墙上有流水痕迹，说明历史上屋顶曾经出现过问题，使大量雨水得以渗入建筑物内，造成彩画表面大量的水渍污染，山门屋顶在1975年更换过部分构件，更换过的构件未做彩画，只涂了红漆或绿漆。

内檐彩画总体上外观发暗，表面水渍、积尘严重。水平裂缝从一些梁中部通过，导致彩画的空鼓和剥离，西侧彩画的剥离和缺失较为严重（图6）。

3.3 钟楼彩画状况评估

钟楼于1959年进行了维修，1982～1983年又更换了椽飞、屋顶，并对上层进行了重建。钟楼彩画只保留了外檐的西南角和西北角两小片。虽然两小片彩画残损严重，但仍可见其纹样。

4 殊像寺清代彩画制作工艺材料分析

殊像寺的彩画是典型的清代官式彩画，木构件施麻灰地仗，主殿会乘殿内外檐都运用了当时最高等级的金龙和玺彩画，是一座具有其极崇高地位和重要性的皇家寺庙。现存彩画状况虽然残旧，但却是难得被保存下来的清朝中期原物。项目组针对彩画工艺和材料，除了对相关文献进行调查及对彩画原物进行检测分析外，还请来了资深的彩画工艺专家在现场进行咨询。通过调查发现会乘殿彩画地仗使用了净油满的做法（不加猪血的制作方法），清后期建筑上很少发现使用。

4.1 会乘殿彩画使用材料分析结果

4.1.1 会乘殿外檐彩画

外檐彩画采集了13个样品，首先对其颜料成分进行了分析，同时还通过傅立叶转换红外光谱、气相色谱和质谱仪分析，检测出麻层中的胶结物为小麦淀粉及极低浓度的桐油。颜料层中检测出蛋白质的存在，但具体成分检测不出来，因为有桐油的存在，所以推测颜料的胶结材料可能是动物胶（表1）。

表1 会乘殿外檐彩画使用材料分析检测结果

内容	分析结果
蓝色颜料	花绀青（smalt、回青）
	蓝铜矿（石青）
绿色颜料	氯铜矿、斜绿铜矿（atacmite botallackite）
红色颜料	朱砂
白色颜料	铅白
黑色颜料	炭黑
沥粉	碳酸钙、滑石
纤维	麻
胶结材料	桐油、小麦粉、推测为动物胶
地仗材料	石膏、石英
地仗工艺	两麻六灰

4.1.2 会乘殿内檐彩画

内檐彩画采取了4个样品，与外檐油饰彩画相比，内檐彩画的地仗只有一层麻。个别颜料样品层理结构特殊，在两层一样的绿色颜料层之间夹了一层地仗。说明可能后期进行过修缮，或者这一部位曾经进行过两次彩绘（表2）。

表2 会乘殿内檐彩画使用材料分析检测结果

内容	分析结果
蓝色颜料	花绀青（smalt、回青）
绿色颜料	氯铜矿、斜氯铜矿（atacmite Botallackite）
红色颜料	朱砂
白色颜料	铅白
粉色颜料	铅白和朱砂
地仗材料	硅和石英
金	库金（Au94%，Ag4%，Cu1.4%）
沥粉	硫酸钡、硅、碳酸钙、滑石
胶结材料	桐油、推测使用动物胶
纤维	麻
地仗结构	一麻五灰

4.1.3 结论

殊像寺会乘殿内外檐彩画使用材料的分析是殊像寺整体建筑材料（木材、石材、金属等多方面材质）分析报告中的一部分。通过不同分析检测方法的验证，对彩画表面附着层、颜料层、地仗层、胶结材料、地仗工艺等都做了详细的调查，得出了大量分析数据。

分析结果证明，内外檐彩画颜料使用情况基本相同，内檐彩画上的金箔检测出两种金含量，证明使用了库金和赤金。

地仗材料包含粉碎的砖质骨料。根据文献的记载，地仗经常包含有机质的添加材料如桐油、猪血等。无机质的添加材料除砖灰外，还有其他成分材料，如樟丹、土子等，另外不同位置、不同作用的地仗中添加的灰颗粒度有很大差异。此次使用多种分析方法来研究这些材料的不同点。

外檐彩画地仗样品都是用高温分解法及气相色谱和质谱仪来分析其中的有机添加材料。只发现了桐油（用高温分解法）。通过检测分析初步推测检测的地仗样品中不含猪血成分。

使用扫描电镜（ESEM）用目视的方法检测外檐地仗样品的颗粒度分布是否不同。用傅立叶转换红外光谱（FTIR）鉴定地仗样品，内檐地仗中有硫酸钡与硅、石英的成分。外檐地仗中有石英与石膏的成分，分析结果差异不大。

外檐的样品表面污染明显比较严重，表面堆积物包括鸟和动物的排泄物、潮湿的污斑、大量的灰尘及其他种类的污染物。内檐样品状况较好，一般只有较厚的灰尘和蜘蛛网。外檐样品中壳状的污染物用傅立叶转换红外光谱（FTIR）鉴定结果含有石膏。用扫描电镜进一步检查，确认这层中含有一般尘土中的各类元素。

4.2 殊像寺清代彩画地仗制作工艺分析

通过调查发现殊像寺彩画根据位置不同而制作工艺不同。如会乘殿外檐额枋地仗使用了两麻六灰，而内檐额枋地仗则使用了一麻五灰。斗栱部位彩画地仗使用了单皮灰。殊像寺彩画地仗的制作工艺中使用了明晚期至清中期建筑彩画常用的净油满（不加血料）做黏结材料。根据调查结果，项目组在现场请来老工匠，按照原工艺也就是外檐额枋使用的两麻六灰工艺进行了模拟复原样品的制作。现场操作、文献及分析结果证实在地仗制作过程中大量使用了桐油，因为桐油有很好的黏结力及防水能力。

5 殊像寺清代彩画保存环境调查与病害分析

5.1 彩画环境调查

5.1.1 会乘殿殿内环境监测数据

监测设备分别放置在殿内中间佛像脚下、殿内东墙藏经柜南侧。通过对数据的分析，可以看出殿内中央部位每个月间湿度变化较大，最低和最高相对湿度差在50%上下浮动，之间在夏季这种湿度变化更加剧烈。监测期间温度最低到−12.12℃，一年中四个月温度都会在零下和零上浮动，高湿度的情况下很容易造成水在彩画中的冻融，破坏胶结材料，使颜料层脱落、龟裂、起翘。东墙藏经柜南侧的数据较中部变化小。

5.1.2 会乘殿殿外环境监测数据

监测设备分别放置在会殿外东立面檐下、殿外东面涂料试验区。通过对监测数据的分析，可以看出一个月内甚至一日内的温度变化都较大，监测期间温度最低到-20.21℃，一年中六个月温度都会在零下和零上间浮动。一个月内相对湿度的变化也很剧烈，湿度超过80%的日子经常会连续数天。早上8点随着光线强度的上升，东立面温度会很快上升4℃~5℃，较其他立面温度变化剧烈。

涂料试验区的监测设备离地面较近，明显看出湿度数据要高于挂在高处檐下的监测数据，不管春夏秋冬，每月湿度最高值基本都在80%以上。温度也较东立面高处监测数据跨度大，低温很低、高温很高，也许是因为一天都能晒到太阳，温度超过40℃的情况也时有发生，这种温湿度大跨度的变化对下架油饰及暴露的建筑木构件的长期保存都会带来威胁。

5.1.3 山门内环境监测数据

监测设备放置在弥勒佛坐下面。殊像寺一直未对外开放，所以除个别时间工作人员进殿打扫卫生外，平时殿门不开放，山门殿也是如此。通过对监测数据的分析，可以看出温湿度变化跨度要比殿外小。尤其相对湿度与会乘殿内外监测数据相比都要低，说明山门内的环境较会乘殿要稳定一些，有利于彩画的保护。山门内检测到的最低温度为-12.65℃，与外檐的最低温度相比要高8℃左右。

5.2 病害成因分析

殊像寺清代彩画病害表现主要分三类：一是彩画表面大量积尘、结垢，尤其是外檐彩画结垢现象严重，覆盖了颜料层；动物在彩画表面的活动和早期建筑漏雨留下水渍造成的污染，动物的粪便及筑巢，使彩画地仗层剥离，黑变。二是彩画颜料层的剥落、龟裂、起翘、空鼓等病害，尤其是沥粉贴金部位的起翘、剥落严重，并挂满灰尘和蜘蛛网。三是地仗层的脱落、剥离、空鼓、裂隙，空鼓面积达到了残留彩画全面积的三分之一，额枋彩画几乎都有面积不等的空鼓和裂隙现象。造成病害的主要原因有以下几个方面：一是彩画制作材料历经两百多年的自然老化，彩画中的胶结材料的降解，使彩画本身失去黏结强度；二是建筑木构件的开裂、变形，造成彩画的扭曲，地仗层的剥离、空鼓；三是彩画周围环境的影响；四是建筑漏雨的损坏；五是人为的损害及长期疏于维护。

从清晚期以后，皇家寺庙开始破败，无人顾及，缺少适当的维护和管理，建筑出现较大的损坏，山门内檐漏雨现象明显，建筑门窗破损。彩画病害的发生是在恶劣的保存环境下材料老化加速、变质的结果，新中国成立以后，建筑得到修缮，渗漏水得到治理，内檐彩画的保存环境有了很大的改善。殊像寺因为没有对外开放，除定时的打扫，会乘殿和山门基本是关闭的，但会乘殿花窗没做任何遮挡，空气自由流通，殿内小环境变化较大，对彩画影响也较大。因此，彩画颜料层的病害也较山门严重。还有旧彩画已经发生的病害没有得到及时的治理，黏结强度降低的彩画不断地脱落，彩画的损失也不断增加。所以提高旧彩画制作材料的黏结强度、保持适宜稳定的保存环境、加强日常除尘维护管理、防止动物损坏是科学有效的预防性保护措施，也是减缓古代彩画劣化发展速度的必要手段。

6 彩画的保护修复

6.1 保护材料筛选

6.1.1 试验内容

保持彩画稳定性试验，主要包括对已经空鼓、剥离的颜料层、地仗层进行回软、回贴；龟裂、粉化颜料层进行加固、回贴；颜料层表面的除尘、清洗。对一系列的现代和传统保护材料进行实验室和原位试验，评估它们的长期性能和状况。评估标准包括：黏结强度、能承受多变环境影响的黏结能力、可能产生的尺寸变化及对彩画外观的影响。

6.1.2 试验步骤

试验从2005年开始持续到2008年，由中美研究人员共同完成。试验包括以下两部分。

第一部分：在对目前国内彩画相关保护工作调查分析的基础上，对现行处理彩画的材料与方法的调查与评估，确立选择试验用的加固材料，用脱落彩画残片进行保护修复试验，其中包括颜料层加固材料筛选试验；地仗层回贴材料筛选试验；颜料层和地仗层回软技术试验。与此同时在中国文化遗产研究院与美国盖蒂保护所内进行加速老化试验及材料性能试验，进一步评估试验结果。

第二部分：根据残片的保护材料试验结果评估，最终在会乘殿内外檐各选一开间对其彩画进行保护修复，试验保护技术及材料的可操作性，同时示范其保护效果（图7~9）。

6.1.3 颜料层清洗、回软、加固试验

根据文献查询和以往的保护修复经验，整理出建筑彩画包括壁画在内的常用保护加固材

图7 彩画样品清洗加固前

图8 彩画样品清洗加固后

图9 彩画样品清洗、加固、回贴后

料作为此次保护试验的对象。其中有一部分是建筑彩画制作中使用的传统黏结材料，与现代加固材料进行了比对试验。在已经脱落的内外檐彩画残片上进行清洗、软化、颜料层加固、沥粉加固试验。

试验样品为会乘殿内檐彩画，表面布满灰尘，绿颜料部分有龟裂、起翘，蓝颜料状况较好，但厚重的污垢使得颜色显得深灰，部分蓝颜料层结垢、龟裂、空鼓、起翘。沥粉贴金也局部起翘、裂隙。少量的红、白和贴金部分保存状况良好。

首先使用软毛刷及洗耳球对整块残片轻轻吹刷掉表面灰尘，再分区进行加固试验。根据颜色不同，有的清扫效果明显，有的不明显。

（1）软化回贴效果

绿颜料表面的龟裂、起翘的情况最为严重。某些起翘部位可以用水或少量50%乙醇水溶液来软化并轻轻压平。也可用小烙铁和热蒸汽来软化颜料层。在厚颜料层部位，软化较为困难。这类的绿颜料在压平时容易碎裂。起翘蓝颜料的状况较为轻微因此可以轻轻压平。因为小烙铁头部为平面，所以对轻微起翘的颜料层加热回软效果明显，但对于卷曲的沥粉和起翘严重的颜料层部位不适合，不易于操作有压碎颜料层的危险。热蒸气对沥粉贴金部位及起翘颜料层有明显软化效果，因此可以在回软后压平。所有的黏结剂（不管是用水、酒精和其他溶剂）都导致地仗层的颜色变深，留下明显的水渍，但对颜料层的影响则不一致。颜色变深的程度受黏结剂的种类和浓度的影响。

（2）清洗效果

先用软毛刷对颜料表面除尘，效果明显。但是用不同海绵机械性清洗对颜料层剥离部位无法使用，效果不理想。

由于旧彩画颜料对水的耐受能力不均，因此湿洗的方法效果不一。表面的机械性处理（用棉花棒和刷子、海绵）在很多部位可以使用，但这种方法在蓝颜料的部位会导致颜料层的脱落。清洗中使用超薄棉纸配合清洗液，能够帮助吸附污垢。

6.1.4 地仗层回软、灌浆、回贴试验

（1）内檐彩画地仗回贴试验

试验主要是将脱落的内檐彩画残片回贴到与会乘殿相同旧木料表面，木料表面有一定的风化。彩画残片首先要做必要处理，其中包括加固表面颜料层和回贴金层。由于部分残片已经变形，因此回贴之前还要使用热蒸气软化地仗层，使其平整。内檐彩画地仗为一麻五灰地仗回贴使用了分别使用了传统材料和现代高分子材料。为了保持黏结面良好的接触，黏结后使用小沙袋压在回贴好的彩画残片上保持一定的压力。

内檐彩画残片在处理后，放置于会乘殿内西北经柜前，开始自然老化试验，定期观察试验效果（图10）。

（2）外檐彩画地仗层回贴试验

试验主要是将脱落的外檐彩画残片回贴到与会乘殿相同的旧木料（长6.5米、宽0.15米、高0.2米）上。彩画残片首先要做必要的预处理，主要是加固表面颜料层和沥粉贴金。由于部分残片已经变形，因此回贴之前还要使用蒸气软化地仗层，使其平整。外檐彩画地仗为二麻六灰地仗。回贴分别使用了传统材料和现代高分子材料。为了保持黏结面良好的接触，黏结后使用小沙袋压在回贴好的彩画残片

图10 会乘殿内檐彩画地仗层回贴试验

图11 会乘殿外檐彩画地仗层回贴试验

上保持一定的压力。

外檐彩画残片在加固回贴后，放置于会乘殿外东立面檐下，会遭受雨淋、日晒等不同自然环境的影响，试验效果见保护效果监测的评估（图11）。

6.1.5 保护效果的监测和评估

效果的评估主要是通过定期拍照记录试验样品的情况、观察其变化来评判保护效果的好坏。黏结试验在2005年10月完成，之后每三个月观察、记录一次。

（1）内檐彩画地仗黏结试验效果评估

样品黏结后放置在会乘殿内的西北角，保存环境相对阴暗。在2006年8月观察样品时也就是地仗样品黏结后10个月发现，各样品表面都有白色的蠹虫活动，见到亮光即躲避。虫子长约1毫米。除样品H的黏结材料的溶剂使用的是乙醇，有一定的杀菌作用外，其余黏结材料的溶剂都使用的水，在大殿高温高湿持续7天以上时，地仗表面产生霉菌的滋生。主要原因应该是当年8月雨水较多，大殿内空气相对湿度持高不下，样品刚刚加固回贴，比较潮湿。在之后的几年观察中，应该是样品已经完全干燥，再未发现霉菌的活动。只是彩画表面积尘严重，扫去尘土也未发现霉菌和蠹虫活动的痕迹。通过六年对内檐彩画黏结加固效果的观察，可以看出除使用8%PVB（B-98）乙醇溶液+砖粉加固的残片，地仗周边有起翘、剥离现象，其他黏结样品加固效果较为稳定，未发现明显起翘、剥离和脱落现象。证明在内檐彩画地仗的加固回贴中使用油满、骨胶、皮胶、聚醋酸乙烯乳液效果都比较理想。油满是原地仗中的黏结材料，所以在以后的保护修复中选择油满作为内檐地仗加固黏结材料最为合适。

（2）外檐彩画地仗黏结试验效果评估

外檐彩画因放置位置在会乘殿外东立面山墙下面，经常遭到雨水淋湿和阳光的照射，比在外檐原彩画的保存环境还要恶劣，加速了彩画试样的老化速度，使人更快看到各种材料的黏结效果和老化过程，对黏结材料的选择提供了可靠依据。

从2007年开始部分试样边缘就出现了开裂、剥离现象，2008年开始出现脱落现象。同类黏结材料加固过的试样，因黏结前对木基体的处理不同，其黏结效果出现了明显差异。整体观察试样的老化情况，可以发现，净油满黏结效果比较理想，尤其对木基体进行砍净挠白支浆处理后的黏结效果最好。还有进行过两道麻之间的黏结处理的，对表层颜料层的保护更为理想。灌浆材料可以看出细灰加油满材料效果较好，也就是验证了地仗空鼓回贴选择原地仗材料油满作为灌浆的黏结材料是最为理想的。

6.2 原位表面污染的清除试验

在残片上保护试验效果评估的基础上，首先对表面污染物进行了清除试验。表面污染物主要是：鸟粪、油漆及表面灰尘结垢。鸟粪和油漆的污染主要采用物理方法清除，使用软硬不同的海绵擦和毛刷，在不损坏颜料层的基础上进行擦除。擦除效果明显，外檐彩画的鸟粪及油漆污染可以采用这种物理方法去除，但在操作中要注意颜料层的黏结强度，如果颜料层黏结的不够结实，需要先加固颜料层，再做处理（图12、13）。

6.3 示范区域保护工艺试验

在会乘殿内檐外彩画示范区域的原位保护处理是根据之前所进行的保护试验的成果完成的，而这对承德避暑山庄及外八庙清代彩画保护方案的确立及实施提供了有力的依据。彩画原位上进行的试验，除了对材料进行进一步选择和评估外，还对原位保护时的实施工艺进行了试验，对实施工艺的可操作性，操作流程以及可能存在的风险和误操作进行了评估。

6.3.1 内外檐彩画原位保护试验

内檐彩画保护修复试验位置选取在会乘殿内檐东稍间南立面，试验范围包括额枋、斗栱、垫板、垫栱板。试验内容包括彩画污染物清除和颜料层回软、加固以及地仗回软、回贴。保护方法上采用产生可控温、控制水量的热蒸气修复笔进行卷曲颜料层的回软。保护材料选用了现代材料和传统黏合剂进行加固比较。

图12 鸟粪清除试验

图13 油漆清除试验

内檐彩画内容为清代中期绘制的金龙和玺彩绘，地仗为净油满，一麻五灰的做法。试验区域彩画病害较为典型，基本包括了会乘殿内的主要病害类型。试验区域内有四道明显的凸痕，中间一道最为明显，地仗开裂外凸。上半部分彩画落满灰尘，中间地仗开裂缝隙内积满灰尘。颜料层主要问题是起甲，较为严重的是差口线部位的绿色和蓝色着墨的连珠、贯套箍头部位的红色和粉色线条颜料龟裂，有细小的起翘卷曲，沥粉贴金的部位起翘卷曲严重，一半剥离地仗（图14）。

第一阶段试验主要是针对表面颜料病害的处理，从保护方法和材料两个方向开展了研究。表面颜料层保护基本程序：清洗-回软-注射加固剂-加固回贴。为了进一步了解保护材料的使用效果，在试验初期表面颜料处理采用了三种加固剂，5% AC33乳液，3%骨胶水溶液，5%桃胶水溶液，在局部进行了尝试。

第二阶段试验延续了第一阶段的污染物清除和颜料层回贴试验，在初期试验效果评估的基础上选择了效果良好的两种加固材料，采用了相同的保护方法，扩大了试验面积，保护材料使用了低浓度AC33乳液和桃胶水溶液，分两区域分别实施。同时开展了地仗层空鼓回贴、裂隙治理的试验，处理方法上借鉴了残片地仗回贴试验的保护经验，使用了原地仗黏结材料净油满回贴地仗于木基体，处理过程中还使用了灌浆、支顶工艺，保证了加固效果。

空鼓地仗回贴选择已破损或开裂并离空鼓区域较近的位置开孔。引热蒸气管进入空鼓区域，陆续放出热蒸气，直到触摸空鼓区域地仗回软有弹性为止，撤出热蒸气管。将灌浆管缓慢插进空鼓区域，插到位后灌浆口周围做简单防护封堵，以防止浆液溢出，污染彩画表面。

使用注射器将稀释的油满注射到空鼓部位内部，灌入量不宜过多，可分几次灌入。浆液灌入后轻轻按压彩画表面，使内部浆液布满空鼓区域，抽出灌浆管。采用支顶装置压紧灌浆部位，彩画与支顶

图14 颜料层起甲卷曲状况

板材之间垫衬绵纸和厚海绵。完全干燥后取下支顶，对灌浆孔进行修补，使用油灰（细灰+油满）修补损失的地仗层，修补后的地仗层低于颜料层。

剥离地仗回贴使用吸尘器或洗耳球，清除剥离、裂隙彩画内部的灰尘和蜘蛛网。涂刷的油浆，支油浆有对木材清除灰尘、预处理的作用，使黏结材料更好的渗入木材中，加强和油满的亲和力。使用热蒸气回软地仗层和麻层，使用硬毛刷或注射器将油满涂刷或注射到剥离或裂隙部位内部。浆液涂好后轻轻按压彩画表面，使彩画归位。采用支顶装置压住回贴部位，彩画与支顶板材之间衬绵纸和厚海绵。支顶需要2~3天，确认油满干燥后，才可拆除支顶。

6.3.2 外檐彩画保护修复试验

外檐彩画试验位置在会乘殿外东立面北侧第二间，试验范围包括额枋、斗栱、垫板、垫栱板、挑檐檩。试验内容主要是地仗回软、回贴及缺失地仗的修补（图15～18）。外檐彩画内容为清代中期绘制的金龙和玺彩绘，地仗为净油满，二麻六灰做法。保护修复前下半部地仗脱落缺失，露出木基体，上部残存地仗和木基体剥离，部分区域上层麻脱落缺失。彩画表面颜料层大部分脱落，残留颜料层表面有结垢，颜料层基本稳定牢固。

实验步骤：在彩画脱落外露木基体和地仗剥离的木基体表面涂刷生桐油（钻生），这道工艺可起

图15 保护前后（1）

图16 保护前后（2）

图17 保护前后（3）

到加固木材的作用，也可增强油满和木基体之间的黏结力。在木基体表面上捉缝灰。铁箍凹陷部位填入掺有麻的通灰，与木基层表面找平。捉缝灰干燥后，木基体表面均匀涂抹通灰。

剥离的原有地仗头道麻层的修复，采用和内檐试验区相同的修复方法，即回软剥离麻层，在木基体和地仗之间涂刷或灌入净油满浆液黏结，最后采用支顶装置固定2～3天，待油满干燥后去除支顶。原两麻六灰地仗的头道麻和木基体之间回贴后，对地仗脱落部位开始修补头道麻，用砂纸打磨通灰表

图18 保护加固前后

图19 垫栱板保护加固

图20 挑檐檩保护加固前后　　图21 斗栱彩画保护加固前后

面，上麻、碾麻、磨麻。新麻要与旧麻层搭接，起到保护原地仗防止裂隙的作用。之后按照以上的麻层回贴方法，回贴二道麻也就是表层的麻层。新补部位做一麻五灰地仗，地仗低于原两麻六灰地仗。回贴地仗干燥后，使用油满混合中灰对地仗小面积缺失、孔洞等进行修补。

垫栱板、挑檐檩彩画回贴方法、材料基本与额枋地仗回贴相同。缺失地仗使用单披灰地仗修补衔接（图19、20）。

斗栱彩画为单披灰地仗，主要病害与额枋颜料层病害相似，起翘、龟裂病害明显。保护材料借鉴颜料层加固试验经验，选择不同加固材料在内外檐斗栱上分区进行了保护修复试验（图21）。

6.3.3 保护效果的监测和评估

通过定期拍照记录试验区域的情况，观察其变化来评判保护效果的好坏。2011年5月对原位彩画保护试验示范区域进行了搭架近距离观察，保护加固试验五年后，会乘殿内檐彩画除表面有部分积尘现象，未发现明显的颜料层和地仗病害发生。只发现灌浆口附近颜料层有轻微起翘现象，这应该与灌浆后灌浆口周边未进行再次加固有关。会乘殿外檐彩画也未发现有明显颜料层和地仗层病害发生，保护效果良好。

通过五年对现场试验效果的观察评估，证明会乘殿内外檐彩画原位地仗加固回贴材料选择正确，所用保护加固操作技术可操作性强，加固效果良好。在此基础上编制完成保护修复实施方案。

7 总结

殊像寺清代彩画保护修复方案的编制，严格按照中国文物古迹保护准则。经过老彩画材料、工艺调研、分析的深入，使项目组对传统建筑彩画有了更科学更清晰的了解，对传统建筑彩画材料的再利用上升了一个新的高度。通过原彩画制作材料油满的配制、性能、耐久性、可操作性的充分分析、试验和评估，作为保护修复材料成功的使用在彩画原位保护修复中，保存了文物的原真性，厚地仗彩画的原位保护从不可能变为可能。殊像寺古建筑彩画原位保护修复材料及工艺的研究和确立不光针对承德地区清代彩画的保护，也对国内其他寺庙的古建筑彩画保护修复提供了科学的依据和范例。

8 参加人员

项目负责人 陈青
主要参加人员
中国文化遗产研究院：胡源

中国文化遗产研究院

优秀文物保护项目成果集（2011～2013）

第三编

2013年

简　介

2013年中国文化遗产研究院共组织完成了95个文物保护项目，其中保护规划项目40个，保护修复设计项目26个，保护维修设计项目15个，保护与展示设计项目14个。统计结果见图1。重大项目应县木塔底部三层结构加固方案也在2013年9月获国家文物局组织的专家论证会的原则通过。2013年有8个项目参评年度优秀文物保护项目评选。根据专家评审意见，经院党政联席会综合分析评估，评选出中国文化遗产研究院2013年度6个获奖的优秀文物保护项目。

一等奖：1项

1.中国大运河申报世界文化遗产文本与管理规划编制

大运河申遗是近年保护工作中具有开创性和挑战性的工作。该项目在大量调查研究和分析的基础上，按照世界遗产要求，梳理、总结了其突出普遍价值。更大的工作是在"管理规划"中解决了大运河在使用功能性需求与保护需求的关系。此项工作在国内已达到了领先水平。

二等奖：2项

1. 山西新绛福胜寺彩绘泥塑保护修复方案

该项目对福胜寺彩绘泥塑的保存状况进行了较为全面的调查，对文物的制作工艺和材料的检测分析、病害机理分析研究针对性较强，在实验室和现场试验的基础上，在灌浆材料工艺设计上具有创新性。

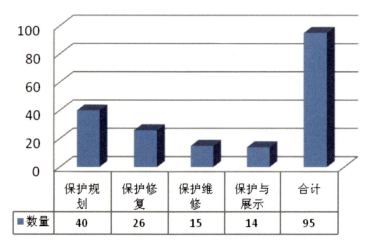

	保护规划	保护修复	保护维修	保护与展示	合计
■数量	40	26	15	14	95

图1 中国文化遗产研究院2013年完成文物保护项目类型统计

2.中国现代文学馆馆藏油画保护修复项目

该项目对拟修复油画的保存现状及病害分析较为扎实，保护修复技术路线清晰合理，修复工艺方法科学，材料选用得当，保护修复效果良好，具有一定的创新性，对同类油画的保护修复工作具有借鉴作用和示范意义。

三等奖：3项

1.青海玉树格萨尔三十大将军灵塔和达那寺维修工程设计

该项目属于边远艰苦地区的抗震救灾项目，项目负责人克服各种困难，从设计到现场配合施工，做了大量工作，并取得了较为丰富的现场经验。项目类型较复杂，设计工作具有一定的代表性，可为今后此类设计项目提供经验。

2.承德普宁寺善财龙女像科技保护方案

该项目对承德普宁寺善财龙女像的保存状况、制作材料与工艺进行了详细、全面的调查，病害机理分析针对性强，在保护修复及加固材料的选择上，对传统材料与现代材料进行了科学分析和比较试验，技术措施具有一定的创新性、针对性和示范性。

3.宁波"小白礁Ⅰ号"清代沉船现场保护设计

该项目调查及分析检测全面，并有较好的针对性，通过实验筛选出了较好的脱硫铁化合物的试验配方，并通过对样品的处理证明能满足文物保护的需求，具有一定的创新性。

中国大运河申报世界文化遗产文本与管理规划编制[1]

【摘要】

2014年6月22日，在卡塔尔多哈举行的联合国教科文组织第38届世界遗产委员会会议上，由中国文化遗产研究院任申遗文本和管理规划编制单位的中国世界文化遗产提名项目"中国大运河"被批准列入《世界遗产名录》，成为我国第32处世界文化遗产和第46处世界遗产。

中国大运河北起北京，南至浙江，是纵贯我国中东部平原的内陆水道系统，流经八个省市地区。大运河自公元前5世纪以来持续建造，到公元7世纪（隋朝）首次形成为我国统一的水路交通系统。这之后一系列巨大的工程，创造了工业革命之前世界上规模最大、范围最广的土木工程项目。大运河历经多个政权连续修建，是我国历史上内陆交通体系的主干道。长期以来在漕运体系管理下，大运河是运输粮食及战略性物资、征收赋税和控制交通的专用通道。大运河体系供应了百姓生存所需的粮食物资、促进了对领土的统一的管辖，并实现了部队的运输。大运河在公元13世纪（元朝）发展达到顶峰，形成为包含2000多公里人工河道的统一内陆航运网络，将黄河、长江等中国境内五大最重要的水系有机联系起来成为一个整体。历经两千余年的持续发展与演变，大运河直到今天仍发挥着重要的交通、运输、行洪、灌溉、输水等作用，是大运河沿线地区不可缺少的重要交通运输方式，自古至今在保障中国经济繁荣和社会稳定方面发挥了重要的作用。

依据历史上的分段和命名习惯，中国大运河共包括十大河段：通济渠段、卫河（永济渠）段、淮扬运河段、江南运河段、浙东运河段、通惠河段、北运河段、南运河段、会通河段、中河段。申报的系列遗产分别选取了各个河段的典型河道段落和重要遗产点，共包括中国大运河河道遗产27段，以及运河水工遗存、运河附属遗存、运河相关遗产共计58处遗产。这些遗产根据地理分布情况，分别位于31个遗产区内。

作为中国大运河申遗文本和管理规划的编制单位，中国文化遗产研究院从2006年开始，先后组织、承担了"空间信息技术在大遗址保护中的应用研究（以京杭大运河为例）"（国家科技支撑计划课题）、"大运河遗产保护规划编制第一阶段要求研究"（国家文物局课题）、"大运河突出普遍价值预研究"（国家文物局课题）等。由院配套资金开展的项目有："大运河遗产保护规划编制导则及实施方案研究""大运河淮安段遗产本体调查方法研究""大运河扬州段水利遗产真实性研究""大

---

1. 获2013年中国文化遗产研究院优秀文物保护项目一等奖。

运河遗产可持续发展利用研究——以淮扬区段和南运河为例"、"中国大运河申报世界文化遗产的保护与展示策略研究"等多项课题和工程项目，采用文献学、考古学、地理学等多种方法，辅以空间信息技术等先进手段，对大运河的遗存进行逐步调查研究，为运河全线开展遗产调查、保护和管理规划的编制提供客观科学依据。

2010年中国文化遗产研究院开始承担《大运河遗产保护与管理总体规划》编制工作以后，每年都列入院重点工作，由院领导亲自督办，组织了对3000多公里大运河沿线的遗产进行了全面调研、分析和评估，在编制了大运河相关保护措施、遗产利用与展示、遗产管理、遗产研究、遗产环境保护规划以及近期规划等内容的同时，也为大运河申报世界文化遗产工作打下了坚实的基础。通过八年多的坚持不懈、勇于创新的专业实践，中国文化遗产研究院为中国大运河的成功申遗提供了重要的学术和技术支撑，受到国家文物局、遗产地领导和公众、诸多领域专家的高度肯定和广泛认可。

1 遗产描述

1.1 发展阶段

中国大运河的主体工程主要集中在三个时期：一是春秋战国时期（公元前5～3世纪），各诸侯国出于战争和运输的需要竞相开凿运河，但都各自为政，规模不大，时兴时废，没有形成统一体系。这一时期最著名的事件是邗沟的开挖，它沟通了淮河与长江，成为中国大运河河道成型最早的一段，并作为重要的区域性交通要道得到不断的维护与经营。二是隋朝时期（公元7世纪初），为了连通南方经济中心和满足对北方的军事需要，在帝国政府统一的规划、建设和管理下，先后开凿了通济渠、永济渠，并重修江南运河和疏通浙东航道，从而将前一时期的各条地方性运河连接起来，形成了以国都洛阳为中心，北抵涿郡、南达宁波的大运河体系，完成了中国大运河的第一次全线贯通，并在唐代和宋代得到维系和发展。三是元朝时期（公元13世纪后期），由于中国的政治中心从关中地区迁移到北京，皇帝忽必烈组织开凿了会通河、通惠河等河道，从而将大运河改造为直接沟通北京与江南地区的内陆运输水道，形成中国大运河的第二次南北大沟通（图1）。明清两朝维系了大运河的这一基本格局，并进行了多次大规模的维护与修缮，使大运河一直发挥着漕粮北运、维系国家稳定繁荣等重要功能。

1.2 空间分布

中国大运河位于中国中东部，是世界上开凿时间较早、延用时间最久、规模最大的一条人工运河。它沿途经过北京、天津、河北、山东、安徽、河南、江苏、浙江等八个省级行政区，沟通了海河、黄河、淮河、长江、钱塘江五大水系。南北向运河北至北京、南至浙江杭州，纬度30°12′～40°00′；东西向运河西至河南洛阳、东至浙江宁波，经度112°25′～121°45′。

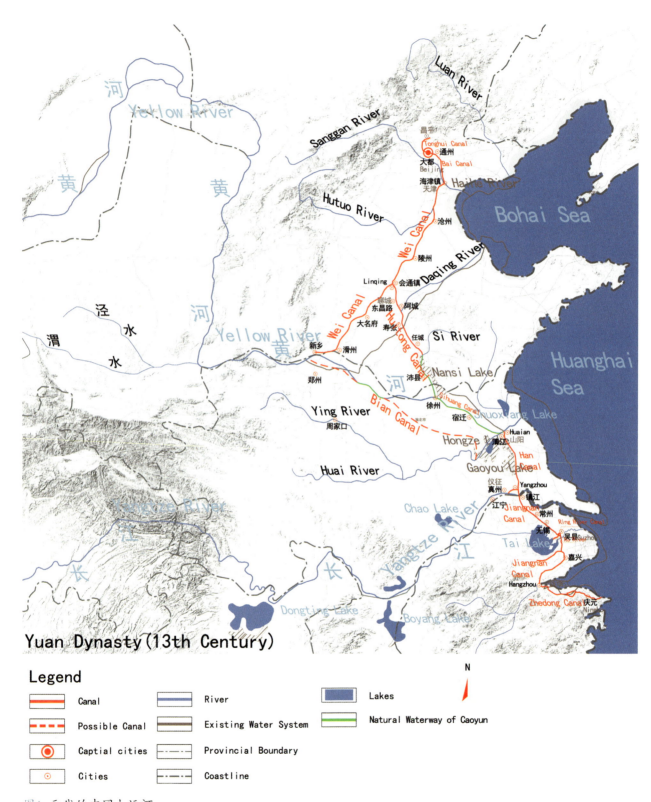

图1 元代的中国大运河

中国大运河沿途经过2个直辖市、6个省的 25 个市。申报的遗产区包括31个组成部分。面积总计73566 公顷，其中申报的遗产区为 20819 公顷，缓冲区为 52747 公顷（表1）。

表1 大运河沿线涉及省级、地级行政区及申报遗产列表

省/直辖市	地级市		申报遗产区
北京（直辖市）		TH-01	通惠河北京旧城段
		TH-02	通惠河通州段
天津（直辖市）		BY-01	北、南运河天津三岔口段
河北	沧州	NY-01	南运河沧州-衡水-德州段
	衡水	NY-01	南运河沧州-衡水-德州段
江苏	无锡	JN-02	江南运河无锡城区段
	常州	JN-01	江南运河常州城区段
	苏州	JN-03	江南运河苏州段
	淮安	HY-01	清口枢纽
		HY-02	总督漕运公署遗址
	扬州	HY-03	淮扬运河扬州段
	宿迁	ZH-02	中河宿迁段
浙江	杭州	JN-04	江南运河嘉兴-杭州段
		ZD-01	浙东运河杭州萧山-绍兴段
	宁波	ZD-02	浙东运河上虞-余姚段
		ZD-03	浙东运河宁波段
		ZD-04	宁波三江口
	嘉兴	JN-04	江南运河嘉兴-杭州段
	湖州	JN-05	江南运河南浔段
	绍兴	ZD-01	浙东运河杭州萧山-绍兴段
		ZD-02	浙东运河上虞-余姚段
安徽	淮北	TJ-06	柳孜运河遗址
	宿州	TJ-07	通济渠泗县段
山东	枣庄	ZH-01	中河台儿庄段
	济宁	HT-03	南旺枢纽
		HT-04	会通河微山段
	泰安	HT-03	南旺枢纽
	德州	NY-01	南运河沧州-衡水-德州段
	聊城	HT-01	会通河临清段
		HT-02	会通河阳谷段
河南	郑州	TJ-03	通济渠郑州段
	洛阳	TJ-01	含嘉仓160号仓窖遗址
		TJ-02	回洛仓遗址
	商丘	TJ-04	通济渠商丘南关段
		TJ-05	通济渠商丘夏邑段
	安阳	WH-01	卫河（永济渠）滑县浚县段
	鹤壁	WH-01	卫河（永济渠）滑县浚县段
		WH-02	黎阳仓遗址

1.3 类型构成

27段河道与58个遗产点，共计85个遗产要素按类型可进行如下划分：大运河由保障其运行的工程遗存、配套设施及管理设施遗存以及与其文化意义密切联结的相关古建筑群构成。其中：运河水工遗存（包括河道、湖泊）共63处；运河附属遗存包括配套设施、管理设施共9处；运河相关遗产包括相关古建筑群、历史文化街区共12处；由多处河道、水工设施、相关古建筑群或遗迹组成的综合遗存1处。总计85处（表2）。

①运河水工遗存包括河道、湖泊，共 63 处。其中：

－ 河道 27 处（包括在用、废弃的河道以及河道遗址）；

－ 湖泊 2 处；

－ 水工设施 34 处。

②运河附属遗存包括配套设施、管理设施，共 9 处。其中：

－ 配套设施 5 处；

－ 管理设施 4处。

③运河相关遗产包括相关古建筑群、历史文化街区，共 12 处。其中：

－ 相关古建筑群 6 处；

－ 历史文化街区 6 处。

④综合遗存 1 处，由多处河道、水工设施、相关古建筑群或遗迹组成。

表2 大运河遗产要素类型表

序号	组成部分名称	遗产要素	遗产要素类型		备注
			大类	小类	
1	含嘉仓160号仓窖遗址	含嘉仓160号仓窖遗址	运河附属遗存	配套设施	考古遗址
2	回洛仓遗址	回洛仓遗址	运河附属遗存	配套设施	考古遗址
3	通济渠郑州段	通济渠郑州段	运河水工遗存	河道	小部分为考古遗址
4	通济渠商丘南关段	通济渠商丘南关段	运河水工遗存	河道	考古遗址
5	通济渠商丘夏邑段	通济渠商丘夏邑段	运河水工遗存	河道	考古遗址
6	柳孜运河遗址	通济渠柳孜段	运河水工遗存	河道	考古遗址
		柳孜运河桥梁遗址	运河水工遗存	水工设施	考古遗址
7	通济渠泗县段	通济渠泗县段	运河水工遗存	河道	
8	卫河（永济渠）滑县浚县段	卫河（永济渠）滑县浚县段	运河水工遗存	河道	
9	黎阳仓遗址	黎阳仓遗址	运河附属遗存	配套设施	考古遗址

续表2

序号	组成部分名称	遗产要素	遗产要素类型		备注
			大类	小类	
10	清口枢纽	淮扬运河淮安段	运河水工遗存	河道	
		清口枢纽	综合遗存	河道、水工设施、相关古建筑群	考古遗址
		双金闸	运河水工遗存	水工设施	
		清江大闸	运河水工遗存	水工设施	
		洪泽湖大堤	运河水工遗存	水工设施	
11	总督漕运公署遗址	总督漕运公署遗址	运河附属遗存	管理设施	考古遗址
12	淮扬运河扬州段	淮扬运河扬州段	运河水工遗存	河道	
		刘堡减水闸	运河水工遗存	水工设施	考古遗址
		盂城驿	运河附属遗存	配套设施	
		邵伯古堤	运河水工遗存	水工设施	
		邵伯码头	运河水工遗存	水工设施	
		瘦西湖	运河水工遗存	湖泊	
		天宁寺行宫	运河相关遗产	相关古建筑群	
		个园	运河相关遗产	相关古建筑群	
		汪鲁门宅	运河相关遗产	相关古建筑群	
		盐宗庙	运河相关遗产	相关古建筑群	
		卢绍绪宅	运河相关遗产	相关古建筑群	
13	江南运河常州城区段	江南运河常州城区段	运河水工遗存	河道	
14	江南运河无锡城区段	江南运河无锡城区段	运河水工遗存	河道	
		清名桥历史文化街区	运河相关遗产	历史文化街区	
15	江南运河苏州段	江南运河苏州段	运河水工遗存	河道	
		盘门	运河水工遗存	水工设施	
		宝带桥	运河水工遗存	水工设施	
		山塘河历史文化街区（含虎丘云岩寺塔）	运河相关遗产	历史文化街区	
		平江历史文化街区（含全晋会馆）	运河相关遗产	历史文化街区	
		吴江古纤道	运河水工遗存	水工设施	
16	江南运河嘉兴-杭州段	江南运河嘉兴-杭州段	运河水工遗存	河道	
		长安闸	运河水工遗存	水工设施	考古遗址
		杭州凤山水城门遗址	运河水工遗存	水工设施	
		杭州富义仓	运河附属遗存	配套设施	
		长虹桥	运河水工遗存	水工设施	
		拱宸桥	运河水工遗存	水工设施	
		广济桥	运河水工遗存	水工设施	
		杭州桥西历史文化街区	运河相关遗产	历史文化街区	
17	江南运河南浔段	江南运河南浔段（頔塘故道）	运河水工遗存	河道	
		南浔镇历史文化街区	运河相关遗产	历史文化街区	

续表2

序号	组成部分名称	遗产要素	遗产要素类型		备注
			大类	小类	
18	浙东运河杭州萧山-绍兴段	浙东运河杭州萧山-绍兴段	运河水工遗存	河道	
		西兴过塘行码头	运河水工遗存	水工设施	
		八字桥	运河水工遗存	水工设施	
		八字桥历史文化街区	运河相关遗产	历史文化街区	
		古纤道	运河水工遗存	水工设施	
19	浙东运河上虞-余姚段	浙东运河上虞-余姚段（虞余运河）	运河水工遗存	河道	
20	浙东运河宁波段	浙东运河宁波段	运河水工遗存	河道	
21	宁波三江口	宁波庆安会馆	运河附属遗存	管理设施	
22	通惠河北京旧城段	通惠河北京旧城段（玉河故道）	运河水工遗存	河道	考古遗址
		澄清上闸	运河水工遗存	水工设施	
		澄清中闸	运河水工遗存	水工设施	
		什刹海	运河水工遗存	湖泊	
23	通惠河通州段	通惠河通州段	运河水工遗存	河道	
24	北、南运河天津三岔口段	北、南运河天津三岔口段	运河水工遗存	河道	
25	南运河沧州-衡水-德州段	南运河沧州-衡水-德州段	运河水工遗存	河道	
		连镇谢家坝	运河水工遗存	水工设施	
		华家口夯土险工	运河水工遗存	水工设施	
26	会通河临清段	会通河临清段	运河水工遗存	河道	
		临清运河钞关	运河附属遗存	管理设施	
27	会通河阳谷段	会通河阳谷段	运河水工遗存	河道	
		阿城下闸	运河水工遗存	水工设施	
		阿城上闸	运河水工遗存	水工设施	
		荆门下闸	运河水工遗存	水工设施	
		荆门上闸	运河水工遗存	水工设施	
28	南旺枢纽	会通河南旺枢纽段	运河水工遗存	河道	考古遗址
		小汶河	运河水工遗存	河道	引河
		戴村坝	运河水工遗存	水工设施	
		十里闸	运河水工遗存	水工设施	
		邢通斗门遗址	运河水工遗存	水工设施	考古遗址
		徐建口斗门遗址	运河水工遗存	水工设施	考古遗址
		运河砖砌河堤	运河水工遗存	水工设施	考古遗址
		柳林闸	运河水工遗存	水工设施	
		南旺分水龙王庙遗址	运河相关遗产	相关古建筑群	考古遗址
		寺前铺闸	运河水工遗存	水工设施	
29	会通河微山段	会通河微山段	运河水工遗存	河道	
		利建闸	运河水工遗存	水工设施	
30	中河台儿庄段	中河台儿庄段（台儿庄月河）	运河水工遗存	河道	
31	中河宿迁段	中河宿迁段	运河水工遗存	河道	
		龙王庙行宫	运河附属遗存	管理设施	

1.4 历史时空框架分析

大运河各段河道分段凿成，时有兴废。依据历史时期大运河的分段和命名习惯，大运河总体上分为：通济渠段、卫河（永济渠）段、淮扬运河段、江南运河段、浙东运河段、通惠河段、北运河段、南运河段、会通河段、中河段。10个河段由于所处地理环境、人文条件的不同，而具有各自鲜明的特点（表3）。

表3 大运河分段遗产特征表

名称	气候条件	流域背景	形成时期	繁盛时期	现状功能	河段特点
通济渠	温带季风气候	黄河、淮河流域	东汉	隋唐时期	行洪排水	开凿时间较早、规模较大、体现中国古代早期规划思想和建造工艺的技术高峰的重要河段
卫河（永济渠）	温带季风气候	黄河、海河流域	东汉	隋唐时期	行洪排水	开凿时间较早、具有关键性的军事战略意义的重要河段，是维系了中国中原与北方地区紧密联系的河段之一
淮扬运河	亚热带季风气候	长江、淮河流域	春秋	隋代元代明代清代	航运灌溉排涝	开凿时间较早、修建和维护历史较长、体现了受到运河影响的时空范围内大规模河湖变迁和运河逐渐人工化过程的河段
江南运河	亚热带季风气候	长江、钱塘江流域	春秋	隋代至清代	航运排涝	开凿时间较早、修建和维护历史较长、网状分布的河道系统
浙东运河	亚热带季风气候	钱塘江、曹娥江、甬江流域	春秋	宋代明代清代	航运排涝	连通了大运河与海上丝绸之路的段落
通惠河	温带季风气候	海河流域	元代	元代明代清代	行洪排水	大运河北方终点；对北京城市格局的形成具有重要的影响
北运河	温带季风气候	海河流域	东汉	元代明代清代	行洪排水	历史上见证海漕转运的节点
南运河	温带季风气候	海河流域	东汉	元代明代清代	行洪输水	以众多弯道工程降低纵比降保证航运畅通的河道
会通河	温带季风气候	海河、黄河、淮河流域	元代	元代明代清代	行洪排水	具有众多节制闸群、穿越大运河全段水脊的水利枢纽工程的河道
中河	温带季风气候	淮河流域	明代	明代清代	航运灌溉排涝	是完成大运河完全人工化的标志性河段

中国大运河是一个复杂变化的时空体系，由以上十个始建于不同年代、处于不同地区、各自相对独立发展演变的河段组成（图2）。这些河段大多历经了复杂的发展过程，其构成、主要特点在不同历史阶段存在着较大的差异。但7世纪和13世纪的两次大沟通，将这些河段改造、连接起来，组成了贯通中国南北的中国大运河，并持续运行了数个世纪，对中国和世界产生了巨大而深远的影响。迄今为止，淮扬运河、江南运河、浙东运河等河段依然作为在用的区域性航运河道，为中国的社会发展作出巨大的贡献。

1.5 历史格局保存状况及功能分析

依据历史和考古研究成果，现存的大运河遗产从春秋至清代的历史格局基本上是完整的。

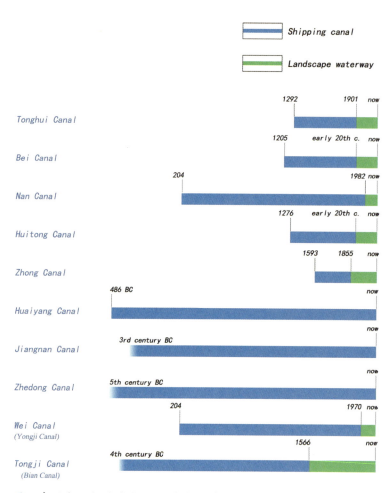

图2 中国大运河十大河段功能与保存现状示意图

①北京至杭州的京杭运河一线：河道和遗址基本完整。

－济宁以南，河道连续，局部新航道与老河道并存。

－北京、天津、河北境内仍有连续河道，并且发挥着重要的水利功能。

－山东境内的大运河不连续，根据现存的间断的河流与已调查确认的河道遗迹，仍可判定出元明清三代大运河的主要线路和完整的演进历史。

②洛阳至淮安的通济渠一线：河道约存 1/3，遗址呈点状分布。

－河南商丘以东至淮安现存连续河道及遗址，已经通过考古勘探确认。

－洛阳经郑州、开封至商丘之间，受历史上黄河摆动冲刷影响，河道遗址难以完全确认，但通过局部留存的驳岸、桥梁和古河道遗迹，仍可明确通济渠的大体线路。

③洛阳至临清的卫河系由历史上的白沟、永济渠、御河相继演进形成，持续利用至今。

④从杭州至宁波的西兴运河、山阴故水道、虞余运河、慈江、刹子港等河道，与曹娥江、姚江的部分段落一起构成了历史上浙东运河的主线。

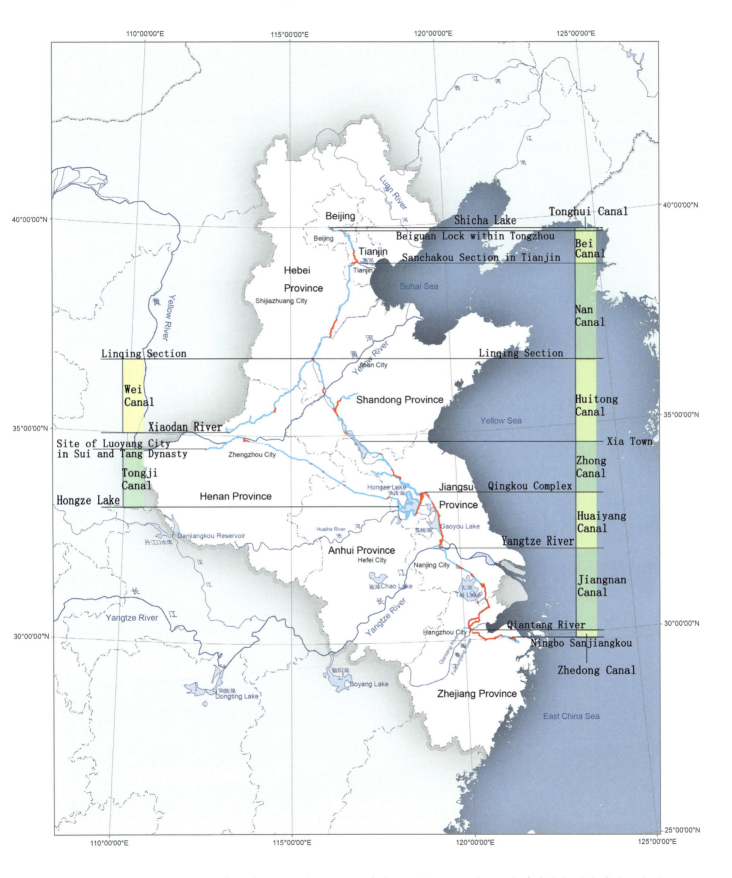

110°00'00"E　　**115°00'00"E**　　**120°00'00"E**　　**125°00'00"E**

40°00'00"N

Beijing
Beijing
Shicha Lake
Tonghui Canal
Beiguan Lock within Tongzhou
Bei Canal
Tianjin
Sanchakou Section in Tianjin
Tianjin
Hebei Province
Shijiazhuang City
Bohai Sea
Nan Canal
Luan River

Linqing Section
Linqing Section
Wei Canal
Shandong Province
Huitong Canal
Yellow Sea
Yellow River

35°00'00"N

Xiaodan River
Xia Town
Site of Luoyang City in Sui and Tang Dynasty
Zhong Canal
Tongji Canal
Zhengzhou City
Qingkou Complex
Jiangsu Province
Hongze Lake
Hongze Lake
Huaiyang Canal
Gaoyou Lake
Danjiangkou Reservoir
Huaihe River
Yangtze River
Henan Province
Anhui Province
Hefei City
Jiangnan Canal
Chao Lake
Nanjing City
Tai Lake
Yangtze River
Qiantang River
Yangtze River
Hangzhou City
Ningbo Sanjiangkou

30°00'00"N

Zhedong Canal
Zhejiang Province
Boyang Lake
Dongting Lake
East China Sea

25°00'00"N

图3 大运河十大历史河段与申报遗产点段（位于31处遗产区，含27段河道与58个遗产点）对应关系示意图

1.6 申报遗产的典型性与代表性

此次申报分别选取各个河段的典型河道段落和重要遗产点，共包括大运河河道遗产27段（长度总计1011公里）和遗产点58处（包括运河水工遗存、运河附属遗存、运河相关遗产等）。这些遗产根据地理分布情况，分别位于31个遗产区内（图3、4）。其中每处遗产区均包括了十大河段中最具有典型性和代表性的遗产，是十大河段的代表性段落，具有线路和位置关键、技术特征突出和历史意义重大等特征。所有组成部分联合为系列遗产整体而呈现的杰出品质，代表了中国大运河随着区域文明形态发展、演变的时空特征，能够支撑、展现大运河遗产蕴含的突出普遍价值（表4）。

表4 大运河十大河段与申报遗产区所具有的典型性与代表性

十大河段	河段特点	编号	遗产区名称	遗产区在十大河段中所具有的典型性和代表性
通济渠	开凿时间较早、规模较大、体现中国古代早期规划思想和建造工艺的技术高峰的重要河段	1	含嘉仓160号仓窖遗址	位于大运河历史端点之一——隋唐洛阳城皇城之内的皇家粮仓，其位置、储量与出土遗存证实了唐代大运河漕运与朝廷供给的重要关联
		2	回洛仓遗址	是大运河沿线的大型国家性漕仓之一，具有完整的仓城格局和众多仓窖遗址，反映了隋代大运河漕运的规模与相应的国家直属的仓储设施建设的情况
		3	通济渠郑州段	是仅有的两段通济渠现存河道之一，反映大运河河道的线路、走向，其考古遗存解释了早期运河的形态、规模以及通济渠与作为水源河道的黄河的关系
		4	通济渠商丘南关段	通济渠沿线重要的河道与水工遗存，展现了唐宋时期通济渠夯土驳岸的形制与工艺，以及通济渠巨大的河道规模，反映了河道历史的线路与走向
		5	通济渠商丘夏邑段	通济渠沿线重要的河道与水工遗存，展现了隋唐宋时期通济渠河道巨大的规模尺度，河堤的形制与工艺，反映了河道历史的线路与走向
		6	柳孜运河遗址	通济渠沿线重要的水工及桥梁构筑物遗存，出土的船只直接见证了运河漕运的事实，展现了隋唐宋时期河道的规模与走向，以及高超的石构水工技术
		7	通济渠泗县段	是仅有的两段通济渠现存河道之一，反映了通济渠河道夯土驳岸的形制与工艺，以及河道的线路与走向

续表4

十大河段	河段特点	编号	遗产区名称	遗产区在十大河段中所具有的典型性和代表性
卫河（永济渠）	开凿时间较早、具有关键性的军事战略意义的重要河段，是维系了中国中原与北方地区紧密联系的河段之一	8	卫河（永济渠）滑县浚县段	是卫河（永济渠）目前保留的最为典型的一段运河故道，反映了卫河（永济渠）河道的线路走向
		9	黎阳仓遗址	是大运河沿线的大型转运漕仓之一，位于黄河与永济渠之间，战略位置重要，始建于隋沿用至北宋。体现了隋至宋，由仓到库的形制变化，以及永济渠重要的军事战略位置
淮扬运河	运河修建和维护历史较长、体现了受到运河影响的时空范围内大规模河湖变迁和运河逐渐人工化过程的河段	10	清口枢纽	是为了解决运河会淮穿黄的难题而建设的大型综合性水利枢纽，是大运河上最具科技价值的节点之一，持续维护运行了200多年
		11	总督漕运公署遗址	现存最重要的漕运管理机构遗址
		12	淮扬运河扬州段	是延续使用时间最长的河段之一，见证了大运河沿线的河湖水系变迁以及运河初期借湖行运，后期与自然水系逐渐脱离的过程
江南运河	体现了特定自然环境条件下线路规划的合理性，表现了中国古代高超的水工设计、施工、管理技术成就	13	江南运河常州城区段	是南方城区段运河的典型段落，反映了城市与运河相伴相生的特点
		14	江南运河无锡城区段	
		15	江南运河苏州段	是延续使用时间最长的河段之一，反映了城市与运河相伴相生的特点，城市因运河而繁荣的过程，以及太湖水系对运河的影响，也是当前大运河在运量方面最繁忙的黄金水道
		16	江南运河嘉兴-杭州段	是延续使用时间最长的河段之一，是江南水网地区的网状运道物证。反映了城市与运河相伴相生的特点，城市因运河而繁荣的过程，是大运河沟通钱塘江水系的段落
		17	江南运河南浔段	是完好保存的江南运河支线的河道，反映了城市与运河相伴相生的特点，以及运河带来的区域繁荣
浙东运河	连通了大运河与海上丝绸之路的段落	18	浙东运河杭州萧山-绍兴段	见证了运河沟通钱塘江与曹娥江的重要交通枢纽，是大运河沿用时间最长的段落之一
		19	浙东运河上虞-余姚段	是沟通了曹娥江与姚江的重要河段，对两岸的经济繁荣具有重要影响
		20	浙东运河宁波段	为避免潮汐影响而建造的航道，反映为了应对潮汐问题大运河作出的应对
		21	宁波三江口	中国大运河整体的终点，是大运河宋代以来连接海上丝绸之路的连接点

续表4

十大河段	河段特点	编号	遗产区名称	遗产区在十大河段中所具有的典型性和代表性
通惠河	大运河北方终点；对北京城市格局的形成具有重要的影响	22	通惠河北京旧城段	包含了元明清时期中国大运河的北方终点段落——什刹海以及通往什刹海的玉河故道，也见证着运河规划设计对城市形态、格局的影响
		23	通惠河通州段	位于通惠河与北运河交汇的节点位置，是明清两代大运河漕运的转运关键节点
北运河	历史上见证海漕转运的节点	24	北、南运河天津三岔口段	北方城区运河典型段落之一，南运河与北运河的交接处，见证海漕转运的节点
南运河	以众多弯道工程降低纵比降保证航运畅通的河道	25	南运河沧州—衡水—德州段	南运河三弯抵一闸技术的典型例证，包括了现存完好的清代运河夯土水工设施遗存
会通河	具有众多节制闸群、穿越大运河全段水脊的水利枢纽工程的河道	26	会通河临清段	位于会通河与卫河（永济渠）、南运河交汇的关键位置，并包括了申报遗产中唯一的钞关遗存
		27	会通河阳谷段	集中体现了会通河作为"闸河"特点的典型段落
		28	南旺枢纽	是为了解决大运河跨越水脊难题而建设的大型综合性水利枢纽，大运河上最具科技价值的节点之一
		29	会通河微山段	大运河全段唯一一段湖中运道，是大运河为摆脱借黄河行运而开凿的河段，体现了大运河沿线人工干预下的河湖水系变迁以及运河工程与之相适应的演进历程
中河	是完成大运河完全人工化的标志性河段	30	中河台儿庄段	是北方城区运河典型段落之一
		31	中河宿迁段	是大运河为摆脱借黄河行运，而开凿的河段，中河的建成标志着大运河全段实现了完全的人工控制

2 列入理由

2.1 列入标准

2.1.1 符合标准（Ⅰ）

代表人类创造精神的杰作。

大运河是人类历史上超大规模水利工程的杰作。大运河以其世所罕见的时间与空间尺度，证明了人类的智慧、决心与勇气，是在农业文明技术体系之下难以想象的人类非凡创造力的杰出例证。

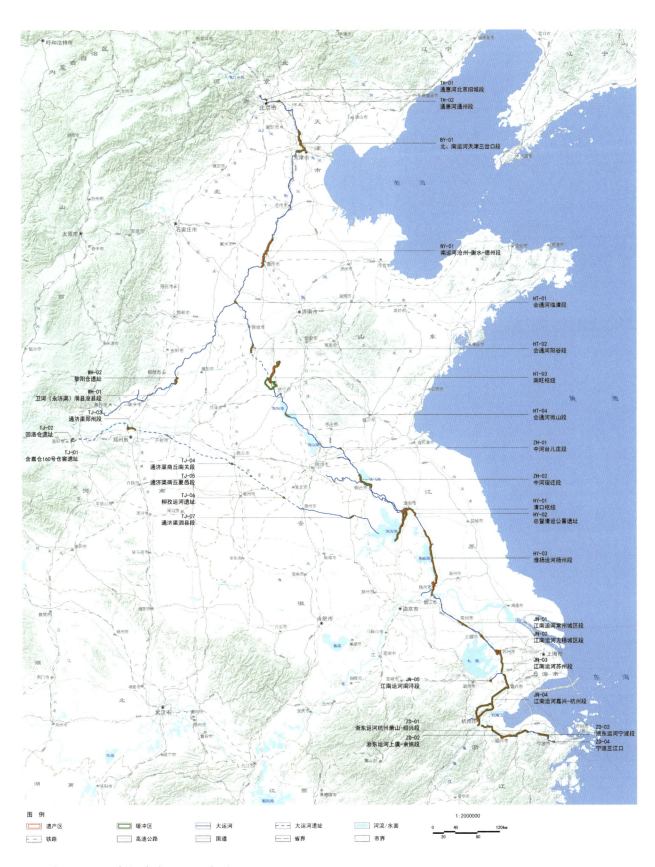

图4 中国大运河申报遗产区位示意图

大运河创造性地将零散分布的、不同历史时期的区间运河连通为一条统一建设、维护、管理的人工河流，这是人类最伟大的设想之一。它跨越五大流域与浩瀚国土，克服巨大高差与复杂地形，穿越时空，今天仍生生不息。大运河的选线、定位、施工与维护在当时的历史时期和科技条件下，是难以想象的创举，它的历史功绩直至现在仍令人叹服不已。

大运河为解决高差问题、水源问题而形成的重要工程实践是开创性的技术实例，是世界水利工程史上的伟大创造。

大运河是超大规模、持续开发的的巨系统工程，是人类农业文明时代工程技术领域的天才杰作。

2.1.2 符合标准（Ⅱ）

能为现存的或已消逝的文明或文化传统提供独特的或至少是特殊的见证。

大运河见证了中国历史上已消逝的一个特殊的制度体系和文化传统——漕运的形成、发展、衰落的过程以及由此产生的深远影响。

漕运是大运河修建和维护的动因，大运河是漕运的载体。大运河线路的改变明显地受到政治因素的牵动与影响，见证了随着中国政治中心和经济中心改变而带来的不同的漕运要求。

大运河沿线现存的河道、水工设施、配套设施是漕运这一已消逝的文化传统的最有力见证。此外，与之相关的大量历史文献和出土文物进一步佐证了大运河与漕运的密切关系。

由于漕运的需求，深刻影响了都城与沿线工商业城市的形成与发展，围绕漕运而产生的商业贸易，促进了大运河沿线地区的兴起、发展与繁荣，也在大运河相关遗产中得到呈现。

2.1.3 符合标准（Ⅲ）

是一种建筑、建筑群、技术整体或景观的杰出范例，展现历史上一个（或几个）重要发展阶段。

大运河是世界运河史上的突出、独特范例，它展现了农业文明时期人工运河发展的悠久历史阶段和巨大的影响力，代表了工业革命前土木工程的杰出成就。

大运河是世界上延续使用时间最久、空间跨度最大的运河，被《国际运河古迹名录》列入作为世界上"具有重大科技价值的运河"，是世界运河工程史上的里程碑。

大运河从7世纪形成第一次大沟通直至19世纪中期不断发展和完善。针对大运河开展的工程难以计数，几乎聚集了人工水道和水工程的规划、设计、建造技术在农业文明时期的全部发展成就。

作为农业文明时期的大型工程，大运河展现了随着土木工程技术的发展，人工控制程度得以逐步增强的历史进程。

现存的运河遗产类型丰富，全面地展现了传统运河工程的技术特征和发展历史。

大运河所在区域的自然地理状况异常复杂，开凿和工程建设中产生了众多因地制宜、因势利导的具有代表性的工程实践，并联结为一个技术整体，以其多样性、复杂性和系统性，体现了具有中国文明特点的工程技术体系，是农业文明时期大型工程的最高成就。

作为公元7世纪至19世纪中国最重要的运输干线，大运河显示了水路运输在国家和区域发展、环境变迁与文化交流方面最强大、深远的影响力。

大运河为建构与巩固大一统的帝国文明创造了条件。

大运河改变并塑造了沿线广大区域的自然环境。

大运河造成了中国东中部的大沟通和大交流，并与丝绸之路和海上丝绸之路的重要节点都会洛阳、明州相联系，成为沟通陆海丝绸之路的内陆航运通道，在文化交流方面产生了深远的影响。

2.1.4 符合标准（Ⅳ）

与具有突出的普遍意义的事件、文化传统、观点、信仰、艺术作品或文学作品有直接或实质的联系。

大运河是中国自古以来的大一统思想与观念的印证，并作为庞大农业帝国的生命线，对国家大一统局面的形成和巩固起到了重要的作用。

大运河通过对沿线风俗传统、生活方式的塑造，与运河沿线广大地区的人民产生了深刻的情感关联，成为沿线人们共同认可的"母亲河"。

2.2 真实性与完整性

依据价值载体与属性分析进行评估，大运河遗产构成的完整性良好（表5）。具体体现在：

①水工遗存和附属遗存生动描绘出隋唐宋、元明清两次大贯通时期漕粮运输系统的格局、线路、运行模式，并且共同勾勒出大运河自春秋至今清晰、完整的演进历程。

②水工设施和工程枢纽体现了传统运河工程的创造性和技术体系的典范性。

表5 大运河遗产要素真实性与完整性评估表

序号	组成部分名称	遗产要素	真实性					保存完好程度
			外形和设计	材料和实体	用途和功能	位置和方位	精神和感觉	
1	含嘉仓160号仓窖遗址	含嘉仓160号仓窖遗址	▲	▲	—	▲	▲	∷
2	回洛仓遗址	回洛仓遗址	▲	▲	—	▲	▲	∷
3	通济渠郑州段	通济渠郑州段	▲	▲	▲	▲	▲	●
4	通济渠商丘南关段	通济渠商丘南关段	▲	▲	—	▲	△	∷
5	通济渠商丘夏邑段	通济渠商丘夏邑段	▲	▲	—	▲	△	∷
6	柳孜运河遗址	通济渠柳孜段	▲	▲	—	▲	▲	∷
		柳孜运河桥梁遗址	▲	▲	—	▲	▲	∷
7	通济渠泗县段	通济渠泗县段	▲	▲	▲	▲	▲	●

续表5

序号	组成部分名称	遗产要素	真实性					保存完好程度
			外形和设计	材料和实体	用途和功能	位置和方位	精神和感觉	
8	卫河（永济渠）滑县浚县段	卫河（永济渠）滑县浚县段	▲	▲	▲	▲	▲	●
9	黎阳仓遗址	黎阳仓遗址	▲	▲	—	▲	△	∷
10	清口枢纽	淮扬运河淮安段	▲	▲	▲	▲	▲	●
		清口枢纽	▲	▲	—	▲	▲	∷
		双金闸	▲	▲	▲	▲	▲	○
		清江大闸	▲	▲	▲	▲	▲	●
		洪泽湖大堤	▲	▲	▲	▲	▲	●
11	总督漕运公署遗址	总督漕运公署遗址	▲	▲	—	▲	▲	∷
12	淮扬运河扬州段	淮扬运河扬州段	▲	▲	▲	▲	▲	●
		刘堡减水闸	▲	▲	—	▲	▲	∷
		盂城驿	▲	▲	—	▲	▲	●
		邵伯古堤	▲	▲	▲	▲	▲	●
		邵伯码头	▲	▲	▲	▲	▲	●
		瘦西湖	▲	▲	▲	▲	▲	●
		天宁寺行宫	▲	▲	—	▲	▲	●
		个园	▲	▲	▲	▲	▲	●
		汪鲁门宅	▲	▲	—	▲	▲	●
		盐宗庙	▲	▲	—	▲	▲	●
		卢绍绪宅	▲	▲	▲	▲	▲	●
13	江南运河常州城区段	江南运河常州城区段	▲	▲	▲	▲	▲	●
14	江南运河无锡城区段	江南运河无锡城区段	▲	▲	▲	▲	▲	●
		清名桥历史文化街区	▲	▲	▲	▲	▲	●
15	江南运河苏州段	江南运河苏州段	▲	▲	▲	▲	▲	●
		盘门	▲	▲	—	▲	▲	●
		宝带桥	▲	▲	▲	▲	▲	●
		山塘河历史文化街区（含虎丘云岩寺塔）	▲	▲	▲	▲	▲	●
		平江历史文化街区（含全晋会馆）	▲	▲	▲	▲	▲	●
		吴江古纤道	▲	▲	▲	▲	▲	●

续表5

序号	组成部分名称	遗产要素	真实性					保存完好程度
			外形和设计	材料和实体	用途和功能	位置和方位	精神和感觉	
16	江南运河嘉兴-杭州段	江南运河嘉兴-杭州段	▲	▲	▲	▲	▲	●
		长安闸	▲	▲	—	▲	▲	::
		杭州凤山水城门遗址	▲	▲	—	▲	▲	::
		杭州富义仓	▲	▲	▲	▲	▲	●
		长虹桥	▲	▲	▲	▲	▲	●
		拱宸桥	▲	▲	▲	▲	▲	●
		广济桥	▲	▲	▲	▲	▲	●
		杭州桥西历史文化街区	▲	▲	▲	▲	▲	●
17	江南运河南浔段	江南运河南浔段（頔塘故道）	▲	▲	▲	▲	▲	●
		南浔镇历史文化街区	▲	▲	▲	▲	▲	●
18	浙东运河杭州萧山-绍兴段	浙东运河杭州萧山-绍兴段	▲	▲	▲	▲	▲	●
		西兴过塘行码头	▲	▲	▲	▲	▲	●
		八字桥	▲	▲	▲	▲	▲	●
		八字桥历史文化街区	▲	▲	▲	▲	▲	●
		古纤道	▲	▲	—	▲	▲	●
19	浙东运河上虞-余姚段	浙东运河上虞-余姚段（虞余运河）	▲	▲	▲	▲	▲	●
20	浙东运河宁波段	浙东运河宁波段	▲	▲	▲	▲	▲	●
21	宁波三江口	宁波庆安会馆	▲	▲	—	▲	▲	●
22	通惠河北京旧城段	通惠河北京旧城段（玉河故道）	▲	▲	▲	▲	▲	::
		澄清上闸	▲	▲	▲	▲	▲	○
		澄清中闸	▲	▲	▲	▲	▲	○
		什刹海	▲	▲	▲	▲	▲	●
23	通惠河通州段	通惠河通州段	▲	▲	▲	▲	▲	●
24	北、南运河天津三岔口段	北、南运河天津三岔口段	▲	▲	▲	▲	▲	●
25	南运河沧州-衡水-德州段	南运河沧州-衡水-德州段	▲	▲	▲	▲	▲	●
		连镇谢家坝	▲	▲	▲	▲	▲	●
		华家口夯土险工	▲	▲	▲	▲	▲	●

续表5

序号	组成部分名称	遗产要素	真实性					保存完好程度
			外形和设计	材料和实体	用途和功能	位置和方位	精神和感觉	
26	会通河临清段	会通河临清段	▲	▲	▲	▲	▲	●
		临清运河钞关	▲	▲	—	▲	▲	○
27	会通河阳谷段	会通河阳谷段	▲	▲	▲	▲	▲	●
		阿城下闸	▲	▲	▲	▲	▲	○
		阿城上闸	▲	▲	▲	▲	▲	○
		荆门下闸	▲	▲	▲	▲	▲	○
		荆门上闸	▲	▲	▲	▲	▲	○
28	南旺枢纽	会通河南旺枢纽段	▲	▲	—	▲	▲	∷
		小汶河	▲	▲	▲	▲	▲	○
		戴村坝	▲	▲	▲	▲	▲	●
		十里闸	▲	▲	▲	▲	▲	○
		邢通斗门遗址	▲	▲	—	▲	▲	∷
		徐建口斗门遗址	▲	▲	—	▲	▲	∷
		运河砖砌河堤	▲	▲	—	▲	▲	∷
		柳林闸	▲	▲	▲	▲	▲	○
		南旺分水龙王庙遗址	▲	▲	—	▲	▲	∷
		寺前铺闸	▲	▲	▲	▲	▲	○
29	会通河微山段	会通河微山段	▲	▲	▲	▲	▲	○
		利建闸	▲	▲	—	▲	▲	○
30	中河台儿庄段	中河台儿庄段（台儿庄月河）	▲	▲	▲	▲	▲	●
31	中河宿迁段	中河宿迁段	▲	▲	▲	▲	▲	●
		龙王庙行宫	▲	▲	—	▲	▲	●

真实性评估：▲真实性良好 △真实性较好 —与此项特征无关
保存完好程度评估：●基本完好 ○主体基本完好 ∷遗址保存完好

③遗产要素可以充分证实相关史料记载的历史上的大运河的用途和功能、当前的大运河的多种社会实用价值，并且展现了大运河在用地、景观和文化等方面对沿线区域的巨大影响。

依据《实施世界遗产公约的操作指南》（2011年）和《奈良真实性文件》（1994年），"大运河"的真实性与下列特征相关：

－各项遗产要素的外形和设计、材料和实体；

－当前有实用功能的遗产要素的用途和功能；

－各组成部分的位置和布局、精神和感觉。

3 保护和管理要求

中国各级政府和各相关主管部门依据《中华人民共和国文物保护法》等相关法律法规、中国文化部颁布实施的《大运河遗产保护管理办法》等部门规章以及地方人民政府颁布实施的地方性专项法规、规章，采取有效的保护措施和管理手段，使大运河得到妥善保护。国务院于2006年将京杭大运河[1]整体公布为第六批全国重点文物保护单位，涵盖了遗产要素中的18段河道和49处遗产点[2]。国家文物局已根据相关省级人民政府的推荐，将隋唐大运河[3]、浙东运河遗产整体纳入大运河项目，并报请国务院公布为第七批全国重点文物保护单位，涵盖了遗产要素中的其他9段河道和9处遗产点[4]。

国务院于2013年上半年公布第七批全国重点文物保护单位，这使大运河遗产全部纳入全国重点文物保护单位，受到中国法律最高级别的严格保护。

按照国务院确定的职能分工，国务院文物主管部门主管大运河遗产的整体保护工作，并与其他主管部门合作，依法在各自的职责范围内开展相关工作。大运河沿线各省（直辖市）、市人民政府，负责本地区的大运河遗产保护工作，并领导、协调本地区的文物、交通、水利等各相关主管部门依法在各自的职责范围内开展大运河遗产保护工作。

经中国国务院批准，中国文化部、国家文物局牵头，13个国务院主管部门和大运河沿线8个省、直辖市人民政府共同设立了大运河保护和申遗省部际会商小组，负责研究协调解决大运河保护和申遗工作中的重大问题，研究制定促进大运河保护和申遗的制度、措施，分析大运河保护与申遗的形势，部署相关工作，审定大运河保护规划，监督、督促大运河保护和申遗工作的实施。中国文化部部长任会商小组组长，国家文物局局长任会商小组副组长，中国国务院各主管部门分管的副部长、省、直辖市人民政府的分管副省长、副市长为会商小组成员。会商小组下设办公室作为办事机构，国家文物局局长兼任办公室主任，国务院各主管部门相关司长、省、直辖市文物局局长为联络员。会商小组及其办公室定期召开会议，研究协调大运河保护和申遗工作事项。

大运河保护和申遗省部际会商小组颁布实施了涵盖大运河全线的《大运河遗产保护与管理总体规划》，以及涵盖大运河申报世界文化遗产范围的《"大运河"遗产管理规划》。大运河沿线各省（直辖市）、市人民政府分别颁布实施了本辖区的省级和市级大运河遗产保护规划，以及重要遗产点的专项保护规划，形成了覆盖全面、指导性强的保护规划体系。

因此，申报的遗产区和缓冲区的保护都有充分的法律保障，并依据相关的保护管理规划进行保护。大运河遗产的保护和管理，实行规划、实施、监管、评估和反馈的循环机制，通过相关规划的制定、实施和修编，不断整合、优化这一遗产所涉及的各种保护称号的积极作用。

1．京杭大运河为现代对北京至杭州一线运河的通称，包括历史上的通惠河、北运河、南运河、会通河、中河、淮扬运河与江南运河7个河段。
2．其中5处遗产点在2006年之前分别被公布为第三、四、五批全国重点文物保护单位。
3．隋唐大运河为现代对隋至宋时期以洛阳为中心连通南北的运河的通称，包括历史上的永济渠与通济渠河段。
4．其中4处河道、7处遗产点目前已分别被公布为第三、第五批全国重点文物保护单位，或省级、市县级文物保护单位。

大运河遗产保护是一项跨行业、多领域的工作，涉及文物、交通、水利、环保、国土、建设等各领域相关机构和众多利益相关者。为此，中国各级政府建立了有效的会商机制，协调大运河遗产保护所涉及的多个行业的重大问题、明确相关部门和地区在大运河遗产保护工作中的职责分工、加强不同领域之间的交流和合作。在国家层面建立了省部际会商小组，在地方层面也建立了相应的省（直辖市）、市级的大运河保护和申遗领导小组（会商小组），定期召开会议，审议大运河遗产保护的法规草案、规划、重点工作安排等重大事项，使这些工作都能得到及时、有效的协调。

大运河沿线各城市人民政府设立了大运河保护与申遗城市联盟。城市联盟联合制定并签署了《关于保护大运河遗产的联合协定》，明确规定了城市联盟的合作机制以及大运河遗产保护的相关要求。城市联盟定期召开会议，研究和协调大运河保护与申遗跨区域合作的重大事项。

遗产区跨行政区域边界的，其毗邻的县级以上地方人民政府通过相关部门联席会议、城市联盟会议等方式，研究解决大运河保护中的合作和协助事宜。

4 突出普遍价值声明

中国大运河是世界唯一一个为确保粮食运输安全，以达到稳定政权、维持帝国统一的目的，由国家投资开凿、国家管理的巨大运河工程体系。它是解决中国南北社会和自然资源不平衡的重要措施，实现了在广大国土范围内南北资源和物产的大跨度调配，沟通了国家的政治中心与经济中心，促进了不同地域间的经济、文化交流，在国家统一、政权稳定、经济繁荣、社会发展等方面发挥了不可替代的作用，产生了重要的影响。大运河也是一个不断适应社会和自然变化的动态性工程，是一条不断发展演进的运河。

大运河的开凿肇始于公元前5世纪的春秋时期，隋代完成第一次全线贯通，形成隋唐宋时期以洛阳为中心沟通中国南方北方的大运河。元代由于中国政治中心的迁移，将大运河改线为直接沟通北京与南方地区，形成元明清时期第二次大沟通。大运河历经两千余年的持续发展与演变，直到今天仍发挥着重要的交通与水利功能。

大运河地跨北京、天津、河北、山东、江苏、浙江、河南和安徽8个省级行政区，跨越三千多公里，沟通了海河、黄河、淮河、长江、钱塘江五大水系。

大运河在自隋贯通后长达一千四百余年的时间里，针对不同的自然、社会条件变迁，作出了有效的应对，开创了很多古代运河工程技术的先河，形成了在农业文明时代特有的运河工程范例。大运河以世所罕见的时间与空间尺度，展现了农业文明时期人工运河发展的悠久历史阶段，代表了工业革命前运河工程的杰出成就。

依托大运河持续运行的漕运这一独特的制度和体系，跨越多个朝代，运行了一千多年，是维系封建帝国的经济命脉，体现了以农业立国的集权国家独有的漕运文化传统，显示了水路运输对于国家和区域发展的强大影响力，见证了古代中国在政治、经济、社会等诸多方面的发展历程，在历史时空上刻下了深深的文明印记。

大运河是中国春秋战国以来"大一统"政治理想的印证，更加强了地区间、民族间的文化交流，推动了中国作为统一多民族国家的形成。大运河促进了沿线城市聚落的形成与繁荣，与重要城市的形成与发展密切相关，并塑造了沿岸人民独特的生活方式，直至今天成为中国人民心目中的"母亲河"。

中国的大运河由于其广阔的时空跨度、巨大的成就、深远的影响而成为文明的摇篮。

历经两千余年的持续发展与演变，大运河直到今天仍发挥着重要的交通、运输、行洪、灌溉、输水等作用，是大运河沿线地区不可缺少的重要交通运输方式。

大运河因其独有的技术特征、文化传统而与其他重要的人工水道，包括已列入《世界遗产名录》或《世界遗产预备名单》的运河遗产有着较大的差异，具备本身不可取代的特征和成就。

依据历史上的分段和命名习惯，大运河的河道遗存与其沿线遗产总体上分为10个河段：通济渠段、卫河（永济渠）段、淮扬运河段、江南运河段、浙东运河段、通惠河段、北运河段、南运河段、会通河段、中河段。此次申报分别选取各个河段的典型河道段落和重要遗产点，共包括大运河河道遗产27段（长度总计1011公里），以及运河水工遗存、运河附属遗存、运河相关遗产共计58处遗产。这些遗产根据地理分布情况，分别位于31个组成部分内。

大运河满足《实施世界遗产公约操作指南》关于遗产完整性的要求，申报的大运河遗产展现出大运河从春秋至清代的完整历史时空演进格局，十大河段都有代表性段落与节点分布在遗产区内，遗产类型完备而丰富，遗产区足够大，符合整体性、无缺憾性要求。大运河遗产各组成部分有实质性的功能上的联系，对大运河遗产整体的突出普遍价值均有着独特的和不可或缺的贡献。因此，大运河遗产符合完整性要求。

大运河遗产目前在用河道仍具有至关重要的航运和水利功能，反映了大运河作为活态遗产的特点。由于历史与自然原因而成为遗址状态的河道、水工、管理设施等遗存具有真实的位置、环境和材质，反映了大运河的设计、功能和技术。城市历史水系、历史街区等具有真实的位置、功能和格局，真实的承载了大运河作为沿线民众精神家园所带来的归属感。大运河遗产符合真实性要求。

大运河遗产现状保存良好，现中河段、淮扬运河段、江南运河段、浙东运河段仍通航，其他河段主要发挥着行洪、输水及灌溉的功能，会通河段、卫河（永济渠）段、通济渠（汴河）段有部分河道为遗址状态。各遗产点包括水工设施遗存、配套管理设施遗存、相关历史文化遗存等也得到了较好的保护。

大运河所在的省、市政府和民众以及中国中央政府的相关机构，都充分地意识到了大运河遗产的意义和价值，制定了周密的保护管理政策、法规和协调机制，将把这一处遗产持久地、完整地保护传续下去。

综上所述，希望中国大运河可以被认为具有世界文化遗产的突出普遍价值，并具有了被申请列入《世界遗产名录》的条件。

5 参加人员

项目负责人　张谨

主要参加人员

中国文化遗产研究院：赵云、王喆、吴婷、崔明、冯辽、王晶、彭雪、许凡

国信司南地理信息技术有限公司：许礼林、张景景、赵玉光、战大敏

青海玉树格萨尔三十大将军灵塔
和达那寺维修工程设计[1]

【摘要】

　　青海玉树州格萨尔三十大将军灵塔和达那寺维修工程，是玉树州震后文物抢险中距离最远、海拔最高的维修工程项目。本文对该项目的维修工程勘察报告、设计方案进行了归纳整理，对工程设计整体思路和项目难点进行了阐述和分析，对有代表性的工程做法进行了介绍。针对该项目在工程实施过程中险情持续发生的情况，设计人员及时调整和补充设计方案，保证了工程顺利完成，为今后类似文物保护工程设计项目的开展实施提供有益的借鉴。

1 项目背景

　　2010年4月14日青海玉树州发生7.1级地震，位于玉树州囊谦县的全国重点文物保护单位——格萨尔三十大将军灵塔和达那寺在这次地震中受损严重。受青海省文物局的委托，中国文化遗产研究院承担了格萨尔三十大将军灵塔和达那寺维修工程设计任务。

2 项目概况

　　格萨尔三十大将军灵塔和达那寺位于青海省玉树藏族自治州囊谦县吉尼赛乡麦曲村达那山，距囊谦县城约200公里，地处偏僻，仅有乡级公路相通，道路每年雨季受山体滑坡影响，经常被阻断，交通极为不便。

　　格萨尔三十大将军灵塔和达那寺，原为苯教寺院，在南宋时期改奉叶巴噶举派。格萨尔三十大将军灵塔分别建在达那山靠近顶部山崖的两处石崖洞窟中，两洞相距约500米，南洞窟建有11座灵塔，北洞窟建有31座灵塔，灵塔群平面布局呈不规则排列，依山势地形，依次由外向里而建（图1）。

　　达那寺位于达那山山腰处，依山势而建，由百柱殿、叶巴经堂、小经堂、帕木竹巴灵塔殿、三十将军殿、尕吾拉康等建筑组成，各主要建筑组成小组群，远远望去，整个寺院层层叠叠、错落有致、宏伟壮观（图2）。

---

1. 获2013年中国文化遗产研究院优秀文物保护项目三等奖。

图1 格萨尔三十大将军灵塔北窟　　　　　　图2 达那寺全貌

3 文物价值与评估

格萨尔三十大将军灵塔历史悠久，文化积淀丰厚，经¹⁴C检测，灵塔为宋代古建筑遗存。从初步研究成果来看，格萨尔三十大将军灵塔和达那寺藏有大量与格萨尔相关的文物遗物，对格萨尔英雄史诗研究及藏传佛教史的研究提供了重要的历史信息、资料线索和历史文物实证，具有极高的历史研究价值。

格萨尔三十大将军灵塔群，是青藏地区藏式灵塔中的一种"群组式灵塔"，其建筑形式不仅传承了唐代晚期印度佛塔和藏式灵塔的营造风格，又是一种别具风格的藏传佛教建筑艺术。塔群布局依山就势，布置灵活，或单体，或两塔、三塔连体，或依岩壁而布置，或利用洞壁的凹龛而筑。建筑构筑较为完整严谨的同时，又不失灵动机巧。作为灵塔群组形式，在青藏地区是极少见的的，具有较高的科学研究价值。

从灵塔所包含的内在意义上理解，它也是藏传佛教的一种象征物，与藏族的火葬、塔葬一脉相承，是研究藏传佛教灵塔建筑及葬式历史发展、藏传佛教建筑及装修艺术、藏族建筑历史乃至藏族民族、民俗、文学发展等的重要实物例证。

达那寺迄今已有八百多年的历史，由藏传佛教著名高僧、帕竹噶举创始人帕摩竹巴的高徒桑吉叶巴·意西泽巴创建。达那寺建筑布局较为完整，现存平面基本延续了建寺初期的建筑布局，具有较好的连续性和完整性。单体建筑形式多样，结构精巧，装饰丰富，具有较高的科学研究价值。达那寺所展示出的藏式传统建筑工艺，是一笔丰厚的文化遗产。

4 格萨尔三十大将军灵塔维修工程设计方案

格萨尔三十大将军灵塔维修工程是玉树灾后文物维修中海拔最高的项目，设计人员2011年5月初到达现场时，山上积雪有半米多深，由于到达灵塔没有道路，只能慢慢摸索踩着岩石行走，非常危险，在接近灵塔的100米路段，是依靠绳子才得以到达。在这样的条件下，设计人员依旧完成了测绘和调查工作。同年9月，完成现场材料取样和地质勘察工作。该工程设计方案于2011年10月通过国家文物局评审，2011年11月开始施工。

4.1 格萨尔三十大将军灵塔保存状况

4.1.1 总体保存状况

格萨尔三十大将军灵塔分为南窟和北窟两部分，南窟灵塔所处洞窟内地势较为平缓，灵塔体量小，残损主要是灵塔本体的损坏，损坏程度较轻。灵塔北窟位于达那山的山腰处，该处洞窟高约25米，宽约27米，向内延伸约8米，共建有31座灵塔，损坏较为严重，北窟灵塔除本体的损坏之外，还包括洞窟岩体的损坏。

4.1.2 灵塔本体破坏情况

南、北窟灵塔本体破损程度虽有所差异，但损坏类型基本相同，按照部位划分，残损情况如表1所示。

表1 灵塔各部位残损调查表

序号	破损位置	破损情况
1	塔座	塔座底层砌块裸露，抹灰层不同程度脱落，部分砌块松动缺失
2	塔瓶	塔瓶抹灰开裂，有较大的纵横向裂纹，瓶垫剥落，后期维修时的抹灰使塔瓶形状失真
3	塔斗	塔斗开裂，上部鼓闪
4	塔顶	塔顶莲瓣内塑的雕像部分缺失
5	抹灰	整个塔体黄泥抹灰呈网状开裂
6	表面刷浆	外刷白、红灰浆斑驳脱落
7	其他	在北窟的31座灵塔中，勘察时发现有5座灵塔有明显盗洞，造成塔体结构损坏

4.1.3 北窟所在岩体现状

该区段为洞窟内侧壁及灵塔基座岩体两部分：灵塔内侧壁（不包括Ⅰ号危岩区范围内的侧部），三组节理发育，一组为张性节理，产状为310°∠35°，节理张开约100~200毫米，节理间距一般1500~2000毫米；另一组节理 产状90°∠70°；第三组节理产状170°∠65°，节理一般张开约10~20毫米，最大处200毫米，节理间距2000毫米左右。受三组节理切割，洞窟内壁岩体较破碎。

Ⅱ-1号危岩体：位于洞窟顶壁，长约10米，宽约4米，厚约1米，危岩体外侧的宽大裂隙使其与母体分离，由于所处位置较高，无法对裂隙的性状进行详细调查。其破坏方式是受自身重力及冻融等综合作用产生的坠落式塌顶破坏。

Ⅱ-2号危岩体：位于洞窟北侧壁，受两组节理（一组倾向90°，倾角70°；另一组节理倾向170°，倾角65°）切割而形成的多块楔形危岩体群，在自身重力及雨水和地震等外力作用下极易产生沿滑塌式破坏。

Ⅱ-3号危岩体：为灵塔基座部分，总长约27米，高约5~6米，坡角一般在70°左右，局部直立或反倾，且多处岩体呈悬空状态。这一地带的岩体多由新鲜的中等风化岩石组成，但受风化、冻胀作用强烈，在节理及软弱层面的综合作用下，岩体极为破碎，多为碎裂状结构，被节理裂隙切割形成的岩块最大者体积约2立方米。基座底部岩块多处已经松动，交替重叠排布，局部已经进行过简单的支护措施。因此，该处危岩区的主要破坏特征是在外力作用下的松动和递进式的倾倒破坏。

Ⅲ号危岩区：该区段为I号危岩区以外的崖壁部分，崖壁部分岩体较为完整，多为中~微风化之间，岩石坚硬程度介于较软岩~软岩之间，岩体基本质量等级为Ⅳ~Ⅴ级。主要的破坏形式是以冻融作用为主的崩塌掉块，这也是该区域的普遍存在破坏形式之一。

4.2 残损原因分析

格萨尔三十大将军灵塔残损的原因主要为建筑的自然风蚀、基岩的冻融破坏、人为干扰、野生动物的破坏和地震灾害的影响，具体原因见表2。

表2 灵塔残损原因分析表

序号	损坏原因	破损原因分析
1	自然风蚀	岩顶石块脱落致使塔体受损；塔体开裂、黄泥抹灰呈"网状"开裂主要为抹灰层风化干裂破坏
2	基岩冻融	灵塔基座下岩体因雨雪渗入，产生冻融破坏，石块崩塌，致使塔座开裂
3	地震影响	2010年4月14日，玉树大地震，格萨尔三十大将军灵塔受到一定的影响
4	人为损坏	偷盗活动致使部分灵塔塔体遭到严重损坏
5	保养不利	因灵塔地理位置特殊，运送材料难度极大，寺院方无能力对灵塔进行日常的维修养护
6	动物破坏	过去未加栏杆时，时有岩羊等动物踩踏，并舔舐塔体，致使外刷白、红浆斑驳脱落以及抹灰层脱落

4.3 现场勘察工作

现场勘察工作除常规的残损情况勘察及建筑现状测绘外，根据本项目的情况，将勘察重点放在砌筑、抹灰材料和岩体地貌两个方面。对于此项工程来说，材料的选择是维修工程设计的重要内容。为此，一是对灵塔的砌筑材料进行取样检测，二是调查传统材料的使用方法，使之符合灵塔修建的宗教仪轨。

北窟灵塔基座下部岩体的补砌是此次维修工程的另一项内容，从施工工艺上来说难度不大，主要是找到原有山体形态，使补砌后的岩体与周围山体相协调。调查时主要对山体的特征点（凸出岩石）和重点部位作出详细测量，为设计方案提供依据。

4.4 格萨尔三十大将军灵塔维修保护思路

格萨尔三十大将军灵塔维修工程由于其地理位置和破坏形式的特殊性，有着区别于其他工程的特点：1.灵塔所处位置海拔高、无上山道路，运送材料困难、取水困难都给施工造成不便。2.灵塔损坏包括本体破坏和基座岩体破坏两个方面内容。3.由于三十大将军灵塔在当地藏族信众中有着崇高的地位，灵塔被盗也使得维修工程显得更加急迫和必要。综合以上情况，确定了全面维修灵塔本体、抢险加固北窟灵塔群下部基岩的维修思路，洞窟其他危岩体加固因不具备详细勘察及施工条件，待后期现场条件具备时，再做为专项工程实施。

4.5 灵塔本体维修工程主要做法

根据灵塔的损坏情况，对塔体各部位采取了有针对性的维修工程做法。

（1）塔座维修加固做法

塔座砌体局部拆砌的范围要根据残墙的松动情况和裂缝的宽窄、数量来确定。预先支顶保证安全，将松动或鼓闪、开裂严重的部分逐步拆除或边拆除边加固；老砌体要拆出茬口，重新砌筑时，视现场情况在石缝中增设直径6毫米拉接钢筋，钢筋布设层用M5水泥砂浆砌筑，钢筋分布视石缝距离，约为200毫米。毛石灰缝厚度为15~20毫米，石块间若有较大的空隙应先填塞砂浆，后用片石、碎石嵌实，不得用先摆碎石后塞砂浆或干填碎石的方法。以使新老砌体联结紧密，共同受力。剔除松动的砌筑泥浆，用当地传统黏土材料加适量石灰勾抹平整。要求塔座加固要在下部基岩加固后方可进行。

（2）塔体裂缝修补方法

对于除塔瓶部位的裂缝，方案时考虑常规采用的注浆方式进行修补。经施工前与寺院方交流和再次现场勘察，发现由于一些开裂缝隙内侧无法有效封闭，如果采取注浆法加固，注浆液难免会流入塔瓶内部，污染灵塔内装藏物。为此，在施工前对塔体裂缝加固做法进行了调整：对于较宽裂缝（裂缝宽大于30毫米）先用碎石嵌补裂缝，吹去裂缝内浮土，湿润裂缝面后，再用当地传统灰泥填补缝隙，最后进行勾缝处理。

（3）抹灰层修补加固

根据抹灰层破损程度，采取不同方法分别修补。①抹灰层完全脱落或大面积脱落部位，采用传统材料（当地黏土加适量干草拌匀）加入适量石灰重新抹灰，厚度与旧抹灰面持平，每次抹灰厚度要均匀，并不得超过20毫米。②抹灰层开裂部位，用当地传统黏土材料对裂缝填缝修补，表面抹平。抹灰层轻度空鼓开裂，对空鼓处采用注入注浆的方法加固，注浆液采用当地黏土加水稀释。同时，采用细竹制锚钎，对抹灰层锚固拉结。③抹灰层严重空鼓开裂，采用分块揭取、黏结回贴的方法进行修补。

对于因偷盗造成的塔体破损，按照被盗灵塔现状部分轮廓，参照资料图片予以补配完整。

4.6 北窟灵塔基座下部岩体维修工程主要做法

北窟灵塔基座下部岩体主要是对岩体崩塌部分进行补砌，以保证上部灵塔基座的稳定。和一般砌筑岩体护坡挡墙有所区别的是，此项目必须针对项目的特殊地理位置和气候条件，制定出符合实际施工情况的维修工程做法。

补砌崩塌缺失岩体：塌落岩体按现有山体走势补砌挡墙护坡，砌筑前或砌筑过程中需对护坡范围内基岩用水泥砂浆灌缝，新做砌块表面使用水硬性石灰砂浆勾缝，缝表面距岩石面不小于10~20毫米，以保持岩体自然风貌。块石砌体中埋入排水管。

补砌块石体根部锚固：考虑到现场材料运送困难，以及对现有岩体最小扰动原则，对比几种锚固方案后，决定在新砌块石体底部做现浇钢筋混凝土锚桩，加强新砌块石体的稳定。钢筋混凝土锚桩间距约2米，锚固深度不小于0.8米，伸出岩体0.6米。

补砌块石体与原基岩连接：原基岩面钻孔，植入直径20毫米的螺纹钢筋，梅花状分布，间距1.5~2米，锚固深度不小于0.6米，钻孔用水泥砂浆灌注密实。

5 达那寺维修工程设计方案

达那寺维修工程是玉树灾后文物维修中距结古镇最远的项目，海拔4200~4300米，设计人员于2011年5月初到达现场，在任务紧、人员少的情况下，仅用了半个月的时间就完成了测绘和调查工作。同年9月，完成现场材料取样和地质勘察工作。该工程设计方案于2012年5月通过国家文物局评审，2012年8月开始施工。

5.1 达那寺建筑保存状况

5.1.1 建筑总体保存现状

达那寺单体建筑损坏情况基本相同，主要有以下几个方面：1.墙体不同程度的开裂、个别墙体倾斜；2.夯土墙墙基损毁；3.大木构架歪闪、沉降；4.木柱柱根糟朽、木基层普遍糟朽；5.屋面普遍漏雨；6.后期修复时改变了原建筑做法，如将原铜皮屋面改成黄琉璃瓦、传统边麻墙用水泥抹面仿边麻墙替代等。

另外，达那寺原转经道路破损严重，路旁护坡挡墙塌落或无存，影响寺院日常生活和宗教活动。

5.1.2 单体建筑残损情况

达那寺单体建筑残损情况见表3所示。

表3 达那寺单体建筑残损调查表

1. 嘎吾拉康

序号	破损位置	破损情况
1	台基地面	坡地乱石护坡散乱破损，乱石踏步松散。外墙基无散水，一层自然地面凹凸不平，二、三层夯土地面残破约80%；室内木地板残破约30%
2	墙体墙面	夯土墙体均出现开裂，主屋北侧墙体出现多条竖向裂隙，部分裂隙贯通墙体，裂缝宽度5~10毫米；主屋东墙向外倾斜，三层木椽部位倾斜水平距离约150毫米；南附屋墙体普遍开裂。建筑所有外墙墙体面层剥落，露出木骨。因雨水冲蚀，墙面凸凹不平。内部间隔编笆抹泥墙残破变形，抹泥开裂剥落，外墙根部侵蚀严重
3	大木构架及木基层	大木构架普遍走闪、变形，一层木柱沉降，个别构件糟朽。木基层糟朽约60%。后期维修时将屋面出檐改短
4	屋面	夯土松散，水土流失严重，屋面积水漏雨。引水槽后期维修更换为PVC管材，改变了原木引水槽做法
5	装修	基本完好，部分门窗变形。主屋西墙三层北木板壁后期修建时移位至一层。木楼梯局部残缺，木踏板松动
6	油饰彩画	一层木构件均未进行油饰，后来陆续维修更换的木构件也没有进行油饰或彩画。外檐木构件、门窗油饰彩画褪色，墙体后期维修时未刷浆

2. 三十大将军殿

序号	破损位置	破损情况
1	台基地面	地面残破，室内木地板残损约40%，墙基未做散水，周边地面排水不畅
2	墙体墙面	墙体不均匀沉降，西南转角墙体鼓闪，南墙外倾约200毫米。夯土墙体不同程度开裂，裂缝约15~25毫米，后期维修时女儿墙改为水泥抹面仿边麻墙做法，外墙根部侵蚀严重
3	大木构架及木基层	大木构架基本良好，木基层糟朽严重
4	屋面	夯土松散，水土流失严重，屋面积水漏雨。引水槽后期维修更换为PVC管材，改变了原木引水槽做法
5	装修	装修基本完好，局部变形
6	油饰彩画	室外木构件油饰彩画褪色剥落。墙体刷浆大面积龟裂、褪色

3. 噶嘉玛大经堂

序号	破损位置	破损情况
1	台基地面	室外为自然地面，未见台基散水。门厅台基后期维修时用水泥抹面。室内木地板局部残破50%，二层木地板残破20%
2	墙体墙面	块石墙基松动、灰缝剥落。北侧墙体出现三条竖向裂缝，裂缝宽约2~3毫米；一层南墙内有多道竖向横向裂缝，最大裂缝宽15毫米。二层南侧墙体向外弓凸约100~150毫米。女儿墙墙帽后期维修时用黄琉璃瓦替代了原有传统金属屋面。外墙根部侵蚀严重
3	大木构架及木基层	经堂通柱因拼接有弓突现象，回廊木构架有轻度歪闪。东南角佛殿个别木梁扭曲变形严重。女儿墙外挑木梁柱变形
4	屋面	夯土松散，水土流失严重，屋面积水漏雨。引水槽后期维修更换为PVC管材，改变了原木引水槽做法
5	装修	装修基本完好。部分装修后期修建时改为玻璃钢窗做法
6	油饰彩画	外檐油饰彩画褪色，局部剥落。室内木构件油饰彩画保持良好。墙面刷浆褪色

4. 帕木竹巴灵塔殿

序号	破损位置	破损情况
1	台基地面	室内地面未作铺墁，夯土地面凸凹不平，建筑周围未作散水。灵塔塔基、塔座砌块松动
2	墙体墙面	南侧墙体开裂，东侧墙体向外倾斜。外墙用乱石砌筑，尚未勾缝。女儿墙未做墙帽
3	大木构架及木基层	12根木柱均有不同程度的下沉和倾斜，造成大木构架扭曲变形
4	屋面	屋面局部积水漏雨
5	装修	装修基本完好
6	油饰彩画	木构件均尚未进行油饰彩画，塔体刷浆残破褪色

5. 小经堂

序号	破损位置	破损情况
1	台基地面	室外为自然地面，未见散水，台阶缺失。室内约50%地面未进行铺装
2	墙体墙面	外墙：西侧墙体存在2条竖向贯通裂缝，间隔约2米，裂缝宽5～8毫米，东侧外墙出现鼓胀。墙根部侵蚀严重。内墙：东侧墙体下部鼓胀，部分墙皮脱落。二楼部分墙体出现贯通裂隙，局部墙体鼓胀
3	大木构架及木基层	大木构架、木基层基本完好
4	屋面	后期维修时铺设SBS卷材防水，现局部积水漏雨。引水槽后期维修更换为PVC管材，改变了原木引水槽做法
5	装修	装修基本完好，个别门窗变形
6	油饰彩画	外檐油饰彩画褪色，局部剥落。室内木构件油饰彩画保持良好。墙面刷浆褪色

6. 叶巴经堂

序号	破损位置	破损情况
1	台基地面	门厅自然地面未作铺墁，周圈未做散水
2	墙体墙面	夯土墙体有鼓闪、开裂现象，裂缝约15～25毫米。后期维修时女儿墙改为水泥抹面仿边麻墙做法。外墙根部侵蚀严重
3	大木构架及木基层	大木构架、木基层基本完好
4	屋面	后期维修时铺设SBS卷材防水，现局部积水漏雨。引水槽后期维修更换为PVC管材，改变了原木引水槽做法
5	装修	装修基本完好，金顶饰物部分缺失损坏
6	油饰彩画	木构件油饰基本完好，后期陆续维修更换的木构件没有进行油饰或彩画。墙面刷浆褪色

7. 闭关中心

序号	破损位置	破损情况
1	台基地面	一层地面凹凸不平，未见散水。室内木地板局部残破30%
2	墙体墙面	夯土墙体鼓闪、开裂，北墙三道通缝宽约2～3厘米，间隔荆笆泥墙变形，抹泥剥落。外墙下碱侵蚀严重
3	大木构架及木基层	大木构架部分歪闪，一层木柱沉降。部分木构件糟朽，木基层糟朽约50%
4	屋面	夯土松散，水土流失严重，屋面积水漏雨。引水槽缺失
5	装修	装修基本完好，木楼梯局部残缺，踏板松动
6	油饰彩画	后期陆续维修更换的木构件没有进行油饰，墙面刷浆褪色

8. 伙房

序号	破损位置	破损情况
1	台基地面	一层地面凹凸不平，乱石护坡松动
2	墙体墙面	块石下碱松动、灰缝脱落，夯土墙体出现凸凹不平及鼓闪、开裂现象，外墙转角处出现裂缝，裂缝约2～3厘米，墙体倾斜严重。间隔荆笆泥墙抹泥剥落
3	大木构架及木基层	大木构架部分歪闪，一层木柱沉降。木构件损坏、糟朽约40%，木基层糟朽约60%
4	屋面	夯土松散，水土流失严重，屋面积水漏雨
5	装修	装修残破，部分木窗缺失
6	油饰彩画	木构件均未进行油饰，门窗油饰或彩画褪色失效，外墙所刷红浆脱落

9. 金刚舞念经台

序号	破损位置	破损情况
1	台基地面	正面乱石护坡残破，木踏板缺失，未作散水
2	墙体墙面	除残存部分南墙外，其余墙体倒塌
3	大木构架及木基层	大木构架随墙体倒塌而解体，现场残存部分大木构件
4	屋面	无存
5	装修	无存
6	油饰彩画	木构件残存有油饰彩画痕迹

10. 1号塔

序号	破损位置	破损情况
1	台基地面	塔基四周地面凹凸不平，乱石护坡松动
2	塔身	塔座残破较严重，塔瓶开裂，塔斗掉角
3	木构件及木基层	木构件、木基层糟朽约55%
4	屋面	檐顶夯土松散，压檐石板脱落30%，引水槽掉落
5	抹灰刷浆	木构件红浆褪色。整个塔体黄泥抹面呈"网状"开裂；外刷白浆斑驳脱落

11. 2号塔

序号	破损位置	破损情况
1	台基地面	塔基四周地面凹凸不平，乱石护坡松动
2	塔身	塔座残破开裂，塔瓶开裂，塔斗掉角，塔刹歪闪。塔体黄泥抹面出现开裂，外刷白浆斑驳脱落
3	木构件及木基层	木构件、木基层糟朽约65%
4	屋面	檐顶夯土松散，压檐石板脱落30%，引水槽掉落
5	抹灰刷浆	木构件红浆褪色。整个塔体黄泥抹面呈"网状"开裂；外刷白浆斑驳脱落

12. 3号塔

序号	破损位置	破损情况
1	台基地面	塔基四周地面凹凸不平，乱石护坡松动
2	塔身	塔座残破开裂，塔瓶开裂，塔斗掉角，塔刹歪闪。塔体黄泥抹面出现开裂，外刷白浆斑驳脱落
3	木构件及木基层	木构件、木基层糟朽约65%
4	屋面	檐顶夯土松散，压檐石板脱落60%，引水槽掉落
5	抹灰刷浆	木构件红浆褪色。整个塔体黄泥抹面呈"网状"开裂；外刷白浆斑驳脱落

13. 4号塔

序号	破损位置	破损情况
1	台基地面	塔基四周地面凹凸不平，乱石护坡松动
2	塔身	塔座砌石松动开裂，塔瓶开裂，5层正叠涩瓶垫石砌体局部脱落
3	木构件及木基层	边麻松动缺失，木构件、木基层糟朽约60%
4	屋面	檐顶夯土松散，压檐石板脱落60%，引水槽掉落
5	抹灰刷浆	木构件红浆褪色。整个塔体黄泥抹面呈"网状"开裂；外刷白浆斑驳脱落

14. 寺院道路和场地排水

序号	破损位置	破损情况
1	道路	据寺院僧侣介绍，原路面为块石路面，后期拆除用于建筑。现存路面为自然土路，局部有碎石面层，雨雪时满是泥泞，给寺院宗教活动和僧侣信众造成不便
2	道路护坡	原为毛石砌筑，高0.8～1.5米不等，现仅残存20%，且上部多已塌落，砌体松动
3	场地排水设施	场地无系统排水规划，现场勘察未见排水沟痕迹，现排水为自然漫流，因土体凹凸不平，局部路面积水严重，对道路附近建筑墙基造成破坏

5.1.3 地质勘察情况

地基基础：根据建筑物的特点及现场的环境条件，在噶吾拉康、噶嘉玛大经堂（百柱殿）、帕木竹巴灵塔殿、叶巴经堂等场地内的建筑物周边角点共布置12个探坑。由于场地位于凸出的山腰处，土的类型为软弱土、中软土软质岩石，场地类别为Ⅱ类，在地震时可能发生滑坡、崩塌等地质灾害，因此场地对建筑抗震地段划分为危险地段。场地内的边坡整体上处于稳定状态。根据调查及勘察资料可以得出：

①既有建筑基础为毛石基础，基础材料未出现破损、腐蚀等破坏。

②既有建筑基础埋置深度一般为0.3～1.0米，而本区属季节性冻胀区，标准冻结深度为1.4米。

③既有建筑基础处于不同持力层之上：叶巴经堂、帕木竹巴灵塔殿、大经堂、噶嘉玛大经堂（百柱殿）的基础持力层为素填土层或角砾层；噶吾拉康的持力层为素填土或强风化片岩。因此，既有建筑地基属于不均匀地基。综上所述，既有建筑基础本身的完整性较好，但基础埋置深度浅，持力层的物理力学性质差距较大。因此，在不采取加固措施的天然条件下，既有建筑基础的稳定性较差。

5.2 建筑残损原因分析

达那寺单体建筑虽然体量相差较大，但损坏类型基本相同，按照建筑部位划分，残损原因如表4所示。

表4 达那寺建筑残损原因分析表

序号	破损部位	破损原因分析
1	墙体	墙体开裂原因是多方面的，像嘎吾拉康的外墙开裂最为严重，最开始是由于墙体不均匀沉降引起，形成裂缝后，由于雨雪侵蚀浸入，冻胀等造成裂缝加大。"4·14"地震也造成了部分墙体开裂、歪闪甚至倒塌。达那寺大部分建筑是夯土墙，而建筑四周又没有散水，导致墙体根部侵蚀破损
2	木构架	木柱沉陷主要是柱下垫石破损、埋深不够、尺寸太小造成。地震影响也是造成木构架歪闪的另一个原因
3	木构件损坏	木构件损坏主要集中在底层的木柱柱根糟朽和顶层木基层糟朽，木构件插入墙内的部分也发现有不同程度的糟朽。达那寺部分建筑的底层为自然土地面，有些木柱下面甚至没有柱顶，所以柱根很容易受潮而糟朽，而且一般建筑底层空间封闭，开窗较少，缺乏通风，也加重了这一情况。顶层木基层糟朽的原因主要是屋面漏雨所致。另外檐部木构件由于风雨侵蚀也容易受损
4	屋面	屋面漏雨主要是缺乏日常保养所致
5	做法改变	做法改变主要是后期维修时因经费所限而改变了传统做法
6	道路与场地排水	自然破损加之人为拆除造成道路路面块石缺失，缺乏养护造成路基损坏。场地排水混乱主要由于后期增加建筑所致

5.3 达那寺维修工程设计总体思路

达那寺维修工程范围包括了现存大部分建筑，具有涉及建筑单体数量多、建筑类型复杂、维修类别多样的特点。在遵守文物保护原则的前提下，根据个体建筑的情况，结合寺院实际使用需求，制定出有针对性的维修方案。同时考虑到达那寺属于震后文物抢险维修工程，确定了结构抢险维修为主，兼顾建筑使用功能，最后考虑建筑装饰性维修的设计指导思路。

5.4 根据单体建筑特点，确定不同的维修方案

在确定单体建筑的维修方法时，考虑建筑破损情况的同时，还要关注单体建筑的自身文物价值，将以上因素结合，最后确定建筑维修做法。如建筑损坏形式相近的嘎吾拉康、三十将军殿和伙房三个建筑。墙体均出现开裂严重、不均匀沉降、歪闪严重、木构件严重糟朽的情况。但嘎吾拉康是达那寺现存最老的建筑，尤其是部分夯土墙体为原建筑墙体，文物价值高。所以在确定维修方案时，对嘎吾拉康采取了现状加固维修的方案，仅对歪闪严重的墙体拆除重新夯筑，最大限度地保留了建筑的文物价值。三十将军殿由于墙体结构变形严重，又是后期（20世纪80年代）复建的建筑，文物价值较低，所以采取了整体拆落重建的方法维修。而伙房由于后期建造的随意性，位置已不是原有位置，现在位置过于靠近主要建筑——小经堂，无论从视觉上还是使用上都有很多弊端，故结合此次维修，迁至寺

院方指认的伙房原有位置。

5.5 有针对性的维修工程做法

在达那寺维修设计工程中，除采用文物保护工程中常用的维修方法，如大木构架打牮拨正、木构件墩接修补、墙体灌浆、墙体拆砌、传统工艺夯筑加固等做法，还根据当地建筑特点，制定了一些有针对性的维修方法。

外墙增加块石下碱和周圈散水。达那寺大部分建筑是夯土墙，而建筑四周又没有散水，导致墙体根部受侵蚀破损。针对这一特点在建筑周圈增设块石下碱和散水，有效阻止了墙体根部受到雨水侵蚀（图3）。

增加阻水墙，防止地下水侵蚀墙基。达那寺建筑多建筑在山坡之上，早先建筑一般是挖出浅基坑，垒砌块石下碱后夯筑墙体。这就造成建筑墙体（尤其是后墙）内外高差大，砌筑块石下碱和铺设散水虽然有效阻止了墙基附近的雨水侵蚀墙体根部，但无法彻底解决地下水侵蚀墙体的问题。为此，在一些室内外高差大的建筑（如三十大将军殿、叶巴经堂）后墙，结合地貌特点，增设块石阻水墙，墙体长度将建筑后墙围合，深度至基岩，有效地解决了建筑墙基防水问题（图4）。

恢复传统工艺和原有建筑做法。结合此次维修，对后期建造中改变的做法进行恢复。如三十将军殿和叶巴经堂将传统女儿墙改为水泥砂浆仿边麻墙，此次予以恢复（图5）。噶嘉玛大经堂后期增加的黄琉璃瓦屋面恢复成金属板材质屋面（图6），部分铜件饰物不符合宗教仪轨的予以调整等等。

5.6 有代表性的单项维修工程

5.6.1 嘎吾拉康维修工程

嘎吾拉康位于寺院东部突起的一道山梁的顶部，东、南、西部临坡，北部是达那山，始建于唐代，1068年（北宋神宗熙宁元年）重新修建，是寺内最古老的建筑，保留了部分修建之初的夯土墙，具有较高的文物价值。现存建筑由两部分组成：一为附屋，位于前部的东南；一为三层的主屋。

图3 嘎吾拉康建筑外墙下碱和散水　　图4 叶巴经堂东北侧阻水墙　　图5 叶巴经堂女儿墙恢复传统边麻做法

图6 噶嘉玛大经堂女儿墙墙帽钛金板屋面

图7 嘎吾拉康维修前

图8 嘎吾拉康维修后

　　嘎吾拉康具有达那寺建筑普遍的破坏特征：墙体开裂鼓闪、大木构架歪闪变形、木构件与木基层糟朽、屋面漏雨等。除残损外，嘎吾拉康在近年维修中还存在改变原建筑形制的做法，如主屋东墙北面木板壁移位以及建筑出檐改短等（图7）。

　　嘎吾拉康维修设计的主导思想是在排除险情、保持结构稳定的前提下，最大限度地保留原有结构，特别是要尽可能保留修建之初的夯土墙体。所以，嘎吾拉康的维修方案是以加固墙体为重点制定的。在最初的设计方案中，所有墙体均采用保留墙体、灌浆加固的方法处理。随着勘察的进一步深入，发现墙体并不是处于一个稳定的状态，墙体开裂和倾斜还在进一步发展。在施工前，又对设计方案进行了调整：对倾斜开裂继续发展、有倒塌危险的主屋西墙拆除重新夯筑，因墙体重新夯筑，后期安装错位的木板壁也得以恢复原位，恢复了建筑的原有形制。对后期建造的南附屋整体拆落重建，其余均按原方案要求对墙体采取灌浆加固的方法进行维修（图8）。

5.6.2 伙房迁建工程

伙房紧邻小经堂南面而建，最近处1.3米。坐北朝南，面宽14.18米，总进深9.1米。伙房为小经堂毁坏期间修建，小经堂原址复建后，两座建筑之间的转经道非常狭窄。由于伙房墙体、木构件损坏严重，需整体拆落重建，考虑到伙房现有位置对小经堂的遮挡以及小经堂前道路狭窄影响到寺院的宗教活动和日常生活使用，决定将伙房迁至现有位置南侧重建（图9）。

伙房重建的难点首先在于其位于坡地，地质情况复杂，经现场挖槽后发现持力层为强风化片岩，为此采用了基础增加埋深、增加纵向连系墙、扩大基础底面积等多种方法确保基础稳定。另外，由于其东面、北面土坡为深度约2米的回填土，土体松动，极易滑落，所以在这两面分别增设了块石挡土墙，以保证伙房的安全。

其次是迁建后怎样最好地满足伙房的使用功能：伙房除寺院日常的使用外，重要的是满足每年寺院法会的需要。因伙房迁建后地处坡地，目前无道路直接通达伙房，加之雨雪天气多，自然坡道行走困难。为此，在确定了伙房位置后，利用伙房东、北两面挡土墙，在东侧增加了块石踏步通往伙房一层，在北面增设木栈道直接通往伙房二层。考虑到伙房平时大量运送牛粪、劈柴的使用要求，又在伙房的西北面修建块石坡道直达伙房北面一层，可供小型运输车辆通行。为了使用方便，又对伙房原简易卫生间进行改建。

5.6.3 道路护坡维修工程

道路护坡维修工程是达那寺维修中工程量最大的单项工程，设计内容包括场地排水、道路路线及护坡三个内容。设计难点在于地形复杂以及控制项目总体预算。首先考虑的问题是排水方式，当时有明沟排水、暗沟排水和自然漫坡排水三种选择。在经过现场勘察后认为明沟排水在局部产生的大量水流，会对坡地形成冲沟，不宜采用。暗沟排水存在日后保养的实际问题，疏浚不及时极易堵塞，不符合寺院的实际情况。最后决定采用自然漫坡排水的方式，主要考虑到寺院高差大，排水坡度满足要求，也与原有排水方式吻合。在自然漫坡排水的路面横断面排水走向设计时，遵循以下几点：不向

图9 伙房拆除过程（红色建筑为小经堂）

图10 透水墙和阻水墙施工中

道路房屋一边排水，道路边无房屋的优先向山坡坡地排水。其次向护坡一边排水，道路两边均有房屋的向道路中间找坡排水。

道路路线选择是首先满足寺院转经道的使用需要，其次是各主要建筑间的连接道路，再考虑附属建筑间的连接道路。路面材料采用与原路面相同的块石铺设。护坡挡墙设计按结构需要设计，避免整齐划一，应与山势地貌相协调。另外，道路、护坡设计中还强调了对植被的保护，对工程范围内的草皮揭取养护，待工程完成后再移植至道路护坡附近。

最有代表性的是对一处地下泉水的设计处理。在转经道接近东北转角处，道路和北侧山坡有地下泉水，长期涌出，造成地表泥泞，对附近的建筑也造成影响。针对这种情况，设计中在北侧山坡设置块石透水墙，在贴近道路北侧设置混凝土阻水墙并埋设排水暗管，对泉水引流三种措施。既保证了道路护坡的设计要求，也最大限度地保留了原有自然风貌（图10）。

6 结语

青海玉树州格萨尔三十大将军灵塔和达那寺维修工程设计是具有代表性的地震灾后抢险文物保护工程设计项目，作为整体维修项目，有着建筑类型各异，维修方法多样的特点，设计难度较高。震后抢险维修工程有着区别于一般维修工程的特点：一是设计勘察时间短、现场比较复杂，有些部位因条件所限无法全部勘察到位。二是受损建筑处于一个结构相对不稳定时期，险情继续发展的情况随时都有可能发生。三是要根据震后抢险维修工程的资金情况确定维修对象和内容。以上特点都需要设计单位根据工程进展和受损建筑的情况，在不改变原维修方案原则的情况下调整设计。在达那寺维修工程实施的近两年时间内，设计人员及时跟进，十余次赴现场进行补充勘察和设计变更，确保了工程的顺利进行，对日后类似的工程设计具有一定的借鉴意义。

7 参加人员

项目负责人 刘江

主要参加人员

中国文化遗产研究院：杨新、永昕群、阎明

山西新绛福胜寺彩绘泥塑保护修复方案[1]

〖摘要〗

山西省新绛县福胜寺彩绘泥塑保护修复工程是山西彩塑壁画保护总工程的第一个工程。我国的彩绘泥塑修复技术尚处于探索阶段，彩塑的传统工艺在现代也濒临失传。本次工作既是对彩绘泥塑传统工艺的一次深入研究和发掘，也是对我国彩绘泥塑文物保护修复技术的全面探索。在此基础上，本次方案设计也更加注重传统工艺及材料与现代科学修复的结合，在满足可再处理性和可辨识性原则的基础上，尽可能体现传统工艺材料的优势，将其有机运用于本次保护修复工程中，既体现了对物质文化遗产的保护，也体现了对非物质文化遗产的挖掘。

1 项目概述

1.1 项目背景

山西现存彩塑12700余尊，壁画24000余平方米，其数量之多、历史之久、艺术之精在全国首屈一指，享有"中国古代彩塑壁画艺术宝库"的美誉。时过千年，由于自然和人为因素的影响及赋存环境的改变，这些美轮美奂、珍稀罕有的文化遗存受到了严重影响，出现了断裂、起甲、空鼓、酥碱、脱落、污染等多种病害，其中相当一部分险情严重，亟须进行抢救性保护。

为全面留存艺术瑰宝的真实历史信息，2012年7月18日，国家文物局启动了山西彩塑壁画保护工程，旨在对山西省国家级文物保护单位的彩塑、壁画进行有史以来最大规模的保护修复。该工程是国家文物局指定的全国文物保护重点项目，也是继山西南部早期建筑保护工程之后，山西省文化遗产保护的又一重大举措，将会对山西乃至全国的彩塑壁画保护工作产生积极的推动作用。如国家文物局副局长童明康所说："中国彩塑壁画保护中存在的问题，在山西有着集中体现，该工程的开展将会在中国文物保护事业中留下浓墨重彩的一笔。"

福胜寺彩绘泥塑修复工程作为山西彩塑壁画保护工程的开端，对这个宏大的工程有着至关重要的意义，也将起到旗帜性作用。福胜寺作为第五批全国重点文物保护单位，殿内存有20余身精美的元明彩塑作品，艺术水准极高，堪称山西彩塑的代表性作品，这里也承担了首期山西彩塑保护修复培训班的实

1．获2013年中国文化遗产研究院优秀文物保护项目二等奖。

习基地。16名文物工作者在福胜寺进行三个多月的实践操作，正式拉开了山西彩塑壁画保护工程的序幕。

受山西省文物局委托，中国文化遗产研究院文物修复与培训中心承担了福胜寺的保护修复方案的设计工作。项目组于2012年7月对福胜寺正殿内的彩绘泥塑进行了现场勘测。通过调查、分析、评估，对彩绘泥塑的保存现状和病害状况做出了科学、合理地判定。在对勘察数据及实验结果进行综合评估研究的基础上，制定相对应的彩绘泥塑保护修复方案，针对不同情况提出科学、安全、合理的保护修复方法，真实、全面地保存并延续其历史信息及全部价值。

1.2 项目概况

福胜寺位于新绛县城西北1.75千米的光村，系唐贞观年间敕建，宋、元、明三代均予修葺。建筑高低层叠，错落有致，钟、鼓二楼分峙于寺前两侧，中轴线自南而北分布着山门、天王殿、弥陀殿和后大殿，共三进院落。两翼衬以厢房、配殿，井然有序，雄伟壮观。2001年6月25日，作为元、明时期古建筑，福胜寺被国务院批准列入第五批全国重点文物保护单位名单。

建于元代的弥陀殿内，所奉主尊为弥陀佛、胁侍为观音、大势至，扇面墙北壁为一组渡海观音悬塑，塑有观音、善财童子、明王及供养人。主尊、胁侍及悬塑系元代风格。围绕着主尊和扇面墙，东、西壁的佛台上还有20尊明代彩塑，分别为十六罗汉及四大天王。后殿为明代的三孔窑式建筑，殿内存有9尊彩塑造像，分别为三世佛及胁侍菩萨，以六躯胁侍菩萨造型最为优美，但"文化大革命"期间当地居民为保护这些彩塑作品，曾在三孔窑内砌筑砖墙，将彩塑完全封闭，至今未见天日。

1993年，福胜寺曾发生文物盗窃案件，弥陀殿佛台上有10尊罗汉像的头部失窃，至今尚未追回。这些珍贵的艺术作品留下的图像资料也极为有限，留下了极大的遗憾。2007年，福胜寺弥陀殿曾进行过建筑修缮，但未对彩塑进行保护修复。而本次保护修复的主要对象为弥陀殿彩塑——包括主尊及二胁侍、扇面墙北壁悬塑、东西壁佛台四天王及十六罗汉，共计造像23尊，悬塑1组。

目前正殿建筑整体稳定性良好，但屋顶仍存在漏雨情况，北门两侧的罗汉造像曾遭受严重的雨水冲刷，表面污染严重。殿内墙面湿度较高，存在普遍而明显的酥碱病害。此外，扇面墙北壁（悬塑一面）与金柱衔接处存在较宽裂缝，威胁着与扇面墙衔接的悬塑和主尊的稳定。正殿作为彩绘泥塑依附依存的支撑体和保护体，其稳定性至关重要，不论彩塑本体现状如何，建筑病害都会为其安全造成连带式威胁。

鉴于此，本方案以彩绘泥塑本体的保护修复设计为重点，制定各种病害的治理方法和措施。同时建议对福胜寺正殿房顶、墙体、柱体同步探测并做补强处理。

2 项目要点

2.1 项目组织与总体设计

较之壁画的保护修复，我国彩绘泥塑保护修复起步稍晚，尚未形成成熟的技术力量，专业从事彩塑修复的人员也较少，相关技术文献也比较有限，目前还处在积累经验的摸索阶段。因此为配合本次保护修复工程，中国文化遗产研究院还开设了彩绘泥塑保护修复技术的研究课题，旨在以针对性明确的深入研究来支撑修复工程，在技术和材料方面提升修复的科学性。

而作为彩绘泥塑文物大省，山西省也急需组建一支自己的彩塑保护队伍。因此，山西省文物局委托中国文化遗产研究院，依托本工程举办一期彩塑保护修复培训班，在研究探索彩绘泥塑保护修复技术的同时，为省内培养一批彩塑保护修复人才。这次培训也是首次针对山西省内文物保护修复人员举办的彩塑修复专项培训，为期五个月，实习基地即设在福胜寺，使学员们有机会实际参与到福胜寺彩塑保护修复工程的前期调查工作之中，对山西省彩绘泥塑的保存状况和病害类型有了最为切实、直观的了解。

此工程中中国文化遗产研究院参与人员学术背景多样，包括化学专业、地质学专业、岩土、绘画保护修复专业和美术专业，比较全面地覆盖了保护修复工程所涉及的各个领域知识技能。同时还聘请了传承民间彩绘泥塑工艺的工艺大师李付玲老师，对传统工艺的研究提供了有力的支撑，并为泥塑的补型工作提供了有效的技术支持。

秉着这一思路，在山西省彩绘泥塑保护修复培训班的学员招收上也体现了专业背景多样化的特点，教学分组时也保证每个组都同时包含理化专业、历史考古专业、美术专业毕业的学员，将学员有机地组织为能力周全、技术均衡的工作小组。

2.2 价值研究

2.2.1 历史文化价值

①福胜寺正殿（弥陀殿）建筑与彩塑（主尊、胁侍、渡海观音）为元代造像，东西壁佛台上的坐像为明代造像。彩塑在修造规制、佛教人物印相、服饰等方面保留了大量珍贵的历史信息，为研究晋南地区元明佛教传播及本土化历史有着重要的意义。

②扇面墙南壁主尊须弥座左右、扇面墙北壁悬塑上部左右各有一处记载彩塑妆銮历史信息的题记，对研究福胜寺彩塑工艺历史和寺院修造历史具有重要的实物文献价值。目前扇面墙北壁左上题记被泥渍大面积遮盖，南壁左下可见多层字迹覆盖的现象，有部分历史信息被掩盖在污染物或表层信息之下，本工程考虑尝试用光学手段进行无损分析，以发掘被掩盖的信息。

③从图像志研究角度来看，福胜寺正殿彩塑尚存在难以解释的疑点，例如悬塑中一组人物的身份及其含义不明，而这些疑点也为佛教艺术的图像研究乃至宗教研究本身提供了一些值得追寻的线索，启发我们在本次工程中专门投入力量对其进行研究。

2.2.2 艺术价值

①在艺术风格方面，福胜寺正殿彩塑不仅具有元代佛教彩塑和明代佛教彩塑的典型特点，也分别代表了两种风格卓越的艺术成就，尤其是渡海观音悬塑，在构图方面具有严谨周密、空间感、整体感极佳的特点，在同时期、同地域作品中亦不多见，不仅是研究元代雕塑艺术的典范，也是研究中国古

代造型艺术处理构图和空间之手法的重要标本。

②对作品艺术风格之特殊性的研究亦是研究艺术风格演变和不同文化艺术交流影响的重要线索。福胜寺正殿倒坐观音悬塑中所显示的藏传佛教影响，是研究汉藏美术交融史的重要素材。

2.2.3 科学研究价值

根据直观证据来看，福胜寺彩塑使用的是典型的传统木骨架泥塑及传统妆銮工艺。造像分别成型于元代和明代，又经历了各个朝代的多次妆銮，本身已可以作为一部多朝代工艺和材料研究方面的教科书。对不同年代历史信息的提取和借助现代检测手段的分析可以帮助今人印证古代文献中留下的技术信息，同时也可以解开一些随着时代演进已难以解开的疑惑。而对传统工艺和原始材料信息的解读也将成为修复这些艺术珍品的根本依据。

2.3 病害与成因分析

福胜寺彩塑调查研究采用了现场勘察和现代分析技术相结合的方法。现场进行的前期调查包括历史调查和现状调查，以及相关资料的收集。现状调查主要针对塑像本体，包括拍摄正摄影像图、现场测绘、详细病害调查等，以及填写塑像基本信息表、绘制病害图。所采用的现代分析技术主要包括显微镜成像、X射线荧光光谱仪检测、X射线衍射仪和扫描电镜、能谱仪检测、红外热成像等手段。

2.3.1 病害类型

彩绘泥塑病害主要包括：表面污染、残缺、动物损害、裂隙、断裂、金层起甲及起翘、修复痕迹、水渍、泥渍、颜料层脱落、龟裂、起甲、泡状起甲、泥质胎体酥粉、颜料层粉化等。

①表面污染：表面污染主要包括灰尘覆盖、油漆污染、蜡污染及其他污染物。主要污染物为灰尘，塑像表面大部分区域存在灰尘覆盖，有些造像表面灰尘覆盖面积达100%。有几尊塑像表面有油漆污染痕迹，可能形成于建筑修缮期间。悬塑底部有蜡污染痕迹，可能为工匠修缮时用蜡烛照明所留。

②泥渍：由于建筑漏雨，15、16、22、23号罗汉像遭雨水冲刷，形成一层较厚泥渍，有些部位的颜料层已无法用肉眼分辨。

③残缺：1993年福胜寺发生文物盗窃案时，弥陀殿16罗汉像中有10尊头部失窃，有些残留有头部木骨架（图1），有些齐颈部切断，目前仅能从早期照片资料看到部分原貌。

其他部位还存在泥质胎体劣化，在水的侵蚀和气候条件影响下出现粉化、脱落，因而形成残缺，这类残缺主要发生在衣物边缘等部位。还有一些部位，胎体断裂后，因没有及时采取补救措施，断块遗失，也形成胎体残缺，这类残缺主要发生在手足等部位。

④颜料层脱落：颜料层由色粉和黏结剂构成，经检测分析证实，色粉为矿物颜料粉末，黏结剂为动物胶。动物胶随时间推移，在气候变化作用下发生劣化，已失去黏结力，造成颜料层粉化、脱落（图2）。

⑤动物损害：截至1993年，福胜寺一直延续宗教活动，寺内常有香火供奉，弥陀殿东西两侧佛台

为空心结构，塑泥胎体中又掺有麦草，这些因素导致了鼠患严重，佛台、墙角、塑像足底、袖口内等部位都存在鼠洞。还有一些部位被蜘蛛网和昆虫残骸附着。

⑥裂隙及断裂：因泥质胎体在干燥过程中有较强的收缩趋势，泥塑工艺一直保留着多层成型的传统，内层的粗泥在干燥过程中会自然出现裂隙，干燥后需用中泥和细泥修补找平，这就造成胎体的非均质和应力不均匀，久而久之，在胎体老化和重力作用下，塑像肢体较细部位多出现裂隙和断裂现象。

⑦金层起甲、起翘：主尊的妆銮规格为全金妆上五彩，造像全身及背光采用了裱纸贴金工艺，调查发现裱纸贴金层起甲、起翘现象严重（图3）。

图1 9号塑像头部残缺

⑧既往修复痕迹：一些塑像局部有明显的胎体修补痕迹，造型风格明显与原作不符，局部也存在修补材料脱落现象。

⑨水渍：因建筑漏雨，彩塑表面一些部位曾被雨水冲刷，颜料层未出现严重脱落，但表面形成了流状水渍。

⑩颜料层龟裂、起甲：此类病害分两种情况，一种为颜料胶结材料浓度较大，收缩造成了颜料层龟裂、起甲；一种为重妆部位表层颜料层龟裂、起甲。后者的成因包括：重妆部位色层总厚度过大、两层颜料间衔接强度较低、两层颜料收缩率有差异。

图2 4号塑像衣摆底部颜料层脱落

⑪泡状起甲：结晶盐析出造成颜料层表面局部出现泡状起甲（图4）。

⑫泥质胎体酥粉：泥质胎体酥粉多出现于彩塑腿部、足部及底座底部（图5）。

⑬颜料层粉化：颜料层黏结剂劣化导致部分颜料粉化，呈点状脱落。

⑭划痕：部分塑像表面有明显人为刻划痕迹。

⑮裱纸层起翘：一些彩绘重层部位出现裱纸层起翘现象，应为黏结裱纸层的材料丧失黏结力所致。

2.3.2 病害机理研究

（1）制作材料及工艺的影响

传统壁画、彩塑颜料的胶结材料为动物胶或植物胶，由于这些天然胶结材料是以蛋白质为主要成分的有机物，在光和气候因素的作用下会产生不同程度的老化、收缩，使颜料层出现龟裂起甲，乃至粉化脱落。

图3 塑像背光金层起甲、起翘

地仗酥碱则与黏土的物理力学性
能、其中所含易溶盐类型以及彩塑所处的
环境等因素有关。福胜寺彩塑材料检测分
析结果表明，泥胎所用黏土为当地的细粒
土，泥胎中含有的主要元素成分为硅、
钙、铁和铝，另含有少量的钾、硫、钛等
元素。进一步的XRD分析结果表明，泥
胎中含有的主要矿物有石英（Quartz）、
方解石（Calcite）、钠长石（Albite）以

图4 泡状起甲　　　图5 塑像足部酥粉

及少量云母（Muscovite）、绿泥石（Clinochlore）等，个别样品中还含有白云石、浊沸石等成分。

（2）彩塑保存环境的影响

在泥塑类文物材质劣化的诸多原因中，潮湿是最主要的侵害因素之一，因为泥塑制作使用的材
料，如黏土、麦秸、棉花、纸张棕、颜料、动物胶等对水都很敏感，潮湿空气，尤其是漏雨对泥塑影
响更大。长期处于潮湿环境中，不仅有机物会分解变质，水分还会同时促使许多化学反应产生。例
如，在潮湿环境中，铅白（碱式碳酸铅）和铅丹（红色氧化铅）会转变为棕色的二氧化铅，蓝色的石
青会转化成绿色的碱式碳酸铜。福胜寺所在的新绛县光村处于山西省南部，夏季气候较为湿热，农作
物丰富、对泥塑的保存有一定威胁。殿内没有温湿度控制措施（暖气、空调等），房内湿度在很大程
度上随大气温湿度变化而变化。

根据1980年统计资料，新绛平均湿度在65%以下，一年内随着降水量的大小有明显的低点和高点，
春、夏雨季到来之前，气温逐渐升高，形成一年中相对湿度的低点为54%，7～9三个月最高为75%。
2012年10月19日的湿度高过74%，平均在60%左右，可见在夏秋季节湿度较大，对泥塑的保存不利。

根据2012年10月19日正殿内实测数据，殿内白天湿度在70%左右，前门一直敞开，湿度稍低，后
门封闭，后部湿度较高，16日后门持续敞开，结果殿内后部湿度降低到30%左右。由此可见，在正殿
较为封闭时，自身相对湿度较大，波动幅度小，开放时，受大气湿度影响较大，随季节更替而变化。

（3）表面积尘的影响

灰尘的种类、成分复杂，化学组成因地而异。由于灰尘表面积较大，物理吸附性能强，具有复杂
化学成分的灰尘其化学活性也会得到极大的加强。灰尘会在空气中吸收有害物质或有害气体，为破坏

性的热化学反应物质、催化剂和酸性或碱性的介质环境；为光化学反应提供光氧化剂、光还原剂、光敏化剂；为微生物反应提供悬浮、运移和沉积的载体以及培养基。因此，灰尘对文物既有物理损伤，化学破坏，还有生物破坏。根据文物保护学理论分析得出，没有什么病变因素可以像灰尘那样全方位地参与文物的劣变过程。福胜寺内罗汉表面酥解、起甲、水解变质、褪色、最终脱落都与灰尘有关。

（4）生物因素的影响

细菌微生物滋生繁殖的影响总是伴随着培养介质的酸性化。泥塑表面无机物多为硅酸盐和其他矿物质，由于细菌作用的现象与化学反应的产物十分相似，比如黑色的硬壳、粉末以及剥落等。例如硫氧化菌能够利用各种还原硫产生硫酸，硫还原菌还能够产生硫酸根。而硝化细菌中的氨氧化细菌，能够将氨转化为硝酸根和氮氧化细菌，还能将亚硝酸氧化成硝酸，导致彩塑壁画的粉化。有些细菌能够溶蚀二氧化硅和硅酸盐，通过化学作用而将难溶的无机盐溶解。有些微生物、细菌还会引起颜料中各种矿物质的转化，造成颜料褪色。

根据调查，福胜寺有些泥塑上附着有昆虫尸体或者有其活动的痕迹，也就是说，泥塑上有昆虫所需的营养基，使得昆虫频繁地活动于泥塑上。这些昆虫的卵壳和活动的痕迹污染了泥塑表面的彩绘。有些污染物具有酸性或碱性特性，对泥塑起腐蚀作用，即使对泥塑表面进行清洗处理后，仍能留下被腐蚀的明显痕迹。

（5）光对泥塑的影响

光也是造成彩绘褪色的重要原因之一，紫外线辐射不仅会破坏有机颜料的结构，使之变色或褪色，也会破坏胶结材料。此外，光照造成的温度变化也会导致颜料层发生热膨胀，增加颜料层龟裂、起甲、剥落的风险。由于参观和维护的需要，弥陀殿南门经常打开，靠近南门的主尊及胁侍受光照影响最强。调查结果显示，这三尊彩塑的颜料层龟裂、起甲、脱落现象也最为明显。

综合以上分析，结合实验室模拟实验，初步确认彩塑病害的产生和发展与泥质胎体、颜料层的物理化学性质、大气污染造成大量盐分随粉尘积聚在彩塑表面以及保存环境温湿度变化等因素有关，泥质胎体中硫酸盐的溶解和结晶过程是塑像酥碱病害发生和发展的主要原因。

2.4 保护修复前期研究

保护修复是最直接、全方位接触彩绘泥塑的过程，也是对彩绘泥塑进行再认识和再研究不可或缺的机会。所以整个实施过程必须同时对涉及彩绘泥塑的各方面信息进行记录、采集、研究。最大限度地获取修复前的原真性资料，为现在保护修复和以后的连续性研究提供依据。并作为必不可少的内容，纳入工程的前期研究部分。

2.4.1 彩绘泥塑制作工艺分析

（1）样品采集及描述

针对福胜寺彩绘泥塑保护修复项目的实施，对寺内现存泥塑进行了取样分析。本次共采集样品76个，分别取自正殿内主尊及胁侍塑像，扇面墙悬塑以及殿内两侧罗汉及天王塑像，取样位置尽量选择不显眼处和自然脱落的样品，避免对塑像的损坏。样品种类包括彩塑佛像的颜料层残片、泥胎、木骨架残片，彩塑内部填充植物茎秆等，取样范围较广，有代表性。

（2）制作工艺调查

山西地区的彩绘泥塑一般有五种表现形式：圆塑、影塑、高塑、壁塑、悬塑。通常的制作方法如下。

①制作木骨架：根据塑像大小，用一根或数根、或圆或方形木材做主骨，然后按塑像的姿势用若干根木材或板捆绑或钉制而成骨架形成人物的整体结构。细小部分用金属丝做骨架。

②缠绕或扎捆草绳：用稻草绳、麦秆、谷秆或麻（小型者）缠绕扎捆在已做成的木骨架上，成大体人型。

③上泥：泥一般分为粗细两种，先上一层粗泥定型，然后再上一层细泥修塑细节。粗泥和细泥中按照比例各自加入适量沙子和纤维。素胎完成后也有在外部裱纸或稀纱布的，以增加形体牢固，便于彩绘着色。

④着色：先用胶质混合其他材料刷在素胎上，使之平整光滑有附着力。然后用沥粉沥出冠帻、袖带、领口、铠甲、兵器、法物、璎珞各处的纹饰，突出立体感。随后，在需要贴金的部分刷上金

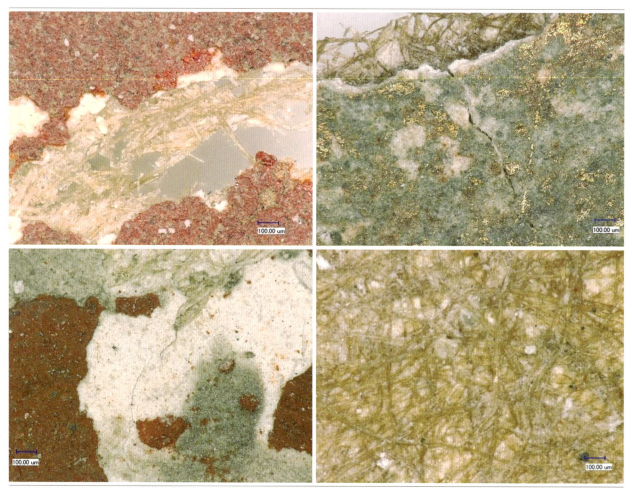

图6 彩绘泥塑样品颜料层、地仗层、细泥层的显微结构

胶油，然后贴上金箔。最后使用颜料着色，再在表面刷几层胶矾水，使彩塑具有光泽。

通过对福胜寺彩绘泥塑样品颜料层和地仗层显微形貌的分析，可以清晰地看到颜料层、白粉层和细泥层结构，层次分明，并可清楚地看到在细泥层中添加的植物秸秆等纤维材料（图6）。同时，选取一个块状样品，在扫描电镜下进一步观察，从图中可以更加清晰地看到颜料层、白粉层和细泥层（图7）。因此，当初制作泥塑时，应是在制好的粗泥胎上抹一层细泥，然后在细泥层上涂抹白粉层，最后在白粉层上进行绘画。有些塑像泥胎外还裱有纸层或者纱布。

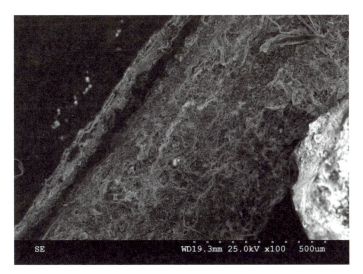

图7 泥塑样品剖面的微观结构

根据现存塑像残缺断口处的观察，并结合颜料层结构分析，推测福胜寺彩绘泥塑的制作工艺流程如下：木质骨架→麻绳缠绕秸秆固定（捆谷上草）→粗泥层塑形→细泥层塑造细节→裱纸→施白粉层→彩绘。因此，福胜寺彩绘泥塑遵循的是传统的制作工艺。在有些泥塑上，后期修复痕迹比较明显，存在明显重绘现象。

2.4.2 泥塑颜料层分析

福胜寺现存泥塑所使用的颜料以绿色和红色颜料为主，几乎普遍应用在每尊塑像上，但色彩各有不同。此外，白色、黑色、蓝色、黄色、粉色和金等作为辅助色也各有运用，但由于取样的限制，这些颜色的颜料取样量较少。为确定颜料的微观结构和化学成分，分别采用显微镜、X射线荧光光谱仪、X射线衍射仪和扫描电子显微镜／能谱仪对采集的颜料层样品进行了分析测试。

（1）颜料层表面显微形貌分析

将采集的颜料层样品，经过简单的表面清洁后，在显微镜下观察其表面形貌，可获得颜料层保存状况和病害情况的基本信息。

福胜寺彩绘泥塑使用最普遍的颜料为红色和绿色颜料，几乎在每尊塑像上都有使用，但具体色彩各有不同，甚至差别较大。如红色颜料，通过显微镜观察，发现至少使用了三种不同色彩的红色颜料，如图8中FSS-14、FSS-37、FSS-47所示（放大200倍）。同样，绿色颜料的色彩也不尽相同，如图8中FSS-29、FSS-50、FSS-52所示（放大200倍）。

另外，在显微镜下，可以更加清晰地观察到颜料层的病害情况，如表面污染、颜料层脱落、龟裂、泡状起甲、划痕等等（图9）。

此外，在有些样品（如FSS-58、FSS-59）上面还发现了多层颜料层的存在，这可能是后期修缮和重妆时留下的痕迹（图10）。

（2）颜料的化学成分分析

①X射线荧光光谱分析：由于X射线荧光光谱分析（XRF）具有制样简单、无损检测、分析速度快以及多元素同时分析等优势，因此，首先利用XRF分析了福胜寺泥塑样品颜料的元素组成，以帮助我们进行初步判断。

由测试结果可知：（a）红色颜料的显色元素主要有Fe、Pb、Hg，其含量在不同红色颜料样品中各不相同，结合文献，初步推测，福胜寺泥塑使用的红色颜料可能有铁红（Fe_2O_3）、铅丹（Pb_3O_4）和朱砂（HgS）；（b）绿色或蓝色颜料的主要显色元素为Cu和Fe，推测为含铜或铁的化合物；（c）白色颜料中钙和铝含量较高，推测为石灰或石膏类化合物；（d）在含有金色区域的样品中，检测到金（Au）的存在，因此金色部位应该使用了金箔。因为XRF仅能检测到颜料的元素组成，因此，只能以此做出初步推测，还需结合其他方法进一步确定颜料的组成成分。

此外，几乎在每个样品均检测到含量不等的Si、Al、K、S、Ca、Ti等土壤元素，这可能来自颜料表面的灰尘和颜料层附着的地仗层。由于样品颜料层非常薄，且与地仗层紧密结合在一起，测试时无法将二者分离，故XRF分析结果为颜料和地仗层的混合成分。

②X射线衍射分析：古代使用的颜料主要为矿物颜料，因此，可以利用X射线衍射分析（XRD）确定颜料的物相组成，从而鉴别所用颜料的种类。由于样品量及样品保存状况所限，仅仅得到一部分样品的XRD谱图。分析结果表明：福胜寺彩绘泥塑使用的红色颜料主要有三种，分别是朱砂（HgS）、铁红（Fe_2O_3）和铅丹（Pb_3O_4），这与XRF的分析结果是相对应的；绿色颜料通过XRD分析仅仅确定出其中的一种，即氯铜矿[$Cu_2(OH)_3Cl$]；检测到的白色颜料有铅白、高岭土和石膏，因此，当初使用的白色颜料可能不止一种。

③激光拉曼光谱分析：激光拉曼光谱分析是一种无损、快速、简单、重现性好的定性定量分析方法，尤其是对于矿物颜料的鉴定具有很好的效果。本次测试分析采用JYBIN YVON激光拉曼光谱仪，型号为XploRA。

选取一部分样品，尤其是由于样品量少而无法用XRD定性的样品，利用激光拉曼光谱仪进行进一步分析，以确定颜料的矿物组成。拉曼分析结果表明：福胜寺彩绘泥塑使用的红色颜料主要有三种，分别是朱砂（HgS）、铁红（Fe_2O_3）和铅丹（Pb_3O_4），这与XRF和XRD的分析结果可以相互印证；绿色颜料有两种：氯铜矿[$Cu_2(OH)_3Cl$]和孔雀石[$Cu_2CO_3(OH)_2$]；蓝色颜料及部分样品颜料层中的蓝色颗粒，经分析为蓝铜矿[$Cu_3(CO_3)_2(OH)_2$]；橘黄色颜料为铅黄（PbO）。由此可知，激光拉曼光谱的分析结果与XRD的分析结果是相一致的，而且，由于拉曼光谱在微区分析方面的优势，对于XRD无法鉴别的样品也能够准确鉴定。

④扫描电子显微镜／能谱分析：选取表面有金箔的样品（编号：FSS-43），在扫描电镜下观察其形貌，并利用能谱仪分析金箔中金（Au）的相对含量。在背散射电子下，可以清晰地看到颜料层中金箔的分布情况以及出现的脱落现象（图11）。金箔部位的能谱分析结果表明，金的相对含量高达95%，另含有少量铜和铝，说明泥塑中所用金箔的纯度很好，含金量比较高。

FSS-14 FSS-37 FSS-47

FSS-29 FSS-50 FSS-52

图8 福胜寺彩绘泥塑红色和绿色颜料层显微照片（放大200倍）

颜料层表面污染（FSS-17） 颜料层脱落（FSS-33）

颜料层龟裂、脱落（FSS-58） 表面划痕（FSS-41）

图9 彩绘泥塑颜料层病害情况

FSS-34表面的红色和蓝色颜料　　　　　　FSS-38表面的多层颜料

FSS-59表面的红色和绿色颜料　　　　　　FSS-58表面的多层颜料

图10 泥塑表面多层颜料层的保存状况

2.4.3 泥胎成分分析

利用X射线荧光光谱仪和X射线衍射仪分析了福胜寺彩绘泥塑泥胎的化学成分。由XRF分析结果可知，泥胎中含有的主要元素成分为硅、钙、铁和铝，另含有少量的钾、硫、钛等元素。进一步的XRD分析结果表明，泥胎中含有的主要矿物有石英（Quartz）、方解石（Calcite）、钠长石（Albite）以及少量云母（Muscovite）、绿泥石（Clinochlore）等，个别样品中还含有白云石、浊沸石等成分（图12、13）。由分析结果可知，泥胎中除了含有常见的黏土成分之外，还含有一定量的方解石，这可能是在制作泥胎的过程中，添加了一定量的石灰，以增加泥胎的强度，这还需结合文献等进一步验证。

2.4.4 泥胎粒度级配分析

土的颗粒级配又称（粒度）级配，是指大小土粒的搭配情况，通常以土中各个粒组的相对含量（即各粒组占土粒总量的百分数）来表示。土的粒度成分，包括土颗粒的大小、形状、含量和级配等诸方面都对土的工程性质有着显著的影响。土中主要颗粒的大小是影响土的工程性质的最基本因素，粗粒土与细粒土的性质各异，在于其主要颗粒的大小不同。土粒的形状是多种多样的，卵石接近于圆形或亚圆形而碎石颇多棱角，砂呈粒状而黏土颗粒大多为扁平状。由于土中颗粒粒径的变化一般是渐变的，各粒组的含量既反映了主要颗粒的粒径范围，也反映了土的级配。土的颗粒大小、形状、含量和级配等都将直接影响土的密实度、土颗粒间相互嵌挤和咬合的方式与程度，最终影响到土的力学性质。

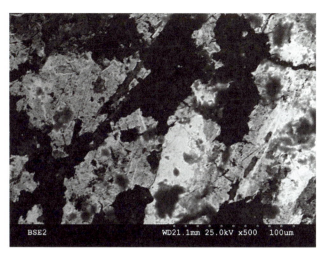

图11 样品FSS-43的背散射电子像

为了解福胜寺泥塑的颗粒级配情况，采用筛分法进行颗粒分析试验。将试验结果绘制颗粒级配曲线（图14）。

根据砂土定义：指粒径大于2毫米的颗粒含量不超过全重的50%、粒径大于0.075毫米的颗粒超过全重50%的土，福胜寺泥塑土可定义为砂土。按照表1进一步分类，本次试验土粒径>0.075毫米的颗粒超过全重的50%，所以判断定土为粉砂（表1）。

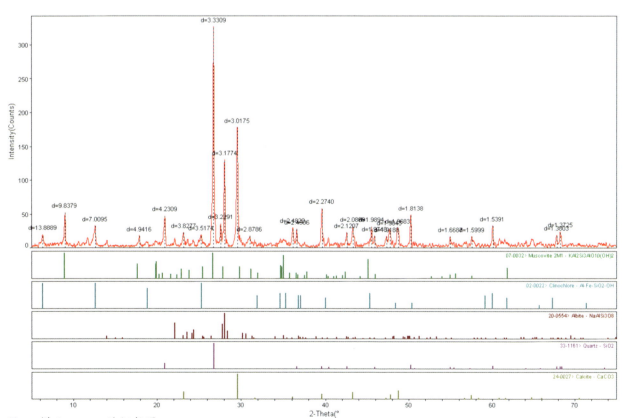

图12 样品FSS-71的衍射图

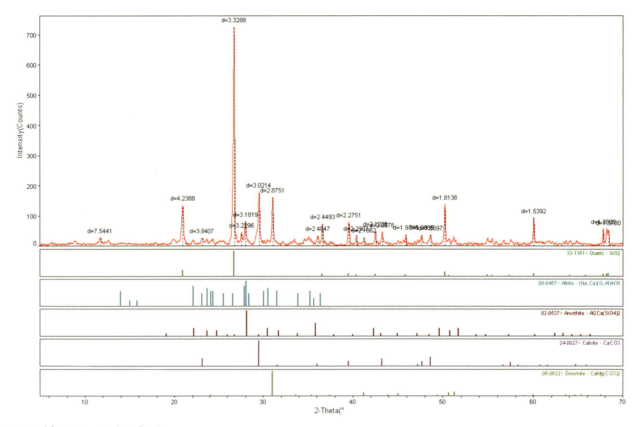

图13 样品FSS-64的衍射图

表1 砂土的分类

土的名称	颗粒级配
砾砂	粒径>2毫米的颗粒占全重的25%～50%
粗砂	粒径>0.5毫米的颗粒超过全重的50%
中砂	粒径>0.25毫米的颗粒超过全重的50%
细砂	粒径>0.075毫米的颗粒超过全重的85%
粉砂	粒径>0.075毫米的颗粒超过全重的50%

在累计曲线上，可确定两个描述土的级配的指标：

不均匀系数	$C_u = \dfrac{d_{60}}{d_{10}}$
曲率系数	$C_c = \dfrac{d_{30}^2}{d_{60}d_{10}}$

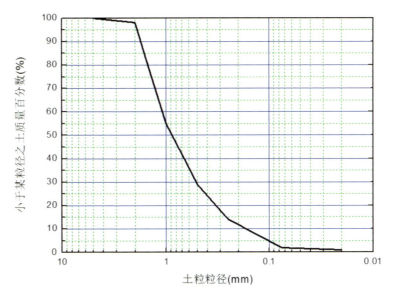

图14 颗粒级配曲线图

式中：d_{10}、d_{30}、d_{60}分别相当于累计百分含量为10%、30%和60%的粒径；d_{10}称为有效粒径；d_{60}称为限制粒径；d_{30}称为平均粒径。

不均匀系数C_u、C_c反映大小不同粒组的分布情况：

C_u >= 5、C_c=1-3的土级配良好，其余情况为级配不良。

C_u <5的土称为匀粒土，级配不良；

C_u越大，表示粒组分布范围比较广；

C_u >10的土级配良好。

但如Cu过大，表示有可能缺失中间粒径，属不连续级配，故需同时用曲率系数来评价。曲率系数则是描述累计曲线整体形状的指标。

根据福胜寺泥塑颗粒级配曲线，颗粒级配曲线C_u=7.3>5，C_c=1.5，属于级配良好土。对于级配良好的土，较粗颗粒间的孔隙被较细的颗粒所填充，因而土的密实度较好，相应的土的强度和稳定性也较好，透水性和压缩性也较小，较适用于制作塑像泥胎。

2.4.5 空鼓及水分分布的红外热像测试

（1）测试点的选择

在寺内选择三个区域进行测试（图15、16、22），其中图15和图16主要为空鼓测试，图22为水分分布测试。

（2）测试方法

①空鼓区测量：由于待测区域位于室内，室内温度相对恒定，已经达到热平衡，所以无法用红外热像仪直接测量，因此采用主动红外技术测量。采用1000瓦红外灯两个对目标区域进行加热，加热时间10分钟（图17）。

图15 北面佛像西侧题记下方　　　图16 南面佛像西侧裂缝处　　　图17 主动红外热像拍摄

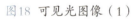
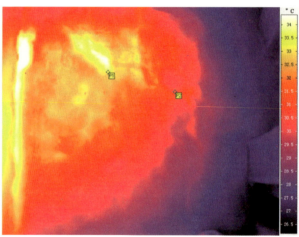

图18 可见光图像（1）　　　　　　　　　　图19 热像图（1）

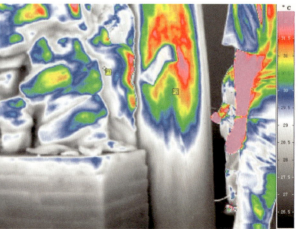

图20 可见光图像（2）　　　　　　　　　　图21 热像图（2）

②水分分布测试：如果水分分布不均匀，则有水的区域跟其他区域比温度较低，因此可以直接用热像仪对目标区域进行拍摄。

（3）测试结果

①空鼓区测试结果（图18～21）：北面佛像西侧题记下方：通过热像图可以看出，空鼓区域由于内部存有空气层、导热性能差，所以温度明显高于周边区域，因此图19中明亮的黄色区域为空鼓区域。

南面佛像西侧裂缝处：通过热像图可以看出该区域存在空鼓，但是由于相连的部分厚度突然增加，表面的明显凸凹和材质的转变会严重影响热像图的判断，因此除了该区域别的区域温度场的变化都是由于表面材质和表面凸凹造成的，因此无法通过热像图判断空鼓情况。

②水分分布测量（图22、23）：选择北面东侧佛像下矮墙进行测试，通过热像图中可以看出，水分沿接缝处渗透，其余区域无明显异常。

2.4.6 福胜寺X射线探伤分析

对福胜寺塑像进行X射线探伤，选用的设备为K200型，最大电压200千伏，电流3毫安。本次选取了3号、7号、11号、21号进行了X射线探伤。

3号探伤部位为立像的腿部。由于X光仪器功率已达到最大，但对塑像仍未形成有效穿透，因此木骨架较为模糊，无法判定骨架的完整位置（图24）。可见飘带内的铁丝及泥层断裂。

7号探伤部位为坐像的上半身。大部分区域未形成有效穿透，可见的主要有左手臂内的木骨架及铁钉（图25），飘带、头饰、手指内的铁丝及部分铁钉。

11号探伤部位为坐像的上半身。可大致看到较为完整的木架结构及铁钉等，木骨架组成见图26。

21号探伤部位为坐像的上半身及右腿的局部。基本可以看清主要木骨架及连接用的铁钉等，并从图中推测了手臂内的木骨架走向结构。

X射线探伤结论：

①通过X射线探伤分析，基本搞清了罗汉内部主骨架结构形式，即由十字形木骨架作为主体支撑塑像。塑像内部为空心结构，两臂内有木骨，由铁钉与主骨架相连，推测与泥台底部相接的腿部均应有木骨存在。

②由于所用仪器的功率较小，泥层厚度较大，对塑像泥层较厚的部位无法形成有效穿透，因此对于较大的主佛及两胁侍等较大的塑像，该仪器已不适用。

2.4.7 福胜寺三维扫描分析

三维激光扫描技术具有不用接触被量测目标、扫描速度快、点位和精度分布均匀等特点，在国内外的文物保护领域已经有了很多应用和成功案例。测量所获取的原始三维点云数据可永久存档，随着其他应用技术的逐渐提高，可根据需求而进一步加工，目前主要应用包括信息留存、监测、虚拟修复或复原、病害调查、数字展示、三维力学仿真分析等。为了取得福胜寺泥塑现存的宝贵信息和病害的精细勘察，完成保存现状的科学评估，对福胜寺部分重要泥塑进行了三维激光扫描分析。

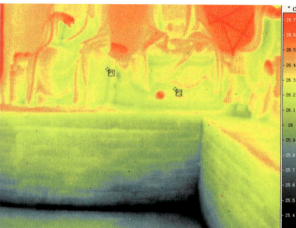

图22 可见光图像（3）　　　　　　　　图23 热像图（3）

（1）高精度手持式三维激光扫描仪

Faro edge是迄今为止最先进、水准最高的FaroArm测量臂。Faro edge按最大空间测量直径分为1.8米、2.7米、3.7米三款，最大误差分别为±0.034毫米、±0.041毫米、±0.091毫米。

本次为福圣寺泥塑的扫描选用仪器为精度最好的机械臂直径是1.8m的Faro edge，最大误差±0.034毫米，单点重复精度0.024毫米。

（2）点云

超高密度精细点云仪器拥有最先进的精度与密度，但因操作泥塑背部贴墙太近，排列紧密的原因，背部与两侧小部分数据局部缺失。

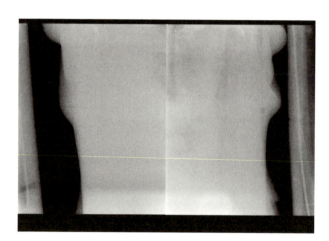

图24 3号塑像X射线探伤图像

完成福圣寺所有塑像及悬塑的正射影像图；对编号为4、21、27塑像的进行了精细三维激光扫描并作数据处理，建立高精度模型，并在模型基础上制作了色彩贴图，将模型成果制成了动画浏览；所有高精度、高清晰资料均能作为珍贵档案存根，亦方便后续研究与使用。

① 4号泥塑（图27）

点量：46324819 + 4070970 = 50395789点；文件大小：995.3 + 87.5 = 1082.8MB；

面积：29783.006平方厘米；平均密度：1692点/平方厘米。

② 1号泥塑（图28）

点量：21853932点；文件大小：469.6MB；面积：22868.827平方厘米；

平均密度：955点/平方厘米（表面起伏相对小，点云有效覆盖率更高）。

③ 27号泥塑（图29）

点量：27701808点；文件大小：595.2 + 22.6 = 617.8MB；

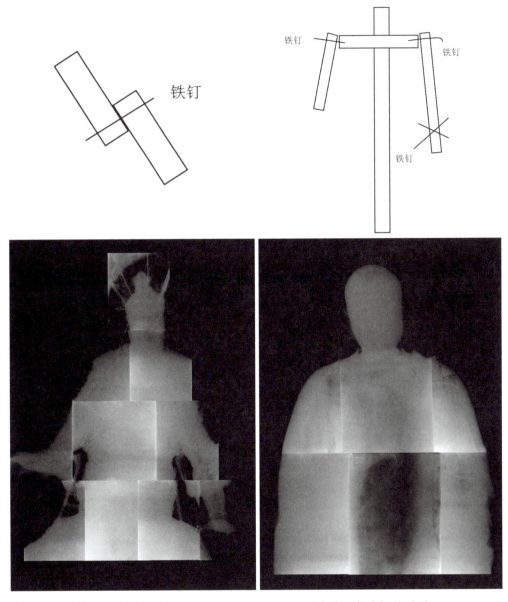

图25 7号塑像X射线探伤结果　　图26 11号塑像X射线探伤结果

面积：15807.941平方厘米；平均密度：1752点/平方厘米。

（3）悬塑（浮雕壁）三维激光扫描监测计划

① 全站仪找出现场地面的基平面。

② 用基平面作为激光点云的水平坐标系，采集整个悬塑的三维点云数据，利用三维点云数据，从三个轴检测出横向是否平行，纵向是否垂直，以判断整个悬塑是否产生变形与位移，以此确定悬塑的安全性，如悬塑产生位移与变形，再利用三维激光扫描进行长期监测。比如定期采集数据，判断位移量与变形范围（图30）。

图27 4号塑像三维激光点贴图模型（由左至右为正面、左侧、右侧）

图28 21号塑像三维激光点贴图模型（由左至右为正面、左侧、右侧）

图29 27号塑像三维激光点贴图模型（由左至右为正面、左侧、右侧）

2.5 保护修复设计方案

2.5.1 本方案设计遵循的原则

①尊重文物历史原状的原则：真实全面地保留和延续文物的历史信息以及所包含的历史、艺术、科学研究价值。

②"抢救为主，保护第一，合理利用，加强管理"的原则。

③"最小干预"原则：在满足抢救保护要求的基础上，将保护措施只用于最为必要的部分，并减少到最低限度。

④"协调一致"及"可辨识"原则：使用的保护修复手段不得妨碍后续的保护处理，经保护处理的部分要和文物整体既相互协调又可以识别，并且做好相关的影像和数据记录工作。

⑤"可持续保护"原则、"原址保护"原则：按照使用的"所有材料及工艺必须经过试验和研究，证明是对文物古迹有效的、基本无害"的要求，选用文物原有的制作材料，在保护修复中使用的各种材料要尽量做到可逆，材料性能要经过严格的科学分析和筛选论证，以便于文物的再修复，以及文物材料的科学选择和重新应用。

⑥修补材料的选材、配比原则：a.修补材料总体应具有与修补部位周边原胎体材料相同的热膨胀系数和水理性质，力学强度应近于原胎体材料，黏结强度近于原胎体材料；与修补部位周边原胎体材料具有良好的颗粒组配，化学性质稳定，不对接触面的原始胎体造成侵害，且具有较强的抗风化能力，且不应引发其他有害反应。b.修补材料的填充剂本身不应提供等于或高于原胎体材料固有的黏结强度，在此前提下可选择与原胎体材料相同或相近的成分及配比，或选择均匀且具有柔韧性的材料；修补材

图30 悬塑三维激光扫描图

料的黏结剂应具有与原胎体材料明显不同的溶解性能（如反应于不同的溶剂）。

⑦全色材料的选材、配比原则：a.全色用颜料呈色物质及调和剂成分中均不含对文物有害的物质，且不应引发其他有害反应。b.呈色物质（颜料粉末）化学性质稳定，以避免过快老化变色，在以无差别式手法（平涂，非影线或点彩法）全色的部位，全色颜料呈色物质与原始颜料呈色物质成分或所呈现色彩相同；调和剂与原始颜料调和剂应具有明显不同的溶解性能（如反应于不同的溶剂），强度不应超过原始颜料加固后的调和剂强度。

⑧使用非传统材料需遵循的原则：a.安全性：对文物本体构成物质不具腐蚀性及破坏力。b.耐久性：具有较长的老化周期（40年以上），在老化过程中对与其接触的文物本体物质不造成化学或物理损害。c.可去除：材料中非挥发性物质在文物本体表面的附着部分或渗透性残留物需具有良好的可去除性，可通过对文物本体不具危险性的手法完全清除（如反应于不同的溶剂）。

2.5.2 表面污染物清洗

首先根据彩绘层或胎体表面的机械强度选择清洗方法。

第一步，针对彩绘层或暴露的胎体材质自身强度（内聚力）远高于污染物与表面之间的结合强度的部位：

A. 除去附着于彩绘层和暴露的胎体表面的表面附着型污染物

针对未深入颜料层或胎体孔隙的浮尘，可采用非接触型及接触型物理方法进行清除，前者可使用真空吸尘器、吸耳球等工具，后者可采用软毛刷、清洁海绵、棉签、柔软纺织物、手术刀等工具。

针对另一种情况：当RH>70%时，空气中和文物表面附着的粉尘起到水分凝结核作用，使粉尘具有一定的黏附性，在彩塑表面形成沉积层；当彩绘层或胎体外露表层为疏松的多孔结构时，污垢会嵌入彩绘层或外露胎体表面中。这种情况可采用蒸汽发生器将蒸汽不断喷射到表面并配合机械方法加以清除。

B. 除去结合型污染物

当污染物与颜料层结合产生二级反应形成硬质外壳，并持续向本体内部进一步发展形成更深层的风化和剥蚀。这类清洗可采用物理和化学结合的方法。通过化学材料的溶解力来分解硬壳，清洗剂有：①AB57是意大利罗马修复中心（TCR）研制的一种碳酸铵和螯合剂的复合溶液；pH值约7.5，用于清洗表面黑垢。②乙二胺四乙酸（EDTA），主要用于清洗表面的难溶盐（如钙盐）的沉积物和金属锈斑。

彩绘表面的有机积垢可以使用去离子水：乙醇：丙酮配成1：1：1的溶液以达到清洗表面积尘、积垢和油垢等混合物的目的。

局部贴金部位的清洗可使用研磨膏进行机械清洗，防止使用去离子水或化学溶液清洗降低胶黏剂的黏合力。

污染渗透较深且已固结时，通常无法不破坏表面而完全去除污染，污染物对胎体不构成持续发生的物理化学损害时，不做深度清洗。

第二步，针对彩绘层或暴露的胎体材质自身强度较弱，相当于或低于污染物与表面之间的结合强度的部位（如彩绘层酥粉、起甲、龟裂或胎体表面酥粉）：

清洗前需进行渗透预加固，例如可采用1%Paraloid B72丙酮溶液加固剂。但预加固在提高彩绘层或胎体内聚力的同时，也提高了污染物与文物表面的结合力，会增加清洗的难度。针对色层或胎体酥粉程度较高的情况，可采用溶解速率（或反应速率）可控（如通过温度等条件）的材料作为预加固剂，预加固完成后（加固剂完全干燥），采用对污染物有效并对加固剂溶解度较低的溶剂（低浓度），在严格控制溶解速率（尽可能低）的情况下进行清洗。例如，可采用40℃～60℃低浓度动物胶（1%～3%）进行渗透预加固，干燥后用棉签蘸少量常温（20℃～30℃）弱碱性水溶液擦拭尘垢固结部位。

第三步，雨水污渍清洗：使用泡沫清洗剂PVAc干洗。这种干洗法不损伤彩绘，而且处理过后不会有新做的感觉。

2.5.3 酥粉区域加固

加固的目的是增加胎体及彩绘层材料本身的强度（内聚力）和抗风化能力，并增加彩绘层与胎体之间的结合力。颜料层的酥粉，可使用40℃～60℃、1%～4%的明胶水溶液加固（浓度越高，强度越高；温度越高，浓度越低，渗透性越强）；深入胎体泥层的酥粉，可用10%~15% AC33溶液或1%～3%Paraloid B72丙酮溶液作为加固剂。通过喷涂、涂刷、浸渗、注射等方法施用。需根据不同情况，采用不同的比例，从低浓度、高渗透性溶液开始逐渐到最终合适的浓度。

2.5.4 颜料层起甲、起翘区域的回贴加固

方法A，可用黏结剂注射法，增加颜料层和胎体之间的结合力。加固剂可采用1%~4%明胶或10%～15% AC33溶液，其显著特点是能够多次渗透。适用于无变形、可直接回贴的起甲部位。

具体操作程序为：

①修复前用软毛小毛笔、吸耳球、棉签轻轻将起甲彩绘背部及表面的尘土清除干净。

②用1%的明胶或10%～15% AC33溶液先对胎体进行加固。

③待胎体渗透加固后，再用注射器将1%的明胶溶液沿起甲彩绘的裂口注射到起甲彩塑的背部，使之渗透。每个部位视病害的程度注射3～4遍。

④起甲层的回软：用日本纸糊敷，通过打湿日本纸使起甲的部位回软，对有清漆或桐油的颜料层（如金层），用丙酮软化。

⑤用自制竹、木或不锈钢修复刀，将起甲层轻轻回贴到原位，再用包有脱脂棉的白色绸缎绑扎成的棉拓，对起甲部位进行滚压，使颜料层和地仗层进一步结合牢固。滚压的方向最好是从未开裂口处向裂口处轻轻滚动，这样能将起甲内的空气排出，不会出现气泡，另一方面，颜料层也不会被压出皱褶。

⑥待整个注射加固完成后，再用1%的丙烯酸乳液，均匀地在其表面喷涂一遍，稍干燥后，铺衬白绸布，用胶滚均匀滚压，这样，既可加固遗漏未加固的起甲小片，又可增加颜料层与底层的结合力。

方法B，渗透加固与除变形同时操作，采用1%~4%的明胶水溶液作为加固剂，可多次渗透。适用于起翘较为严重、出现明显变形需做除变形处理的部位。

具体操作程序为：

①修复前用软毛小毛笔、吸耳球、棉签轻轻将较为牢固的起甲彩绘层背部及表面的尘土清除干净。

②起甲片状颜料层与胎体表面完全脱离或脱离程度严重部位需进行预加固，可用毛笔蘸蛋清液轻触甲片边缘，使蛋清液在甲片与胎体表面之间形成微弱黏结。待其干燥。

③用注射器向起甲区域的甲片缝隙处注射40%酒精水溶液，使局部润湿软化，并通过渗透增加色层及胎体局部表层的毛细作用。待其挥发，至表面无积液。

④用注射器或毛笔蘸60℃、1%～2%明胶水溶液在之前润湿部位进行注射或渗透加固。

⑤注射或渗透后迅速在加固区域表面覆Melinex离型膜（防止工具直接接触加固后表面造成工具与颜料层或胎体表面的黏结），用温控热刮刀等小型压覆工具对起甲部位进行压覆——热刮刀对局部加热有助于加固剂进一步均匀渗透，增强加固效果，同时可将软化的起甲部位有效回平（热刮刀温度不高于60℃，温度需视操作环境温度、湿度和颜料层颜料的溶解性能而定）。操作时间不宜过长，需避免加热时间过长造成加固剂完全干结（加固剂应在凝胶状态下缓慢自然干燥），在回平后迅速撤下离型膜。静置24小时以上待加固剂凝结、干燥。

⑥用60℃、2%～4%明胶水溶液再次重复步骤④～⑤，直至加固效果达到理想状态。

2.5.5 空鼓部位加固

以当地黏土、阿嘎土、石英砂和蒸馏水组成的灌浆材料，按照土：阿嘎土：石英砂：蒸馏水=2：1：1：1.8的配比（通过室内试验得出此配比），搅拌配制成浆液，对空鼓彩塑灌浆。

操作步骤：

①钻注浆孔：用手敲击空鼓部位，检查空鼓程度及范围，确定开孔部位，尽可能选在裂缝、地仗或颜料脱落处，以保证彩绘层的完整。注浆孔径1～3厘米。

②用改制成的特殊细软管的吸尘器吸取空鼓部位的粉尘。

③用1～3厘米的透明塑胶管做注浆管，尽量多插入几根注浆管，使注浆管呈上下左右分布，以利于顺利灌浆和浆液分布均匀。

④灌浆：在灌浆前，先用注射器通过注浆管注入适量的稀浆液进行湿润。再用100毫升注射器吸取配制好的浆液，由下向上依次注浆。通过手敲或推动注射器的手感压力可判断浆液是否填满。然后用铺有2～3层吸水纸的壁板支顶。

⑤锚固补强：锚杆用硬木制作，直径约1.5厘米，长15～20厘米，在具体操作时，应视空鼓状况而定。一般通过灌浆能够解决的就尽量少用或不用锚杆，以免影响塑像、壁塑的完整性。

⑥浆液凝固后，先用3%丙烯酸乳液渗透加固孔沿，然后用泥进行封孔。待半干燥后，压平表面，使其和地仗处于同一平面。

⑦补色一般限于所修补的注浆孔和裂缝，但应有所区别。选用与塑像相同的矿物颜料进行调配补色，做到修旧如旧。

2.5.6 脱落残块复位

福胜寺正殿彩塑普遍存在胎体局部断裂脱落的情况，已收集到多件可确定脱落位置的残片。修复此类病害，采取抢救性保护修复措施来尽量挽救。具体修复方法如下：

①清理：首先对脱落残块进行表面除尘、清洗处理。

②加固：用10%~15% AC33溶液或1%~5%明胶溶液，分别用注射和喷洒方法对残块颜料层和泥层进行加固，以避免以后的操作过程中伤及酥粉表面。

③对残存壁塑和坠落残块各自进行照相、编号，然后输入电脑，再依据残块形状、图案、色彩、尺寸等信息与墙面残留壁塑进行电脑模拟拼对，以便指导缺失部位复原修复。

④残块复位：参考电脑模拟拼对结果将残块进行实际复位修复。对于残块较大，不易复位的，可通过埋设螺栓、钢片各拉杆方式进行复原固定。

⑤黏结：可使用8%~10%明胶水溶液或5%~10%聚乙烯醇缩丁醛酒精溶液作为黏结剂。

使用明胶水溶液加固存在干燥过程中收缩变形风险，需慎重采纳。如使用此法，需先用60℃5%明胶对双侧结合表面进行渗透预处理，干燥后用30℃8%明胶溶液均匀涂刷双侧表面，待胶液冷却至凝胶态时将残块与胎体接合。在外力支撑保护下干燥24小时以上，黏结效果达到理想状态。

使用聚乙烯醇缩丁醛酒精溶液亦需分步骤按不同浓度使用胶液。该黏结剂可避免收缩变形风险。

接口部位缝隙应采用填充剂进行修补，填充材料可采用黏结用的黏结剂（低浓度）调和粉质材料做成修复腻子，用修复刮刀分层对缝隙部位进行填充，待上一层干燥后施加新层，直至填充材料表面与原胎体表面齐平（防止一次填充材料体积过大出现明显的收缩变形，导致出现新缝隙）。

2.5.7 金层脱落部位的修复

塑像表面金箔层大面积脱落部位，白粉层及胎体表面外露，对造像外观审美效果构成破坏，且白粉层及胎体外露，可能导致风化深入。修复方法是，首先用修复腻子对胎体受损部位进行修补（填充部分不可覆盖原胎体为受损表面），将修补部位表面与原胎体表面找平。胎体修补后仅上粉底层即可，不再做全色处理。

2.5.8 后人不当加固和补塑部位的修复

采用机械方法将不当补塑部分（尤其是补塑材料对原胎体表面的覆盖）剔除，该操作应使用小型工具，严格控制接触范围和施加力度，避免伤及原胎体，清理或加固创面（创面应具有一致的牢固度，无酥粉现象，且不应过于平滑，防止与修复腻子结合不良），再用修复腻子对创面进行修补，对修补部位表面需进行整形，使其与原胎体表面取平。

对于临时性的用铁丝或木棍固定部位，根据具体现状采取相应措施，骨架断裂者，对骨架进行结构性加固；松动者进行复位。

2.5.9 断裂部位的修补

福胜寺一些塑像的手部、臂部断裂，这种病害的修复方法是在塑像的木骨架和泥层内埋设螺栓、钢片、拉杆等，进行复原固定。要求位置、姿态准确、坚固。断口黏结方法参照2.5.6脱落残块复位步骤⑤，或采用相同的黏结剂进行注射加固。

对于断裂部位无法找到脱落残块的情况，需对断面进行加固，并使用修复腻子对断口进行找平，缩小外露表面积，以防止进一步风化造成的崩裂。

2.5.10 松动壁塑的复位修复

由于墙体内固定壁塑的木楔松动造成壁塑与墙体分离，脱出墙面。这种问题采用拉固法进行复位。具体步骤为：在木楔的原来位置，凿一直径3厘米、深60厘米的孔，孔内埋设一根直径2厘米的锣纹钢筋，露在壁外的一端作成直径3厘米的圆形环，同时将原来骨架上的木楔改用套环，套在骨架上，套环的两端也作成与墙壁上相同的圆形环。这时将倾倒塑像扶正归位，待塑像骨架上的圆形环与壁上的圆形环逐渐重叠时，把一个大头小尾的铁模，将小尾一端插入环内，骨架和墙壁上的圆环，孔径重叠的越大，铁模进度越深。塑像和墙壁之间距离越小，人工无法操作时，可系一根线绳将铁模拉（与环孔成垂直方向），使它随环孔逐渐重叠而下滑，直至塑像紧贴墙壁为止。

2.5.11 全色

福胜寺彩塑表面普遍存在色层脱落暴露白粉层、裱纸层或胎体表面的情况，这些部位的色彩有时会对原作整体设色效果造成破坏（尤其是白粉层及裱纸层外露处，因色彩同时对比的视觉原理，会破坏未受损色层的色彩效果），针对这种情况，为保护文物的艺术价值，需对色层缺损部位进行全色。

全色方案包括两种：

①低限度全色，以恢复造像表面色彩的整体协调性，清除整体性干扰因素，并最大限度保留原作历史状态为主要目的：

全色区域主要限于白粉层和裱纸层外露部位。对于色层大面积脱落，泥质胎体大面积暴露部位，采取保留泥质胎体原色的办法，仅对该区域包围或毗邻的白粉层或裱纸层表面全色，选择与泥质胎体表面颜色相同的颜色，全色后色层残缺部位呈较完整的胎体色（泥质胎体为暖灰色，在视觉上呈中性效果，与原作色层不会形成强烈刺眼的对比，故不会破坏文物艺术效果）。

而原色层保留面积较大，包围小面积外露白粉层、裱纸层或胎体的情况下，色层残缺部位会在视觉上形成焦点，破坏观众对色层表面连贯性的理解，这种情况下需选择与原色层接近（明度略高、纯度略低）的颜色（或用影线法、点彩法作出相似的色彩效果）在缺损区域内进行全色，以恢复色区的视觉连贯性。对于缺损区域内存在多种色彩并置或色彩过渡情况下，需有充分图像证据方可进行想象式复原。

全色完成后的效果应为：造像表面无因色层缺损造成的细碎点状碎块效果，色彩效果浑整协调，可清晰辨识被保存的原作色层区域和大面积胎体外露区域。

②想象程度较高的复原，以恢复原作色彩设计效果为主要目的，最大限度地还原作品原貌为主要目的：

全色区域涉及所有色层缺损部位，包括白粉层、裱纸层和胎体层暴露表面。尽可能以翔实的照相档案资料或粉本（原始设计稿）为依据，避免过多的想象式复原。在所有色层缺失部分按原作设色进行全色。但在色彩的选用上，应考虑未缺损部位原始色层的现状，选用明度、纯度和色相均接近原色层的颜色。全色部分的色彩在明度上应略高于原始色层，纯度略低。

全色完成后，文物整体表面不存在外露的白粉层、裱纸层和胎体。色彩效果浑整协调，近距离观看又可辨析原作色层区域和全色区域。

两种方案在选择前应采用手工制图或电脑图像处理的方法分别提供全色效果图。具体方案的选择需依据文物保存单位的需求和方案评审委员会意见。

全色使用的颜料建议使用水彩颜料（易溶于冷水，全色后表面呈亚光效果）或聚合树脂颜料（易溶于溶剂，全色后表面略显光泽）。平涂式全色需分层设色，第一层颜色较目标色偏冷，偏亮，第二层颜色为目标色，目标色应比周边原作色层色彩明度略高，纯度略低，以保证可辨识性和整体色彩协调性。影线法和点彩法全色呈现的色彩效果远观应与周边原作色层颜色保持一致，近看可辨识全色笔法。

全色区域应严格局限于色层缺损区域，不可覆盖原作色层。

2.5.12 方案小结

本次方案设计在前期调查过程中着重研究了彩绘泥塑的传统工艺在福胜寺彩塑中的应用，并对传统工艺运用的材料进行了研究与实验。在此基础上，本次方案设计也更加注重传统工艺及材料与现代科学修复的结合。在满足可再处理性和可辨识性原则的基础上，尽可能体现传统工艺材料的优势，将其有机运用于本次保护修复工程中，既体现了对物质文化遗产的保护，也体现了对非物质文化遗产的挖掘。

针对方案审批意见中对于缺损造型及色彩全补依据的要求，决定在保护修复过程中加大对传统造像造型、色彩、纹样的研究和虚拟修复工作的支撑力度，使修复补形、全色和纹样全补与文物原作的历史信息和艺术风格更为吻合，更具说服力。

3 参加人员

项目负责人　李黎

主要参加人员

中国文化遗产研究院：杨淼、邵明申、王方、付永海、罗丽、宋燕

承德普宁寺善财龙女像科技保护方案[1]

【摘要】

此项目保护对象为国内现存最大清代善财龙女木雕彩绘像，其表面使用多种传统彩绘工艺，彩绘纹样、工艺等级极高，是清中期彩绘造像中的精品。方案设计是在相关历史文献的调研、现场勘察、原始材料和工艺种类的科学分析、整体结构稳定性评估、病害的分析调查、保护材料筛选、保护技术试验等一系列研究工作的基础上，提出相应的保护思路，制定合理有效、可行性强的保护修复方案。保护修复中尽可能地使用了原工艺及与原材料相近的保护材料，最大可能地保存和体现文物的真实性和原始风貌。

1 普宁寺概况

普宁寺是避暑山庄周围皇家寺庙群中最重要的一座寺庙。1755年（清乾隆二十年），为了纪念清朝军队平定准噶尔叛乱的胜利，乾隆皇帝在承德修建了第一座寺庙，即普宁寺。普宁寺占地3.3万平方米，是一座汉藏建筑艺术结合的寺庙，1961年被列为全国重点文物保护单位，1994年被列入世界文化遗产名录（图1）。

图1 普宁寺全景

普宁寺属藏传佛教中黄教的寺庙，坐北朝南，主要建筑都位于中轴线上，呈纵深式对称格局，以大雄宝殿为界，前半部是典型汉式伽蓝七堂式建筑，后半部分按照西藏桑耶寺而建，反映佛教世界宇宙观的藏式曼陀罗。大乘之阁是普宁寺的主体建筑，坐落在普宁寺第二进院落的中心。内部为三层，中部上下贯通，置一尊世界上最高大的金漆木雕千手千眼观世音菩萨立像。观世音菩萨像的两侧侍者

1. 获2013年中国文化遗产研究院优秀文物保护项目三等奖。

图2 普宁寺龙女像、善财像

为善财、龙女两大弟子，均为清中期原物，高15.6米，为国内最大的木雕彩绘像，具有极高的文物、艺术和研究价值（图2）。

2 善财龙女像保存价值

普宁寺的建设是多民族国家统一的象征，是乾隆皇帝兴黄教，采取怀柔政策稳固边疆的历史见证，表达了清王朝团结蒙、藏民族，巩固国家统一的政治意愿，反映了汉藏民族之间历史上的友好关系，是皇家举行宗教仪式和进行政治活动的重要场所。普宁寺也因大乘之阁内的千手千眼观音像而蜚声中外，人们对普宁寺价值的认识是从其造像开始的，善财龙女像等清代造像及大量乾隆御笔匾额楹联和御制碑文，不仅具有很高的历史价值，也具有重要的艺术与文化价值，是普宁寺整体价值的最高体现。

善财，是梵文音译，观音菩萨的左胁侍。龙女，顾名思义就是龙王的女儿，是观音菩萨的右胁侍。造像高15.6米。根据文献记载[1]，嘉庆八年（1804年）善财像重修，龙女像重绘表面彩画，之后未

---

1. 承德文物局提供《1998年普宁寺大佛的修缮记录》。

见任何修缮记录，今天看到的善财龙女像全部为嘉庆八年原物，距今有二百多年历史。善财龙女像精美绝伦，表面工艺是传统彩画工艺的集成和最好体现，工艺精湛、色彩丰富，绘制中使用了大量的黄金，造价极高。善财龙女像是迄今为止保留下来的少数大型清代原物，造型完整，对古代造像制造工艺、传承、流派、材料等研究是不可多得的历史实物，同时也是不可多得的国宝级文物。

3 善财龙女像保存现状

普宁寺历经两百多年的沧桑，由于自然和人为的因素，建筑及内部装饰、佛像都受到了不同程度的损坏。尤其清晚期至民国期间，承德的寺庙都处在无人看管、随意破坏的状态，大乘之阁建筑破损严重，漏雨、各种污染等状况得不到改善，善财龙女像表面彩画也遭受破坏。2004年，美国世界建筑文物保护基金会经过考察，将善财、龙女两尊造像列入濒危遗产保护名录。

经对善财龙女像勘察发现，善财像表面由于建筑漏雨，造成肩部、背部纸地仗层的脱落和微生物滋生造成较大面积的黑化。龙女像面部有大面积水渍，上半身背后有较宽的裂隙，裂隙为木材的拼接缝，中间的木销缺失，裂隙长约3米，裂隙最宽处达到2厘米。善财龙女像的木骨裂隙全部为木材拼接缝隙，经有关专家的现场鉴别，裂隙不影响结构安全，木结构基本稳定。1998年10月至1999年6月由承德市文物局、中国林业科学研究院、中国科学院、中国农业科学院专家主持，对千手千眼观音大佛进行抢救性维修，大佛的木质腐朽及虫蛀得到有效地治理的同时，对善财龙女像的木结构也进行过木质腐朽和虫蛀的调查，善财像背后靠近莲花座的衣纹部分有小面积的木胎破损，木材略有腐朽。在右脚后下衣纹破裂处，高约17厘米取样（13厘米深）及左脚外侧高约80厘米处取样（20厘米深）观察，木质较好，未发现腐朽。龙女像背后靠近莲花座的衣纹部分有小面积的木胎破损，其厚度约为27厘米，显露在外的衣纹板腐朽严重，但在里面7～8厘米深的板子处取样，木质仍较新鲜，未发现虫蛀、腐朽现象[1]。此次勘察也未发现木材有明显腐朽现象，但在善财像的腿部皮肤处及龙女的脸部，发现几处有昆虫活动留下的孔洞，孔洞深1.5厘米，直径约0.5厘米，在一个孔洞内还发现虫蛹。但是，所有孔洞都未穿透木胎，可以推断打洞的昆虫应该来自于外面，在没有厚颜料层保护的皮肤部位打洞产卵，孵化后孔洞废弃，没有影响造像的结构安全。因发现的虫蛹已死，又没发现成虫，所以无法判断昆虫种类，有待继续观察寻找成虫，才能选择合适的药物进行根除。

1933年照片与2011年照片对比，明显可以看出，建筑漏雨在龙女像面部留下的水渍（图3）。

善财龙女像的油灰地仗层除因木胎体引起的开裂和脱落外，其他部位基本保存完好。纸地仗层脱落、开裂、空鼓、霉变现象较为严重。表面颜料层部分脱落，大部分龟裂、粉化和积尘。龙女像表面颜料层片状脱落状况较善财像严重。

1．周德庆：《微生物学教程》，高等教育出版社，2003年。

图3 1933年（左）、2011年（右）龙女像面部照片

3.1 病害种类

通过对善财龙女像的调查，发现较为严重病害为积尘、纸地仗层的空鼓、脱落和颜料层粉化、起甲、脱落（表1）。

表1 善财龙女像病害种类表

病害种类	注解	病害照片
木骨缺失	原木胎体部分或配件损毁、丢失	
木骨裂隙	木结构开裂形成的缝隙	
油灰地仗层脱落	油灰地仗层部分脱落，露出其下的油灰层或木基体	

病害种类	注解	病害照片
纸地仗层脱落	纸地仗层全部脱落，露出其下的油灰地仗	
纸地仗层裂隙	纸地仗层开裂形成缝隙	
纸地仗层空鼓	纸层与纸层之间或纸地仗与油灰地仗层之间附着力丧失、脱离，形成中空现象	
颜料层完全脱落	颜料层大面积脱落，暴露出其下的地仗层	
颜料层部分脱落	表面颜料层片状或粉状脱落	
颜料层龟裂	颜料层网状微小开裂	
颜料层起甲	颜料层发生龟裂，进而呈鳞片状卷翘与地仗层分离	

续表1

病害种类	注解	病害照片
动物损害	动物活动、排泄物等对造像造成污染及损坏现象	
划痕	对颜料层表面人为造成的损伤	
霉菌	因霉菌滋生形成的斑痕或黑化现象	
水渍	因雨水侵蚀及渗漏而在颜料层表面留下的痕迹	
污渍	油漆、涂料、沥青、石灰等材料污损颜料层表面的现象	
严重灰尘覆盖、结垢	灰尘在表面形成的沉积现象	

3.2 病害图绘制

此次调查不仅使用了三维激光扫描进行了整体的测绘，还采用数码拍照方式对两尊造像进行了影像信息留存（图4）。

为了保证各拍摄点尽可能与对象平行，减少图片的变形，以便更好拼接善财龙女全景贴图，经过现场拍摄经验，必须搭设12组活动脚手架。脚手架均采用移动式，每层高1.8米。脚手架底部设置橡胶隔离垫或者轮子，以防止对佛像和地面造成损伤。拍摄期间采用自然光线。

拍照结束后，每尊造像图片拼接形成四面图像，并分别在善财龙女像四周搭建六层脚手架，以便近距离观察造像保存状况，绘制病害调查图，病害种类和面积用不同颜色不同符号标注。

3.3 病害成因分析

造成病害的主要原因：一是制作材料本身的自然老化；二是建筑漏雨；三是保存环境对造像造成的影响；四是人为的损害及长期疏于维护。

造成造像病害的诱因中，最为严重的是随着清政府的瓦解，承德地区的皇家寺庙在无人顾及、无能力维护和管理的情况下，建筑本身的损毁、倒塌，直接影响了内部造像的安全与保存，中华人民共和国成立以后建筑得到修缮，但造像还是没有得到及时全面地保护修复，积尘严重；颜料层病害还在

图4 龙女像现状照片的拍摄

发展，造成造像的彩画纹样不断缺失。

　　针对善财龙女像的保存环境，从2009年6月开始温湿度监测，到2009年12月六个月的监测数据分析，基本可以了解善财龙女像周边温湿度的变化情况。

　　善财龙女像病害是制作材料与保存环境共同作用而发生老化变质的结果。保存环境对造像的影响主要包括：温湿度、光辐射、空气环境以及微生物等几个方面。

　　大乘之阁建筑修缮后，房屋渗水漏风等得到治理，善财龙女像的保存环境也得到了很大的改善，通过对殿内外环境监测数据的对比分析，因大乘之阁建筑三层都有门窗，又常年开放，人员流动频繁，殿内温湿度变化受殿外影响较大，所以殿内外温湿度的变化基本相同，但殿内湿度的变化幅度要小于殿外，变化速度也较缓慢。在监测的六个月内，殿外温度最低值出现在12月26日为−16.6℃，而殿内温度在连续两天低温天气后12月28日才达到最低−17.7℃。殿外温度在连续高温的8月时，殿内温度最高值出现在8月14日为29.1℃，说明殿内外温度有较小差异，但变化趋势基本同步。承德市相对湿度9月5日达到99%，而殿内湿度虽有上升，但远不如殿外变化剧烈，殿内湿度最高值也出现在9月5日88.1%，殿内相对湿度基本在75%以下。通过对造像不同位置的监测到的环境数据分析，善财龙女像总体变化趋势相同，上半身和下半身的变化趋势也基本相同。但都有一个共同的特点，监测到的湿度数据中造像下半身要比上半身高15%左右，天晴的情况下，造像周边的水分应来源于地下水的蒸发，主要对石质须弥座的保护影响较大。造像上下的温度也稍有差异，上面的温度高于下面温度，尤其在冬季上面比下面高出3℃~4℃，这与建筑一层常年开放，殿门大开有关，殿内温度严重受外界环境影响，变化剧烈，一天内温度差在6℃~16℃间变化，对造像木材、颜料的保护都不利。通过前期调查，发现在已生过霉菌的善财像上半身还有霉菌孢子存在，霉菌孢子在适合它生长的温湿度环境中，会再度发展繁殖（图5）。一般连续一周湿度达到75%以上，温度25℃以上，低温菌和中温菌就有可能繁殖。通过监测发现在殿内温度较高的夏季，7月11~19日和7月23日~8月2日，善财像周边环境曾两次连续9天湿度超过75%，龙女像周边湿度也同样连续9天超过75%。所以去除造像上的霉菌孢子，防止其繁殖发展，在保护修复过程中非常重要。近些年普宁寺参观人数不断增多，对殿内温湿度变化也有影响，如

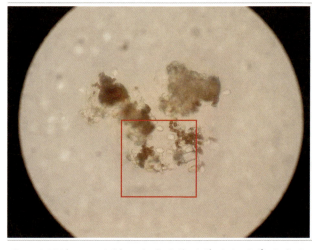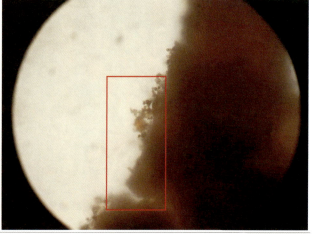

图5 显微镜下可见样品残片边缘的菌丝和附着的孢子

何控制殿内温湿度剧烈变化，缓和殿内环境对造像的影响是需要进一步进行研究解决的课题。

善财龙女像周围环境除温湿度的监测外，还对两尊造像周围光照度进行了检测。光辐射对造像表面，尤其是颜料层中胶结材料的老化及表面微生物的繁殖影响较大。检测分两次进行，时间为上午11点和中午2点，都属于光照较强的时间段。同时，分别在一层和二层进行了检测，也就是造像的底部和上部。一层南面朝门一侧光照度较高，二层门在北面，所以造像北面光照强度高于其他面。通过检测，证明造像周边整体光照强度不高，不会对造像造成很大影响。

其次积尘与动物活动也是造像产生病害的原因之一。积尘的危害是缓慢、长期的，也是显而易见的。灰尘的堆积及高湿环境，也给微生物、昆虫提供了养分和良好的庇护所，空鼓、裂隙成为它们的居所，加剧了颜料层、纸地仗的脱落，对木胎的保护形成威胁。善财龙女像勘察中发现有大量蜘蛛网布满造像全身。开放型大殿随着人流的出入，会带进大量尘土，因此，加强日常维护管理，及时除尘，提高造像制作材料的黏结强度，保持适宜、稳定的温湿度，是科学有效的保护防御措施，也是减缓造像劣化发展速度的必要方法。

4 善财龙女像制作工艺、材料调查

经初步勘察，善财和龙女都为木雕彩绘像，即木雕像中心有木质龙骨架支撑，外用木材雕出佛像形体，木材表面做麻灰地仗，麻灰地仗上糊4～5层的纸质地仗，纸地仗上涂粉底，粉底层上是颜料层，层层制作非常紧密，工艺精湛。表面画层制作也是使用了多种工艺技法，有沥粉贴金、拨金、渲染等。此次分析调查针对佛像表面颜料成分、纸地仗种类、木材种类进行了取样调查分析。

4.1 颜料分析结果

善财龙女像使用颜料分析结果见表2。

表2 善财龙女像使用颜料分析结果

颜色			成分
颜料	蓝色	深蓝	蓝铜矿 [$Cu_3(CO)_2(OH)_2$]
			蓝铜矿+花绀青
		浅蓝	花绀青
	绿色		氯铜矿 [$Cu_2Cl(OH)_3$]、斜氯铜矿
	黄色		雌黄（As_2S_3）
	白色		铅白 [$PbCO_3 \cdot 2Pb(OH)_2$]
	红色	大红	朱砂（HgS）
		浅红	朱砂+铅白
		橘红	铅丹（Pb_3O_4）
	金		赤金
沥粉	白色		碳酸钙+滑石

续表2

颜色		成分
粉底层	粉红色	铁红+铅白
	白色	伊利石、石英

4.2 表面污染物的分析

善财像上半身曾长期遭受建筑渗水的侵蚀，留下大面积水渍，并因表面潮湿颜料层发生霉变，出现黑化。新中国成立后建筑得到修缮，渗水、漏雨情况得到治理，保存环境得到改善，近十几年善财像表面霉菌没有再发展、再活动的现象，通过分析发现霉菌的孢子还是存在，一旦环境条件允许，霉菌还会滋生。

善财龙女像的表面多处发现灰色点状污染物，通过分析证明是建筑修缮时掉落的油灰，黏结在造像表面。XRD结果显示主要物质为石英（图6）。

4.3 善财龙女像制作工艺调查

4.3.1 表面纹样工艺调查

善财和龙女像表面装饰图案极为丰富，使用了极为精致的传统工艺。通过现场调查和科学分析，表面彩画技艺可分为三个种：绘画、贴金和拨金。三种绘制方式主要区别在于：绘画是只有颜料层未使用金，其中包括平涂、晕染、线描、写意；贴金是在颜料层表面贴金箔，其中包括沥粉贴金、金箔罩漆（油）；拨金是在泥金层上平涂颜料层，使用玛瑙针按照图案纹样剔除颜料层，露出下面金色，形成金线的花纹（图7）。

4.3.2 胎体材质调查

通过现场观察及分析检测数据，善财龙女像胎体为木材拼接雕刻而成。善财像肩部取的木材样品鉴定为杉木，龙女像背后下部衣襟破损处取的木材样品鉴定为椴木。根据千手千眼观音像修复时的木

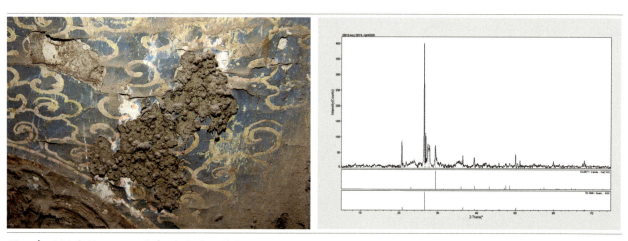

图6 表面污染物及XRD分析结果（石英）

图7 沥粉贴金的混金彩画和拨金彩画

图8 善财像木材样品SC-33（杉木）

图9 龙女像木材样品LN-71（椴木）

材鉴定结果，一尊造像是由2～3种不同木材拼接雕刻而成，所以推测善财龙女像也应该是不同种类木材拼接而成，杉木和椴木是其中的两种（图8、9）。

4.3.3 油灰地仗层调查

木基体外施以较厚的油灰地仗层，厚度约1厘米，远远大于一般彩画所做的地仗层厚度。剖面样品观察可发现四层麻和五层灰，其中下层灰层中的灰颗粒较大，最上层灰层中的灰颗粒较小（图10）。分析数据显示各灰层成分基本一致，都是含有硅、铝、钙、钾和一定量铁的砖灰组成，和官式建筑彩画地仗层使用的工艺和材料一致。

4.3.4 纸地仗层调查

善财龙女像油灰地仗外面4~5层的纸地仗层，根据部位不同，纸的层数有所变化，衣裙部位全部使用了构皮制作的皮纸，而皮肤部位表层使用的是宣纸，下面四层使用的是含70%麻的仿高丽纸。观察纸纤维的同时还可以看到大量的淀粉颗粒（图11），证明纸层之间的黏结应使用了中国传统裱糊技法，黏结材料使用了小麦淀粉（糨糊）。

4.3.5 粉底层调查

纸地仗层表面全部涂刷白色粉底层，厚度约0.5毫米左右，颗粒尺寸在20~50微米左右。能谱结果证实其主要成分为SiO_2 50%~60%，Al_2O_3 20%~25%，K_2O 6%~8%，Fe_2O_3 4%~5%，XRD结果证实矿物组成为伊利石。伊利石是常见的一种富钾的硅酸盐云母类黏土矿物，常由白云母、钾长石风化而成，又称为水白云母。纯的伊利石黏土呈白色，极细小的鳞片状晶体，但常因杂质而染成黄、绿、褐等色。使用伊利石作为粉底层材料在古代壁画、彩画中并不多见，在北京明代建筑智化寺智化殿中的佛教壁画中发现使用了云母做粉底层材料，与伊利石一样都属于高级白色涂料。贴金和拨金区域在金层下面与白色粉底层之间涂有一层约20~30微米厚的粉色粉底层，能谱结果显示主要成分为铅和少量的铁。XRD结果证实粉色粉底层主要成分是铅白，其中含有少量铁红。金层下面的粉红色粉底层应该对金层起一定的衬托作用，使金层的颜色更趋向于含金量较高的库金颜色。

4.3.6 金层调查

金主要用于泥金层和贴金层。通过观察，贴金与泥金主要区别在于泥金层下

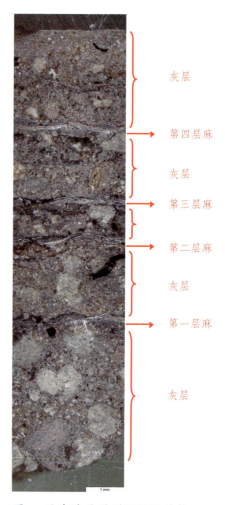

图10 油灰地仗层剖面显微结构

（右侧标注自上而下：灰层、第四层麻、灰层、第三层麻、第二层麻、灰层、第一层麻、灰层）

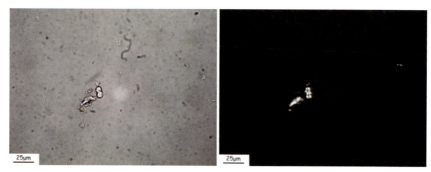

图11 小麦淀粉颗粒（单偏光、正交偏光）

面直接是粉色粉底层，而贴金层的下面与粉色粉底层之间有金胶油层。通过分析证明金层中银和金的成分含量为银20%～25%，金80%～85%，为赤金。

善财龙女表面大面积使用了拨金工艺。拨金工艺是在纸面上抹淀粉，抹一遍压光一遍，抹完后刷鸡蛋清，待干透后表面涂刷金浆，再在上面刷一遍鸡蛋清，干透后在金层上刷颜料层（加入水胶）。拨金时用牛角或象牙签拨开颜料，露出的金底形成图案。金浆是传统饰金

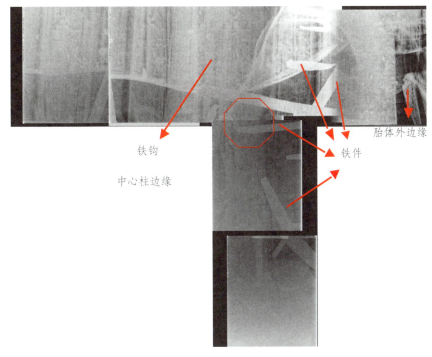

图12 X光片拼接图

材料的一种泥金，使用泥金涂刷金层较厚，用金量比贴金大许多，其效果也最好。泥金是将金箔放在鲁班缸里，再放少量鸡蛋清和白芨用鲁班锤研细，之后再放入鸡蛋清研成金浆。

4.3.7 沥粉成分调查

白色沥粉通过能谱分析主要成分为钙、镁、硅元素，XRD分析证明是以碳酸钙粉和滑石粉[Mg_3（Si_4O_{10}）（OH）$_2$]为主要组分。通过对能谱数据的分析，得出碳酸钙和滑石粉质量比例应为2：1。

4.3.8 内部结构调查

善财龙女像为木雕造像，木胎体保存较好，没有大的开裂或孔洞可以观察内部结构。为了探查木造像内部的结构状况，使用X射线探伤设备对龙女像进行了研究性局部拍摄。拍摄位置距龙女像木质莲花座平面高1.5米的地方，沿水平方向拍摄了5张，在垂直方向向下拍摄了2张（图12）。通过初步探查，可以清楚看到木造像胎体木材拼接缝隙及内部众多的连接构件等内部情况。龙女像是以中心柱为支撑，周围用木材围拢、拼接、雕刻形成龙女形象，拼接木材间由金属钉连接，并用大的金属钩子与中心柱连接形成牵拉，保证了周围木构件的稳定。由于所拍摄的片子数量和角度有限，很难对龙女像的整体结构有更多的分析和了解。通过X光照片不光能了解造像内部结构，还可以看到木材的拼接缝隙和木材的开裂情况及木材的糟朽情况，所以X射线探伤这种无损检测技术运用在木雕造像结构调查及保存状况评估中非常有必要的。

5 善财龙女像保护试验

本试验在充分的调查分析基础上，从治理病害状况出发，根据保护修复需要，在善财像背后衣裙部位选择了具有典型病害特征，便于试验操作的位置。试验筛选适合的保护材料和相对应的工艺，并经过一段时间的观察，评估这些材料和修复操作效果，为最终保护措施的选择提供依据。

试验内容主要包括：使用在保护修复中常用并有针对性的传统材料、现代保护材料和保护技术，进行除尘、清洗、回软、回贴、加固、修补等试验，筛选出适宜善财龙女像的保护材料和保护方法，提高文物的抗老化性能。试验后将对试验效果进行评估，评估内容主要包括：外观、清洗效果、黏结强度、可操作性等。

5.1 污染物清除试验

污染物主要包括建筑修缮时使用的油灰掉落在造像彩画表面形成的污染；还有因建筑漏雨在造像彩画表面形成的水渍，其中水渍的污染面积较大，污染状况也比较严重。试验中选择了在壁画、古代彩画中常用的、较为有效的方法和材料在善财像上进行适用性试验。

首先油灰污染的地方，使用软化、剔除等物理方法进行。软化使用热蒸汽设备，温度控制在70℃左右，用最小蒸汽量进行湿热软化，然后使用手术刀、毛刷轻轻剔除，去除污染物时要防止伤及颜料层。通过热蒸汽软化，油灰被干净地剔除，去除效果显著。

水渍严重部位进行淡化、去除试验，一般建筑渗水滴落在造像表面，被纸地仗吸入到油灰地仗上，油灰地仗中含有大量的桐油，阻挡了水的继续浸入，随着水分的干燥油灰地仗中的油分部分又被带到彩画表面，形成水渍，边缘黑化。试验中使用毛刷刷去表面尘土，把中性棉纸用去离子水或50%乙醇水溶液，贴附在水渍上进行反复吸附去除，不断更换吸附棉纸，直到棉纸变干净，吸附不到污染物为止。处理过程中注意不能伤及颜料层，水渍处理后还要进行表面颜料层加固处理。

经过三处水渍处理试验，可以看出此方法明显使造像表面的水渍淡化，50%乙醇水贴附棉纸处理黑化严重的水渍，效果较好（图13）。

5.2 表面颜料层清洗加固

试验位置清洗前积尘严重，布满蜘蛛网，几乎看不到彩画图案和颜色，病害状况代表了两尊造像共同存在的主要病害，积尘、结垢、颜料层粉化、起翘、脱落、纸地仗空鼓。试验首先使用物理方法去除表面结垢。根据以往保护修复经验，也可以选择低浓度保护加固材料，多次涂刷并吸附残液，既起到加固脆弱颜料层，又起到软化粘除表面灰尘结垢的作用。

去除表面浮尘、结垢后，工作人员使用软毛刷、棉签或注射器分别取颜料保护中常用的四种保护加固溶液，分别轻涂或滴于四块试验区域上，待加固溶液基本渗透后，用中性绵纸包裹脱脂棉的棉球慢慢按压彩画表层，蘸除多余加固液，吸附灰尘，使颜料层归位。试验位置3先使用50%乙醇水溶液除

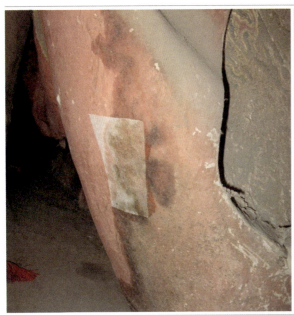

图13 使用50%乙醇水贴附棉纸吸附干燥后更换

垢，再使用1.5%骨胶水溶液、7%AC33乳液和3%B72乙酸乙酯溶液三种材料进行加固试验。操作工程中不要用力过大，防止伤害颜料层；棉纸和棉签要及时更换，防止二次污染（图14）。

这三种颜料加固液都有一定黏结强度，加固效果较好。但从加固后的颜色来看，3%的B72乙酸乙酯溶液加固后的区域颜色较深，对沥粉贴金部位的渗透不够，加固效果不好。1.5%的骨胶水溶液加固后颜色基本没有变化，但骨胶水溶液加固时受环境温度影响，室温低于10℃，使用及渗透都会受到影响，干燥后会有胶液扩散不均匀出现水渍的现象。7%的AC33乳液加固区域颜色略有加深，渗透、加固效果都较好。

位置4进行了四种结垢去除的方法试验，分四个小区域分别使用去离子水、50%乙醇水溶液、60℃左右热蒸汽、3%桃胶水溶液进行试验，根据以往保护试验经验桃胶水溶液在加固颜料层的同时可去除部分灰尘结垢，尤其针对粉化颜料层的清洗效果较好（图15）。

四种方法对表面灰尘结垢层都有不同程度的去除效果，去离子水与热蒸汽、50%乙醇水溶液的清洗效果基本相同，对缝隙中的浮土清除效果明显，相比之下50%乙醇水溶液清洗可以减少水的使用，对后期加固强度影响较小。四种方法中3%桃胶水溶液边加固边清洗的效果最为理想，灰尘结垢层的去除明显，也未发现脱色现象。

通过评估最后确定，首先使用50%乙醇水溶液对浮尘进行清除，再用3%桃胶水溶液边加固颜料层边清除结垢的方法，对试验位置4内区域进行了全面处理。表面颜料层加固处理后，对此区域的纸地仗层空鼓使用小麦淀粉糨糊进行了灌浆回贴处理。

3%桃胶水溶液清洗加固后表面颜料黏结强度有所提高，在不伤及颜料层的前提下，结垢层去除效果明显，图案基本清晰可见（图16）。

通过位置3、4的试验，50%乙醇水溶液对表面浮尘的清除效果明显同时减少了水的使用量，尤其

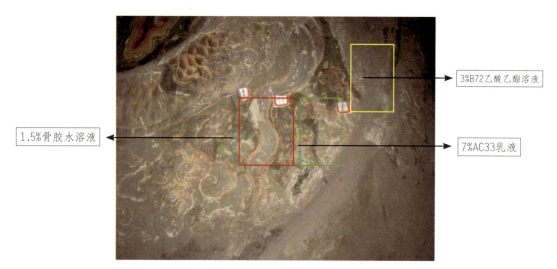

3%B72乙酸乙酯溶液

1.5%骨胶水溶液

7%AC33乳液

图14 位置3颜料层加固后

去离子水

50%乙醇水溶液

3%桃胶水溶液

60℃左右热蒸汽

图15 位置4颜料层结垢清除后

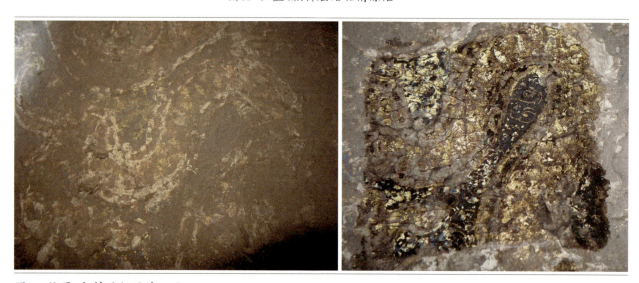

图16 位置4颜料层加固前、后

对沥粉贴金表面的油渍污染清除效果良好。4种加固材料中3%桃胶水溶液、7%AC33乳液效果较好，1.5%骨胶水溶液和3%B72乙酸乙酯溶液虽有一定的加固效果，但加固后彩画表面出现不同程度的不良影响，如颜色加重、严重的水渍等，不宜使用。综合评估后，确定使用3%桃胶水溶液作为善财龙女像表面颜料层的加固材料，首先对颜料的加固和结垢的清除试验效果良好，对颜料层的主要病害能起到治理的作用。其次桃胶属传统中国绘画材料之一，使用它符合本项目保护原则。

5.3 纸地仗层回贴、修补试验

针对纸地仗层加固回贴进行了试验。首先在位置5对纸地仗层的回贴材料进行了试验、筛选研究，选择了纸质文物保护工程中常用的聚醋酸乙烯酯乳液和淀粉糨糊作为对比。在前期显微分析调查中发现纸地仗层之间有大量淀粉颗粒，证明纸地仗之间的黏结使用了传统裱糊技艺，黏结材料使用的是小麦淀粉糨糊。在试验中为保证科学的配比和施工时材料浓度可控，工作人员选用了美国产的纯天然小麦淀粉粉剂，根据传统裱糊糨糊使用时的黏结强度[1]，测算出淀粉与水的配比，熬制出浓度在25%的糨糊，使用中根据需要黏结纸的层位再稀释，使用浓度基本在10%～25%之间。

通过一年的观察，两种黏结剂的回贴效果良好，没有发现变色、再起翘、再空鼓的现象。根据善财龙女像的保护原则，选择原传统材料小麦淀粉糨糊作为纸地仗层回贴的黏结剂，最为合适。

善财龙女像很多部位纸地仗层缺失露出油灰地仗层，既影响了造像的整体美感，又对残留彩画的保护产生不良影响。破损的纸地仗边缘很容易再出现起翘、剥离现象，所以为对油灰地仗和纸地仗进行更好地保护，此次保护中将对纸地仗层缺失部位进行修补。根据前期分析调查，证明两尊造像的纸地仗基本使用的是传统皮纸，修补试验中选用了经过专家鉴定与原皮纸基本相同的安徽皮纸，并使用赭石+藤黄+少量的墨+水调出比地仗纸色稍浅的颜色为新纸做旧上色[2]，因直接使用新纸修补地仗颜色太白，会破坏造像整体美感，所以用染色的皮纸修补地仗层，整体颜色柔和、古朴不破坏文物观赏价值（图17）。黏结材料使用了小麦淀粉糨糊，浓度为20%～25%。修补纸地仗前先加固、回贴周边剥离和空鼓部位，空鼓纸地仗层回贴使用注射器将糨糊注入空鼓部位，轻轻按压回贴纸层。剥离纸地仗的回贴方法与位置5试验相同，使用10%～25%的小麦淀粉糨糊涂刷回贴。为防止干燥后彩画表面形成水渍，回贴后的纸地仗表面贴伏中性棉纸，干燥后去除。

使用小麦淀粉糨糊加固回贴空鼓、剥离纸地仗层效果显著，黏结强度及纸地仗的平展性良好，并且彩画表面颜料层无变色、脱色现象。纸地仗修补效果良好，能起到对破损纸地仗边缘的拉接保护作用（图18）。

5.4 油灰地仗的修补

善财龙女像油灰地仗为四布八灰工艺，保存基本完好，部分因木胎体的开裂、人为的损伤，造成

---

1. 严桂荣：《图说中国书画装裱》，上海美术出版社，2008年。
2. 严桂荣：《图说中国书画装裱》，上海美术出版社，2008年。

图17 修复用纸

图18 纸地仗回贴修补前、后

图19 油灰地仗修补前、后

图20 木构件回贴归位

小面积的脱落，为使脱落油灰地仗面积不再扩大，同时为保护木胎体，使用原工艺对油灰地仗进行修补。除善财龙女像裙边油灰地仗脱落面积较大部位需要补一布的油灰地仗外，其余部位缺失面积较小，只补油灰不再补麻布。

油灰地仗层修补试验首先清除表面积尘，用体积比1:10的油满水涂于木基层表面（支浆），既有清洁尘土的作用，又有加固木基层上残留的灰层的作用，也使黏结材料更容易渗透到木基层内。等支浆完全干燥后，使用体积比1:0.3的油满水加细灰制成油灰，填补缺失部位，新油灰要与旧的油灰层紧密结合，衔接成一体。油灰中不加血料，这样油灰层会更加结实耐久。修补的油灰地仗需分3~4次，第一道灰基本干了再上第二道，一次修补会发生干裂现象（图19）。

使用与原材料相同的净油满油灰修补缺失地仗层亲和性强，半年后观察，油灰完全干燥表面无裂隙，与原地仗层衔接牢固，效果良好。

5.5 脱落木胎体修补

善财龙女像木胎体保存良好，除为检测虫害情况，20世纪90年代在善财龙女像的背后裙边分别人为开孔取木材样品外，其余部位为木构件松动或木裂。位置7是一处木裂引起的脱落，此次使用木质文物修复中常用的黏结材料，聚醋酸乙烯乳液黏结归位脱落木构件（图20）。聚醋酸乙烯乳液固含量45%，首先除去黏结部位的尘土，涂刷黏结剂，回贴到原位。回贴木构件位置要摆正，适当的可做支顶，直到黏结材料干燥黏结牢固。

使用聚醋酸乙烯乳液回贴木构件可操作性强，半年后观察未见有松动现象，效果良好。

在对保护修复前期试验效果评估的基础上，编制善财龙女像保护修复实施方案。

6 总结

普宁寺善财龙女像为国内体量最大、使用彩画工艺种类最全、等级最高的木雕彩绘造像。此项目的前期勘察及分析研究较为全面，并采用便携式X探伤技术对造像内部进行了尝试性调查研究。尤其在利用原工艺、原材料开展保护修复方面，通过试验对其性能、有效性、可操作性的效果评估，证明使用原材料对造像进行保护加固是完全可行的，满足了保护修复需求，符合文物保护原则，充分保留了造像的原真性，此项目是造像开展科学保护研究的成功范例。

7 参加人员

项目负责人　陈青
主要参加人员
中国文化遗产研究院：胡源
承德文物局：陈东

宁波"小白礁Ⅰ号"清代沉船现场保护设计[1]

〖摘要〗

本项目在对"小白礁Ⅰ号"沉船出水木船构件的树种、化学组成、含水率、无机盐成分、微生物病害等进行分析，并针对脱盐、脱水等保护程序展开试验的基础之上，编制了"小白礁Ⅰ号"清代沉船现场保护与保护修复（Ⅰ期）方案。

"小白礁Ⅰ号"木船构件现场保护包括木船构件的提取、信息提取、清洗，木船构件的临时性脱盐、微生物防治与保存，木船构件的包装与运输。"小白礁Ⅰ号"出水木船构件脱盐保护包括难溶硫铁化合物的脱除和可溶盐的脱除。Ⅰ期结束后，脱盐后的船体构件视情况可适当进行脱水、干燥、定型等后续处理。

1 项目背景及意义

1.1 项目背景

宁波象山"小白礁Ⅰ号"清代沉船遗址位于浙江省宁波市象山县石浦镇东南约26海里洋面上的渔山列岛北渔山岛小白礁北侧海域，于2008年度浙江沿海水下文物普查中被发现，2009年实施了重点调查和试掘。经调查与发掘了解，"小白礁Ⅰ号"沉船下沉于清代道光年间（1821～1850年），是一艘中等规模、以龙骨和肋骨为主要纵横结构的木质外海商贸运输船。

沉船船体浅埋于泥沙夹蚝壳的硬质海床之下，南艉北艏，方向北偏东10°。船体上层和船舷等高出海床表面的构件已不存，残长约20.35米、宽约7.85米。残存的船底部分也饱受海流的冲刷、激荡、侵蚀而崩解，已摊散断裂为东西两半，东半部分长约20.35米、宽约4.86米，西半部分长约20米、宽约3.18米。残存船体遗迹的主要构件清晰可辨，主要构件有龙骨、肋骨、隔舱板、舱底垫板、船壳板、疑似桅座及固定隔舱板的舱壁扶强材等，亦有少量散落的船板（图1）。

除了对船体探测到的信息之外，目前已采集到的473件出水器物中大部分是运输船货，器类主要包括瓷器、陶器、铜器、锡器、石器、木器等。瓷器多为青花，器底多篆书"道光年制"款，少量"嘉庆年制"款；陶器器形见有罐、壶和砖等；铜器主要为铜钱，包括"乾隆通宝""嘉庆通宝""道光

1．获2013年中国文化遗产研究院优秀文物保护项目三等奖。

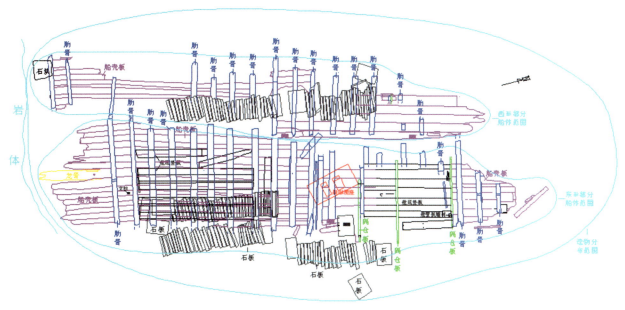

图1 "小白礁I号"船体遗迹平面图

通宝"及日本"宽永通宝"、越南"景兴通宝"等；另有"盛源合记"玉印、西班牙银币、锡盒等珍贵文物。多数器型规整、纹样精美、品相良好，具有较高的文物、科研和展示价值。

根据国家文物局《关于宁波渔山小白礁清代沉船遗址水下考古发掘项目的批复》与《宁波渔山小白礁清代沉船遗址水下考古发掘方案》，"小白礁I号"沉船遗址的发掘计划于2011～2013年完成，随后在国家水下文化遗产保护宁波基地中边保护边展示。为贯彻发掘与科技保护同步开展的理念，切实做好"小白礁I号"沉船船体的保护工作，在对"小白礁I号"沉船出水木船构件的树种、化学组成、含水率、无机盐成分、微生物病害等进行分析，并针对脱盐、脱水等保护程序展开试验的基础之上，编制了本方案。本方案以"小白礁I号"沉船为保护对象，制订了整体保护修复计划，并针对脱盐保护步骤制订了具体的保护方案。

1.2 项目意义

"小白礁I号"沉船遗址考古发掘项目是宁波市和浙江省第一个正式获批立项的水下考古发掘项目，也是国家文物局确定的2012年度全国重点文物工作之一，填补了宁波市和浙江省水下考古发掘项目的空白。沉船遗址主体集中，散布范围不大；船体主要构件清晰可辨，可复原程度较高；多数出水遗物器形规整、纹样精美、品相良好，是一处具有较高价值的水下文化遗存。

1.2.1 历史价值

从"小白礁I号"沉船出水的瓷器和铜钱推断，沉船年代应为清代道光年间（1821～1850年）。从遗迹、遗物分布和"源合盛记"印章以及沉船地点推断，该船为一艘具有较强抗风浪能力的外海商贸运输船。沉船遗址中部偏南船舱整齐排列着五列石板材，均产自宁波鄞州，所以该船当时应从宁波始发。

因此，"小白礁I号"是一艘清代中晚期从宁波始发的外海商贸运输船，是宁波自古以来就是对外贸易港口的又一证明，为探索清代晚期中国造船航海技术、中外贸易史、近代海外交通史等问题提供了重要的实物资料，具有重要的历史价值。

1.2.2 科学价值

"小白礁I号"沉船发现有23道肋骨和3道隔舱板，是我国目前发现的最早的舱壁和框架混合结构的古船。古船传统建造工艺欧洲是框架法，中国是舱壁法，"小白礁I号"应是中西造船法交融的结果，在中国造船史上具有跨时代的意义。

根据木材种属鉴定结果，"小白礁I号"船体除龙骨（马鞭草科）、立柱（山榄科）及少量肋骨（马鞭草科）外，隔舱板、船底板、舱底垫板、疑似桅座和大多数肋骨均用龙脑香科木材。上述木材均产自东南亚和我国西南地区，且在我国分布较少。"小白礁I号"或许就是此背景下的产物。国内目前所发现的沉船，选材多用樟木、杉木和松木等。

沉船船体发掘出水后，将在未来的国家水下文化遗产保护宁波基地内边保护边展示，既保证科技保护修复工作的正常进行，又能使公众比较直观地了解到科技保护的情况。

2 项目组织实施情况

2.1 文献综述

世界上最著名的木质沉船是目前保存在瑞典Vasa博物馆的Vasa号。Vasa号沉没于1628年，于1961年打捞出水，采用PEG喷淋了17年，自然干燥了9年[1-2]。自从2000年开始，Vasa号沉船出现白色或黄色盐析出的现象[3-4]，经分析主要成分为黄钾铁矾 [$KFe_3(SO_4)_2(OH)_6$]、绿矾（$FeSO_4 \cdot 7H_2O$）、石膏（$CaSO_4$）、硫单质等；同时伴随有船体木材的酸化，pH值低于3，局部甚至低于1。研究表明这些现象的主要原因是木材中沉积的硫铁化合物在空气中发生了氧化，生成硫酸以及各种硫酸盐，而这一过程最终将导致船体本身崩解。在Mary Rose和Batavia等木船上也发现了同样问题[5]。自此，海洋出水木质

1．Emma Hocker, From the Micro- to the Macro-: Managing the Conservation of the Warship, Vasa, Macromol.Symp., 2006, 238, 16 - 21.

2．BirgittaHafors, Conservation of the Swedish Warship Vasa from 1628, Vasa Museum, 2nd Edition, 2010.

3．Magnus Sandstrom, FaridehJalilehavand, Ingmar Persson, et al., Acidity and salt precipitation on the Vasa: the sulfur problem, Proceedings 8th ICOM-CC WOAM Conference, Stockholm, 2001, 67-89.

4．Magnus Sandstroèm, FaridehJalilehvand, Ingmar Persson,et. al., Deterioration of the seventeenth century warship Vasa by internal formation of sulphuric acid, Nature, 2002, 415: 893-897.

5．Magnus Sandstrom, FaridehJalilehvand, Emiliana Damian, Yvonne Fors, UlrikGelius, Mark Jones, and Murielle Salome, Sulfur accumulation in the timbers of King Henry VIII's warship Mary Rose: A pathway in the sulfur cycle of conservation concern, Proceedings of the National Academy of Science of the USA, 2005, vol.102（40）: 14165-14170.

文物中硫铁化合物问题逐渐引起了关注。

通过对船体中含有硫和铁的物质组成、存在位置、存在形式等问题的研究，发现Vasa和Mary Rose的木材中存在大量的还原态硫，既有有机硫也有无机硫。同时还含有氧化态硫。据估算，每艘船中总硫含量约有2～3吨[1]。其中还原态硫氧化生成的硫酸会促进木材的降解；Fe^{2+}/Fe^{3+}通过Fenton反应会导致有机质降解；用于填充加固的PEG降解也将导致船体中甲酸和乙酸的含量增加[2]。

硫铁化合物的生成在海洋环境中是非常普遍的现象。与铁密切接触的有机质文物会含有大量的FeS[3]。事实上，海洋出水木质文物中硫铁化合物问题早在20世纪80年代就发现了[4-5]，但由于大型木船的保护主要从20世纪60年代开始，在此期间，硫铁化合物的影响尚处于潜伏期，因此并没有引起特别的关注。

Dymphna Fellowes对黄铁矿氧化的条件、影响因素等以及对与文物保护与展示的影响进行了评述[6]。黄铁矿在水分和氧的作用下会发生如下反应，生成硫酸，硫酸再与文物中含有的各种阳离子结合生成硫酸盐。

针对硫铁化合物引起的木材酸化问题，世界各国研究人员展开了大量研究，提出了一些解决方法。络合试剂乙二胺二（2-羟基-4-甲苯基）乙酸（EDDHMA）是一种与铁离子络合能力极强的化合物，可以与铁形成络合物，以增加硫铁化合物的溶解度，有效去除铁离子[7]。碱性溶液可以中和木材中的酸，通过长时间浸泡也可以脱除绝大部分Fe元素，但是这一方法在碱性条件下使用，有可能会引起木材的降解。另外，水溶液浸泡也会使得已填充的PEG部分流失[8]。

2.2 保存现状调查与评估

由于"小白礁I号"沉船浅埋于海床表面，船体上层和船舷等高出海床表面的构件已不存，残存的沉船底部也饱受海流的冲刷、激荡、侵蚀而崩解、摊散、断裂，裸露的铁钉锈蚀腐化，船体纵向、横

1．Yvonne Fors, Sulfur related conservation concerns for marine archaeological wood, Doctoral thesis, Stockholm University,2008.

2．Yvonne Fors, Magnus Sandstrom, Sulfur and iron in shiowrecks cause conservation concerns, Chemical Society Reviews, 2006, 35:399-415.

3．Horst D. Schulz, Matthias Zabel, Marine Geochemistry, 2nd edition, Springer, Berlin Heidelberg, 2006.

4．Jespersen K., Precipitation of iron corrosion products on PEG treated wood[C], in Conservation of Wet Wood and Metal-Proceedings of the ICOM Conservation Working Group on Wet Organic Archaeological Materials and Metals, Western Australian Museum, 1987: 141-152.

5．Ian D. Macleod, and Craig Kenna, Degradation of archaeological timbers by pyrite: oxidation of iron and sulfur species. In Proceedings of the 4th ICOM Group on Wet Organic Archaeological Materials Conference, Ed. P. Hoffmann, ICOM, Committee for Conservation, Working Group on Wet Organic Archaeological Materials, Bremerhaven 1990: 133-142.

6．Dymphna Fellowes, Paul Hagan, Pyrite oxidation: The conservation of historic shipwrecks and geological and palaeontological specimens. Reviews in conservation, 2003（4）: 1-13.

7．GunnaAlmkvist, Lovisa Dal, Ingmar Persson, Extraction of iron compounds from Vasa wood, in Per Hoffmann, K. Straetkvern, James A. Springgs, David Gregory, Proceedings of the 9th ICOM Group on Wet Organic Archaeological Materials Conference, Copenhagen,2004:203-211.

8．GunnaAlmkvist, Ingmar Persson, Extraction of iron compounds from wood from the Vasa, Holzforschung, 2006, 60: 678-684.

向结构连接均有不同程度散离甚至局部断裂。

沉船现存船体部分由于泥沙夹蚝壳的硬质海床和石板的覆盖，保存状况较好；暴露于海水中的部分由于遭受近两百年海水的浸泡和海底生物的噬食，在多种破坏因素的直接作用下，导致木质水解、细胞组织破坏严重，木质似海绵呈多孔状，木质看似本色，但材质发软，强度脆弱，可以轻易剥离，干燥时发皱，形成纵向撕裂，木质手捻成末。大部分船体构件表面呈浅褐色，部分呈黑色，还可见许多裂纹和一些海底生物腐蚀的痕迹。

针对"小白礁I号"保存现状，方案编制组对小白礁所处的水环境，以及船体构件进行了取样，并针对树种、含水率、形貌、化学组分、无机盐组分及含量、微生物类别等问题进行了分析。

2.2.1 水环境

小白礁处于Cl⁻浓度高、含盐量高、有机质含量丰富的偏碱性水环境。除氯根外还存在多种酸根离子，硝酸根、硫酸根、磷酸根、偏硅酸等，会与水环境中的钾、钙、钠、镁等阳离子形成以NaCl为主的多种盐类。这些高浓度的盐类的存在以及木船附近含有较高量的铁离子存在，会侵入木船表面和体内，造成木船微观形貌甚至宏观形貌的变化。且硫铁化合物在有氧的环境中，可以氧化生成硫酸，以及发生Fe^{2+}/Fe^{3+}氧化还原反应，导致木材降解。

2.2.2 树种鉴定

从小白礁I号沉船的不同部位选取了22个样品，经鉴定这些样品分属龙脑香、硬坡垒、软坡垒、婆娑双、冰片香、石櫧、佩龙木、铁钱子、柚木和杉木等10个种属，隶属乔木的龙脑香科、马鞭草科、山榄科、杉科等4个科木，其中以龙脑香科的乔木为主。

2.2.3 含水率

经分析，所检测"小白礁I号"样品的含水率介于67.03%和432.83%之间。而小白礁I号木船构件涉及的木材，其对应新木材的含水率为26%～198%。且除杉木最大含水率高达197.79%、石梓最大含水率119.83%之外，其余树种都在100%以下，甚至只有26.38%左右（铁钱子）。对比表明，木船构件样品的基本密度有一定程度的降低。说明在海水中长期浸泡后，木材中的纤维素等有机支撑体已经发生一定程度的降解，水充盈在细胞腔内。一旦失水，细胞壁会发生塌陷，导致木材发生变形、开裂。

2.2.4 形貌

肉眼观察，构件都存在不同程度糟朽，出现了变色、变形、扭曲、开裂等现象，且有些木材构件残存有贝类尸体，还有许多白色盐颗粒和红色区域。

其中红色区域分析表明，其元素成分主要为Fe和S元素，这可能来自难溶的硫铁化合物（图2）。白色盐颗粒的分析发现，主要元素有：Na、Mg、Al、Si、Ca等。这可能来自木材在长期浸泡的过程中吸收水环境中的可溶盐（图3）。

图2 XBS-1木材上红色区域的球状颗粒（硫铁化合物） 图3 XBS-2木材上白色可溶盐颗粒

2.2.5 化学成分

正常木材灰分含量低于1%，而小白礁I号木材的灰分、1%NaOH浸提物含量等都显著高于正常木材（表1），而综纤维素和木质素含量都有所降低。说明经过长期的水下埋藏，木材有机质严重降解，且含有大量盐分。

表1 "小白礁Ⅰ号"船体构件样品化学组成分析结果

指标 样品编号	灰分	木质素	综纤维素	α-纤维素	半纤维素	1%Na（OH）抽出物
XBS-1	4.99	31.69	58.19	39.10	19.09	10.55
XBS-2	4.76	29.56	56.44	32.86	23.58	19.17
XBS-3	7.08	32.66	50.40	33.90	16.50	16.88
XBS-4	2.44	34.96	54.33	37.93	16.40	14.28
XBDG	10.13	35.59	47.34	34.00	13.34	28.84
XBXG-1	3.18	19.48	52.11	40.41	11.70	17.13
XBXG-3	3.80	29.49	40.25	23.72	16.53	31.30

2.2.6 盐分

经过分析可知"小白礁I号"船体木材中含有较多硫铁化合物，主要成分为黄铁矿（FeS_2）（图4）。硫铁化合物是由船上铁钉腐蚀后，与海底微生物代谢所产生的硫化氢反应生成的。FeS_2是海洋出水木质文物中常见的非常具有危害性的盐类，氧化后生成硫酸，加速有机质的降解，而Fe^{2+}/Fe^{3+}之间的氧化还原反应也会导致纤维素长链断链。另外铁离子也是导致木材变色的原因。"小白礁I号"船体构件颜色由红褐色、褐色至黑色深浅不等，部分构件表面附着了红色硫铁化合物，去离子水浸泡后溶液中阴离子主要是SO_4^{2-}，说明盐类病害主要是硫铁化合物导致的相关病害。

2.2.7 微生物

从"小白礁I号"沉船船体样品中分离得到微生物9株，经过鉴定分别为芽孢杆菌属3株、交替假单胞菌3株、黄杆菌科下的Maribacter属1株、

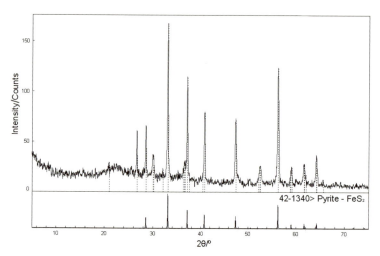

图4 木船构件XBS-1样品的X射线衍射谱图

Rhodobacteraceae科下的Thalassobacter属1株、黄杆菌科下的Maribacter属1株。这些微生物均属于细菌。

"小白礁I号"船体构件病害情况总结见表2。

表2 "小白礁 I 号"船体构件病害情况列表

病害	详情
饱水状况	"小白礁I号"全部构件都处于饱水状态，所检测"小白礁I号"样品的含水率介于67.03%和432.83%之间，个体之间的差异较大
残缺	"小白礁I号"全部构件都存在不同程度的残缺
断裂	部分构件有断裂
裂隙	部分构件有裂隙
变形	发掘出的部分木材样品出现较严重的变形和扭曲现象
变色	全部构件都有不同程度的变色现象，颜色由红褐色至黑色深浅不等，同一构件有不同颜色显现
动物损害微生物损害	检测芽孢杆菌属3株、交替假单胞菌3株、黄杆菌科下的Maribacter属1株、Rhodobacteraceae科下的Thalassobacter属1株、黄杆菌科下的Maribacter属1株
盐类病害	全部构件都有无机盐沉积。且存在许多以黄铁矿（FeS_2）为主的难溶性硫铁化合物
糟朽	全部构件发生不同程度糟朽

2.3 船体木构件脱盐保护试验

选择"小白礁I号"清代沉船上一个船板构件（编号：XBDG）进行硫铁化合物脱除试验，其长度最长处约100厘米，宽约25厘米，厚约2厘米（图5）。

开始时，用12.5mmol/l的EDTA水溶液（编号：EDTA）浸泡船板XBDG，循环浸泡了38天（表3），木板表面颜色没有明显变化（图6）。

表3 浸泡过船板XBDG的EDTA溶液的ICP-AES元素分析结果（mg/L）

元素编号	时间（天）	Fe	Al	Ca	Cu	K	Mg	Mn	Na	P	Zn
XBDG01	6	12.92	2.02	103.42	0.60	6.19	5.82	0.76	590.80	1.49	1.58
XBDG02	13	19.44	19.34	146.64	1.25	13.23	14.30	0.65	659.80	1.03	1.55
XBDG03	20	3.13	0.81	9.04	0.43	1.09	5.10	0.15	310.80	0.75	0.86
XBDG04	27	1.20	1.70	12.60	0.95	1.28	7.42	0.15	340.80	0.28	1.46
XBDG05	38	5.91	1.09	16.82	2.13	1.38	9.84	0.18	374.60	0.19	2.01

木构件XBDG经EDTA循环浸泡38天后，改用15mM EDTA二钠盐和0.3M H_2O_2的复配溶液（编号：EDTAHO）浸泡，溶液用10%NaOH调至7左右。XBDG船板在EDTAHO中处理22天后，船板外观颜色进一步变浅，木材纹理更加清晰，而且木材质地没有影响（图7）。这种外观变化初步表明，经过EDTAHO浸泡一段时间后，木板中铁元素含量有了进一步降低，即硫铁化合物进一步溶解到了水溶液中。

分别在脱硫前、EDTA脱硫38天后、EDTAHO脱硫22天后，在船板XBDG的一端截取样品，分别编号为DG-0d、DGE-38d和DGH-22d，110℃下烘4小时，对木材截面块状样品喷金使其导电后，进行扫描电镜显微观察和能谱成分分析（SEM-EDS），分析结果见表4、图8。

表4 扫描电镜能谱元素成分分析结果（wt%）

样品	描述	O	Na	Mg	Al	Si	Cl	K	Ca	Fe
DG-0d	外层	62.64	7.83	1.72	0.56	2.47	15.77	1.20	3.18	4.64
	内层	62.02	9.19	2.22	0.91	2.33	15.52	1.42	3.10	3.30
DGE-38d	外层	67.01	12.67	3.60	3.96	6.54	-	-	-	6.23
	内层	69.35	12.49	4.06	3.59	5.38	-	0.83	0.87	3.46
DGH-22d	外层	68.21	14.85	-	4.59	9.77	-	-	-	2.60
	内层	74.51	9.77	3.57	4.16	10.37	-	-	-	-

注：表中"-"代表未检出

由表4中元素成分分析结果可以看出，在硫铁化合物脱除过程中，以氯化钠等为代表的小白礁船板构件XBDG中的可溶盐和微溶盐也同时得到了去除；单纯的EDTA二钠盐溶液浸泡脱盐，对硫铁化合物的去除效果不明显；经过添加微量双氧水改性后的EDTAHO溶液，可以有效地脱除海洋出水槽朽木材中的硫铁化合物。

海洋出水木质船体的保护不可能一蹴而就，而是一个长期的过程。对于其首要步骤——硫铁化合

图5 "小白礁I号"清代沉船木构件XBDG试验前照片

图6 "小白礁I号"清代沉船木构件XBDG经EDTA浸泡38天后照片

图7 "小白礁I号"清代沉船木构件XBDG经EDTAHO浸泡22天后照片

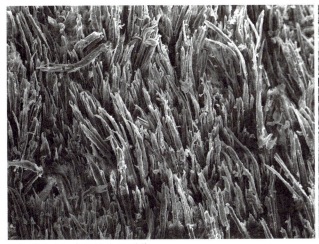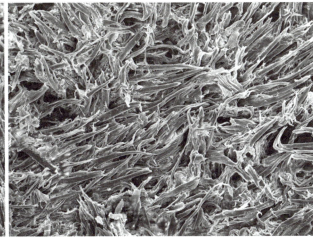

a.脱硫前木材内层的微观形貌   *b.脱硫后木材内层的微观形貌*

图8 "小白礁I号"船板XBDG脱除硫铁化合物前后的微观形貌

物的脱除来说，也通常需要几年的时间，才能脱除彻底。因此，成本控制和保护材料长期使用的副作用就必须慎重考虑。基于这种情况，如使用EDTAHO材料来脱除木质沉船或其构件中的硫铁化合物，需考虑以下几点：

①.降低材料的使用浓度，如可使用10mmol/L的EDTA二钠盐和0.1mol/L 的H_2O_2。

②.对于药品的每次使用周期即换药周期，需根据木质文物的具体情况以及浸泡过程中文物外观变化和检测结果来确定。木质文物的具体情况主要包括尺寸（尤其是构件厚度）、硫铁化合物含量（红色区域分布比例和颜色深浅程度）、木材糟朽程度等；文物外观变化和检测结果主要包括通过肉眼和色差计监测木材本身颜色的变化，监测浸泡溶液的颜色变化和其中的S元素和Fe元素变化，以及脱除后期木材中的硫铁化合物检测结果。

③.根据药品使用周期选择药品的使用方法。对小木块样品的脱除试验表明，对于EDTAHO来说，前6天的脱除效率最高，之后效率下降。结合考虑H_2O_2产生自由基对于木材纤维素的影响，可考虑大大缩短H_2O_2的使用时间。例如以2个月为一个换药周期来说，开始时可先使用10mmol/L EDTA二钠浸泡，pH调至7，浸泡周期快结束时，加入0.1mol/L H_2O_2，再调pH至7，浸泡6天左右时间后，将溶液排掉，完成一个周期，下一个周期同样采用这种方法。这样做，既可充分利用氧化剂H_2O_2较为迅速地氧化黄铁矿，活化了木材中的难溶性硫铁化合物，使其在下一周期中与EDTA较快地螯合而脱除，又可一定程度上减弱了H_2O_2产生的自由基长期存在对于木材纤维素的不利影响。

2.4 木船保护方案设计

2.4.1 "小白礁Ⅰ号"出水木船构件现场保护

现场保护方案是在对"小白礁I号"材质进行分析研究，同时借鉴了瑞典瓦萨号、英国玛丽罗斯号、德国不莱梅商船、澳大利亚巴塔维亚号、韩国新安沉船及泉州宋代沉船等国内外著名木质沉船的现场保护经验的基础上完成的。拟保护的对象为"小白礁I号"木船构件以及其他单体木质文物。

（1）木船构件的提取、清洗及样品采集

①木船构件的提取：饱水木质文物非常脆弱，提取时要格外小心，防止发生断裂。大型船木虽然沉重，但其强度已下降，表面松软，提取时须采用新木板或金属支架作为支撑，所有的构件均需支垫。提取时着力点必须在支撑物而非糟朽的船木上。

②木船构件信息提取

a.木船构件本体

船材出水后，首先进行必要的清洗、编号、登记、拍照、录像、测量绘图、图表记录、文字描述、建档造册等流水化作业程序；

采集船体不同部位不同种类的船材样品，鉴定其树种、主要用途与产地分布等，为后续保护提供依据。

b.环境样品

水体样品：采集遗址表面不同位置和遗址上方不同深度的海水样品，检测其温度、盐度、pH值、氯离子、钙离子、镁离子、硫酸根等理化参数。

沉积物样品：采集遗址地层、周边堆积的柱状沉积物（主要是泥沙和贝类）样品以及船体不同部位上的各类附着物等，检测其藻类和微生物等的主要类群（优势种、特征种等）和丰度，分析其理化参数与腐蚀强度等。

c.木船构件的清理与清洗

船材起吊到海上工程船后，用海水结合海绵、软毛刷等工具，辅以水流冲刷和抽吸等方法，及时将木船表面的沉积物、泥沙等生物和微生物赖以生存的环境去除，以避免木船构件继续遭受微生物的侵害；做好拍照和记录后，拔除构件中残留的铁钉；同时注意收集各类检测标本。

（2）木船构件的临时性脱盐、微生物防治与保存

出水后暴露在空气中10分钟已足以使饱水的木质文物发生不可逆转的破坏。因此，出水木质文物必须保持饱水状态。

①搭建临时脱盐水池与脱盐：现场脱盐浸泡池设置在海上工程船上，计划使用镀锌管、木板材和彩条布等简易搭建，用于出水船材与器物的临时浸泡脱盐。发掘现场搭建半封闭的临时保护棚避光存放，采用喷雾器喷洒保湿、搭造临时浸泡池浸泡保存等措施。

在浸泡池注入1:1的海水和自来水混合液，有针对性地选择强度较弱船材浸泡，并在浸泡池上铺塑料薄膜以避光、降低空气流通，之后逐步降低海水浓度，直至可用自来水浸泡。

②防霉防腐剂的预备：根据防霉剂的筛选试验，初步选择ZJFC-1中加入低毒杀虫剂吡虫啉或高效氯氰菊酯等成分作为木材的杀菌机。另外，根据现场防霉效果和木材的保护情况，调节和筛选其他防霉剂的配方。可选用的杀菌剂包括：1%w/w的N-四水合水杨酰苯胺钠盐，2%的硼酸和硼砂溶液（硼酸：硼砂为7:3，如每立方水加14g硼酸和6g硼砂），1% Panacide二氯酚溶液，1%的环戊氯酚及其钠盐（orthophenylphenate或orthophenyl phenol），或过量的麝香草酚，或采用ZJFC-1（三唑类）或百菌清木材保护剂，配制成6.9%和5.75%的溶液备用。

杀菌剂溶液在使用前需检测其有效性及pH值，保证对文物无害。

（3）木船构件的包装与运输

为了更好地保护船材，同时缓解发掘现场存放、浸泡的木材数量过多而挤占海上平台空间的压力，出水船材在完成上述工序后将及时、分批运至北仑临时存放场所。

①木船构件的运输保护箱：运输保护箱的大小根据出水船板的尺寸现场制作，计划使用木工板批量定做，并雇佣岛上工人协助完成。

②木船构件的保湿包装：用吸水材料如粗麻布或脱脂棉完全吸水后包裹船木，喷洒杀菌剂，再用加入炭黑的聚乙烯薄膜（至少两层）密封。器物包裹好后应放置到阴凉处，远离阳光直射的地方，且需定期检查，保证船木潮湿。此法不适用于保存时间长于六星期的器物。

③木船构件的运输：在转运过程中，船材要装入定制的木箱中，并用泡沫板或气泡膜填充、衬垫、固定，尽量使用起吊设备进行搬卸，尽可能地减少装卸次数，避免在转运中船材构件受损。

木船构件运输时考虑采用新木板或金属支架作为支撑，所有的构件均需支垫。运输时着力点必须在支撑物而非糟朽的船木上。

如果饱水木船构件材质非常脆弱，无法承受自身重量，在运输过程中应使用支撑物进行保护。

如饱水木船构件已经破碎，采用支撑物会使之破坏，可以采用PEG1500（或PEG600＋PB72乳液，或者PEG600＋AC33乳液），对文物进行灌注，增加其强度，在后续进一步处理过程中，PEG可以用水溶出。

2.4.2 "小白礁Ⅰ号"出水木船构件脱盐保护

"小白礁Ⅰ号"船体构件的脱盐保护包括难溶性硫铁化合物的脱除和可溶盐的脱除。由于海洋出水木船船体的材质较为脆弱，数量庞大，采用冷热交替或超声振荡的方式进行脱盐容易对木构件造成损伤，而且具体实施有一定困难，因此主要采用药剂浸泡和去离子水循环相配合的方式进行脱盐保护处理。

如部分船体构件提前完成脱盐保护，可仍放置在去离子水中保存，或在阴凉避光处保湿保存，准备进入下一阶段脱水干燥。全部船体构件脱盐结束后，进行项目结项验收。整个过程均按照保护修复档案记录的要求做好档案记录工作。

（1）硫铁化合物的脱除

通过硫铁化合物脱除试验表明，单纯的EDTA二钠盐溶液浸泡脱盐，对硫铁化合物的去除效果不明显；经过添加微量氧化剂 H_2O_2 改性后的EDTAHO溶液，可以非常有效地脱除海洋出水糟朽木材中的硫铁化合物。

因此，拟采用EDTA改性后的EDTAHO溶液，用NaOH溶液调配成中性溶液，通过循环水浸泡脱除硫铁化合物。

试验表明，在硫铁化合物脱除过程中，以氯化钠等为代表的可溶盐和微溶盐也同时得到了去除。

具体操作步骤和注意事项如下：

①将船体构件放置在定制的循环水水池中，以10mmol/L 的EDTA二钠盐水溶液为主要的硫铁化合物脱除试剂，在经2个月左右的浸泡周期即将结束时，加入0.1mol/L 的 H_2O_2，使EDTA和 H_2O_2 共同作用于木材5～7天，活化木材中的难溶性硫铁化合物，使其在下一周期中与EDTA较快地螯合而脱除，这种

工艺既可在一定程度上减弱H_2O_2产生的自由基长期存在对于木材纤维素的不利影响，又可大大提高木材中硫铁化合物的脱除效率。

②在经过几个周期的浸泡后，如果浸泡液颜色已明显变浅，浸渍液中硫铁化合物浓度基本达到平衡，以ICP及元素分析仪等检测木材基体及浸泡液中Fe元素的含量，综合分析浸渍液与木材基体中硫元素与铁元素变化趋于平衡时，表明船体构件中硫铁化合物已经基本脱出，可将浸泡液更换为去离子水，进行可溶盐清洗脱除工作。

③为避免弱氧化剂在浸泡过程中的挥发和分解，降低弱氧化剂分解产生的少量自由基对木材纤维素的不利影响，在浸泡过程中需用黑色塑料薄膜覆盖浸泡池。

④每周监测浸泡液中微生物滋生情况，如有明显微生物生长，可采取样品进行微生物鉴定，针对具体微生物采用有针对性的杀灭方法。

（2）可溶盐的脱除

①配合宁波水下考古基地的建设，将预留的扇形脱盐池改造为流动循环水脱盐池。在池中设计循环水装置，通过循环水系统提高脱盐效率。根据流体力学原理模拟计算了脱盐池的流体状况。通过循环水系统的模拟计算、设计和构建，尽可能保证浸泡池内无流动死角，这样既可以提高脱盐效率，又可以避免浸泡池内水循环不充分导致微生物滋生隐患。

②定制双层聚丙烯材料（PP）支架，将船体构件用塑料网固定在架上。在池中注入去离子水，水中添加防腐剂。前期每月更换一次浸泡液，监测电导率变化。脱盐3~6个月后，可适当延长浸泡液更换时间。

③残损比较严重的船体构件可放置在定制的聚乙烯等水槽中，其余步骤参照步骤（2）进行。

④防腐剂由硼酸/硼砂防腐剂和对于细菌、真菌和藻类都有杀灭作用的广谱杀菌剂异噻唑啉酮（如KLW-502）配伍使用。硼酸/硼砂防腐剂使用浓度为硼酸：硼砂=7：3（质量比），（硼酸+硼砂）浓度为20g/kg水。异噻唑啉酮使用浓度为80～100mg/kg水。为降低微生物和菌类的抗药性，异噻唑啉酮、硼酸与硼砂等材料可根据情况交替使用。

⑤每周监测浸泡液中微生物滋生情况，如有明显微生物生长，可采样进行微生物鉴定，针对微生物类型投放杀菌剂。

⑥脱盐过程中每天用电导率测定仪测定浸泡液电导率，当浸泡液电导率有效降低并基本保持平衡后，表明船体构件中可溶盐已经基本脱出。可采浸泡液水样进行离子色谱分析，采集船板木材基体样品检测内部的可溶盐残留情况，如均检测不到可溶盐离子，可以认为脱盐结束。

⑦完成脱盐的船体构件可放置阴凉、通风环境中，保湿并喷洒防腐剂，准备后续填充加固、脱水、干燥定型等工作。

2.4.3 保护修复后的保存条件的建议

木材属有机质地，因此保持适宜的温度、湿度和光照环境，合理的防腐措施是其长时间保存的关键，所以对船体构件木材脱盐保护中的保存条件建议如下：

避免阳光直射，或利用有紫外线过滤设施自然光采光。使用人工光源时，采用无紫外灯照明，光照强度低于100lux为宜。临时库房内的温度在10℃～30℃左右，日温差不超过10℃。相对湿度最好在55%～65%左右为宜。临时库房要有长期的工作记录。

3 项目技术创新点和示范作用

本项目不仅为"小白礁Ⅰ号"沉船的现场保护和保护修复工作提供了有力的技术支撑，还为我国近年来出水的木质沉船保护方案设计和保护修复工作提供了典型范例。

木质沉船中难溶性硫铁化合物的脱除是个世界性难题，本方案设计过程中研发的EDTAHO既可以提高难溶盐的脱除效率，又对木质文物没有明显的不利影响，符合文物保护原则，在其基础上的继续研究与应用对解决该类难题具有重要意义，同时也具有重要的推广应用价值。

4 参加人员

项目负责人 詹长法
主要参加人员
中国文化遗产研究院：张治国、田兴玲、刘婕、李乃胜
宁波市文物考古研究所：王吉华、金涛

中国现代文学馆馆藏油画保护修复项目[1]

【摘要】

本文是对中国现代文学馆馆藏油画保护修复项目的一次总结，在这次修复过程中遇到了一些常见于中国现当代油画藏品的病害，而由于油画修复在中国尚处于起步阶段，针对这些特殊病害，尚无成熟有效的处置方法，而本次修复中进行了专门的研究与探索，找到了可行的修复方法，这些方法对于油画修复在我国的发展具有一定的探索意义。

1 项目概况

本次保护修复项目是中国文化遗产研究院修复与培训中心受中国现代文学馆典藏部委托实施，保护修复对象为中国现代文学馆收藏的7幅油画作品。这批作品或是画家为中国现代文学家绘制的肖像，或是文学家本人的画作。它们不仅是珍贵的艺术作品，对于中国现代文学史的研究也有着重要的历史价值（图1）。

这些作品作于20世纪中期到80年代，在艺术风格和油画技法上也反映了不同艺术家在不同时期的特性与共性，对于中国现当代油画的技法材料研究和保护修复技术也有着重要的意义。本项目也可以说是刚起步的中国现当代油画保护修复工作的一次有意义的探索和实践。

1.1 项目背景

2012年7月，中国现代文学馆委托中国文化遗产研究院修复与培训中心对该馆收藏的油画藏品进行病害状况整体评估，并对部分病害严重的藏品进行保护修复。

2012年8月，培训中心油画修复实验室工作人员赴中国现代文学馆油画藏品库房实地调查，该馆文物库房藏有油画作品40余件，均为现当代中国画家及文学家创作的作品，创作技法和支撑体材质不一（包括布面油画及纸面油画），创作年代主要集中于20世纪后半叶，入藏时间和藏品保存状况不一。通过现代文学馆典藏部工作人员介绍，部分入藏较早的作品在1996年之前曾存放在条件恶劣的库房内，遭受过严重的污染乃至机械性损伤。经初步调查，发现这批藏品中有7件作品存在较为严重的病

1．获2013年中国文化遗产研究院优秀文物保护项目二等奖。

《鲁迅像》高莽　　　　　　　　　　　　　　　　　　　　《丁玲像》刘宇一

《萧三像》刘宇一　　　　　　　《夏衍像》刘宇一　　　　　　　《丁玲像》

《山水画》阮章竞　　　　　　　　　　　　　　《椒园之春》张荣国

图1　中国现代文学馆馆藏油画保护修复项目所涉及的7件油画作品

害，包括支撑体破裂、变形以及明显的色层起甲、剥落、污染等，已经对作品的保存形成了严重的威胁。经与馆藏单位协商，将这7件亟待修复的作品拟定为该馆藏油画保护修复项目第一期的修复对象。

2012年8月15日，完成委托协议签署，将待修复的馆藏油画从文学馆库房借出，存入我中心油画修复实验室。

2012年9月，集中完成了全部作品的病害记录、照相制档、取样及检测分析工作（表1）。

表1 油画藏品基本信息

画名	作者	创作年代	尺寸（厘米）	材质
《鲁迅像》	高莽	1961	101.5×126	布面油画
《丁玲像》	刘宇一	–	114×77	布面油画
《萧三像》	刘宇一	1981	51.3×73.4	纸本油画
《夏衍像》	刘宇一	1981	72.4×92	布面油画
《椒园之春》	张荣国	1977	26×37	纸本油画
《山水画》	阮章竞	–	30.4×55.5	布面油画
《丁玲像》	–	–	71×85	布面油画

1.2 文物概况

油画属于结构和材质较为复杂的一类彩绘作品，原本诞生于西方，清代引入中国，在中国得到大量实践和普及的历史仅百余年。总体而言在工艺构造和材料方面既有着西方油画的传统特征，也有明显的本土特征，而对这些特征的研究也是对这类艺术品进行保护修复的前提条件。

1.2.1 材质及工艺特点

和所有的彩绘作品一样，油画作品也包含着支撑体和绘画层这两个主要的结构层次。此外，西方油画表面还普遍存在着起到美学与保护双重作用的光油层。支撑体、绘画层、光油层这三个层次便是构成油画作品的主要结构，而我国的油画作品中创作年代在20世纪90年代以前的，则鲜有施用保护光油层者。这7件作品表面光泽度给人的直观印象亦是如此。紫外检测也证实，本次修复的7幅油画作品表面均未涂施光油层，因此这些作品的结构均只包含支撑体和绘画层。

（1）支撑体

7幅油画中有5幅为布面油画，2幅为纸本油画。

经检测，5幅布面油画中只有1幅的支撑体为纯亚麻布（《丁玲像》），1幅为棉麻混纺（《山水画》），其余3幅支撑体均为棉布（因棉布对气候变化异常敏感，这3幅画的支撑体变形严重）。

《鲁迅像》一幅采用了油性底料，造成棉布支撑体严重酯化，脆化。通过对这幅画作者高莽其他作品的调查和修复研究，发现这位受训于苏联的作家偏爱使用自制的油性底料在棉布上作画，同类的病害在他的其他作品中也有体现，而这种方法在中国其他的现当代油画家作品中也可偶尔见到。这类问题属于技法缺陷造成的病害——在西方油画历史上，19世纪之前曾流行过使用油性底料（以干性植物油为黏结剂，填充料为矿物色粉），为的是配合表层设色较薄的多层间接画法，但在涂刷这种底料前需用底胶和胶粉底料先对纺织品支撑体进行表面隔离，防止油性底料中的干性植物油渗入植物纤维，导致植物纤维酯化并引起支撑体脆化。而这种传统技法在19世纪和20世纪在西方已经较少使用，油画技法大规模传入我国是在20世纪初，当时传授的底料制作工艺主要是当时流行于西方的胶粉底，在制作步骤上与油性底有较大差异，因此我国的油画技法教学中对油性底料这类传统技法并没有系统地教学，也就造成个别画家在使用这种底料时往往疏于对支撑体的预处理，造成油性底料对纺织品支撑体的污染和损害。

纸本油画中一幅的支撑体为纸板（《椒园之春》），另一幅为流行于20世纪80年代之后的表面贴有纱布层的国产油画纸（《萧三像》）。

（2）绘画层

这7幅油画的绘画技法均为流行于中国现当代的直接画法，笔触明显，其中3幅色层肌理强烈。而油画色层的厚度与肌理也正是这一画种与其他绘画种类有明显区别之处。

油画绘画层的颜料调和剂是以亚麻油为主的干性植物油，干燥后形成有一定厚度且不溶于水的膜状物，颜料粉末被油膜包裹，较之以水溶性胶调和的水彩、中国画颜料，其色粉的折光率与调和媒介更为接近，因此色层呈现出的色彩更为鲜艳、润泽，在修复过程中也体现出耐水的优势。但其中《丁玲像》一幅，颜料调和剂的使用缺乏规范，稀释剂与调和剂比例失调，造成部分区域色层变色，部分区域色层龟裂、酥粉、剥落（病害机理详见1.2.3.2绘画层病害）。

1.2.2 纺织品支撑体材质分析

通过光学显微镜及电子显微镜观察，检测出5件纺织品支撑体的材质，大部分为棉（图2）：支撑体为纯亚麻布的1幅为《丁玲像》，支撑体为棉麻混纺的1幅为《山水画》，其余3幅支撑体均为棉布。

1.2.3 病害特征

（1）支撑体病害

这7幅作品的纺织品及纸本支撑体普遍存在不同程度的变形。

2幅布面油画存在支撑体裂隙，《鲁迅像》一幅因画布脆化，裂隙尤为严重，通过色层表面起伏可见贯通画布支撑体与色层的裂隙（图3）。

另外，这7幅油画作品的支撑体包括纺织品和纸张，其中两幅画的外框带有背板，对支撑体背面形成了遮挡，因而这两幅画背面污染情况并不严重，而其他5幅作品背面长期直接接触空气中的灰尘，形成比较严重的降尘污染，布面油画内框遮挡部位形成贮尘袋，积累了较厚的尘垢，并与支撑体背面紧密附着。另外，《鲁迅像》在保存过程中曾遭受过雨水浸泡，造成背面污染物渗入纺织品纹理内部，形成了顽固的污染。

（2）绘画层病害

这批油画均未施用保护光油层，故色层均长期裸露，色层表面普遍存在不同程度的尘垢污染物。涂有保护光油层的油画作品中，色层置于光油层保护之下，不会直接与污染物发生接触，也可免受

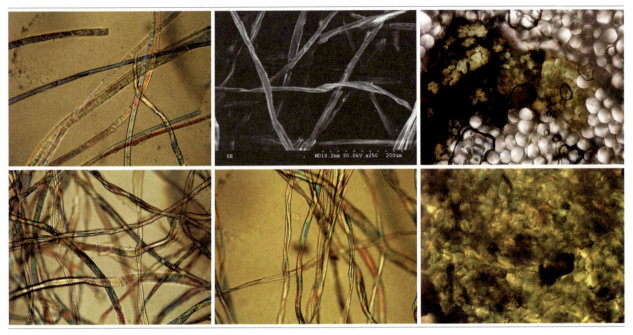

图2 部分油画纺织品基底纤维显微照片

图3 《鲁迅像》正面局部侧光照相

空气中水分凝结造成的盐害，在修复过程中通过清除光油层即可安全有效地将污染物去除，修复后再次涂施光油即可恢复对色层的上光保护。而未进行上光保护的油画色层直接与污染物发生接触，久而久之色层便受到污染物的侵蚀，同时空气中的水分凝结在色层表面，将污染物中的可溶盐溶解也会对色层造成直接侵害。

《丁玲像》因工艺技法缺陷（颜料调和剂中干性油与稀释剂比例不当），造成色层局部变色，大面积龟裂（图4），局部酥粉，局部剥离、脱落（图5），且因色层厚，肌理明显，色层的局部变形亦导致了支撑体变形。这类病害在中国现当代油画中是一类普遍的现象，与画家所受训练和作画习惯有关。油画这一画种所使用的颜料黏结剂为干性植物油，在作画过程中需额外加入调和剂以调节颜料浓度，调和剂由干性植物油和稀释剂构成，偶尔也加入树脂成分，其配方比例应严格控制，作画过程中亦应遵循"肥盖瘦"的变化规律，如比例不当，就会造成色层在干燥过程中发生多种病害。

这位画家用色时，在一些部位加入了过量的松节油（稀释剂），导致颜料中的黏合剂亚麻油被稀释并挥发，使颜料粉末黏结能力下降，色层干燥后发生龟裂、酥粉的现象，也使本应致密憎水的油画色层变为多孔质结构，易受水分影响，且尘垢易嵌入色层，对色层造成深度污染，增加清洗难度（图

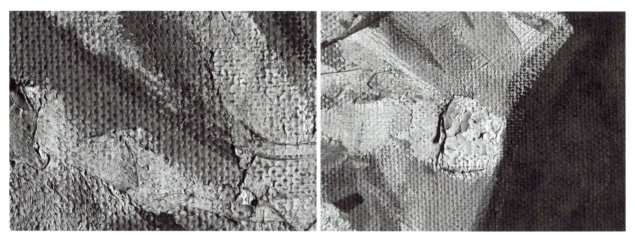

图4 《丁玲像》正面局部侧光照相——色层表面龟裂　图5 《丁玲像》正面局部侧光照相——色层表面龟裂、剥离、脱落

图6 《丁玲像》正面局部平光照相——多孔质的色层内嵌入尘垢，造成深度污染

6）；而另外一些部位，加入的亚麻油比例过高，造成了颜料中黏结剂过量，并因亚麻油在氧化过程中变色的特性，导致色层在这些部位明显变黄、变暗，影响了画面的色彩效果。

1.2.4 既往干预

高莽的《鲁迅像》和阮章竞的《山水画》在保存过程中均因遭受机械撞击，在画布支撑体上出现裂隙。裂隙出现后，画作并未得到专业的修复处置，而是用不同的材料从画布背面进行了黏合，形成补丁。《鲁迅像》的色层正面还用油画颜料在裂隙部位进行了覆盖，以掩盖裂隙。这类既往干预手法较常见于存在裂隙的中国现当代油画，而这些做法在后来的保存过程中往往会增加绘画作品所受的机械负荷，甚至造成新的病害，因此有必要进行矫正。

（1）支撑体补丁

《鲁迅像》背面存在3处补丁，2处为乳胶黏结的白棉布，1处为浅棕色不干胶橡皮膏。橡皮膏背面的不干胶已经硬化失效，以轻微的拉力即可取下，画布背面曾黏附橡皮膏处残留有硬化的不干胶残留

图7 《鲁迅像》背面存在3处补丁，2处为乳胶黏结的白棉布，1处为浅棕色不干胶橡皮膏

图8 《山水画》背面存在1处补丁，为浅黄色美纹胶纸

物，而乳胶黏结的白棉布附着力尚佳，但粘有白棉布的区域，画布支撑体均发生了轻微的收缩，造成了画布整体变形和色层局部起皱（图7）。《山水画》背面存在1处补丁，为浅黄色美纹胶纸，美纹胶纸背面的不干胶已经硬化失效，以轻微的拉力即可取下，画布背面无明显残留物（图8）。

（2）复绘

复绘是绘画作品修复的专有概念，有别于原作色层和修复全色，指的是作品创作过程完成后，由非专业修复人员在违背现代科学修复原则的情况下，用颜料在原作色层表面进行的遮盖。这类干预的特征主要为：干预范围通常超过色层或支撑体缺损的范围，因而遮挡了部分区域的原作色层，对原作的构图、色彩及形象造成改变；通常不是作者本人所做，为他人揣度作者风格、意图而进行的创作，因而与原作整体风格有差异。

《鲁迅像》支撑体存在多处裂隙，其中画面上部一处范围较大，形状不规则，对画面的视觉效果影响最大。目测及紫外检测可见，在作品完成后，曾有人使用油画颜料调和成与周边原始色层接近的颜色，在裂隙部位及周边进行覆盖，以掩盖贯通画布支撑体和色层的裂隙。但随着时间推移，复绘层颜料中的亚麻油发生了氧化变色，致使这部分颜料的色彩已与原始色层产生了较为明显的差异。因画家本人健在，通过调查访问可知，这件作品完成后曾长期存放在画家本人家中，但存放条件恶劣，造成画作受到严重的机械损伤及多种污染，加上支撑体脆化，出现了大范围的支撑体裂隙，画家本人曾对作品进行了修补，裂隙部位的颜料也是本人覆盖。但这一干预是在作品创作过程完成后所实施，且覆盖的色层并没有遵循原作的构图和形象，并不能视为艺术创作过程中的一个环节，在这个意义上，

图9 《鲁迅像》正面支撑体裂隙局部平光照相　　图10 紫外照相确定复绘区域范围

这部分遮盖可定义为复绘。从图9中可以看到，这一区域的原始色层以蓝灰色为主调，而复绘层颜色则带有明显的黄绿色倾向，使得观众凭肉眼即可轻易察觉到复绘层的存在，这种差异也在一定程度上破坏了原作的整体审美效果。

为更为清晰、准确地分辨复绘层的位置和范围，在前期调查中使用了紫外灯照射检测，并通过紫外照相获得了图10。在这幅照片中，复绘层与原始色层的色彩差异更为明显，两层颜料在紫外检测中表现出的并非明度差异，而是色相差异，这表明复绘层所用颜料与原始色层颜料为色彩接近而成分不同的颜料。

1.2.5 概况小结

综上所述，本次保护修复项目所面临的对象具有材质丰富、病害类型多样的特点，且带有多种特殊病害，并伴随情况较为复杂的既往干预，属于较为复杂的情况。油画修复和油画一样，都属于舶来的技术。油画在进入中国，本土化的过程中发生了种种技法、材料上的变化，形成了本土化的工艺特征，并出现了与之相应的特殊类型病害。也正是这样，诞生于西方的油画修复技术在经历数百年的发展后，形成的是一套针对西方油画病害的成熟体系，而这套技术在面对中国本土油画的特殊病害时，还需进行研究和改进，以发展出一套适用于中国油画修复的技术体系。

2 技术路线

2.1 总体路线

根据油画作品的结构与材料特性，其修复总体可包括三个大步骤，即加固、清洗、底料层色层全补及上光保护（图11）。具体每一个步骤的实施则需视作品保存的具体现状而定。

对于7幅作品中的5幅布面油画均采用整体加固、除变形、清洗、修补、全色的总体步骤。而对于2幅纸面油画则采用除变形、局部加固、清洗的总体步骤。

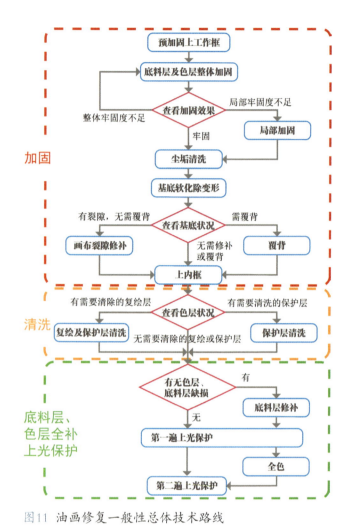

图11 油画修复一般性总体技术路线

2.2 材料的选择

2.2.1 加固材料

油画修复目前在国际上使用较多的色层加固材料分为两类，一类是传统的天然材料，一类是现代合成材料。前者的使用历史较长，在油画修复发展过程中形成了一套完备的传统修复技法，随着时间的推移，人们对它们的使用方法、性能和保存特性都有了周全的认识。而后者出现较晚，其研发的初衷是为了获得超越传统天然材料的性能，使得修复操作更为简便、加固效果更为卓越，且希望作品在修复后产生更小的外观变化，以便更好地保全作品艺术价值，对历史信息的改变更少。

但考虑到现代合成材料出现较晚，所经受的时间考验尚不充分。合成黏结剂中使用较多的丙烯酸类材料和微晶蜡类材料都存在可逆性方面的隐患，长期存在于文物本体之中，对于今后的再次修复干预可能会造成障碍。因此本次修复采用的色层加固材料为传统的天然动物胶（兔皮胶），它具有可逆性强、稳定、安全的特点。

在多种动物胶中，国内外修复领域使用的主要种类包括：明胶（骨胶）、鲟鱼鳔胶、黄鱼鳔胶、兔皮胶、猪皮膘胶等。其中黄鱼鳔胶主要用于国内漆木器修复领域，其他几种动物胶则都曾被用于彩绘修复。尽管这些类型的动物胶主要成分均为明胶朊，但其他成分的差异决定了这几种胶料性能的差异，其中黏结力、透明度、弹性、稳定性最好的是鲟鱼鳔胶，溶解后形成的胶液颜色最浅，透明度最佳，干燥后弹性最好。而这种天然材料目前极为稀缺，因此本次修复选择了各方面性能仅次于鲟鱼鳔胶的法国产兔皮胶。

这种材料在冷水中溶胀后，加热到60℃即溶解，产生透明度较高、流动性渗透性较高的胶液，冷却到室温后即变为凝胶，可较快地产生加固效果，水分在常温下逐渐蒸发，渐渐达到最佳加固效果。

而对于画布裂隙的修补，则需要选择一种避免造成画布支撑体局部应力紧张的材料，因此选择了用亚麻纤维絮加弹性、可逆性俱佳的聚乙烯醇缩丁醛作为主要拉合材料，从裂隙背面进行黏结，而对于较大裂隙，在亚麻纤维絮层表面再搭接黏合亚麻线，以强化加固效果。

2.2.2 底料层全补材料

为配合加固材料所选用的兔皮胶，底料层全补材料亦采用兔皮胶作为黏合剂，而填充材料则选用稳定性强、柔韧性佳的碳酸钙粉末。这种全补材料具有可塑性强，可逆性佳的优点，可在底料缺损部位形成白色表面，适合多种全色手法。

2.2.3 全色材料

目前在油画修复中较为常用的全色材料包括合成树脂颜料、水彩颜料和自制的天然树脂颜料（人工脱除油画颜料中的干性植物油，再混入天然树脂光油作为黏合剂）。考虑到本次修复的油画作品使用的均为直接画法，色层表面光泽度较低，不适合选择光泽度较高的合成树脂颜料盒自制天然树脂颜料，因此选择了意大利产的Mameri牌修复专用水彩颜料作为全色颜料，这种材料会产生光泽度较低的色层表面，与原作色层光泽度最为接近，且水彩颜料在保存过程中也不会发生颜色变化，稳定性较好。

2.2.4 保护性上光材料

这7幅油画作品在创作完成后均未施用保护上光层，造成了色层与外界的直接接触，使空气中的灰尘和其他有害物质对色层产生了直接的损害。为了避免在今后的保存过程中更好地保护色层，决定在修复后对全部作品进行保护性上光，将色层与外界隔离。

目前在修复中较为常用的保护性上光材料包括天然树脂光油、人工合成树脂光油。因为这7幅作品原作色层表面光泽度普遍较低，具有独特的表面肌理审美特征，在修复过程中亦追求对这种表面光泽效果的保存，所以选择了光泽度较低的法国产亚光人工合成树脂光油，这种材料为丙烯酸类材料，喷涂后不会造成色层表面炫光，也不会产生偏黄的色调。

2.2.5 清洗材料

油画作品的污染物主要附着在色层或保护光油层表面、支撑体背面。因此油画作品的清洗所面对的对象较为复杂多样，需针对不同材质表面选择适当的清洗方法及材料。

（1）支撑体背面清洗

这7幅油画作品的支撑体背面均存在不同程度的污染，其中两幅作品因背面遮挡保护，污染程度较轻，其他5幅作品均存在严重的尘垢污染，《鲁迅像》一幅还因雨水浸泡形成对纺织品支撑体的渗透性污染。对于附着牢固程度较轻的尘垢，采用清洁海绵和吸尘器进行干洗，通过吸附的方式即可有效清除。而对于附着牢固程度较强和渗入纺织品纹理的污染物，则需采用溶液清洗的方法，根据污染物的性质，决定采用弱碱性的TWEEN 20水溶液进行清洗。

（2）色层表面清洗

色层表面污染物也以尘垢为主，因油画颜料的黏结剂为干性植物油，干燥后结膜，憎水，因此油画颜料表面尘垢通常采用去离子水作为清洗剂，对于附着较为牢固的污染物亦可使用弱碱性水溶液进行清洗（TWEEN 20）。

而《丁玲像》的色层因局部黏结剂缺失，在一些区域形成了酥粉的多孔质色层，污染物多嵌入色层内部，且这些部位通常伴有色层的起甲和剥落，在加固前完全无法进行预清洗。而加固后，污染物因加固剂的作用，与色层的结合强度增大，已经无法用常规的清洗方法进行有效清洗，针对这种情况，本次修复中进行了多种清洗实验，最终选择了弱酸性的柠檬酸三铵水溶液作为清洗剂。详见3.1.2顽固污染物清洗。

《鲁迅像》表面的复绘层为油画颜料，需采用溶剂清洗进行清除，本次修复中亦进行了多种清洗实验，最终选择了松节油酒精混合溶剂作为清洗剂（详见3.1.3复绘层清洗）。

图12 《椒园之春》修复前正面平光照相

2.3 针对特殊情况所做的修复理念思考

2.3.1《鲁迅像》复绘层清洗

《鲁迅像》裂隙部位及周围存在着遮盖在原作色层表面的颜料层，前文中已经论及，尽管涂施颜料的是作者本人，但因这部分颜料的涂施是在艺术作品完成后的保存过程中进行的，不属于艺术创作环节，应定义为复绘层。其目的主要在于遮盖支撑体和色层裂隙在色层表面形成的痕迹，所采用的色彩与笔法皆与原作存在明显差异，对原作该部位的云朵造型和空间关系也形成了破坏，损害了艺术品的完整性，影响了画作的艺术价值。经过斟酌与衡量，考虑到支撑体和色层裂隙范围虽大，但裂隙较窄，色层缺损面积并不大，复绘层遮盖的大部分区域下方，原作色层并未受到机械创伤，清洗后可大面积还原原作的面貌，故决定甄选恰当的配方，对复绘层进行清洗，之后再对色层缺损区域进行修补和全色。

2.3.2《椒园之春》外框修复

这幅画的外框为作者手工制作，且带有收藏者题记，具有历史价值，为保存历史信息，应予以保存（图12）。但这件外框选用的材料是市售的三合板，质量较差，随着时间推移，已经发生了明显的变形和糟朽，在外框变形的胁迫下，也造成了画作本身的变形，从保护修复的角度来说，应予以更换。经过衡量，为最大限度地保存历史信息、作品的总体外观，同时更好地对画作本身进行保护和支撑，决定采用换衬、加固的方法对其进行修复（详见3.1.4《椒园之春》外框修复）。

3 项目实施

3.1 技术特色

本项目修复对象为7幅中国现当代油画，在材料及工艺技法方面带有明显的地方特色，而油画修复在中国刚刚起步，还没有形成针对性强而完善的方法体系，所以面对诸多特殊问题，在修复过程中进行了审慎的研究和探索，也找到了一些有针对性的方法。

3.1.1 色层加固

所有的布面油画的色层均采用动物胶（兔皮胶）进行整体加固，覆面材料选用的是20×30平方厘米的拷贝纸，而《丁玲像》的色层局部存在严重的龟裂、剥离、脱落，需要进行多次局部加固，以确保色层稳固。

这幅画的局部加固使用了渗透性良好，可避免静电产生的日本纸，将日本纸裁成与加固区域面积相仿的小块，覆盖在色层严重龟裂、剥离的局部，再透过日本纸渗透60℃的兔皮胶水溶液（图13-a），为促进胶液均匀渗透，在滴渗兔皮胶后，用MELINEX离型膜覆盖日本纸表面（图13-b），用60℃的温控热刮刀在离型膜表面加热，直到胶液均匀渗透（图13-c）。待一次渗透的胶液干燥后，再用浓度略高于前次的胶液进行二次加固，反复这一过程，直至该局部色层得到充分加固。

3.1.2 顽固污染物清洗

大部分画作上的污染物为表面附着的尘垢，采用40℃左右的去离子水即可做到有效清洗。《丁玲像》的色层因黏合剂不足，形成了多孔质表面，造成污染物嵌入色层，使用去离子水和弱碱性水溶液均无法达到有效的清洗效果。故采用了表面张力小的5%柠檬酸三铵溶液和去离子水交替清洗，较为有效地去除了嵌入较浅的污染物（图14）。

3.1.3 复绘层清洗

《鲁迅像》天空部分的复绘层是用油画颜料画成的，需要使用溶剂进行清洗，但因为复绘层是直接画在油画色层上的，要找到一种对原作色层完全安全而对复绘层效果明显的溶剂并不容易。在配方实验中借助了溶剂三角进行溶剂的选择，但经过实验，由酮类、醇类和烷类混合而成的配方均无法在保证原始色层安全的前提下有效清洗复绘层。在这种情况下，又采用了天然溶剂松节油与乙醇混合的溶剂进行实验，实验证明，复绘层老化程度与原作色层存在差异，采用松节油+乙醇（30%：70%）作为溶剂，配合蒸汽浴法进行清洗，严格控制反应时间，便可保证原始色层的安全，并有效清除复绘层颜料。

蒸汽浴法适用于局部清洗，溶剂在蒸气盒内逐渐挥发，形成溶剂蒸气，与蒸气盒所覆盖区域的色层表面接触，将表层颜料中的黏合剂软化、溶解，使这层颜料变得易于用棉签清除（图15）。这种方法可以防止大量溶剂渗入色层深处，避免原始色层面临受损的风险，具有安全性较高的优势，尤其适

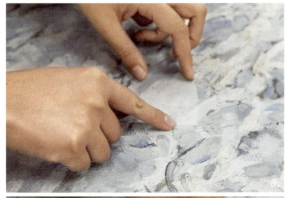

图13 《丁玲像》色层局部加固

合于这种复绘层与原始色层成分接近，且溶解度接近的情况。

为避免反应时间过长对原始色层造成的风险，在操作过程中将蒸汽浴反应时间控制在5分钟左右，这样并不能一次性将复绘层完全软化，只能软化表面较浅一层颜料，但反复操作亦可较为彻底地清除复绘层，同时更好地保全原始色层。

3.1.4 《椒园之春》外框修复

《椒园之春》原作外框系画家自制，使用的是未涂漆的三合板。随时间推移已发生严重的变形、污染，局部发生分层、残缺。为保留外框正面的历史信息，本次修复保留了正面四块板条，清洗后加固在新制作的背衬上。在不改变正面外观的基础上，对原作也起到更好的保护作用。

原始外框的拆解采用了机械方法，固定三合板条使用的是平头铁钉，从外框正面可以看到钉头，为保存这一历史信息，在拆解外框的过程中将铁钉小心取下，未破坏钉头部分的外观，并将铁钉的钉头剪下，待修复后重新粘在原来的位置。

新制作的背衬是用干燥的松木制作成的形状与原始外框一致、厚度为2厘米的边框。用聚醋酸乙烯酯将原外框边条按原本的位置关系黏合在背衬上。原外框边条为三合板，夹层部分已局部糟朽、形成缺损，无法与背衬良好贴合，故选用模型用薄椴木片切割成尺寸恰当的小条，填补缺损部位。

完成外框修复的同时，也使用化纤纸将画在薄纸板上的原作裱褙于一块厚2厘米的木质画板正面，对原作支撑体加以强化和保护，同时与外框形成嵌套，安装后实现对原作更好的保护（图16）。

3.1.5 全色

本次修复对色层残缺部位的全色采用的是水溶性的水彩颜料。

色层及底料层残缺部位先用碳酸钙粉末混合兔皮胶进行修补，整体用合成树脂光油进行上光保护和隔离后，再用水彩颜料在修补范围内进行全色。全色步骤分两步，第一步用比周边原作色层更亮、更冷的颜色覆盖白色修复腻子，第二步用更为接近周边原作色层的颜色进行罩染。完成后再次进行上光保护，以统一整体表面光泽（图17、18）。

图14 《丁玲像》表面污染物清洗　　图15 《鲁迅像》裂隙部位复绘层清洗后效果

图16 《椒园之春》外框修复前后对比

图17 《山水画》色层残缺部位全色

图18 《鲁迅像》复绘层清洗及全色前后对比

遵循油画修复全色的一般性可辨识原则，较大面积缺损区域的全色，采用了排列细密的影线，正常距离观看与周边原作色层融为一体，近距离观看具有可辨识性。

4 项目完成情况

2013年5月，7幅油画的保护修复工作顺利完成。

2013年6月，完成7幅油画的保护修复档案编制工作。

2013年6月，修复后的文物通过馆藏单位验收，归还现代文学馆典藏部。

5 收获

通过现代文学馆馆藏油画修复项目的实施，中国文化遗产研究院工作人员深化了对中国近现代油画工艺材质和病害机理的认识。本项目修复的7幅油画作品作于20世纪中叶到80年代，出自多位作者之手，涵盖了几个不同时期、不同画家的几种技法和材料，在一定程度上可以代表中国现当代油画的部分典型特征。

油画修复在中国起步时间较短，一些中国油画特有的典型病害目前还没有非常成熟有效的修复方法，通过这次修复实践，工作人员找到了针对两类特殊病害（嵌入式的色层污染、油画颜料复绘层）的有效处理方法。

在这次修复项目中，也进一步完善了油画保护修复档案建设的规范。通过2013年10月由国家文物局主办，安徽省博物院承办的油画修复培训班，向来自文博系统多家单位的学员授课，讲授了中国油画工艺特点及油画保护修复档案建设规范，反响良好。

6 参加人员

项目负责人 王方

主要参加人员

中国文化遗产研究院：罗丽、田苗